회로 설계부터
조립 프로그래밍까지 직접하는

ATmega128 자습서

정종대 지음

공감북스

머리말

요즘 주변에서 널리 사용되는 거의 모든 가전제품들, 스마트폰을 포함한 모든 휴대용 기기들 그리고 산업체의 생산 라인에 사용되는 대부분의 기기들에는 마이크로컨트롤러라는 것이 내장되어 있어서 상당한 수준의 지능을 갖는 성능을 발휘하고 있다.

마이크로컨트롤러는 컴퓨터를 구성하는 핵심요소인 중앙처리장치, 메모리, I/O 인터페이스 등이 하나의 칩에 집적되어 있는 소자인데 응용분야에 적합한 약간의 하드웨어만 외부에 구성해 주고 필요한 프로그램을 소자내의 메모리에 로드시켜 주면 아주 소형이면서도 지능을 갖는 고성능의 종합적인 디지털 시스템을 구성할 수 있게 해 준다.

이렇게 구성된 소형이면서 지능을 갖는 고성능 디지털 시스템을 흔히들 임베디드 시스템이라 하며 당연히 이 임베디드 시스템을 이해하고 설계할 수 있기 위해서는 그 핵심요소인 마이크로컨트롤러에 대한 이해가 필수적이기 때문에 대부분 관련 분야의 대학 교과과정에 마이크로컨트롤러 과목이 거의 필수적으로 운영되고 있는 것이다.

필자는 몇 년 전 학생들의 교재용으로 ATmega128 MCU를 대상으로 하는 마이크로컨트롤러 학습서를 저술한 적이 있는데 그 책은 저자가 설계해서 제작했던 특정 키트를 사용해야만 실습이 가능하도록 구성되어 있어서 일반 독자들이 학습하기에는 상당히 무리가 있었다.

이번에 저자가 저술하는 이 책은 그런 점을 개선하여 마이크로컨트롤러에 관심이 있는 사람이면 누구나 손쉽게 부품을 구입해서 실습 회로를 조립하고 프로그래밍하여 테스트 해 볼 수 있도록 실습환경을 아주 단순화시키고 일반화 시킨 것이 가장 두드러진 특징이라고 할 수 있을 것이다.

특히 본 자습서는 필자의 오랜 강의 및 연구 경험을 바탕으로 문자 그대로 혼자서 책을 읽으면서 따라 할 수 있도록 최대한 설명을 쉽게 하였으며 모든 장의 구성을 기본적인 배경, 회로 설계 이론, 조립 방법, 프로그래밍을 위한 필요 기술 및 알고리즘, 실제 소스 코드 작성 및 프로그램 실행의 순으로 일관성 있게 설명을 전개함으로써 독자들이 최대한 편히 따라 올 수 있도록 배려하였다.

비록 본 자습서가 마이크로컨트롤러를 처음 접하는 초보자들을 대상으로 저술되어 기초적인 응용 과제들을 중심으로 다루고 있지만 그러면서도 꽤 많은 실질적인 응용 예가 포함되어 있어서 마이크로컨트롤러를 이용한 임베디드 시스템에 관심이 있는 독자들에게는 아주 좋은 입문서가 될 수 있을 것으로 생각하며 이 책이 관련 분야를 전공하는 대학생들에게는 좋은 교과서로 활용되고 취미로 처음 마이크로컨트롤러를 접하고자 하는 사람들에게는 쉽게 흥미를 유발할 수 있는 좋은 지침서가 될 수 있기를 기대해 본다.

마지막으로 본 자습서의 집필 목표와 피드백을 제시해 준 사랑하는 나의 제자들과 실제 책이 제본 될 수 있게 도움을 주신 공감북스 출판사 관계자 여러분들에게 깊은 감사를 드리고 항상 나의 힘이 되어주는 내 사랑하는 가족에게 따뜻한 고마움을 전하면서 머리말을 맺고자 한다.

2018년 2월 말 저자 정종대 씀

차례

CHAPTER 04 스피커(Speaker) 구동

CHAPTER 05 7 세그먼트(Segment) LED 구동

CHAPTER 06 LCD 문자표시장치 구동

CHAPTER 07 인터럽트(Interrupt) 응용 – 외부 인터럽트

CHAPTER

01

시작하기

이 장에서는 ATmega128 MCU(MicroController Unit)의 기능에 대해 간단히 소개하고 앞으로 본 교재의 실습에서 사용될 MCU 모듈의 사용법 및 본 교재의 실습내용에 대해 설명하고자 한다.

다음은 이 장에서 학습하고자 하는 내용을 구체적으로 정리한 것이며 본문의 내용도 이 순서에 따라 전개해 나갈 것이다.

- ATmega128 마이크로컨트롤러의 기능적 특징 소개
- 본 교재의 실습을 위한 하드웨어 재료 소개
- 아주 간단한 ATmega128 MCU 인터페이스 설계 예 소개
- 본 교재의 실습에 사용될 ATmega128 MCU 모듈 소개
- 본 교재에서 수행하고자 하는 실습 내용 소개
- POR(Power On Reset) 회로 구성 및 동작 원리 소개

1.1 마이크로컨트롤러(Microcontroller)란?

○ 마이크로컨트롤러는 간단하게 얘기하면 컴퓨터의 3대 구성요소인 CPU(마이크로프로세서), 메모리, I/O가 하나의 칩(chip)에 집적된 장치로서 주변에 별도의 칩들을 추가하지 않고도 간단한 컴퓨터 시스템으로서의 기능을 수행할 수 있는 칩을 말한다.

- 편의상 앞으로는 마이크로컨트롤러라는 용어와 MCU(MicroController Unit)라는 용어를 같은 의미로 혼용해서 사용하기로 하겠다.

○ 이와 같이 마이크로컨트롤러에는 컴퓨터를 구성하는 모든 요소가 하나의 칩 안에 집적되어 있고 패키지(Package) 외부로는 단지 I/O 장치들을 연결하기 위한 입출력 핀들과 클럭(clock) 핀, 리셋(reset) 핀 및 전원 핀과 같은 약간의 제어 핀들만 나와 있다.

- 따라서 필요한 입출력 장치를 MCU의 I/O 핀에 연결하고 전원을 인가하는 것만으로도 흡사 작은 컴퓨터 시스템과 같은 수준의 기능을 구현할 수 있게 되는 것이다.
- 더욱이 요즘 사용되는 대부분의 마이크로컨트롤러들은 클럭 발생기와 파워 온 리셋 회로까지도 칩에 내장하고 있어서 사용자의 편의성을 극대화하고 있다.

○ 한 개의 칩 안에 모든 요소를 다 집적시키려다 보니 당연히 프로그램 메모리의 용량을 크게 할 수 없어서 초창기 마이크로컨트롤러들은 주로 단순한 알고리즘으로 제어되는 간단한 응용 시스템을 개발하는데 많이 사용되었다.

○ 많은 반도체 제조회사들이 자신들의 고유한 마이크로컨트롤러들을 생산하고 있으며 서로 경쟁적으로 성능개선에 힘쓴 결과 요즘 마이크로컨트롤러들은 매우 난이도가 높은 제어 알고리즘을 수행할 정도로 성능이 개선되었고 내부의 메모리도 상당히 큰 용량을 가지며 외부 세계와의 연결을 위한 다양한 인터페이스를 내장하고 있어서 하나의 칩만으로도 작은 컴퓨터와 맞먹을 정도의 강력한 성능을 가지게 되었다.

○ 주변에서 흔히 볼 수 있는 마이크로컨트롤러 응용기기들로는 휴대폰, 세탁기, 냉장고, 에어컨, 방범용 전자 도어 락(Door Lock) 등이 있으며 우리 주변에서 다양한 기능을 발휘하는 전자제품들은 거의가 마이크로컨트롤러를 내장하고 있다고 봐도 무방하다.

○ 마이크로컨트롤러들도 마이크로프로세서와 마찬가지로 8비트, 16비트, 32비트 .. 등으로 다양하게 생산되고 있으며 기본적인 범용 I/O 포트 외에 모터제어나 아날로그/디지털 복합응용분야 등을 위한 전용 하드웨어를 내장한 제품들도 많이 선보이고 있다.

○ 본 교재의 실습에서는 현재 시장에 소개되어 사용되고 있는 다양한 종류의 마이크로 컨트롤러들 중 Atmel사의 ATmega128 MCU를 사용하고자 하며 다음절에서는 이 MCU의 특징에 대해 살펴보고자 한다.

1.2 ATmega128 MCU의 특징 및 구조

○ ATmega128은 Atmel사에서 생산하는 AVR 계열의 8비트 MCU 중 하나로 빠른 실행속도와 다양한 기능을 갖추고 있어서 교육용은 물론 산업용으로도 널리 사용되는 마이크로컨트롤러이다.

○ Atmel사는 자동차용 AVR, CAN(Controller Area Network) AVR, LCD AVR, 조명 및 모터 제어용 AVR, megaAVR, Smart Battery AVR, tinyAVR 등 여러 계열의 AVR MCU를 생산하고 있는데 이들 MCU들의 하드웨어 코어(core)는 거의 대동소이하며 단지 각각의 주된 응용 분야에 따라 I/O 인터페이스 구성에 약간의 차이가 있을 뿐이다.

1.2.1 ATmega128 MCU의 특징

○ ATMEGA128 MCU 사용자 매뉴얼에 열거된 주된 특징을 정리하면 다음과 같다.

> **※ 참고 1-1:**
>
> • 지금 당장은 다음에 열거된 용어들 중 많은 부분이 이해가 되지 않을 수도 있을 것이다.
> • 그러나 걱정할 필요 없다. 이 용어들의 의미를 모두 이해하지 못 하여도 본 교재를 공부해 나가는 데는 전혀 지장이 없으며 앞으로 공부를 해 나가는 과정에서 필요한 내용들은 자연스럽게 이해가 될 것이니까 여기서는 그저 쭉 훑어보는 정도로 읽고 넘어가도 된다
> • 단 아래의 내용 중 ISP라는 용어는 앞으로 자주 언급될 것이기 때문에 유념해서 읽어 두길 바란다.

- 고성능, 저전력 AVR 8비트 마이크로콘트롤러
- 진보된 RISC 구조
  - 133개의 강력한 명령어 들: 대부분 1 클럭 사이클 내에 수행

- 32개의 8비트 범용 레지스터
- 완전히 정적인 동작(DC 수준의 낮은 클럭 주파수에서도 동작) 가능
- 16MHz 클럭 사용시 최대 16 MIPS 성능 발휘
- 2 사이클에 곱셈을 수행하는 멀티플라이어(곱셈기) 내장

• 비휘발성 프로그램 메모리 및 데이터 메모리
- 128K 바이트 용량의 In-System-Programmable(ISP) 플래시 메모리 내장 (10,000회 쓰고 지우기 가능)
- 별도의 Lock 비트를 갖는 선택적인 부트 코드 영역(Boot Code Section)
  - On-chip 부트 프로그램(boot program)에 의한 In-System 프로그래밍
  - 완전한 Read-While-Write 동작
- 4K 바이트 용량의 EEPROM 내장(10,000회 쓰고 지우기 가능)
- 4K 바이트의 내부 SRAM
- 외부에 총 64K 바이트의 메모리 확장 가능
- 소프트웨어 보호를 위한 프로그래밍 잠금 기능
- In-System 프로그래밍을 위한 SPI 인터페이스

• JTAG(IEEE 표준 1149.1 대응) 인터페이스
- JTAG 표준에 의한 Boundary-scan 기능
- 강력한 on-chip 디버그 기능 지원
- JTAG를 통한 플래시, EEPROM, 퓨즈들 및 잠금 비트(Lock bit) 프로그램 가능

• 주변기능들
- 별도의 프리스케일러(Pre-scaler)와 비교 모드를 갖는 2 개의 8비트 타이머
- 별도의 프리스케일러와 비교 모드 및 캡쳐 기능을 갖는 2 개의 확장된 16비트 타이머
- 별도의 발진기에 의한 실시간 카운터
- 2 개의 8비트 PWM 채널
- 2 ~ 16비트로 분해능을 조절할 수 있는 6개의 PWM 채널
- 출력비교변조기(Output Compare Modulator)
- 8 개의 10비트 ADC
  - 8 개의 single-ended 채널
  - 7 개의 차동(differential) 채널
  - 1, 10, 200 배의 프로그래머블 이득을 갖는 2 개의 차동 채널
- 바이트 단위의 2선 시리얼 인터페이스
- 2 개의 프로그래머블 시리얼 USART

- Master/Slave SPI 시리얼 인터페이스
- on-chip 발진기를 갖는 프로그래머블 와치독(watchdog) 타이머
- on-chip 아날로그 비교기

- 마이크로콘트롤러로서의 특수 기능
  - 파워-온 리셋(Power on reset) 및 프로그래머블 Brown-out 감지 기능
  - 보정된 RC 발진기 내장
  - 내부 및 외부 인터럽트 처리 기능
  - 6 개의 슬립모드:
    - idle, ADC Noise 감소, power-save, power-down, standby, extended standby
  - 소프트웨어로 선택 가능한 클럭 주파수
  - 퓨즈에 의해 선택될 수 있는 ATmega103 호환모드
  - 전체 풀업저항 디스에이블 가능
- I/O 및 패키지 형태
  - 53 개의 프로그램머블 I/O
  - 64-lead TQFP, 64-pad MLF
- 동작 전압
  - ATmega128L : 2.7- 5.5V
  - ATmega128 : 4.5 - 5.5V
- 동작속도
  - ATmega128L : 0 - 8 MHz
  - ATmega128 : 0 - 16 MHz

1.2.2 ATmega128의 핀 배치 및 기능

ㅇ 그림 1.1에 ATmega128 MLF(Micro Lead Frame) 패키지의 핀 배치도를 보인다.

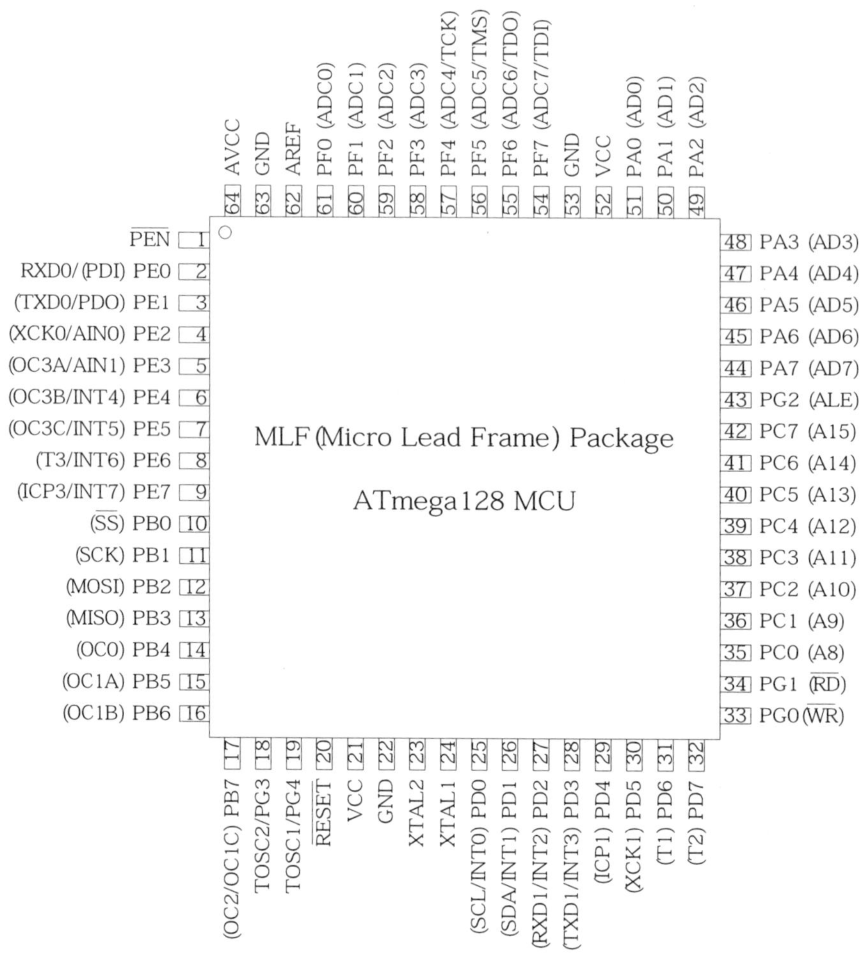

그림 1.1 **ATmega128 MLF** 패키지의 핀 배열

- 당연히 각 핀들의 기능을 이해해야 이 MCU를 사용하여 응용 시스템을 설계할 수 있기 때문에 간단하게 정리하면 다음과 같다.

① 전원 핀

- 그림 1.1을 보면 ATmega128은 모두 3 가지 형태의 전원 핀을 가지고 있다.
- VCC (21, 52번 핀)
  - 이 칩의 주전원으로서 내부의 디지털 회로를 구동하는 전원이다. ATmega128은 4.5V ~ 5.5V, ATmega128L은 2.7V ~ 5.5V 범위 내의 전압을 인가하면 된다.
  - 데이터시트를 보면 VCC = 5V이고 클럭 주파수가 8MHz일 때 ATmega128L의 최대 소비전류는 5.5mA이고 ATmega128의 최대 소비전류는 19mA로 나와 있다.
    - 본 교재의 실습에서는 클럭 주파수를 16MHz로 사용할 것이기 때문에 이 보다

전류 소모가 조금 많을 것으로 생각하면 될 것이다.

- 또한 이 MCU에는 저전력 모드라는 것이 있어서 대기 시 소비전류를 최대 10㎂ 이하로 줄일 수 있어서 절전 모드로 동작하는 것도 가능하다.

○ AVCC (64번 핀)

- 칩 내의 AD 변환기 모듈, 아날로그 비교기, 아날로그 증폭기 등을 위한 아날로그 회로의 전원이다.
- 아날로그 부의 전원회로에 대해서는 AD 변환기를 다루는 10장에서 다시 설명한다.

○ AREF (62번 핀)

- AD 변환기의 기준전압용 전원이다.
- 이 핀의 사용법에 대해서도 역시 10장에서 자세히 설명한다.

○ GND (22, 53, 63번 핀)

- 전원의 접지 핀이다.

② $\overline{\text{RESET}}$ 핀 (20번 핀)

○ 외부에서 마이크로컨트롤러에 리셋신호를 가하는 핀으로서 이 핀에 논리 '0'이 가해지면 MCU 내의 모든 기능이 리셋상태로 되는 active low 입력이다.

○ ATMEGA128 MCU는 내부에 파워 온 리셋(POR: Power On Reset)) 회로를 내장하고 있어서 대부분의 회로 설계 시 이 핀은 사용하지 않아도 된다. 즉, 이 핀을 그냥 두든지 10㏀ 정도의 저항으로 전원의 5V에 연결시켜두면 된다.

③ XTAL1, XTAL2 핀 (24, 23번 핀)

○ 외부 수정발진기 또는 세라믹 공진기(ceramic resonator)를 부착시켜 마이크로컨트롤러의 구동에 필요한 클럭 펄스를 발생시키는 핀이다.

○ ATmega 계열의 마이크로컨트롤러들은 외부에 부착되는 소자의 수를 최소화할 수 있도록 내부의 RC 발진기로 클럭을 발생시킬 수도 있다.

○ 그러나 내부 RC 발진기에 의한 클럭은 최고 발진주파수가 8MHz이고 주파수도 안정적이지 못하기 때문에 더 빠른 동작 속도가 필요하다든지 더 정밀한 시간제어가 필요할 때는 외부 수정발진기를 사용하는 것을 권한다.

○ 사용가능한 수정발진기 또는 세라믹 공진기의 최대 주파수는 16MHz이다.

④ $\overline{\text{PEN}}$ 핀 (1번 핀)

○ SPI 시리얼 프로그래밍 모드(Serial Programming Mode) 때에 사용되는 프로그래밍 이네이블 핀으로서 내부적으로 논리 '1'에 풀업이 되어 있다.

○ 파워 온 리셋이 걸려 있는 동안 이 핀에 논리 '0'이 인가되면 ATmega128은 SPI 시리얼 프로그래밍 모드로 진입한다.

- ATmega128이 정상 동작 중일 때 $\overline{PEN}$ 핀은 아무런 기능도 수행하지 않는다. 따라서 통상적인 응용회로 설계 시 이 핀은 그냥 개방시켜 두면 된다.

⑤ PA7~PA0, PB7~PB0, PC7~PC0, PD7~PD0, PE7~PE0, PF7~PF0, PG4~PG0 핀

- A, B, C, D, E, F, G의 7개 포트를 구성하는 총 53개의 I/O 포트 핀이다.
- 각 핀들은 필요에 따라 입력, 출력으로 설정하여 편리하게 사용할 수 있다.
- 그림 1.1을 보면 각 핀들에게는 포트 핀 이름 옆 ( ) 안에 또 다른 이름들이 있는데 이것은 그 핀에 할당된 또 다른 기능(alternate function)으로서 마이크로컨트롤러 내부의 제어 레지스터를 적절히 프로그래밍 하여 선택적으로 사용할 수 있는 기능들이다.
- 다음 표 1.1 ~ 1.7에 각 포트 핀들의 기본 기능 및 선택적인 기능들을 정리하였다.
- 포트들의 구체적인 용도 결정 및 사용법은 해당 기능들을 실습하는 장들에서 다시 자세히 설명하기로 하겠다.

표 1.1 포트 A 핀들에 할당된 다른 기능 들

포트 핀	다른 기능
PA7	AD7 (외부 메모리 인터페이스를 위한 어드레스 및 데이터 비트 7)
PA6	AD6 (외부 메모리 인터페이스를 위한 어드레스 및 데이터 비트 6)
PA5	AD5 (외부 메모리 인터페이스를 위한 어드레스 및 데이터 비트 5)
PA4	AD4 (외부 메모리 인터페이스를 위한 어드레스 및 데이터 비트 4)
PA3	AD3 (외부 메모리 인터페이스를 위한 어드레스 및 데이터 비트 3)
PA2	AD2 (외부 메모리 인터페이스를 위한 어드레스 및 데이터 비트 2)
PA1	AD1 (외부 메모리 인터페이스를 위한 어드레스 및 데이터 비트 1)
PA0	AD0 (외부 메모리 인터페이스를 위한 어드레스 및 데이터 비트 0)

표 1.2 포트 B 핀들에 할당된 다른 기능 들

포트 핀	다른 기능
PB7	OC2/OC1C (타이머/카운터2의 출력비교 및 PWM 출력 또는 타이머/카운터1의 출력비교 및 PWM 출력 C)
PB6	OC1B (타이머/카운터1의 출력비교 및 PWM 출력 B)
PB5	OC1A (타이머/카운터1의 출력비교 및 PWM 출력 A)
PB4	OC0 (타이머/카운터0의 출력비교 및 PWM 출력)
PB3	MISO (SPI 버스 매스터입력/슬레이브출력)
PB2	MOS I(SPI 버스 매스터출력/슬레이브입력)
PB1	SCK (SPI 버스 시리얼 클럭)
PB0	$\overline{SS}$ (SPI 슬레이브 선택 입력)

표 1.3 포트 C 핀들에 할당된 다른 기능 들

포트 핀	다른 기능
PC7	A15 (외부 메모리 인터페이스를 위한 어드레스 비트 15)
PC6	A14 (외부 메모리 인터페이스를 위한 어드레스 비트 14)
PC5	A13 (외부 메모리 인터페이스를 위한 c어드레스 비트 13)
PC4	A12 (외부 메모리 인터페이스를 위한 어드레스 비트 12)
PC3	A11 (외부 메모리 인터페이스를 위한 어드레스 비트 11)
PC2	A10 (외부 메모리 인터페이스를 위한 어드레스 비트 10)
PC1	A9 (외부 메모리 인터페이스를 위한 어드레스 비트 9)
PC0	A8 (외부 메모리 인터페이스를 위한 어드레스 비트 8)

표 1.4 포트 D 핀들에 할당된 다른 기능 들

포트 핀	다른 기능
PD7	T2 (타이머/카운터2의 클럭 입력)
PD6	T1 (타이머/카운터1의 클럭 입력)
PD5	XCK1 (USART1 외부 클럭 입력/출력)
PD4	ICP1 (타이머/카운터1의 입력 캡처 핀)
PD3	INT3/TXD1 (외부 인터럽트 3 입력 또는 UART1 송신 핀)
PD2	INT2/RXD1 (외부 인터럽트 2 입력 또는 UART1 수신 핀)
PD1	INT1/SDA (외부 인터럽트 1 입력 또는 TWI 시리얼 데이터)
PD0	INT0/SCL (외부 인터럽트 0 입력 TWI 시리얼 클럭)

표 1.5 포트 E 핀들에 할당된 다른 기능 들

포트 핀	다른 기능
PE7	INT7/ICP3 (외부 인터럽트7 입력 또는 타이머/카운터3의 입력 캡처 핀)
PE6	INT6/ T3 (외부 인터럽트 6 입력 또는 타이머/카운터3의 클럭 입력)
PE5	INT5/OC3C (외부 인터럽트 5 입력 또는 타이머/카운터3의 출력비교 및 PWM 출력 C)
PE4	INT4/OC3B (외부 인터럽트 4 입력 또는 타이머/카운터3의 출력비교 및 PWM 출력 B)
PE3	AIN1/OC3A (아날로그 비교기의 부(-)단자 입력 또는 타이머/카운터3의 출력비교 및 PWM 출력 A)
PE2	AIN0/XCK0 (아날로그 비교기의 정(+)단자 입력 또는 USART0의 외부 클럭 입력/출력)
PE1	PDO/TXD0 (프로그래밍 데이터 출력 또는 UART0의 송신 핀)
PE0	PDI/RXD0 (프로그래밍 데이터 출력 또는 UART0의 수신 핀)

표 1.6 포트 F 핀들에 할당된 다른 기능 들

포트 핀	다른 기능
PF7	ADC7/TDI (ADC 입력 채널 7 또는 JTAG 테스트 데이터 입력)
PF6	ADC6/TDO (ADC 입력 채널 6 또는 JTAG 테스트 데이터 출력)
PF5	ADC5/TMS (ADC 입력 채널 5 또는 JTAG 테스트 모드 선택)
PF4	ADC4/TCK (ADC 입력 채널 4 또는 JTAG 테스트 클럭)
PF3	ADC3 (ADC 입력 채널 3)
PF2	ADC2 (ADC 입력 채널 2)
PF1	ADC1 (ADC 입력 채널 1)
PF0	ADC0 (ADC 입력 채널 0)

표 1.7 포트 G 핀들에 할당된 다른 기능 들

포트 핀	다른 기능
PG4	TOSC1 (RTC 발진기 타이머/카운터 0) RTC: Real Time Clock
PG3	TOSC2 (RTC 발진기 타이머/카운터 0)
PG2	ALE (외부 메모리에 대한 어드레스 래치 활성화 신호)
PG1	$\overline{RD}$ (외부 메모리에 대한 읽기 신호)
PG0	$\overline{WR}$ (외부 메모리에 대한 쓰기 신호)

1.3 ATmega128을 사용한 간단한 응용 회로 설계 예

○ 이제 ATmega128 MCU의 각 핀들의 이름 및 기능에 대해 조금이지만 알게 되었으니 이 MCU를 사용하는 응용 시스템은 어떻게 설계될 수 있는지에 대해 알아보자.

○ 벌써 무슨 응용회로 설계라니(?) 하며 놀랄 독자들도 있겠지만 굳이 이 시점에서 이 주제를 다루고자 하는 이유는 ATmega128 MCU를 이용하여 간단한 응용 시스템의 하드웨어를 설계하는 것이 얼마나 쉬운 일인가를 체험하게 함으로써 독자 여러분들에게 앞으로 학습할 마이크로컨트롤러 응용에 대한 자신감을 심어주기 위한 것이다.

1.3.1 설계 예 1: LED 구동

○ 첫 번째 예로 ATmega128 MCU의 포트 핀 중 하나에 가장 기본적인 출력 장치인 LED를 달아 불을 켤 수 있도록 회로를 구성하여 보자.

○ 사용하고자 하는 마이크로컨트롤러는 이미 ATmega128 MCU로 결정되었기 때문에 이 설계를 위해 고려해야 할 것은 ATmega128이 가지고 있는 53개의 포트 핀 중 어느 핀에 LED를 연결시킬 것인가 하는 것이다.

○ MCU의 포트 핀에 LED를 달아 불을 켠다는 것은 그 핀을 디지털 출력으로 사용하겠다는 것이며 LED를 구동하는 것은 LED가 연결된 핀으로 논리 '0' 또는 '1'에 해당하는 전압을 출력시켜 불을 켜고 끄는 것을 말한다.

○ ATmega128이 가지고 있는 53개의 모든 포트 핀은 기본적으로 이런 단순한 디지털 출력으로서의 기능을 가질 수 있기 때문에 어떤 핀을 사용하여도 무방하며 여기서는 포트 A의 비드 7을 사용하기로 하자.

■ **회로 설계 설명**

○ 설계하고자 하는 시스템의 개념이 정립되면 실제 회로를 설계하는데 여기서는 MCU의 전원 핀과 특수 핀들에 대한 결선을 하는 것으로부터 시작하도록 한다.

○ 우선 MCU의 2개의 VCC 핀(21번, 52번 핀)들을 5V 전원에 연결시키고 2개의 디지털 접지 GND핀(22번, 53번 핀)을 전원의 접지에 연결시킨다.

○ 지금 설계하는 시스템에서는 AD 변환기를 사용하지 않기 때문에 아날로그 전원 핀인 AVCC 핀(64번 핀)과 AGND 핀(63번 핀) 및 AD 변환기의 기준전압인 AREF 핀(62번 핀)은 어디에도 연결시킬 필요 없이 그냥 개방시켜두면 된다.

○ Atmega128 MCU는 파워 온 리셋(POR: Power On Reset) 회로를 내장하고 있기 때문에 $\overline{\text{RESET}}$ 핀(20번 핀)은 그냥 개방시켜 두면 된다.

- 다만 이렇게 하면 사용자가 수동적으로 리셋은 시킬 수가 없게 된다.
- 이 부분의 의미는 이장의 뒷부분에서 리셋회로를 학습하고 나면 이해될 것이다.

○ 또한 용량 0.1uF 정도의 커패시터를 ATmega128 MCU 칩의 전원 + 측과 -(접지) 측 사이에 최대한 가까이 연결시켜 준다.

- 이 커패시터는 고주파 특성이 뛰어난 커패시터를 사용해야 하며 주된 기능은 토템

폴 형식의 디지털 출력이 '0'에서 '1'로, '1'에서 '0'으로 스위칭 할 때 생기는 스파이크 성 피크 전류를 평활하여 전원 라인의 노이즈를 억제하는 것이다.

○ 지금까지는 ATmega128을 사용하는 모든 응용 회로에서 필수적으로 해 주어야 하는 결선을 설계했고 마지막으로 이 예제의 목적인 LED를 연결해 주면 설계는 끝이다.

○ LED 연결은 두 가지를 고려해야 하는데 첫째는 53개의 핀 중 어디에 연결시킬 것인가 하는 것을 결정하는 것이고 둘째는 LED를 논리 '0' 출력 때 켜지게 할 건지(Active Low 라고 한다) 논리 '1' 출력 때 켜지게 할 건지(Active High라고 한다)를 결정하는 것이다.

○ LED 연결 핀은 포트 A의 비트 7 핀을 사용하기로 했기 때문에 LED는 PA7 핀인 44번 핀에 연결하면 되는데 LED 점등은 Active High 방식을 사용하고자 하며 이를 위해서는 MCU의 44번 핀으로부터 저항, LED를 거쳐 접지 쪽으로 전류가 흐를 수 있도록 연결하여 주면 된다.

○ 이때 저항은 LED에 흐르는 전류의 크기를 제어하는 역할을 하며 LED의 밝기는 전류의 크기에 비례한다.

- 실제 저항치를 결정하는 방법은 LED 구동을 실습하는 3장에서 자세하게 설명하도록 하겠으며 여기서는 그냥 220Ω을 사용하도록 한다.

○ 그림 1.2에 이에 따라 설계된 완전한 회로를 보인다.

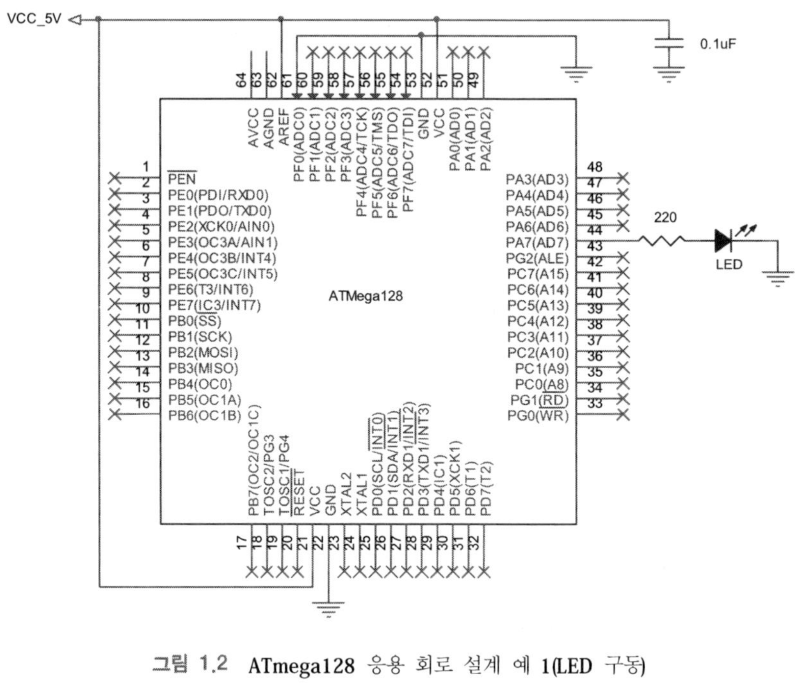

그림 1.2 ATmega128 응용 회로 설계 예 1(LED 구동)

○ 완전한 회로라고하기에는 부끄러울 정도로 너무나도 간단하지 않은가? 그렇지만 이 간단한 회로를 가지고도 여러분들이 프로그램만 잘 만들어서 동작시키면 LED가 현란하게 깜박이는 화려한(?) 조명효과를 구현할 수도 있다.

1.3.2 설계 예 2: 푸시버튼 입력 추가

○ 설계 예 1에서는 가장 기본적인 출력 장치인 LED를 다루었으니 여기서는 가장 기본적인 입력 장치인 푸시버튼 스위치를 구동하는 회로 설계를 다루어 보자.

○ 푸시버튼은 2개의 단자를 가지고 있는데 한쪽 단자는 포트 D의 비트 2(PD2 핀, 27번 핀)에 연결하고 다른 단자는 접지에 연결시켜 준다.

- 물론 이때에도 스위치를 어느 핀에 연결시킬 것인가와 어떤 방식으로 연결할 것인가는 전적으로 설계자가 선택할 수 있다.
- 여기서 어떤 방식이라고 하는 것은 스위치를 누를 때 논리 '0'이 발생되게 할 것이냐 논리 '1'이 발생되게 할 것이냐를 선택하는 것인데 여기서 연결하는 방식은 스위치가 눌러질 때 논리 '0'이 발생되도록 하는 방식이다.

○ 그림 1.3에 그림 1.2의 회로에 푸시버튼이 추가된 회로를 보인다.

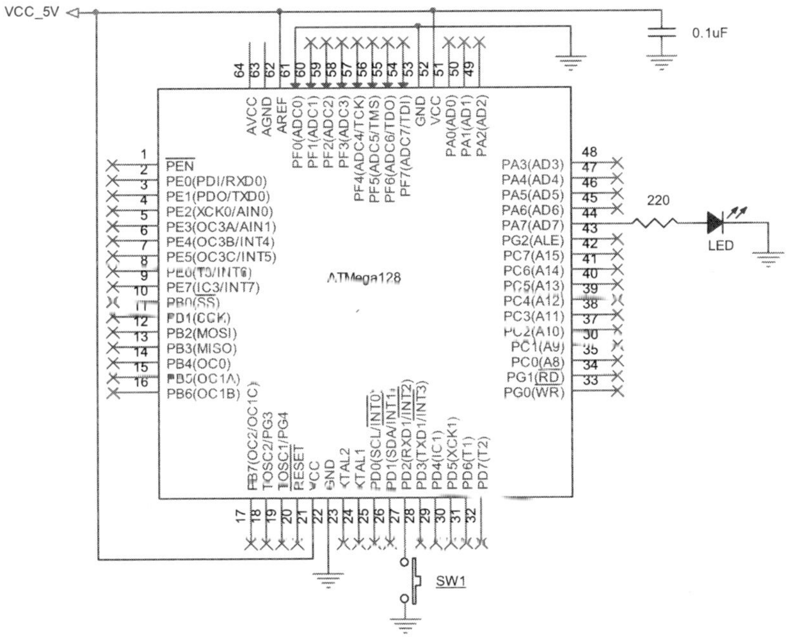

그림 1.3 ATmega128 응용 회로 설계 예 2(푸시 버튼 SW1 입력)

■ 회로 설계 설명

○ 그림 1.3의 회로를 보면 포트 D의 비트 2번 핀인 PD2 핀과 접지 사이에 푸시버튼이 연결 되어 있는데 실제 이 푸시버튼이 정상적인 동작을 하려면 ATmega128 내부에 있는 PD2 핀과 VCC 사이의 풀업저항을 활성화 시켜 주어야 한다.

- 풀업저항이 있어야 하는 이유와 그 기능에 대한 설명은 푸시버튼 스위치 입력을 본격적으로 취급하는 3장에서 자세히 설명될 것이기 때문에 여기서는 단지 버튼이 눌러지면 PD2 핀에 '0'이 입력되고 버튼이 눌러지지 않으면 '1'이 입력된다는 사실만 알고 있으면 되다.

○ 그러면 그림 1.3의 회로로는 어떤 동작을 할 수 있을까?

- 가장 간단하게는 푸시버튼이 눌러지면 LED에 불이 켜지고 푸시버튼을 놓으면 LED에 불이 꺼지게 하는 동작을 할 수 있을 것이다.

○ 이런 식으로 ATmega128이 가지고 있는 53개의 I/O 핀들에게 시스템의 구성에 필요한 입출력 장치들을 하나씩 붙여 나가다 보면 어느새 꽤 복잡한 종합적인 회로가 완성되어 있는 것을 느낄 때가 올 것이다.

1.4 본 교재의 실습에 사용될 재료들

1.4.1 실습 재료 리스트

○ 본 교재는 각 장마다 필요한 하드웨어를 스스로 조립하고 구동 소프트웨어를 프로그래밍 하여 테스트하도록 구성되어 있다.

○ 각 장에 필요한 하드웨어는 대부분 ATmega128 MCU의 포트 핀에 몇 개의 부품을 연결시키는 것으로 손쉽게 완성될 수 있는데 실습 시간에 쉽게 조립하고 해체할 수 있도록 브레드보드와 점퍼 선을 사용하여 조립할 것이다.

○ 표 1.8에 본 교재의 실습에 필요한 전체 부품의 목록을 보인다.

표 1.8 실습에 필요한 전체 부품 목록

부품명	규격	구매처	수량
MCU 모듈	JMOD-128-1, USB 케이블 포함	jcnet.co.kr	1
LCD 모듈	LMB162AFC	eleparts.co.kr	1
브레드보드	EIC-106	eleparts.co.kr	1
DC모터	FF-K20 마이크로 모터, 3V ~ 6V용	eleparts.co.kr	1
키패드 메트릭스	EL-MK-3	eleparts.co.kr	1
7 세그먼트 LED 모듈	LTC-4727JR	eleparts.co.kr	1
LED 어레이	(10개들이, DIP type) HDSP-4850	eleparts.co.kr	2
BJT NPN 어레이	ULN2803A(50V 500mA × 8)	eleparts.co.kr	2
브레드보드용 점퍼선	BBJ-65	eleparts.co.kr	1
스피커	PB-1715PK	eleparts.co.kr	1
푸시버튼 스위치	FSM2JART	eleparts.co.kr	4
BJT NPN	TIP31	eleparts.co.kr	3
BJT PNP	TIP32	eleparts.co.kr	3
BJT NPN	2SC1815	eleparts.co.kr	4
단품 LED	녹색	eleparts.co.kr	4
쇼트키 다이오드	STPS3L60Q	eleparts.co.kr	8
저항 어레이	(8개 들이, DIP type) 220Ω 4116R-1-221LF	eleparts.co.kr	2
저항 어레이	(8개 들이, DIP type) 3.3kΩ 4116R-1-332LF	eleparts.co.kr	2
저항 어레이	(8개 들이, DIP type) 150Ω 4116R-1-151LF	eleparts.co.kr	2
저항 어레이	(8개 들이, SIP type) 220Ω, 9X221J	eleparts.co.kr	1
가변저항	10kΩ, 손잡이, 브레드보드 삽입가능	eleparts.co.kr	1
반고정저항	10kΩ, 브레드보드 삽입 가능	eleparts.co.kr	1
저항	330Ω	eleparts.co.kr	4
저항	1kΩ	eleparts.co.kr	4
저항	2.2kΩ	eleparts.co.kr	8
저항	220Ω	eleparts.co.kr	8
저항	10kΩ	eleparts.co.kr	8
저항	4.7kΩ	eleparts.co.kr	8

※ 참고 1-2:

- 앞으로 본 교재의 모든 실습을 간편하게 실행하기 위해 실습회로 구동에 필요한 전원은 USB 케이블을 통해 컴퓨터(데스크 톱 또는 노트북)에서 공급 받을 것이기 때문에 별도의 외부 5V 어댑터는 준비할 필요가 없다.
- 그러나 컴퓨터의 USB 전원은 최대로 공급할 수 있는 전류가 500mA로 제한되어 있기 때문에 독자들 중 출력이 큰 모터로 실습해 보고 싶거나 전력 소모가 큰 응용 시스템을 구성하여 실습하고자 하는 경우는 반드시 외부에서 충분한 전력을 공급해 줄 수 있는 어댑터를 사용해야 한다는 사실을 명심하기 바란다.

○ 표 1.8에 열거한 실습재료들 중 ATmega128 MCU 모듈이 가장 핵심적인 부품이고 모든 실습회로들이 이 모듈을 중심으로 구성되고 프로그래밍 될 것이기 때문에 다음절에서는 이 모듈의 구성과 기능을 간략하게 설명하고자 한다.

- 다른 부품들은 그 부품들이 사용되는 실습을 수행할 때 자세하게 설명하도록 하겠다.

1.4.2 실습에 사용되는 MCU 모듈

○ 앞의 회로 설계 예를 봐서 알 수 있듯이 ATmega128 MCU를 사용하여 간단한 응용 시스템을 설계하는 것은 MCU의 핀에 몇 개의 부품을 부착하고 연결하는 정도로 아주 간단하다.

○ 그러나 아무리 간단한 시스템이라도 그 하드웨어를 구동시키는 프로그램이 없으면 전혀 동작을 하지 않는 그냥 하드웨어일 뿐이다.

○ 그러면 우리가 설계하고 제작한 시스템은 어떻게 구동되는가?

- 우리가 제작한 시스템의 하드웨어가 구동되기 위해서는 그 응용 프로그램이 마이크로컨트롤러의 프로그램 메모리에 로드 되어 있어야 한다.
- 보통 이 프로그램은 호스트 머신(host machine)인 컴퓨터에서 개발되어 기계어로 컴파일 된 다음 "적절한 경로"를 거쳐 타겟 머신(target machine)인 마이크로컨트롤러의 프로그램 메모리에 다운로드 되어 실행되게 된다. (2장에서 자세하게 설명 예정)

○ 그런데 이때 호스트 머신으로부터 타겟 머신으로 기계어를 다운로드 하는 "적절한 경로"라는 것을 다운로더(down loader)라고 하며 마이크로컨트롤러 응용 시스템을 개

발하는데 필수적인 장비이다.

○ 다운로더를 구하는 가장 확실한 방법은 전용 ICE(In Circuit Emulator)를 사용하는 것이지만 가격이 비싸서 개인이 사용하기에는 만만하지 않다.

○ 시중에는 MCU 칩 주변에 다운로더 회로를 붙여서 사용자가 용이하게 프로그램을 다운로드 할 수 있도록 만든 모듈들이 몇 가지 소개되어 있는데 가격이 전용 에뮬레이터에 비해 월등히 저렴하면서도 디버깅 등 기본적인 기능들도 지원하고 있다.

○ 우리는 이런 모듈들 중 제이씨넷(http://www.jcnet.co.kr) 회사의 JMOD-128-1이라는 모듈을 사용하고자 하며 그림 1.4에 그 외관을 보인다.

- 이 모듈을 사용하는 이유는 MCU의 53개 I/O 핀들을 모듈의 양쪽에 나란히 배치해 두어서 브레드보드에 아주 쉽게 장착할 수 있기 때문이다.

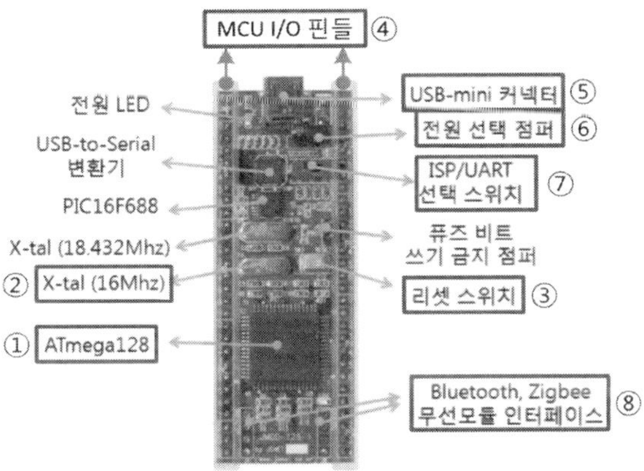

그림 1.4 JMOD-128-1 모듈의 외관

○ 이 모듈은 USB 포트를 통해 컴퓨터로부터 기계어를 다운로드 하며 당연히 이를 위한 전용 디바이스 드라이버도 제공된다.

○ 그림 1.4를 보면 많은 구성 부분 중 번호가 붙은 네모 상자로 강조된 부분들이 있는데 이 부분들은 앞으로 본 교재의 실습 수행을 위해 여러분들이 알고 있어야 할 중요한 것들이기 때문에 여기서 각각의 기능을 정리하여 설명하도록 하겠다.

① ATmega128

- 실습을 통해 우리가 학습하고자 하는 ATmega128 마이크로컨트롤러 자체이다.

② X-tal(16MHz)

- ATmega128 MCU를 구동하는 외부 Crystal(수정, 흔히 X-tal로 줄임) 발진기로서 본 모

듈에서는 16MHz 클럭을 발생시킨다.

- 이 발진회로의 구성에 대해서는 1.6절에서 다시 보충설명을 할 예정이다.

③ 리셋 스위치

- MCU를 수동으로 리셋 시키기 위한 스위치로서 응용 프로그램 실행 중 원하지 않는 오류가 발생하거나 프로그램을 강제로 처음부터 다시 실행시키고자 할 경우 이 스위치를 잠시 눌렀다 떼면 된다.
- MCU 리셋 회로에 대해서는 1.6절에서 더욱 자세하게 보충 설명을 할 예정이다.

③ MCU I/O 핀 들

- ①번에서 소개된 ATmega128 MCU의 53개 I/O 핀과 전원 핀 및 기타 핀들을 모듈의 양쪽 가장자리에 표준 규격으로 배치하여 이 모듈을 브레드보드에 쉽게 삽입할 수 있도록 하고 있으며 각 핀들의 이름이 기판 상에 프린트 되어 있어서 사용자에게 최대의 편의성을 제공하고 있다.
- 따라서 사용자는 나중 회로 조립 시 브레드보드에 삽입된 모듈의 핀들을 바로 MCU의 핀처럼 사용하면 된다.

⑤ USB-mini 커넥터

- 타겟 머신과 호스트 컴퓨터를 USB 케이블로 연결시켜 주는 커넥터이다.
- 이 USB 케이블은 다음과 같은 세 가지의 용도로 사용된다.
  - 첫째, 기본 용도로 호스트 컴퓨터에서 개발된 응용 프로그램의 기계어 파일을 타겟 머신으로 다운로드하여 프로그래밍(ISP: In System Programming)하는데 사용된다.
  - 둘째, MCU 모듈 및 실습회로 구동에 필요한 전원을 공급하는데 사용된다.
    - ▫ 컴퓨터의 USB 포트로부터 공급되는 전원은 +5V로 500mA까지 공급할 수 있기 때문에 본 교재의 모든 실습회로에 충분히 사용될 수 있다.
    - ▫ 컴퓨터의 USB 전원을 타겟 머신의 전원으로 사용하기 위한 설정은 아래의 ⑥번 항에서 더 자세히 설명될 것이다.
  - 셋째, 나중 11장에서 3선 직렬통신을 실습할 때 컴퓨터와 실습 회로 사이의 데이터 통신 선로로 사용된다.
- USB 케이블을 프로그램 다운로드용으로 사용할지 컴퓨터와 MCU간 시리얼 통신용으로 사용할지의 설정에 관해서는 ⑦번 항에서 자세히 설명될 것이다.

⑥ 전원 선택 점퍼

- JMOD-128-1 모듈 및 실습회로의 구동을 위해 USB 케이블을 통해 공급되는 컴퓨터의 전원을 사용할 것인지(점퍼 상태: ○◘◘) 아니면 외부의 별도 전원을 사용할 것인지(점퍼 상태: ◘◘○)를 선택한다.

- 처음 기본 상태는 ◘◘○ 로서 별도의 외부 전원을 사용하는 것으로 되어 있는데 교재의 실습에서는 USB 포트를 통해 공급되는 컴퓨터 전원을 사용할 것이기 때문에 핀 연결 캡을 빼서 점퍼 상태가 ○◘◘ 이렇게 되도록, 즉, 오른쪽 두 개의 핀끼리 연결되도록 수정해 주어야 한다.

※ 참고 1-3:

- 호스트 컴퓨터의 USB 포트로부터 공급되는 전원을 실습 전원으로 사용하는 것은 별도의 전원 어댑터를 사용하지 않으려는 편리성 때문인데 이때는 실습회로를 조립하고 운용할 때 과부하가 걸리지 않도록 아주 세심한 주의가 필요하다.
- 대부분의 컴퓨터 전원은 자체적인 보호 기능을 가지고 있긴 하지만 실습회로 쪽에서 불의의 과부하나 전원 단락(short) 사고가 발생할 경우 자칫 아무런 죄도 없는 호스트 컴퓨터의 전원이 손실을 입을 수도 있기 때문이다.

⑦ ISP/UART 선택 스위치

- ⑤번 항에서도 언급했듯이 USB 포트와 케이블을 프로그램 다운로드 용도로 사용할 것이냐 아니면 호스트-타겟 간 시리얼 데이터 통신용도로 사용할 것이냐를 선택하는 스위치이다.
- 기본 값은 스위치 손잡이가 왼쪽에 있는 상태로서 ISP(프로그램 다운로드) 모드이며 시리얼 통신을 하기 위해서는 스위치 손잡이가 오른쪽에 위치하는 상태로 전환해 주어야 한다.
- 이 스위치 설정에 대해서는 시리얼 통신을 취급하는 11장에서 자세히 설명하도록 하겠다.

⑧ Bluetooth, Zigbee 무선 모듈 인터페이스

- JMOD-128-1 모듈에 제이씨넷 회사의 Bluetooth, Zigbee 무선 모듈을 삽입하여 기능을 확장할 수 있도록 하는 커넥터이다.

※ 참고 1-4:

- 실습에 사용되는 LED들은 ATmega128 MCU의 핀에서 출력되는 전류로 바로 구동되기 때문에 별도의 5V 전원이 없어도 되지만 LCD 디스플레이 모듈이라든지 모터 드라이버 회로처럼 별도의 전원이 필요한 경우에는 브레드보드에 5V가 공급되어야 한다.
- 그런데 불행히도 JMOD-128-1 모듈에는 USB로부터 오는 5V 전원을 모듈 외부로 공급해 줄 수 있는 핀이 할당되어 있지 않다.
- Bluetooth 모듈과의 연결을 위한 전원 커넥터가 있지만 Bluetooth 모듈이 3.3V를 사용하기 때문에 우리의 실습 회로 전원으로 사용하기에는 부적당하다.
- 따라서 USB 전원의 5V를 브레드보드로 공급하기 위해서는 Bluetooth 모듈 삽입을 위한 확장 커넥터 핀들 중 사용되지 않는 핀을 골라 USB 전원의 +5V에 연결해 두고 나중 점퍼 선으로 이 전원을 브레드보드로 연결시켜 주면 된다.
- 따라서 그림 1.5와 같이 모듈의 뒷면에서 점퍼 선으로 전원 선택 점퍼의 중간 핀과 블루투스 확장 커넥터 중 사용되지 않는 핀을 연결하여 준다.

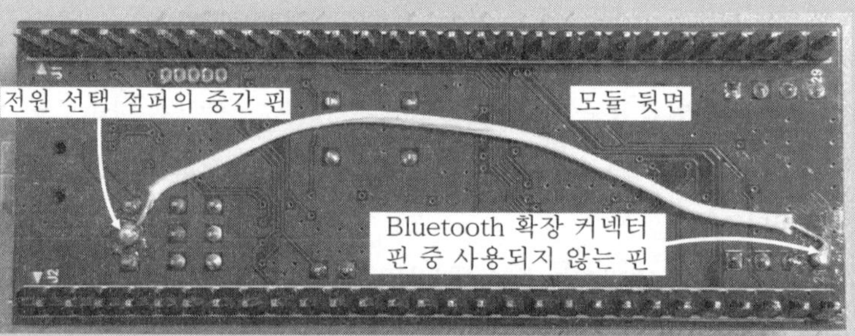

그림 1.5 모듈 외부로 5V 전원을 공급하기 위한 점퍼 선 연결

1.4.3 교재 실습을 위한 기초 준비

○ 앞으로 교재의 각 장에서 실시되는 모든 실습은 MCU의 핀에 해당 하드웨어 회로를 인터페이스 시키고 MCU를 프로그래밍하여 구동시키는 형식으로 진행된다.

○ 따라서 브레드보드의 적당한 장소에 MCU 모듈을 미리 삽입하여 두면 향후 각 장에서의 실습 회로를 조립하고 실습하는데 일관성과 편의성을 함께 취할 수 있다.

○ 저자는 그림 1.6과 같이 MCU 모듈의 위치를 정하였는데 이것은 앞으로 이 교재에서 실습하게 될 여러 가지 회로들을 조립할 때 MCU 모듈의 상하에 일렬로 배치된 포트 핀들을 효율적으로 이용하기 위한 것이다.

- 모듈의 아래쪽 맨 좌측 핀(EXT라는 이름이 붙어 있음)을 브레드보드의 B행 48열

에 있는 홀(hole)에 맞추고 모듈의 나머지 핀들이 브레드보드의 나머지 홀들과 나란히 일치하도록 위치를 맞춘 후 모듈의 윗부분에 균일한 힘이 가해지도록 조심해서 압력을 가해 브레드보드에 삽입한다.

- 그러면 모듈의 위쪽 핀들은 브레드보드의 위편 I 행에 삽입되게 된다.

○ 모듈을 이 위치에 배치하는 이유는 각 장에서 실습하는 회로 자체는 거의 모두가 아주 단순하여 최대 포트 2 ~ 3개 정도만 사용하면 되겠지만 혹시 여러 실습회로를 동시에 사용하는 종합적인 시스템을 구축하는 경우를 대비하여 MCU 모듈을 중심으로 아래 위쪽에 회로 조립을 위한 공간을 최대한 확보하자는 취지이다.

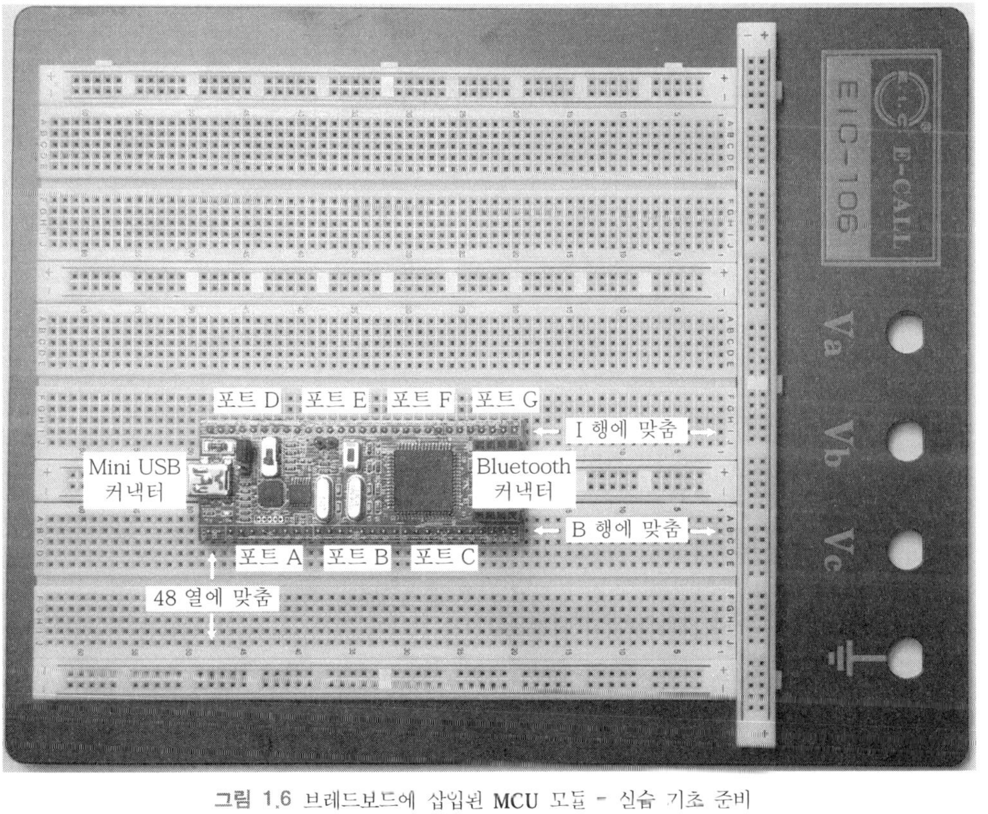

그림 1.6 브레드보드에 삽입된 MCU 모듈 - 실습 기초 준비

1.5 본 교재에서 다루고자 하는 실습 내용들

표 1.9에 본 교재에서 다루고자 하는 실습 내용들을 간략하게 정리 하였다.

표 1.9 본 교재의 실습 내용

실습 제목	실습 내용
LED 구동 (3장)	• LED 구동법 • 푸시버튼 스위치 입력으로 LED의 점등/소등을 제어하는 기법
음향 발생 (4장)	• 트랜지스터 스위치에 의한 스피커 구동 • 음계 및 음장 제어 기법
7 세그먼트 LED 구동 (5장)	• 세그먼트 데이터에 의한 숫자표시 기법 • 4자리 7 세그먼트 LED의 동적 구동 기법 • 푸시버튼 입력 사용 기법
LCD 문자 표시 장치 구동 (6장)	• 문자 표시를 위한 각종 함수 개발 • LCD 문자표시 장치를 이용한 메시지 표시 기법 • 소프트웨어에 의한 디지털 클럭 구현
인터럽트 응용 - 외부 인터럽트 (7장)	• 인터럽트 개념 및 ATmega128 MCU 인터럽트 이해 • 외부 인터럽트 체험 실습 - LED 구동 • 인터럽트 우선순위 체험 실습
인터럽트 응용 - 타이머 인터럽트 (8장)	• 8비트 타이머0을 이용한 타임베이스 틱 발생 실습 • 타임베이스 틱을 이용한 디지털시계 구동 실습
PWM 응용 (9장)	• PWM 펄스에 의한 모터 회전 속도 제어 실습 • PWM 펄스에 의한 음계 발생 실습
AD 변환기 응용 (10장)	• AD 변환기 원리, 구조 • AD 변환기에 의한 간단한 디지털 전압계 구현
RS-232 직렬통신 (11장)	• ATmega128 MCU의 USART 설정 기법 • 직렬 통신을 위한 기본 함수 개발 • ATmega128 MCU의 USART를 이용한 간단한 직렬통신 실습

1.6 MCU 모듈 추가 설명

1.6.1 클럭 발생 회로

- ATmega128 MCU의 내부회로는 플립플롭들로 구성된 수많은 순차회로(sequential circuit)들과 조합회로(combinational circuit)들로 구성되어 있다.
- 순차회로를 구동시키기 위해서는 반드시 클럭 펄스가 필요하기 때문에 ATmega128 MCU도 당연히 클럭 펄스를 필요로 하며 이의 발생을 위한 회로가 내장되어 있다.
- 1.1.2절과 1.4.2절에서도 언급했듯이 ATmega128은 8MHz까지의 클럭 펄스는 내부의 RC 발진기를 사용하여 발생시킬 수 있지만 그 이상의 주파수는 외부의 수정발진기를 사용하여야 한다.
- 우리의 실습에 사용되는 JMOD-128-1 모듈에서는 MCU의 구동에 16MHz의 클럭을 사용하고 있다.
- 만일 독자 여러분들이 나중 ATmega128 MCU를 사용하여 독자적인 응용 시스템을 설계할 경우에는 그림 1.7과 같이 외부 클럭 발진 회로를 구성하여 주면 되는데 이 회로의 구성과 소자 값은 ATmega128 데이터시트에서 예시한 그대로를 사용한 것이다.

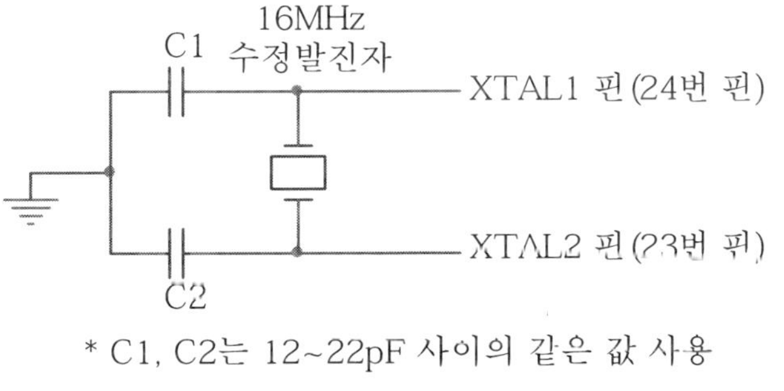

그림 1.7 수정발진기를 사용한 외부 클럭 발생 회로

1.6.2 파워 온 리셋(POR: Power On Reset) 회로

- MCU에 전원이 투입되면 내부의 모든 플립플롭들은 랜덤(random)한 값들을 가지게 되어 정상적인 초기 동작을 기대할 수가 없다.

○ 따라서 전원이 투입될 때마다 MCU 내부의 모든 플립플롭들을 적절한 초기치('0' 또는 '1')로 리셋 시키는 신호가 필요한데 이 신호를 파워 온 리셋 신호라고 한다.

○ ATmega128 MCU는 내부에 자체적인 파워 온 리셋 회로를 가지고 있지만 외부로부터 공급되는 리셋 신호를 받아들일 수 있는 $\overline{\text{RESET}}$ 핀(20번 핀)도 가지고 있다.

○ 핀의 이름에 bar('¯')가 붙어 있는 걸 보면 알겠지만 리셋 신호는 active low 신호로서 이 핀에 논리 '0'을 인가하면 MCU는 리셋 되어 초기화 된다.

○ 당연히 MCU가 정상적인 동작을 다시 시작하려면 이 리셋 신호가 해제 되어야 하는데 이것은 $\overline{\text{RESET}}$ 핀에 논리 '1'을 공급하면 된다.

○ 그림 1.8에 전원이 투입될 때마다 '0' → '1'의 리셋 펄스를 발생시키는 POR 회로의 기본형을 보인다.

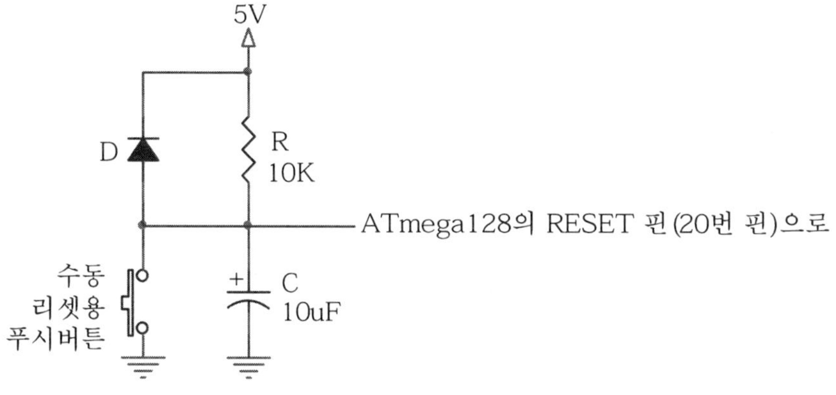

그림 1.8 파워 온 리셋 회로

(1) 전원 온(on) 시 POR 회로의 동작

○ 그림 1.9는 이 리셋 회로에 전원이 투입될 때 active low 리셋 신호로 사용될 수 있는 단발 부펄스(negative pulse)가 발생되는 원리를 보여 준다.

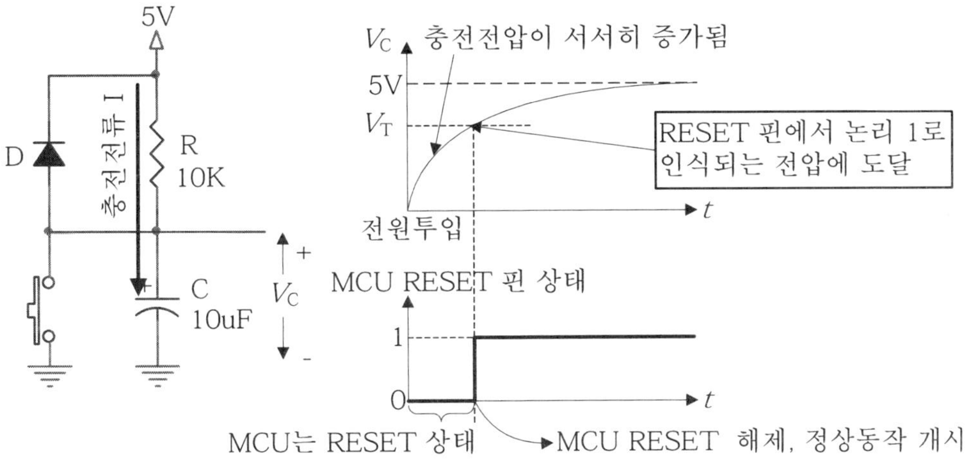

그림 1.9 전원 투입 시 active low 리셋 펄스 발생 원리 해석

- MCU에 전원이 투입될 때 커패시터 C가 완전 방선 상내였다면 커패시디 C 양단의 전압 V_C는 0V가 되고 이 전압은 논리 '0'으로 인식되어 MCU의 $\overline{\text{RESET}}$ 핀에 인가됨으로써 MCU는 리셋 상태에 들어간다.
- 전원이 투입되고 난 뒤 커패시터 C는 전원 5V로부터 저항 R을 거쳐 전류가 공급됨으로써 점점 충전되게 되고 커패시터의 충전전압 V_C는 그림 1.9와 같이 지수 함수적으로 증가한다.
- 어느 정도 시간이 경과되어 이 V_C 값이 MCU의 $\overline{\text{RESET}}$ 핀에 의해 논리 '1'로 인식되는 전압 레벨인 V_T보다 크게 증가되면 MCU의 리셋 상태는 해제되고 정상적인 동작을 시작하게 된다.
- 이때 V_C가 증가하는 기울기는 이 회로의 시정수(time constant)인 R(Ω)×C(F) 값에 반비례하는데 R×C 값이 작으면 V_C의 증가 기울기가 커져서 $\overline{\text{RESET}}$ 펄스폭이 짧아지고 R×C 값이 크면 V_C의 증가 기울기가 작아져서 $\overline{\text{RESET}}$ 펄스폭이 길어진다.
- 그림 1.9의 회로를 보면 푸시 버튼이 있는데 이 기능은 수동 리셋으로서 MCU가 어떤 프로그램을 수행하고 있는 중 사용자가 이 버튼을 누르면 커패시터 전압 V_C가 강제적으로 0V로 방전되어 MCU에 $\overline{\text{RESET}}$이 걸리고 버튼 누름이 해제되면 이 회로에 처음 전원이 투입되었을 때와 같은 양상으로 커패시터 전압 V_C가 서서히 증가하면서 단발의 리셋 펄스를 발생하게 된다.

- 이 기능을 이용하면 프로그램 테스트 도중 다시 초기 상태로부터 프로그램을 재실행시켜 보고 싶거나 또는 어떤 오류로 인해 프로그램 실행이 정상적이지 않을 때 전원을 껐다 켜지 않고 단순히 리셋 버튼만 누름으로써 초기상태부터 다시 실행을 시켜볼 수 있기 때문에 아주 편리하다.

(2) 전원 오프(off) 시 POR 회로의 동작

○ 그림 1.10은 전원이 꺼질 때 파워 온 리셋 회로의 동작을 설명한다.

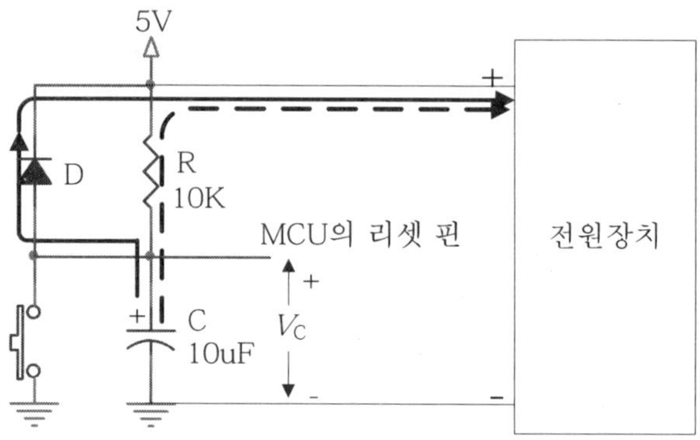

그림 1.10 전원이 꺼질 때 리셋회로의 방전 루프

○ 전원이 꺼지면 커패시터 C를 재빨리 방전시켜야 다음 전원 투입 시 똑같은 과정을 거쳐 정상적으로 새로운 리셋 펄스를 발생시킬 수 있다.

○ 전원이 꺼졌을 때 다이오드 D가 없다면 그림 1.10의 점선과 같이 저항 R을 통해 방전 루프가 형성되게 되며 충전 때와 비슷한 시간이 걸려 방전이 수행된다.

○ 이때 커패시터 방전 시간을 획기적으로 줄여서 빈번한 전원 온 오프에 대해서도 올바른 리셋 펄스가 발생되도록 하기 위해서는 방전 루프의 저항 값을 적게 해야 하는데 바로 다이오드 D가 그 역할을 수행한다.

○ 다이오드 D가 있음으로써 그림 1.10 회로의 실선으로 방전 루프가 형성되어 방전전류가 저항 값이 큰 R을 거치지 않고 작은 값을 갖는 다이오드의 온 저항을 경유함으로써 방전속도가 획기적으로 빨라지게 된다.

(3) 실제적인 POR 회로

○ 그림 1.8의 POR 회로는 훌륭하게 잘 동작한다.

○ 그러나 좀 더 안정적이고 avtive low RESET이나 active high RESET에 모두 대응될 수 있게 하려면 그림 1.11과 같이 인버터를 추가하여 사용하는 것도 좋은 방법이다.

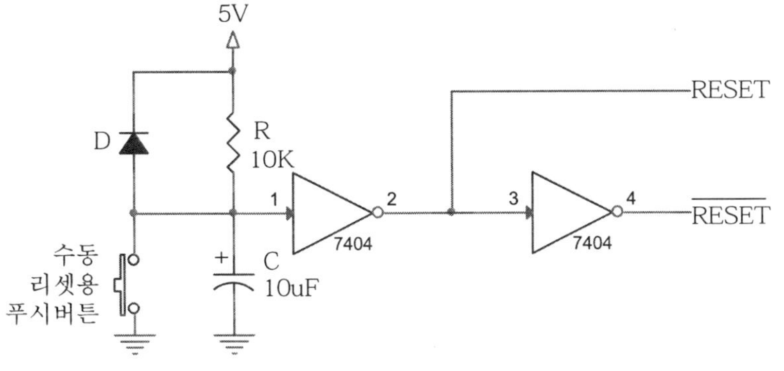

그림 1.11 실질적인 POR 회로

연습문제

E1.1 ATmega128 MCU에는 내부 SRAM이 몇 바이트나 있는가?

E1.2 ATmega128 MCU에는 내부 Flash ROM이 몇 바이트나 있는가?

E1.3 ATmega128 MCU에는 내부 EEPROM이 몇 바이트나 있는가?

E1.4 ATmega128 MCU에는 내부 AD 변환기가 있는가? 있다면 그 비트 수는? 또 AD 변환기에 연결시킬 수 있는 single ended 아날로그 입력은 몇 채널이나 있는가?

E1.5 ATmega128 MCU에서 범용 디지털 입출력용으로 사용할 수 있는 핀의 개수는 몇 개인가?

E1.6 ATmega128 MCU에서 범용 디지털 입출력용으로 사용할 수 있는 포트의 개수와 이름 및 데이터 폭을 정리하라?

E1.7 ATmega128 MCU의 내부 RC 발진회로에서 발생시킬 수 있는 클럭의 주파수는 최대 몇 MHz까지인가?

E1.8 ATmega128과 ATmega128L의 큰 차이점은 무엇인가?

E1.9 그림 1.2에서 포트 A의 비트 7에 논리 '0'을 출력시킬 때 LED에 불이 켜지게 하도록 회로를 수정하여 보라?

E1.10 ISP는 무슨 기능인가?

E1.11 ATmega128 MCU의 핀들 중 ISP에 사용되는 핀들은 어떤 것들이 있으며 그 기능은 무엇인가?

CHAPTER

02

실습 프로그램 개발환경 구축

여러분들은 1장에서 ATmega128이라는 MCU에 대해서 아주 조금이지만 소개 받았으며 실습에 필요한 재료와 실습 내용도 간단하게 소개 받았다.
그러면 당연히 여러분들은 이 마이크로컨트롤러와 실습재료들을 이용하여 뭔가를 해 보고 싶어지게 될 것이다.
마이크로컨트롤러를 사용하여 뭔가를 한다는 것은 응용회로를 설계해서 마이크로컨트롤러와 인터페이스 시킨 후 그 회로를 제어하는 프로그램을 개발하여 실행시킴으로써 어떤 결과를 얻는 것을 말한다.
이와 같이 주변 장치의 하드웨어를 구동시키는 프로그램을 개발하기 위해서는 그 개발 절차를 효율적으로 관리해 주는 환경을 구축하여야 하는데 이장에서는 앞으로의 교재실습에서는 물론 현장에서 마이크로컨트롤러 응용 시스템을 개발하고자 할 때 적용할 수 있는 기본적인 개발환경 구축에 대해서 설명하고 간단한 예시를 통해 직접 체험으로 익히고자 한다.
이 개발환경은 본 교재의 모든 실습을 수행하는데 가장 기초가 되는 집과 같은 것이고 앞으로 계속 사용될 것이기 때문에 설명의 과정을 잘 따라 가면서 완전히 숙지하기 바란다.
다음은 이 장에서 학습하고자 하는 내용을 구체적으로 정리한 것이며 본문의 내용도 이 순서에 따라 전개해 나갈 것이다.

- 마이크로컨트롤러 응용 시스템 개발 절차 이해
- 마이크로컨트롤러 응용 시스템 개발 환경 구축
  - AVR Series 마이크로컨트롤러 응용 시스템 개발을 위한 통합 환경 구축
  - 최신의 Atmel Studio 7을 기반으로 하는 통합 환경 구축
- 작업의 생산성을 높이기 위한 폴더 생성 및 관리 기법
- 통합 개발 환경을 이용한 테스트 프로젝트 개발 절차 실습

2.1 마이크로컨트롤러 응용 시스템 개발 절차

○ 다음은 마이크로컨트롤러를 응용하여 어떤 시스템을 개발할 때 고려해야 하는 일반적인 절차를 정리한 것이다.

○ 이 절차는 개발자에 따라 조금씩 다를 수 있지만 그래도 이 개념을 이해해야 개발의 각 단계별로 어떤 도구(tool)가 필요한지를 이해하게 되고 개발환경을 구축할 수 있기 때문에 주의 깊게 읽어 보기 바란다.

[마이크로컨트롤러 응용 시스템 개발 절차]

① 주어진 과제를 분석하여 하드웨어를 설계하고 제작한다.

- ○ 이 단계에서 필요한 작업은 다음과 같다.
  - 주어진 과제를 해결하는데 가장 적절한 마이크로컨트롤러를 선택한다.
    - 본 교재에서는 이미 마이크로컨트롤러로 ATMEL사의 ATmega128 MCU를 사용하기로 했기 때문에 이 과정은 생략된다.
  - 과제를 해결하는데 필요한 하드웨어를 설계하여 마이크로컨트롤러와 연결시킨다.
    - 본 교재에서 앞으로 실시될 모든 실습에서는 주어진 문제에 대한 하드웨어를 설계하고 MCU 모듈과 인터페이스 시키는 모든 절차가 자세히 설명되어 있기 때문에 실습을 진행하면서 자연스럽게 이 ①번의 과정은 익숙해 질 것이다.

② 제어 <u>프로그램</u>(다른 말로 <u>소스 프로그램</u>이라고 한다)을 작성한다.

- ○ 이 단계에서는 다음을 결정하여야 한다.
  - 프로그래밍에는 어떤 언어를 사용할 것인가?
    - 예전에는 주로 어셈블리어(Assembly Language)로 프로그램을 작성하였으나 이를 위해서는 프로세서의 내부 구조를 훤히 알고 있어야 하는데 요즘 사용되는 프로세서들은 너무나 복잡하여 전문가가 아니면 그 내부 구조를 속속들이 알고 100% 활용하는 프로그램을 작성한다는 것은 거의 불가능하다.
    - 다행히 요즘은 고수준 언어인 C 또는 C++ 언어로 프로그램을 작성하면 최적화 컴파일러가(Optimizing Compiler) 전문가 수준의 기계어 코드로 변환시켜주기 때문에 프로세서의 대략적인 구성만 알면 초보자도 쉽게 고품질의 프로그램을 작성할 수 있게 되었다.

- ○ 또한 이 단계에서는 다음과 같은 도구도 필요하다.
  - 소스 프로그램(source program)을 편리하게 작성하고 편집할 수 있는 문서 편집기(Text Editor)가 필요하다.

③ 작성된 프로그램을 ATmega128의 기계어로 번역한다(Compile - 컴파일이라 한다).

- ○ 이 단계에서는 컴퓨터에서 작성된 소스 프로그램을 ATmega128의 기계어로 번역하는 컴파일러(Compiler)가 필요하다.
  - 이것을 크로스 컴파일러(Cross Compiler)라고 하며 시중에는 ATmega128의 기계어를 발생시키는 크로스 컴파일러가 많이 있지만 우리는 linux 연구회에서 만들어서 무료로 배포하고 있는 avr-gcc 컴파일러를 사용하기로 한다.

④ 번역된 기계어를 타겟 머신(Target Machine: 우리의 경우는 ATmega128 MCU) 내의 프로그램 메모리(Flash ROM)에 써 넣는다.

- ○ 이 작업을 다운로드라고 하는데 이를 위해서는 ATmega128의 ISP 기능을 지원하는 다운로더(down loader)가 필요하다.
  - 우리가 사용하는 MCU 모듈은 USB 포트를 통해 ISP 기능을 지원하고 있다.

⑤ 타겟 머신에서 프로그램을 실행시켜 설계된 시스템의 동작 상태를 테스트 한다.

⑥ 실행 결과가 만족스러우면 ⑦ 단계로 진행

- ○ 실행에 오류가 있거나 불만족스러우면 프로그램 디버깅(debugging) 또는 수정을 위해 ② 단계로 되돌아간다.
- ○ 이 단계에서는 문제의 난이도에 따라 전용 디버거가 필요할 경우도 있다.

⑦ 개발 완료

- ○ 학습용 실습의 경우에는 이 단계에서 별도로 필요한 것은 없고 단지 자신이 설계하고 프로그래밍한 시스템의 동작을 관찰하면서 즐기면 그만이다.
- ○ 그러나 상용 시스템을 개발하는 것이라면 MCU 내의 프로그램에 대한 보호기능을 설정하여 외부에서 복제를 할 수 없도록 해 주는 등의 추가적인 작업이 필요하다.
- ○ 위의 단계 중 ② ~ ⑥ 단계를 편리하게 수행할 수 있도록 여러 가지 도구를 준비하여 유기적으로 결합시키는 것을 개발환경 구축이라고 하며 임베디드 시스템을 개발할 때 생산성을 결정짓는 아주 중요한 요인이 된다.

2.2 마이크로컨트롤러 응용 시스템 개발환경 구축

○ 이 절에서는 거창한 의미의 개발환경이라기 보다는 본 교재의 실습과제를 쉽게 구현하는데 필요한 정도의 기본 환경을 구축하고자 한다.

○ 그림 2.1에 본 교재에서의 실습에 사용하고자 하는 개발환경의 구성을 보인다.

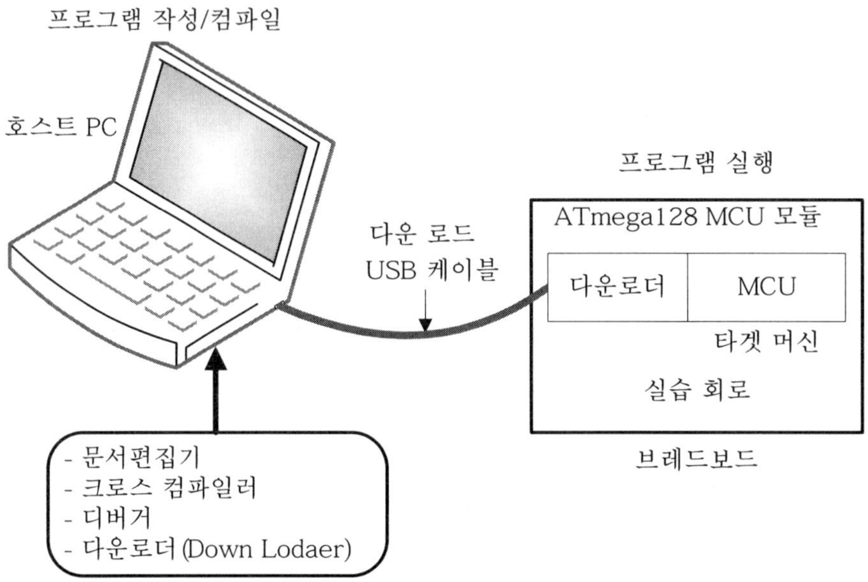

그림 2.1 교재의 실습을 위한 개발환경 구성도

○ 그림 2.1에서 보듯이 아주 초보적인 개발환경을 구축하드라도 기본적으로 호스트 컴퓨터와 타겟 머신 및 다운로더가 있어야 하는데 각각의 기능을 요약하면 다음과 같다.

- 호스트 컴퓨터는 그림 2.1에서 보는 것과 같이 응용 프로그램을 개발하기 위한 컴퓨터이다.
- 타겟 머신은 컴퓨터에서 개발된 소프트웨어를 다운 받아 실행하는 MCU를 말하며 우리의 경우는 ATmega128 MCU이다.
- 또한 다운로더 하드웨어가 필요한데 시중에 ATmega 계열 MCU의 ISP를 지원하는 하드웨어 플랫폼(Platform)이 여러 가지가 있으나 대부분 가격이 비싸고 기능이 복잡하여 초보자가 사용하기는 만만하지가 않다.

– 1장에서 우리는 이미 쉽게 구할 수 있고 디바이스 드라이버 하나만 설치하면 Atmel Studio에서 제공하는 ISP 기능과 연동되는 JMOD-128-1이라는 모듈을 사용하기로 했다.

- 마지막으로 바로 위에 언급한 하드웨어들을 유기적으로 결합하여 통합적인 개발환경을 구축하기 위해 컴퓨터에 설치되어야 있어야 하는 소프트웨어들은 다음과 같다.

① 문서편집기 프로그램
  – 소스 프로그램을 편집하는데 사용된다.

② 크로스 컴파일러 프로그램
  – 호스트 컴퓨터에서 작성된 소스 프로그램을 타겟 머신인 ATmega128 MCU의 기계어로 번역한다.

③ 디버거(Debugger)
  – 응용 프로그램을 소스 코드 수준에서 디버깅할 수 있도록 하는 도구이다.
  – AVR 전용 에뮬레이터(emulator)와 결합하여 사용하는 고수준 디버깅으로부터 에뮬레이터 없이 시뮬레이션에 의한 디버깅까지 다양하게 준비되어 있다.

④ 다운로더 프로그램
  – 컴퓨터에서 생성된 기계어 프로그램을 타겟 머신인 ATmega128 MCU의 프로그램 메모리(Falsh ROM)로 전송하여 저장하는데 사용되는 프로그램을 말한다.
  – 본 실습에서는 USB 케이블을 사용하여 프로그램을 다운로드하며 이를 위한 전용 디바이스 드라이버(device driver)가 필요하다.

2.2.1 교재의 예제 실습을 위한 통합 환경 구축

○ 통합 개발환경이라는 것은 위에서 설명한 개발환경 구성요소들을 통합하여 소스 프로그램 작성에서부터 기계어로의 번역, 타겟 머신으로 다운로드하여 실행시키고 필요한 경우 디버깅까지 할 수 있는 모든 기능이 하나의 화면 내에서 이루어 질 수 있도록 구성된 것을 말한다.

○ 즉, 통합 개발환경을 구축하기 위해서는 문서편집기, 컴파일러 및 다운로더가 조화롭게 설치되어 상호 협동체제가 구축되어 있어야 한다.

(1) 문서편집기 및 컴파일러 통합 설치

○ 과거에는 ATmega128 MCU의 제조사인 ATMEL 사에서 자체 개발하여 무료로 배포한 통합 환경 프로그램 AVR STUDIO가 널리 사용되었는데 이 프로그램은 문서편집기,

어셈블러(Assembler), 디버거(debugger), 다운로더(down loader) 등 응용 프로그램 개발에 필요한 모든 것을 내장하고 있지만 정작 중요한 C 컴파일러가 없었다.

○ 다행히 저자가 이 책을 저술하는 지금에는 최신 버전인 Atmel Studio 7이 배포되고 있으며 컴파일러도 내장하고 있어서 한 번의 설치로 모든 것이 준비된다.

○ 따라서 본 교재에서는 Atmel Studio 7을 사용하여 통합 환경을 구축하고자 한다.

○ Atmel Studio 7은 Atmel 홈페이지에서 다운로드 할 수 있고 web installer 버전과 offline installer 버전이 있는데 어느 것을 사용해도 관계없으며 설치과정은 약간의 시간이 소요되지만 몇 번의 next 버튼 클릭만으로 쉽게 완료되기 때문에 여기서는 별도의 설명을 하지 않기로 한다.

○ 단, 맨 마지막 설치 완료 팝업 메뉴에서 바로 Atmel Studio가 기동되지 않도록 Launch Atmel Studio 7.0 체크 박스의 체크를 해제하고 Close 버튼을 눌러 설치를 종료하도록 한다.

※ 참고 2-1:

- Atmel Studio 7은 ATMEL사의 최신 프로세서들을 모두 취급할 수 있고 개발자의 편의를 위한 강력한 기능들을 갖추고 있는 전문 개발 도구이다.
- 따라서 메뉴와 기능이 다소 복잡해서 초보자가 접하기는 쉽지 않지만 본 교재에서는 많은 기능과 메뉴들 중 우리의 실습을 수행하는데 필요한 정도의 사용법에 대해서만 정리하도록 할 것이다.

(2) USB 디바이스 드라이버 설치

○ 실습에 사용되는 MCU 모듈은 USB 통신을 통해 호스트 컴퓨터와 연결되기 때문에 이를 구동하기 위한 USB 디바이스 드라이버를 설치해 주어야 한다.

○ 이 드라이버 프로그램의 이름은 CP210x_VCP_Win_XP_S2K3_Vista_7.exe로서 제이씨넷 회사의 홈페이지(www.jcnet.co.kr) 자료실에서 다운로드 할 수 있다.

○ 이 드라이버의 설치과정도 몇 번의 next 버튼 클릭만으로 완료되기 때문에 설치에 관한 더 이상의 자세한 설명은 생략하도록 하겠다.

※ 참고 2-2:

- 이상 설명한 통합적인 개발환경 구축 절차를 요약하면 다음과 같다.
  ① Atmel Studio 7을 설치한다. (www.atmel.com)
  ② CP210x_VCP_Win_XP_S2K3_Vista_7.exe를 실행시켜 USB 디바이스 드라이버를 설치한다. (www.jcnet.co.kr)

2.2.2 프로그램 개발 폴더 관리

○ 이 절은 앞으로 교재를 학습하면서 여러 가지 실습 프로그램을 개발 할 때 각각의 소스 프로그램 파일은 어느 폴더에 두고 컴파일 결과 생성된 기계어 파일은 어디에 둘 것인지 등에 대한 지침 또는 경험을 알려 주기 위한 절이다.

○ 일단 이 교재에서 개발되는 많은 프로그램들을 하나의 폴더에 저장한다면 각 장, 각 예제의 프로그램들끼리 뒤섞여서 구분하기도 힘들고 관리하기가 깔끔하지 않을 것이라는 것은 누구나 상상할 수 있을 것이다.

○ 이 문제를 해결하기 위해서는 각 장마다 별도의 폴더를 만들어서 프로그램들을 작성하고 저장하면 된다.

○ 그런데 우리가 프로그램을 개발하다 보면 LCD 모듈에 문자를 디스플레이하는 함수나 딜레이(delay) 함수와 같이 여러 예제에서 공통으로 사용되는 함수들이 있다.

○ 이를 위해 각 예제의 폴더마다 이 함수들을 복사해 두면 동일한 파일이 여러 폴더에 존재하게 되어 시스템 자원의 이용효율성을 크게 떨어뜨리게 된다.

○ 따라서 이런 공통적인 파일들을 따로 모아서 별도의 폴더에 저장하여 두고 필요로 하는 프로그램에서 #include 문을 통해 불러서 사용하게 하면 시스템 자원의 이용효율성을 크게 높임은 물론 전반적인 프로젝트 관리를 아주 체계적으로 할 수 있게 된다.

○ 그림 2.2에 Atmel Studio 7로 3장에서 다루게 될 예제 ex3-1의 프로젝트를 생성시켰을 때 만들어지는 폴더 구조를 보여준다.

○ Atmel Studio 7을 기동하여 기본 상태로 새로운 프로젝트를 생성시키면 그림 2.2와 같은 폴더 구조가 생성되는데 굵은 실선 네모안의 폴더들은 프로그래머가 의도적으로 이름과 위치를 지정하여 생성되는 폴더들이고 가는 실선 네모안의 폴더들은 Atmel Studio 7의 프로젝트 생성 마법사(Wizard)와 컴파일러에 의해 만들어지는 폴더들이다.

○ 굵은 점선 네모안의 2개 폴더들은 Solution Directory라고 하며 프로젝트의 소스 파일 및 타겟 머신으로 다운로드 될 기계어 파일이 저장되는 곳이다.

- Atmel Studio 7로 새로운 프로젝트를 생성시킬 때 이 Solution Directory를 별도로 만들 것인지 말 것인지를 선택할 수 있는데 여기에 대해서는 이장의 뒷부분에서 실제 프로젝트 생성 실습을 할 때 다시 언급하도록 하겠다.

○ 앞으로 본 교재의 모든 실습은 그림 2.2의 구조를 따라서 수행될 것이기 때문에 여기서는 이 폴더 구조에 대해 좀 더 자세히 설명하고자 한다.

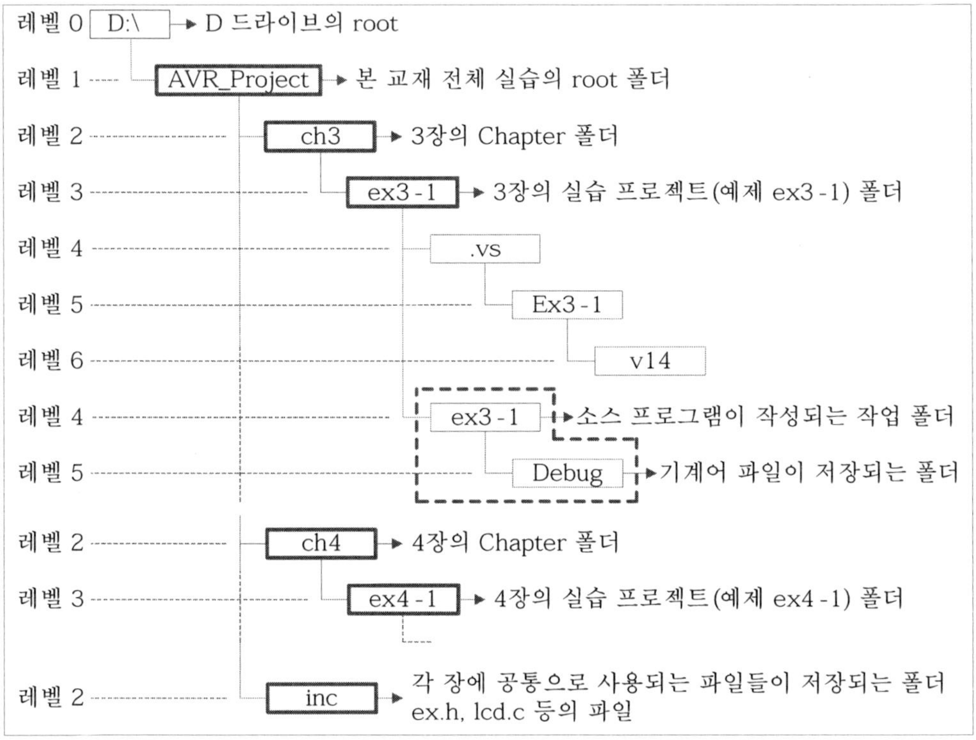

그림 2.2 교재의 예제 프로젝트들을 관리하기 위한 폴더 구조(Atmel Studio 7 사용)

○ 그림 2.2는 윈도우 파일 탐색기 형태의 폴더 구조를 보여주고 있는데 이런 구조를 트리 구조(tree structure)라고 하며 모든 폴더들의 시발점을 root라고 한다.

○ 그림의 왼쪽에는 편의상 레벨 번호를 붙여 놓았는데 드라이버 root의 레벨이 0이기 때문에 레벨 번호가 낮을수록 상위 레벨 폴더가 된다.

○ 저자는 설명의 편의를 위해 D 드라이브(독자들의 컴퓨터 환경에 따라 C, E,.. 등 어떤

드라이브를 사용해도 관계없다)의 root 바로 아래 레벨 1에 "AVR_Project"라는 이름의 폴더를 만들고 그 하위 레벨에 본 교재의 실습 프로젝트들에서 생성되는 모든 폴더 및 파일들을 각 장, 각 실습 예제별로 구분하여 관리하고자 한다.

○ 따라서 레벨 2에는 각각의 장을 구분하는 Chapter 폴더(ch3, ch4, ... 등)를 만들고 레벨 3에는 각 장에서 수행하는 예제별로 프로젝트 폴더를 생성시켜주면 된다.

○ 그림 2.2에서 레벨 4 이하의 가는 실선 네모로 표시된 나머지 폴더들은 Atmel Studio 7의 프로젝트 생성 마법사와 컴파일러에 의해 자동으로 생성되는데 레벨 4에 실습 예제 ex3-1의 프로젝트 이름(ex3-1)과 같은 이름을 갖는 폴더가 만들어지고 여기에 프로그래머가 작성하는 소스 프로그램이 저장되며 소스 프로그램의 컴파일 결과 만들어지는 기계어 파일 ex3-1.hex와 ex3-1.elf들은 그 하위에 생성되는 Debug 폴더에 저장되게 된다.

- Atmel Studio 7에서는 레벨 4의 ex3-1 폴더와 그 아래 레벨 5의 Debug 폴더를 Solution Directory라 하고 ex3-1 폴더에서 실제 프로그램의 작성이 이루어지기 때문에 이를 다른 말로 작업 디렉터리(working directory) 또는 작업 폴더라고 한다.
- 우리는 나중 Debug 폴더에 저장되어 있는 ex3-1.elf 또는 ex3-1.hex 파일을 MCU의 프로그램 메모리로 다운로드하여 실행시키게 된다.

○ 그림 2.2의 맨 아래쪽 레벨 2에 있는 "inc" 폴더는 이 교재를 학습하면서 개발하게 될 모든 실습 프로그램들에서 공통적으로 사용되는 파일들을 저장하기 위한 폴더로 우리가 의도적으로 만드는 폴더이다.

- 이 폴더는 나중 3장을 실습할 때 처음 만들게 될 것이다.
- inc라는 이름은 include의 앞부분 세 글자를 딴 것으로서 나중 각 장의 예제 프로그램들을 작성할 때 이 폴더의 파일들 중 필요한 것이 있으면 #include 명령문으로 프로젝트 파일로 읽어 들여 사용하면 된다..

○ 모든 ATmega128 응용 프로그램 개발 시 맨 처음

```
#include <avr/io.h>
```

라는 컴파일러 명령문이 필수적으로 사용되어야 하며 시간지연(time delay)를 얻기 위해 avr-gcc 컴파일러 라이브러리의 딜레이 함수를 사용해야 하는 경우

```
#define   F_CPU  16000000UL
#include  <util/delay.h>
```

라는 컴파일러 명령문 역시 필수적으로 사용되어야 한다,

○ 따라서 ex.h라는 파일을 만들어서 위에 있는 3줄의 명령문들을 입력한 다음 inc 폴더에 저장하여 두고 모든 응용 프로그램의 선두에서

```
#include  "ex.h"
```

라는 한 줄의 컴파일러 명령문을 넣어주면 나중 컴파일러가 이 프로그램을 번역할 때 ex,h라는 파일을 불러와서 프로그램에 포함시키게 되고 자연스럽게 위의 3개 컴파일러 명령문들이 프로그램에 포함되기 때문에 아주 편리하다.

○ 그런데 여기서 한 가지 중요한 점은 컴파일러는 #include "ex.h" 명령문을 만나면 프로그램 소스 파일이 만들어지고 있는 현재의 작업 폴더 내에서 ex.h라는 파일을 찾는다는 사실인데 그림 2.2와 같은 폴더 구조를 사용하는 경우 ex.h 파일은 현재의 작업 폴더에 있지 않고 현재 레벨보다 2 레벨 위에 있는 inc라는 폴더 내에 있기 때문에 당연히 "file not found"와 같은 오류가 발생된다.

- 이 오류를 방지하고 정상적인 컴파일이 되도록 하기 위해서는 현재 작업 폴더로부터 "ex.h" 파일이 있는 inc 폴더까지의 경로(path)를 컴파일러에게 알려 주어야 한다.
- 그림 2.2와 같은 구조에서는 현재 작업 폴더인 레벨 4의 ex3-1 폴더로부터 inc 폴더에 이르는 경로를 다음과 같이 지정해 주면 된다.

```
#include  "../../../inc/ex.h"
```

※ 참고 2-3:

- PC의 초창기 OS였던 MSDOS(Microsoft Disk Operating System)에 뿌리를 두고 있는 윈도우즈(Windows) 환경에서는 폴더 경로를 표기할 때 레벨사이를 구분하기 위해서 '₩'(back slash라고 한다)를 사용해야 하는데 위의 명령문에서는 '/'(slash)를 사용하고 있음을 볼 수 있다.
- 경로명에 '/'를 사용하는 것은 UNIX 또는 LINUX 운영체제에서 사용하는 방식인데 우리가 사용하는 avr-gcc 컴파일러가 LINUX를 기반으로 만들어졌다는 사실을 알고 나면 이해가 될 것이다.
- 그런데 고맙게도 avr-gcc 컴파일러에서는 LINUX 기반의 '/'는 물론 DOS 기반의 '₩'도 모두 사용가능하도록 하고 있다.
- 경로명에는 또 '.' 이나 '..'이 사용되는데 '.'는 현재 폴더를 의미하고 '..'는 현재 폴더보다

한 레벨 상위를 의미한다.

- 그런데 그림 2.2에서 예를 들어 현재 작업 폴더인 ex3-1 폴더에서 inc 폴더에 있는 ex.h라는 파일을 include 시키려고 하면 현재 폴더에서는 ex.h 파일이 바로 보이지 않기 때문에 현재 폴더 위치부터 ex.h 파일이 있는 inc 폴더까지의 경로를 알려 주어야 한다.
- ex.h 파일이 inc 폴더 내에 있고 inc 폴더는 AVR_Project 폴더의 한 레벨 아래에 있기 때문에 현 작업 폴더에서 ex.h 파일을 액세스하기 위해서는 우선 현재 작업 폴더(레벨 4)로부터 inc 폴더를 볼 수 있는 AVR_Project 폴더 레벨(레벨 1)로 이동해야 한다.
- 이를 위해서는 현재 폴더 보다 3 레벨 위로 이동해야 하는데 ../../.. 명령이 바로 그 기능을 수행하는 명령으로서 상위 레벨로 이동하는 .. 기호가 3번 사용되었음을 볼 수 있고 여기서 세 개의 .. 사이에 있는 /는 레벨 사이를 구분하는 역할을 한다.
- 따라서 작업 폴더에서 ../../..를 수행하면 3 레벨 위에 있는 AVR_Project 폴더 레벨로 이동하게 되고 여기서 보이는 inc 폴더로 이동해서 inc 폴더 내에 있는 ex.h 파일을 액세스하기 위한 완전한 명령은 #include "../../../inc/ex.h"가 되는 것이다.

※ 참고 2-4:

- 그림 2.2에서 굵은 실선 네모 안의 폴더 이름들, AVR_Project와 ch3, ch4, ... 및 ex3-1 들은 프로그래머가 지정하는 이름들로서 이 이름들은 독자 여러분들의 기호에 맞게 수정해서 사용해도 무방하다.
- 특히 본 교재 전체 실습의 root 폴더에 해당하는 AVR_Project 폴더 이름은 여러 사람이 하나의 컴퓨터를 공유해서 실습하는 경우 서로간의 혼선을 피하기 위해 각 사용자의 이름으로 수정하는 것도 좋은 방법이다.

2.3 통합 환경을 이용한 프로젝트 개발 연습

○ 이제 응용 프로젝트를 개발하는데 필요한 통합 환경이 구축되있으니 간단한 예제 프로그램을 작성하고 다운로드하여 실행시키는 연습을 해 보자.

○ 프로젝트 개발 연습을 할 수 있기 위해서는 당연히 참고 2-2에서 언급한 소프트웨어(Atmel Studio 7 및 USB 디바이스 드라이버)들이 설치되어 있어야 한다.

○ 또한 프로그램을 작성하여 테스트 할 마이크로컨트롤러 응용회로가 준비되어 있고 프로그램을 개발하는 컴퓨터와 응용 회로를 구동하는 ATmega128 MCU 모듈이 USB 케이블로 연결되어 있어야 한다.

○ 여기서는 프로젝트 개발 절차를 학습하는 것이 목적이므로 가장 단순한 응용회로, 즉, 하나의 LED를 마이크로컨트롤러의 포트에 연결시켜 점등하는 과제를 수행하고자 한다.

- 이를 위해서는 200 ~ 500Ω 정도의 저항 한 개와 색상에 관계없이 보통의 LED 한 개만 있으면 된다.
- 실습을 위해 브레드보드에 회로를 조립하는데 LED의 애노드 단자(다리가 긴 쪽)는 ATmega128 MCU의 PA0 핀(포트 A의 비트 0 핀)에 연결되도록 하고 캐소드 단자(다리가 짧은 쪽)는 저항의 한쪽 단자에 연결되도록 한 뒤 저항의 다른 단자를 MCU 모듈의 접지 핀에 연결되도록 해주면 끝이다.
- 그림 2.3에 회로를 브레드보드에 조립 후 USB 케이블로 컴퓨터(호스트 머신)와 MCU 모듈(타겟 머신)을 연결한 상태를 보여 준다.

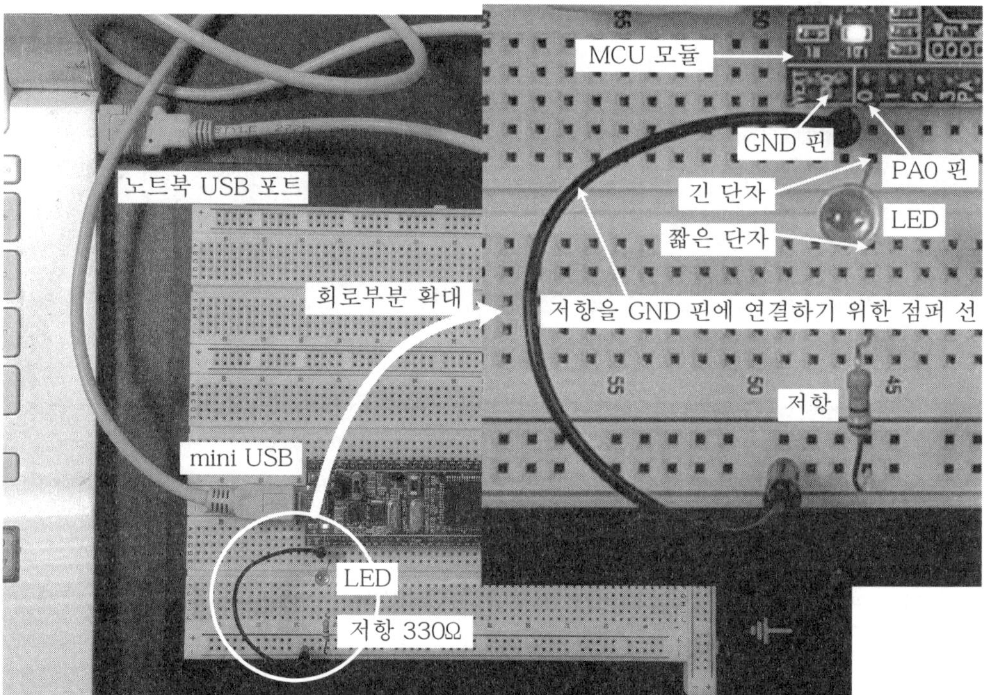

그림 2.3 프로젝트 개발 연습회로가 브레드보드에 조립된 모습

○ 자, 이제 연습을 위한 하드웨어가 준비되었으니 Atmel Studio 7을 이용하여 새로운 프로젝트를 생성시켜 응용 프로그램을 만들고 기계어로 번역한 뒤 다운로드 하여 하드웨어를 구동하는 전체 과정을 연습해 보도록 하자.

- 여기서 연습하는 이 과정은 앞으로 본 교재의 모든 실습에 적용되는 필수적인 절차이므로 잘 숙지하기 바란다.
- 다만 이 시점에서는 프로그램을 구성하는 각 명령문들의 의미를 모르는 것이 당연하기 때문에 프로그램 내용에는 신경 쓰지 말고 하나의 프로그램이 개발되어 최종적으로 하드웨어를 구동하기까지의 과정에만 집중하여 연습하기 바란다.

① Atmel Studio 7을 기동한다.

- 기동 후 초기 화면은 그림 2.4와 같다.
- 화면의 좌측 창(굵은 화살표가 가리키는 창)은 새로운 프로젝트를(New Project) 시작할 것인지 기존 프로젝트를 오픈(Open) 할 것인지를 선택하는 창이다.
- 그 아래 Recent Projects(최근 프로젝트) 창은 현재 빈 칸으로 되어 있는데 최근 작업했던 프로젝트의 리스트를 보여 주고 선택할 수 있도록 하는 창이다.
- 화면에는 이 Recent Projects 창외에도 Open Project라는 버튼이 있어서 기존의 프로젝트를 바로 열어서 편집할 수도 있다.

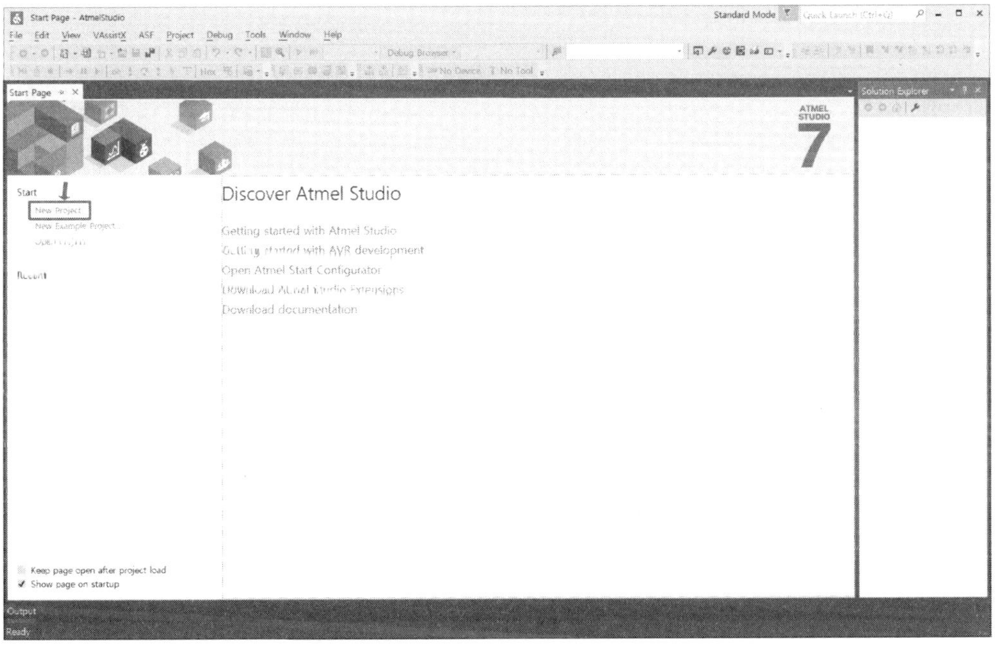

그림 2.4 Atmel Studio 7 기동 초기 화면

② 그림 2.4의 화살표가 가리키는 New Project 버튼을 클릭하여 그림 2.5와 같이 새로운 프로젝트 생성 과정을 시작한다.

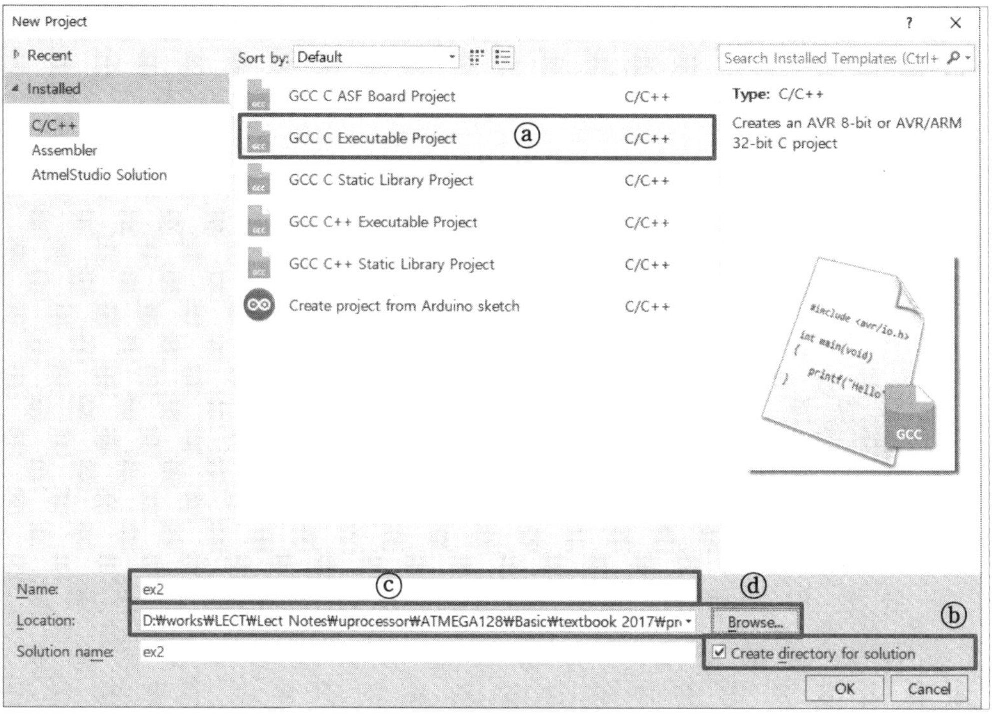

그림 2.5 프로젝트 형태 선택 및 기본 내용 입력 화면

- 그림 2.5에서 ⓐ ~ ⓓ로 표시된 칸의 내용을 선택 또는 입력을 한다.
  - ⓐ 마우스로 GCC C Executable Project 항을 선택한다.
    - 이것은 우리가 앞으로 C 언어로 작성된 실행 가능한 프로젝트를 개발할 것이라는 사실을 Atmel Studio에게 알려 주는 것이다.
  - ⓑ Create directory for solution 체크 박스는 그대로 둔다.
    - 앞에서 언급했듯이 컴파일러가 소스 파일을 컴파일 할 때 현재 작업 폴더의 하위에 자동적으로 몇 개의 폴더를 생성시킨다.
    - 이때 이 박스가 체크되어 있으면 C 소스 파일과 최종 결과물인 기계어 파일(.hex 및 .elf)을 전용 Solution 폴더에 저장하고 체크가 해제되어 있으면 기존 자동 생성된 경로의 지정된 폴더에 저장하게 된다.
    - 우리의 실습에서는 프로젝트 파일이 어디에 저장되든 큰 문제가 될 것이 없기 때문에 여기서는 그냥 기본 상태로 진행하도록 하겠다.

– 참고로 체크가 되어 있을 때와 체크가 해제되었을 때 컴파일러에 의해 생성되는 폴더 구조를 그림 2.6에 보인다.
– 그림 2.6(a)는 전용 Solution 폴더를 생성시킨 경우로서 이 경우는 작업 폴더가 레벨 4에 있게 되고 그림 2.6(b)는 Create directory for solution 체크 박스의 체크를 제거하여 전용 Solution 폴더를 생성시키지 않은 경우로서 작업 폴더가 레벨 3에 있게 된다.
– 그림 2.6 (a), (b) 어느 경우를 사용해도 되지만 나중 작업 폴더에서 작성되는 프로그램에서 inc 폴더에 있는 파일을 include 하고자 할 때 레벨의 차이가 있기 때문에 그 점만 주의해 주면 된다.
– 즉, (a)와 같은 폴더 구조에서는 앞에서 했던 것처럼 #include "../../../inc/ex.h"로 해 주면 되고 (b)와 같은 폴더 구조에서는 #include "../../inc/ex.h"와 같이 해 주면 된다.
– 우리는 (a)의 구조를 사용하기로 한다.

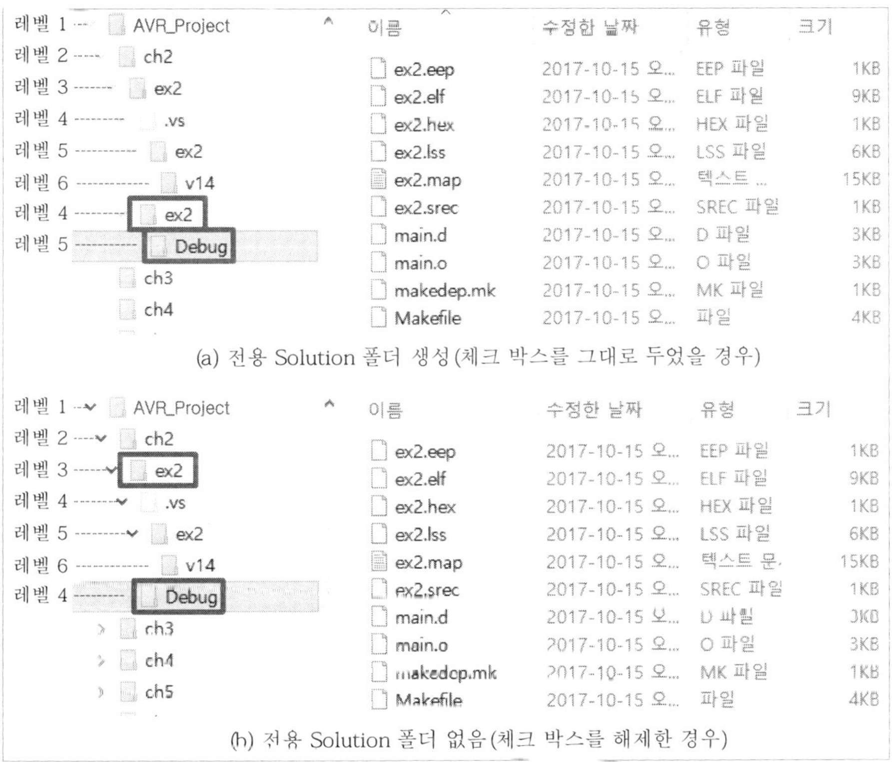

(a) 전용 Solution 폴더 생성(체크 박스를 그대로 두었을 경우)

(b) 전용 Solution 폴더 없음(체크 박스를 해제한 경우)

그림 2.6 Create directory for solution 체크 유무에 따라 생성된 폴더 구조 비교

ⓒ 프로젝트 이름을 입력한다.
– 지금 여기서는 2장에서의 예제를 취급하기 때문에 필자는 ex2라고 하였는데 나중 이 이름은 기계어 파일에도 그대로 적용된다.

ⓓ 프로젝트 작업 폴더의 경로(path)를 지정한다.

- 이 부분의 그림 2.2에서 강조했던 우리 교재의 폴더 관리와 관계되는 부분으로서 그림 2.6을 보면 AVR_Project\ch2\ex2\....로 되어 있다.
- 따라서 만약 D 드라이브에서 작업 한다면 네모 상자 안에 d:\AVR_Project\ch2라고 바로 입력을 해도 되고 네모상자 오른쪽에 있는 Browse 버튼을 클릭하여 윈도우 파일 탐색기를 이용하고 마우스의 오른쪽 버튼으로 "새 폴더"를 생성하여 입력해도 된다.

※ 참고 2-5:

- 키보드로 입력하든 위도우 탐색기와 마우스를 이용하든 ⓓ에 입력하는 경로 및 폴더 이름은 "d:₩AVR_Project₩ch2"로 ch2(2장이라는 의미)까지만 입력하면 되며 나머지 하위 폴더들은 Atmel Studio의 프로젝트 생성 마법사가 위의 ⓒ에서 입력한 프로젝트 이름 ex2를 사용하여 스스로 생성시켜 준다.
- 앞으로 계속 실시하게 될 3장, 4장, ... 의 실습에서는 AVR_Project라는 폴더는 이미 생성되어 있기 때문에 그 하위에 ch3, ch4, ... 라는 이름의 폴더들만 생성시켜 주면 된다.

③ 그림 2.5의 ⓐ ~ ⓓ에 대한 입력이 완료되면 OK 버튼을 클릭하면 그림 2.7과 같은 디바이스 선택 화면이 호출된다.

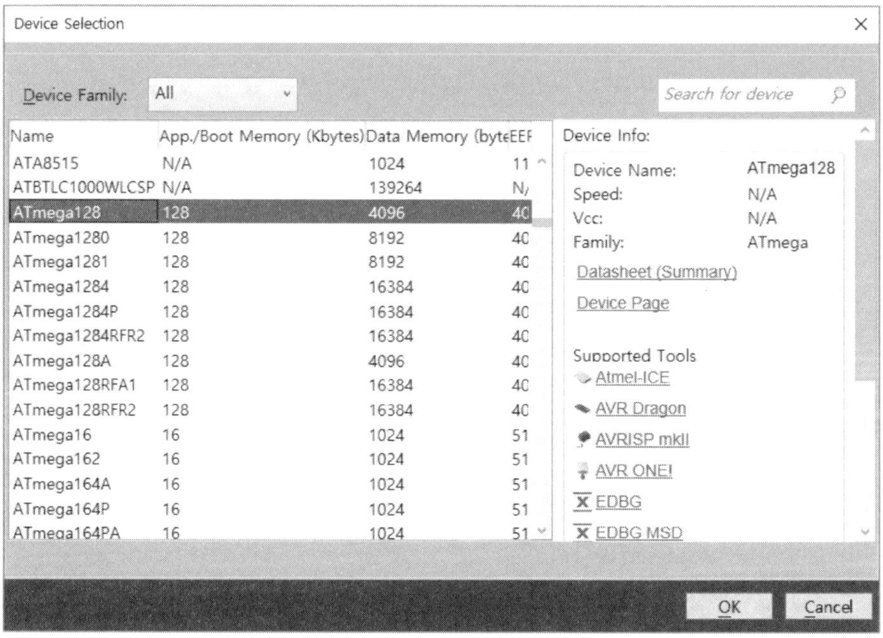

그림 2.7 디바이스 선택 화면

- 여기서 디바이스라는 것은 사용하는 타겟머신, 즉, 마이크로컨트롤러를 의미하며 왼쪽 화면을 스크롤하여 ATmega128을 선택한 다음 OK 버튼을 누르면 된다.

④ OK 버튼을 클릭하면 새 프로젝트 생성이 완료되면서 그림 2.8과 같이 새 프로젝트의 프로그램을 작성하는 화면이 기동된다.

- 그림 2.8의 Build와 Build Solution 아이콘들은 나중 프로그램 작성이 완료되고 기계어를 생성시킬 때 설명되고 사용될 것이다.

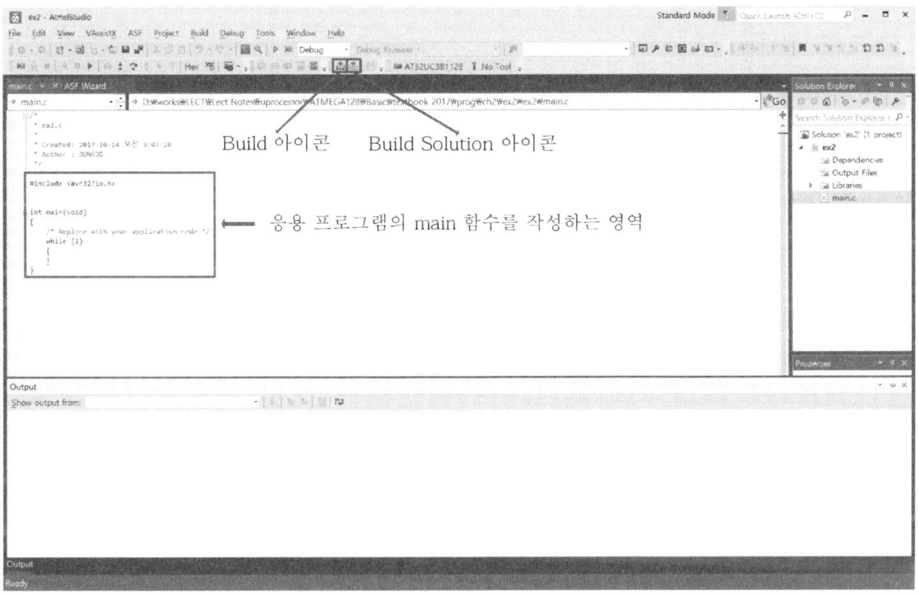

그림 2.8 응용 프로그램 작성화면

⑤ 그림 2.8의 네모 상자로 표시된 부분에 다음의 프로그램을 입력한다.

- 여기서 테스트용으로 입력하는 프로그램은 아주 간단하며 프로그램 소스 코드는 그림 2.9와 같다.
- 실제 프로그램 입력은 int main 줄과 맨 마지막 '}' 사이에 있는 3줄만 하면 된다.

```
 * Created: 2017-10-14 오전 9:07:28
 * Author : JUNGJD
 */

#include     <avr/io.h>

int main(void) {

    DDRA |= 0x01;

    PORTA |= 0x01;

    while(1);
}
```

그림 2.9 테스트 프로그램이 입력된 모습

⑥ 테스트 프로그램 입력이 끝나면 기계어를 생성시킨다.

- Atmel Studio에서는 이 작업을 Build라고 하는데 메인 창의 Build 메뉴를 사용하여 실행할 수도 있고 단축키를 사용해서 실행할 수도 있다.
- 그림 2.10에 Build 메뉴를 클릭했을 때의 모양을 보여 준다.

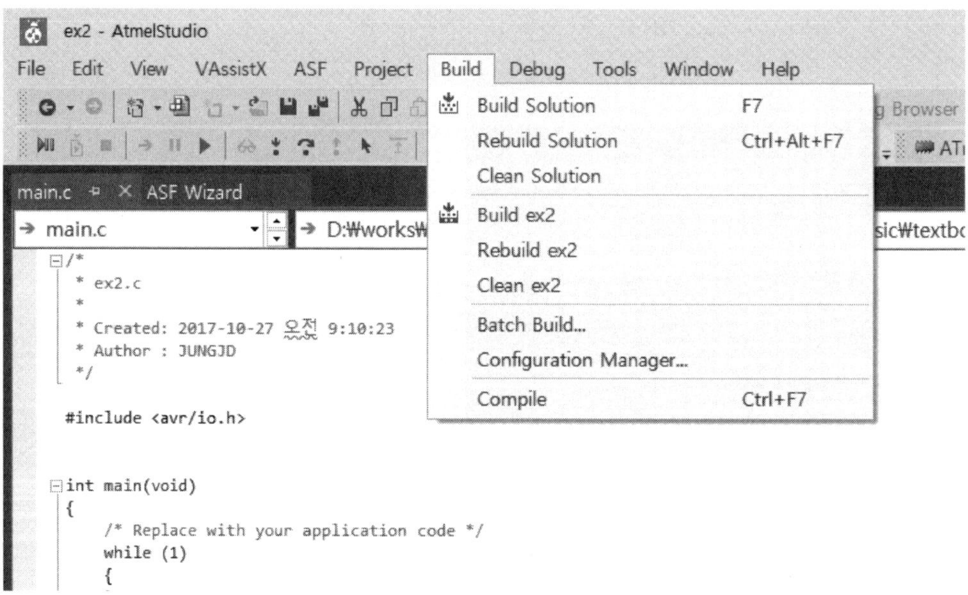

그림 2.10 Build 메뉴 창

- Build 메뉴에 보면 몇 개의 부메뉴가 있는데 이중 자주 사용되는 두 가지만 의미를 살펴보면 다음과 같다.
  - ○ Build Solution 또는 Build ex2
    - – 소스 프로그램을 실행 가능한 최종 기계어 파일로 번역한다.
    - – 이때 하나의 프로젝트가 여러 개의 파일로 구성되어 있을 경우 새롭게 수정된 파일만 다시 컴파일하고 수정되지 않은 것은 그 이전에 생성된 목적코드(object code)를 사용하여 링크를 하게 된다.
  - ○ Rebuild Solution 또는 Rebuild ex2
    - – 역시 소스 프로그램을 실행 가능한 최종 기계어로 번역한다.
    - – Build와 다른 점은 프로젝트를 구성하는 모든 소스 프로그램들을 수정되었던 안 되었던 관계없이 다시 컴파일하고 링크한다는 것이다.
    - – 소스 파일의 개수가 많을 경우는 이 기능을 사용하는 것이 무난하다.
- Build는 그림 2.10과 같이 메인 메뉴를 클릭하여 실행시킬 수 있고 또 그림 2.8에 화실표로 표시한 단축 아이콘을 클릭해서 실행시킬 수도 있다.
- 그러면 그림 2.8의 Build 아이콘을 클릭하여 기계어를 생성시켜 보라.
- 당연히 이 예제 프로그램은 아무런 오류가 없기 때문에 컴파일 및 링크가 정상적으로 실행될 것이고 그림 2.11과 같이 메시지 창에 Build가 성공했다는 메시지가 디스플레이 될 것이다.
  - – 그림 2.11의 Build 성공 메시지를 보면 “Program Memory Usage : 168 bytes 0.1% Full” 이라는 메시지를 볼 수 있는데 이 의미는 우리의 테스트 프로그램이 컴파일 된 결과 발생된 기계어가 168 byte이며 이것은 ATmega128 MCU가 가지고 있는 128K Byte 플래시 메모리 용량의 0.1%에 해당한다는 것이다.

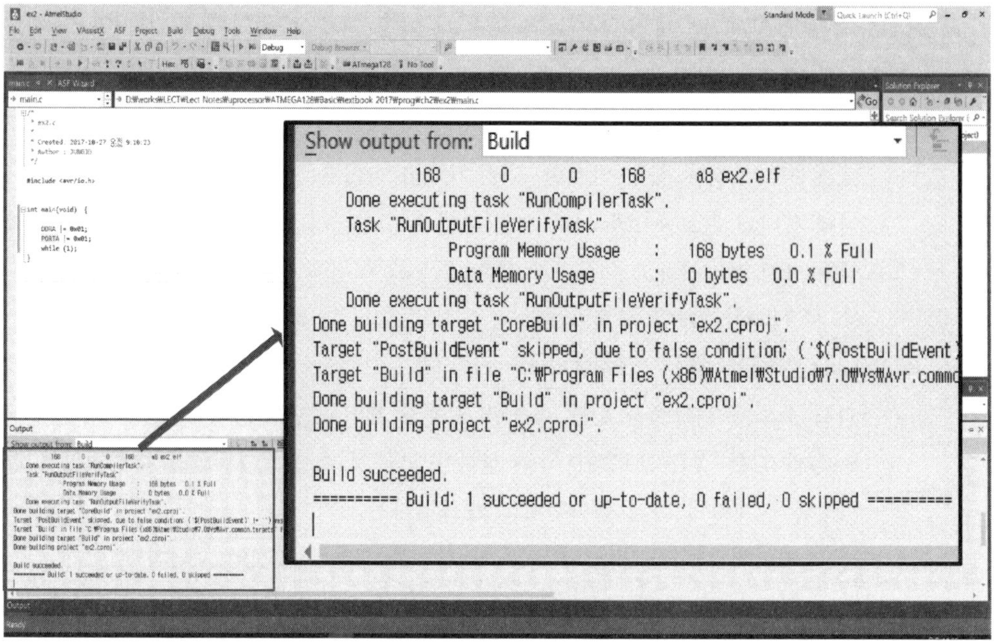

그림 2.11 Build 성공 메시지

○ 여기까지 프로그램의 작성과 기계어 코드로의 변환과정이 완료되었으며 이제 이 기계어 코드를 타겟 머신으로 다운로드 하여 실행시켜야 하는데 다운로드는 다음과 같은 절차에 의해 수행된다.

⑦ 우리가 사용하는 MCU 모듈의 ISP 다운로더를 새로운 프로그래머로 추가한다.

- 우리가 사용하는 MCU 모듈의 다운로더는 Atmel Studio에 의해 자동 인식되는 다운로더 tool이 아니기 때문에 새로운 다운로더로 추가해 주어야 한다.
- 다행히 우리가 사용하는 다운로더는 Atmel Studio 7에 등록되어 있는 STK500으로 인식되기 때문에 이것으로 선택해 주면 되는데 그 절차는 다음과 같다.

ⓐ 메인화면에서 Tools 메뉴를 클릭한다.

ⓑ Tools 메뉴의 부 메뉴 중 Add target... 메뉴를 클릭한다.

ⓒ 팝업으로 나타난 Add target 창에 있는 Select tool Dialog Box를 클릭한다.

– USB device driver가 제대로 인스톨되었다면 아마 Dialog Box에 "J-Link over IP"와 "STK500"이라는 두 개의 tool 이름이 나타날 것이다.

ⓓ STK500을 클릭하면 팝업 화면이 확장 되면서 Silicon Labs CP210x USB to UART Bridge(COM3)라는 메시지와 함께 Dialog Box에 COM3이라는 포트 번호가 디스플레

이 될 것이다.

- 이것은 타겟 머신으로의 다운로딩에 호스트 컴퓨터의 시리얼 포트 COM3을 사용할 것이라는 의미이다.
- 이 포트 번호는 컴퓨터 사용 환경에 따라 다른 번호가 할당될 수도 있다.
- 만약 COM 포트 번호가 나타나지 않고 Dialog Box가 빈 칸으로 되어 있으면 USB 케이블이 연결되어 있는지 디바이스 드라이버가 올바로 설치되어 있는지를 점검하기 바란다.

ⓔ Apply 버튼을 클릭하여 tool 추가 과정을 종료한다.

- 이상 설명한 tool 추가 과정을 도식적으로 요약하면 그림 2.12와 같다.

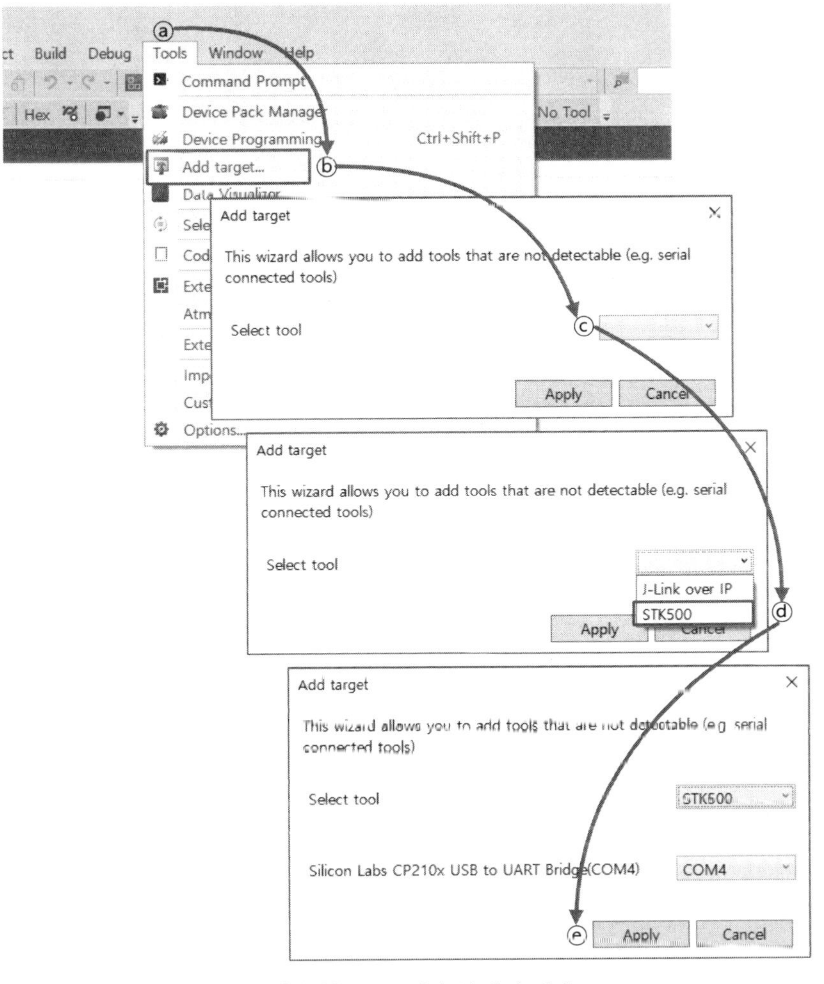

그림 2.12 프로그래밍 툴 추가 과정

> ※ 참고 2-6:
>
> - 새로운 프로그래머 tool을 추가하는 이 ⑦ 단계는 맨 처음 다운로드할 때 한번만 실행해 주면 되며 이후부터는 바로 ⑧ 단계로 바로 넘어가면 된다.

⑧ Device Programming 창을 연다. (그림 2.13)

- 메인 화면의 Tools 메뉴를 클릭하여 Device Programming을 클릭하든지 메인 화면의 단축 아이콘 중 번개 표시 아이콘을 클릭하면 된다.

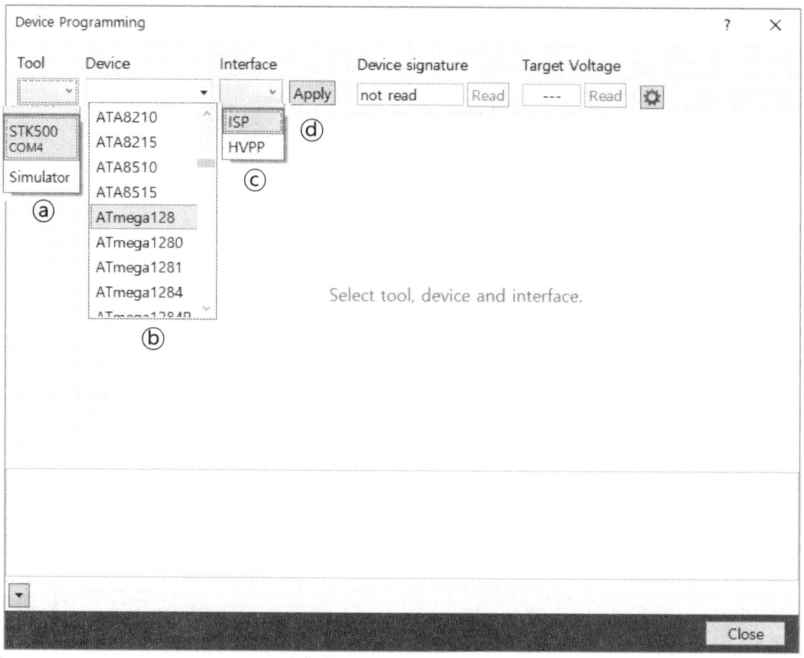

그림 2.13 Device Programming 창

ⓐ Tool 메뉴를 클릭하여 STK500을 선택한다.

ⓑ Device 메뉴를 클릭하여 ATmega128을 선택한다.

ⓒ Interface 메뉴를 클릭하여 ISP를 선택한다.

ⓓ Apply 버튼을 클릭한다. 그러면 디바이스 프로그래밍 화면이 그림 2.14와 같이 확장된다.

※ 참고 2-7:

- 이 과정도 한번만 실행하면 다음 번 프로그래밍부터는 ⓐ, ⓑ, ⓒ 항들이 이미 설정되어 있기 때문에 그림 2.13의 화면이 뜨면 그냥 Apply 버튼만 클릭하면 된다.

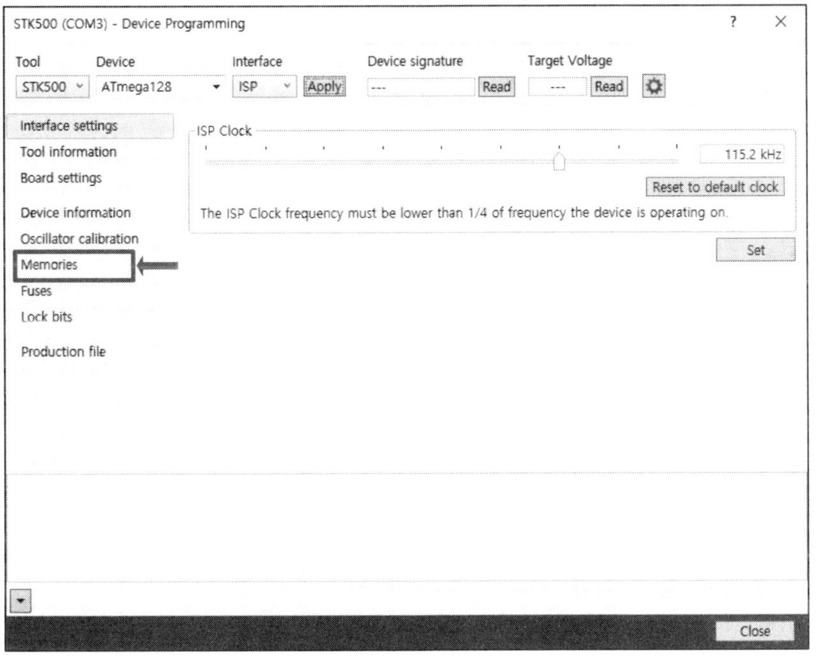

그림 2.14 Device Programming 창 확장

⑨ 그림 2.14에서 화살표가 가리키는 Memories 메뉴를 클릭하면 그림 2.14 화면의 오른쪽 칸에 그림 2.15와 같이 기계어 파일 프로그래밍과 관련된 내용들이 표시된다.

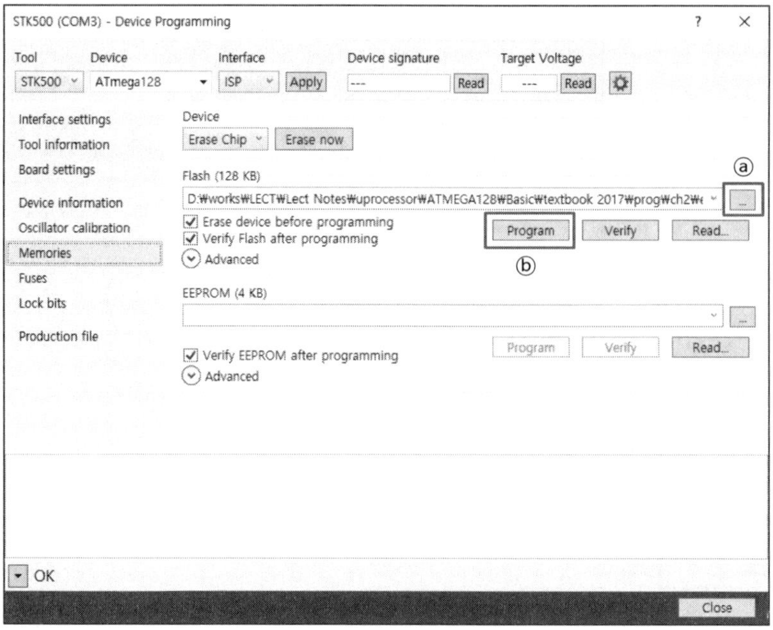

그림 2.15 프로그래밍 정보 창

ⓐ 버튼을 클릭하여 윈도우 파일 탐색기를 기동하고 Debug 폴더를 띄우면 ex2.elf라는 이름과 ex2.hex라는 이름의 2개 파일이 나타나는데 둘 모두 기계어 파일이므로 하나를 선택해서 열기 버튼을 클릭한다.

– 참고로 ~.elf 파일은 디버그에 필요한 정보를 가지고 있어서 파일이 크고 ~.hex 파일은 기계어 파일만 가지고 있어서 상업적 프로젝트의 개발 최종 단계에서는 당연히 이 파일을 다운로드해야 한다.

⑩ 그림 2.15의 ⓑ Program 버튼을 클릭하여 기계어를 타겟 머신으로 다운로드 한다.

- Program 버튼을 클릭하면 그림 2.16과 같은 경고 창이 뜰 텐데 그냥 무시하고 Yes 버튼을 클릭한다.

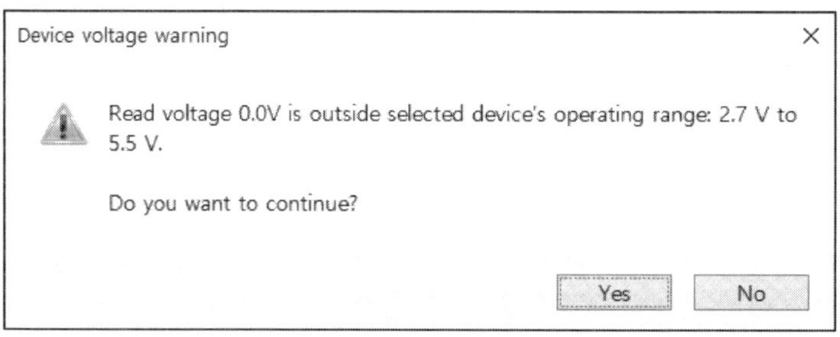

그림 2.16 프로그래밍 경고 창

- 그러면 그림 2.17과 같이 진행 상황이 표시되면서 여러분들의 맨 첫 번째 프로그램이 ATmega128 MCU의 플래시 메모리에 다운로드 되어 써 지고 바로 실행될 것이다.

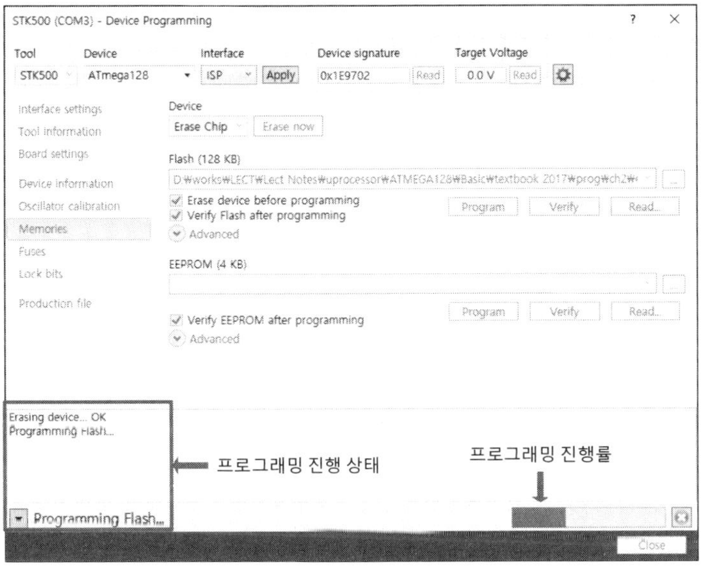

그림 2.17 프로그래밍 진행

자, 여기까지 학습한 과정들을 오류 없이 잘 따라 왔다면 프로그램 다운로딩이 끝나는 순간 브레드보드에 조립된 LED에 불이 켜질 것이다.

비록 지금은 Atmel Studio의 새로운 프로젝트 개발 절차를 학습하기 위해 하나의 LED에 불을 켜기만 하는 초라한(?) 실습을 수행하였지만 이제 본 교재의 각 장들을 실습해 나가면서 여러분들은 마이크로컨트롤러로 할 수 있는 다양하고 재미있는 프로젝트들을 차례로 경험하게 될 것이다.

※ 참고 2-8:

- 이제 앞으로 이 교재에서 다루게 될 모든 예제 프로그램들의 개발은 위에서 학습한 ① ~ ⑩의 절차를 따라가면 되는데 앞에서 언급한 바와 같이 새로운 프로그래머를 추가하는 ⑦ 단계는 한번만 실행하면 되기 때문에 실제 앞으로의 새로운 프로젝트 개발은 ① ~ ⑥, ⑧ ~ ⑩의 단계를 따라 진행하면 된다.
- 또한 이미 만들어진 프로젝트를 열어서 수정하고자 할 때는 ① 단계의 화면에서 좌측의 Start 메뉴 아래에 있는 Open Project... 메뉴를 사용해도 되고 그 아래 Recent 메뉴에 프로젝트 이름이 나타나 있으면 바로 클릭해도 된다.

연습문제

E2.1 다음 용어들을 설명하라.

① 소소 파일(Source File)

② 오브젝트 파일(Object File) 또는 오브젝트 모듈(Module)

③ 컴파일러(Compiler)와 크로스 컴파일러(Cross Compiler)

④ 라이브러리 함수(Library Function)

⑤ 링커(Linker) 또는 Linkage Editor

E2.2 그림 2.2와 같은 폴더 구조에서 레벨 3에 있는 ex3-1 폴더에서 프로그램을 작성한다고 가정하자. 만약 이때 예를 들어 같은 레벨의 ex4-1 폴더에 있는 abc.xyz라는 파일을 include 하려면 컴파일러 명령문을 어떻게 써야 할까?

```
#include "________________________________"
```

CHAPTER

03

LED 및 키패드 구동

이 장에서는 거의 모든 마이크로컨트롤러 응용 시스템에서 가장 기본적인 출력 장치로 사용되는 LED와 가장 기본적인 입력장치로 사용되는 푸시버튼 스위치 회로를 구성하고 응용하는 실습을 수행하고자 한다.

LED에 불을 켜는 실습은 2장에서 보았듯이 아주 간단하게 하드웨어를 설계하고 제어 프로그램을 만들어서 올바르게 동작하는지를 금방 확인해 볼 수 있기 때문에 초보자들에게 학습동기와 성취감을 유발하는 데는 아주 효과가 크다.

따라서 LED 구동 실습은 거의 모든 마이크로프로세서 및 마이크로컨트롤러 실습에서 가장 먼저 접하게 되는 실습이다.

다음은 이 장에서 학습하고자 하는 내용을 구체적으로 정리한 것이며 본문의 내용도 이 순서에 따라 전개해 나갈 것이다.

- 마이크로컨트롤러의 포트를 입력/출력 용도로 설정하는 기법 이해
- LED의 동작 이해, 구동 회로 설계 및 마이크로컨트롤러와의 인터페이스 기법 이해
- 마스크 온, 마스크 오프 기능을 이용하여 특정 비트의 값만 '0' 또는 '1'로 설정하는 기법 및 이를 이용한 간단한 LED 점등 실습
- 소프트웨어적인 시간지연(time delay) 기법의 이해 및 이를 이용한 LED 점멸 실습
- 스위치 입력회로 설계 기법 및 마이크로컨트롤러와의 인터페이스 기법 이해
  - 스위치 입력 회로의 구성 및 동작 원리 이해
  - 입력된 8비트의 데이터 중 특정 비트의 값이 '0'인지 '1'인지를 판단하는 기법 이해
  - 푸시버튼 스위치를 이용한 LED 제어 실습

※ 참고 3-1:

- 이 장은 마이크로컨트롤러의 포트 핀을 통한 기본 입출력 기술을 학습하는 장이며 이 기술은 이후의 모든 장에서 반복적으로 사용되는 핵심적인 기술이기 때문에 페이지 수도 상당히 많이 할당되어 있다.
- 핵심기술이지만 어려운 내용은 아니니까 독자 여러분들은 페이지가 많다고 거북해 하지 말고 자신감 있게 읽고 실습해서 앞으로의 다른 장을 학습하는데 필요한 기초 기술을 충분히 익히기를 바란다.

3.1 마이크로컨트롤러의 입출력 포트 설정

○ 1장의 설명을 통해 이미 알고 있겠지만 ATmega128 MCU는 A, B, C, D, E, F, G로 이름 붙은 7개의 포트들을 가지고 있는데 A ~ F의 6개 포트들은 8비트로 구성되고 포트 G는 5비트로 구성되어 총 53개의 포트 핀들이 있으며 각 포트 핀들은 Pxn의 형식으로 이름이 붙어 있다.

- 여기서 x는 포트 이름으로 A ~ G의 값을 갖고 n은 비트 번호로서 0 ~ 7의 값을 갖는다.
- 예를 들어 포트 A의 핀들은 PA0, PA1, PA2, PA3, PA4, PA5, PA6, PA7로 명명되며 비트 7이 최상위 비트, 비트 0이 최하위 비트이다.

○ 또한 각 포트 핀들은 개별적으로 입력 또는 출력용으로 사용 가능하다

○ 따라서 사용자는 어떤 포트를 사용하기 선 반드시 그 포트의 각 핀들을 입력으로 사용할 것인지 출력으로 사용할 것인지를 설정해 주어야 한다.

○ 이를 위해 ATmega128 MCU의 모든 포트들은 입출력 설정과 실제 디지털 데이터의 입출력을 위한 3개의 8비트 레지스터 DDRx, PORTx, PINx를 가지고 있다.

- 여기서도 마찬가지로 x는 포트의 이름으로 A에서 G까지 사용될 수 있는데 예를 들어 포트 C에 할당된 3개 레지스터들의 이름은 DDRC, PORTC, PINC가 된다.

○ 이제 각 포트들에 할당된 이 세 개의 레지스터들이 어떻게 조합되어 지정된 포트의 비트를 입력 또는 출력으로 사용하는지에 대해 알아보자.

3.1.1 DDRx(Data Direction Register)

○ DDRx 레지스터는 그 이름이 의미하듯이 포트 x의 8개 핀 각각에 대해 데이터의 방향을 입력 또는 출력으로 설정해 주는 역할을 한다.

- DDRx 레지스터의 비트 n(DDRxn)에 '0'이 써 지면 포트 x의 핀 n(Pxn 핀)은 입력으로 설정되고 '1'이 써 지면 Pxn 핀은 출력으로 설정된다. (여기서 $0 \le n \le 7$ 이다)

○ 예를 들어 8개의 LED를 포트 A에 연결하여 구동하려면 포트 A의 모든 핀들을 출력용으로 설정해야 하는데 다음과 같은 명령문으로 DDRA 레지스터에 $11111111_2(FF_{16})$을

써 주면 된다.

DDRA = 0xFF; // 11111111_2, 포트 A의 모든 핀들을 출력으로 설정

○ 다음에 DDRx 레지스터를 통한 입출력 포트 설정의 몇 가지 예를 보인다.

DDRC = 0x0F; // 00001111_2

⇒ 포트 C의 상위 4비트(PC7 ~ PC4)는 입력으로, 하위 4비트(PC3 ~ PC0)는 출력으로 설정

DDRA = 0x10; // 00010000_2

⇒ 포트 A의 비트 4(PA4 핀)만 출력으로 설정하고 나머지 비트(핀)들은 모두 입력으로 설정

DDRB = 0xFF; // 11111111_2, 포트 B의 8 핀 모두를 출력으로 설정

DDRF = 0x00; // 00000000_2, 포트 F의 8 핀 모두를 입력으로 설정

DDRE = 0xAA; // 10101010_2

⇒ 포트 E의 비트 7, 5, 3, 1은 출력으로, 비트 6, 4, 2, 0는 입력으로 설정

3.1.2 PORTx 레지스터(Data Register)

○ PORTx 레지스터는 포트 x의 출력 레지스터인데 포트 x의 선택된 핀이 출력으로 설정되었을 때와 입력으로 설정되었을 때 각각 그 기능이 달라진다.

(1) Pxn 핀이 출력으로 설정되었을 때

○ 이 경우 PORTx 레지스터는 문자 그대로 출력 Data Register로서 PORTxn 비트에 어떤 논리 값을 써 넣으면 이 값이 그대로 Pxn 핀으로 출력된다.

○ 예를 들어 포트 A에 연결된 8개의 LED들을 동시에 모두 점등시키기 위해서는 다음과 같이 DDRA 레지스터를 통해 포트 A의 모든 핀들을 출력으로 설정하고 PORTA 레지스터를 통해 실제 8개의 LED를 모두 점등시키는데 필요한 디지털 데이터를 출력하는 2개의 명령문이 필요하다.

DDRA = 0xFF; // 포트 A의 모든 핀(비트)을 출력으로 설정

PORTA = 0xFF; // 포트 A의 모든 핀에 '1'을 출력하여 LED를 모두 점등

> **※ 참고 3-2:**
>
> - 이 예에서는 LED를 점등시키기 위해 논리 '1'을 출력하는 것으로 가정하고 있지만 이것은 LED 구동 회로를 어떻게 설계하느냐에 따라 다르다.
> - 이 예와 같이 논리 '1'을 출력하여 어떤 장치를 구동하는 것을 "Active High" 구동이라 하고 논리 '0'으로 어떤 장치를 구동하는 것을 "Active Low" 구동이라 한다.
> - 당연히 Active Low 구동일 때 포트 A에 연결된 LED 모두를 점등시키기 위해서는 명령문을 다음과 같이 수정해야 한다.
>
> PORTA = 0x00;

○ 다음에 데이터 출력의 또 다른 예를 보인다.

```
DDRB = 0xFF;  // 포트 B의 모든 핀(비트)를 출력으로 설정
PORTB = 0xAA;  // 포트 B의 핀 PB7, …, PB0에 10101010₂가 출력 된다
```

(2) Pxn 핀이 입력으로 설정되었을 때

○ 입력으로 설정된 포트 x의 PORTx 레지스터에 디지털 논리 값 '0' 또는 '1'을 써 넣으면 어떻게 될까?

- 아마 대부분 독자들은 입력으로 설정된 핀에 데이터를 출력하는 동작은 의미가 없는 것이 아닌가 하고 의아한 생각을 할 것이다.
- 맞는 얘기다. 그러나 ATmega128 MCU에서는 이 동작을 이용하여 입력으로 설정된 핀에서 아주 중요한 기능을 하는 내부 풀업(pull up) 저항을 제어하도록 하고 있다.
- 즉, ATmega128 MCU에서는 입력으로 설정되어 있는 포트 핀에 논리 '0'을 출력하면 그 포트 핀의 내부 풀업저항이 비활성이 되고 논리 '1'을 출력하면 내부 풀업저항이 활성이 된다.
- 풀업저항이 무엇이며 그 기능이 무엇인지에 대해서는 스위치 입력을 취급하는 3.6절에서 자세하게 다루게 될 것이다.
- 다음에 입력 포트의 풀업 저항을 제어하는 몇 가지 예를 보인다.

  DDRC = 0x0F; // 2진수로는 00001111_2

  ⇒ 포트 C의 상위 4비트(PC7 ~ PC4)는 입력으로, 하위 4비트(PC3 ~ PC0)는 출력으로 설정

  PORTC = 0xC6; // 2진수로는 11000110_2

⇒ 포트 C 중 출력으로 설정된 하위 4비트 PC3, … , PC0에는 실제 디지털 값 0110_2가 출력되고 입력으로 설정된 상위 4비트 중 '1'이 출력된 PC7, PC6 핀의 내부 풀업저항(약 50kΩ)은 활성화 되고 '0'이 출력된 PC5, PC4 핀의 내부 풀업 저항은 비활성이 된다.

- 또 다른 예로 포트 E의 5번 핀(PE5 핀)을 입력으로 설정하고 그 입력 핀의 내부 풀업저항을 활성화시키기 위해서는 다음과 같이 하면 된다.

```
DDRE = 0xDF;   // DDRE 레지스터의 비트 5를 '0'으로 하여 PE5 핀을
               // 입력으로 설정
PORTE = 0x20;  // 입력으로 설정된 PE5 핀에 '1'을 출력하여 내부 풀업
               // 저항 활성
```

3.1.3 PINx 레지스터(Port Input Pins Register)

○ PINx 레지스터는 입력으로 설정된 포트 x 핀들의 입력상태를 가지는 레지스터이다.

○ 따라서 입력으로 설정된 포트 핀에 연결된 외부 장치의 논리 데이터를 읽어 들이기 위해서는 PINx 레지스터 값을 읽으면 된다.

○ 다음에 PINx 레지스터를 통한 몇 가지 입력의 예와 설명을 보인다.

```
x = PINE; // 포트 E로부터 데이터를 입력받아 변수 x에 치환
if(PINA==0x2A)  // 포트 A로부터 읽은 입력 값이 0x2A(=00101010₂) 이면 …
if(PINB & 0x80) // 포트 B 입력의 비트 7 값이 '1' 이면 …
```

○ PINx 레지스터의 실제적인 이용 방법 역시 스위치 입력을 취급하는 3.6절에서 자세하게 다루게 될 것이다.

○ 이상으로 각 포트에 할당되어 해당 포트 핀들의 디지털 데이터 입출력을 제어하는 3개의 레지스터에 대해 알아보았다.

○ 참고 3-1에서도 언급하였듯이 이 내용은 아주 중요하기 때문에 반드시 숙지하여야 한다. (그런데 실제 알고 나면 너무나 간단한 내용이어서 몇 개의 예제만 실습하고 나면 자연스럽게 기억에 남게 될 것이기 때문에 너무 걱정할 필요가 없음을 알려둔다.)

○ 포트 설정을 위해 MCU 내부에서 일어나는 일을 확실하게 이해할 수 있도록 그림 3.1에 앞에서 설명한 포트 설정의 내용을 도식적으로 보여준다.

> **※ 참고 3-3:**
>
> - 여기까지의 설명으로 포트의 입출력 설정 및 내부 풀업 저항의 활성/비활성에 대한 이해가 충분히 되었다면 굳이 다음에 소개하는 내용을 학습할 필요 없이 바로 3.2절로 넘어가도 좋다.

- 그림에서는 포트 B의 비트 4(PB4) 핀을 예로 보여주고 있는데 이 내용은 다른 모든 포트, 모든 비트들에게도 똑 같이 적용될 수 있다.

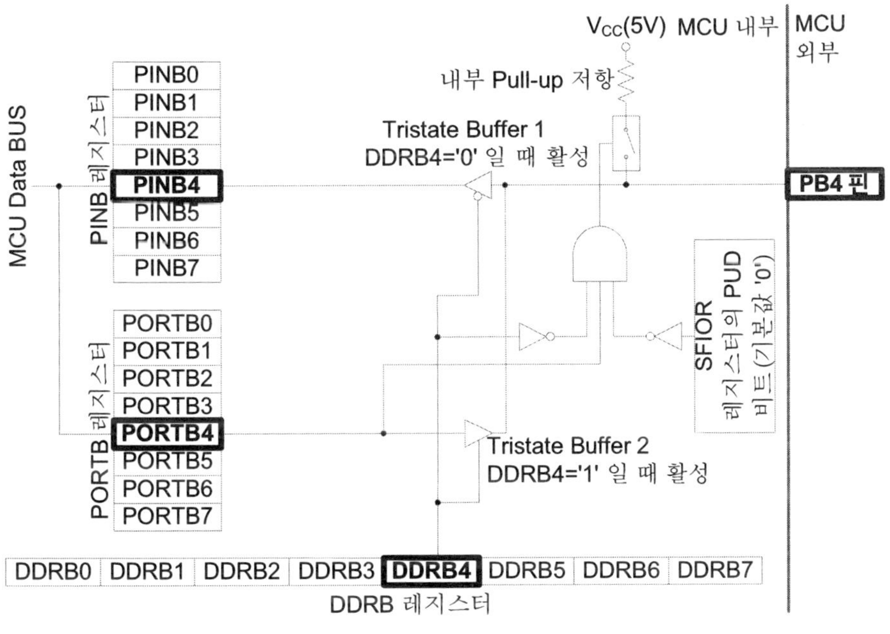

그림 3.1 포트 핀 및 관련 포트 레지스터들(PB4 핀의 예)

○ 그림 3.1의 동작은 다음과 같다.

- MCU의 내부 데이터 버스(MCU Data BUS)는 PINB 레지스터와 PORTB 레지스터에 연결되어 있고 이 레지스터들은 각각 Tristate Buffer 1과 2를 통해 MCU 외부의 PB4 핀과 연결되어 있다.
- Tristate Buffer 1, 2를 보면 방향이 서로 반대이고 Buffer 1은 active low enable, Buffer 2는 active high enable이며 모두 DDRB4 비트에 의해 제어되고 있음을 알 수 있을 것이다.
- 이때 DDRB4 비트에 '1'이 써지면?

- Tristate Buffer 1은 disable 되어 PB4 핀으로부터 PINB4 비트로의 데이터 입력 통로는 차단되고 Tristate Buffer 2가 enable 되어 PORTB4 비트로부터 PB4 핀으로의 데이터 출력 통로가 연결됨으로써 PB4가 출력 핀으로 설정된다.
- 이때 MCU가 PORTB 레지스터에 어떤 데이터를 써 넣으면 PORTB4 비트에 써진 논리 값이 그대로 PB4 핀으로 전달되어 출력 동작이 이루어지는 것이다.

- 반대로 DDRB4 비트에 '0'이 써지면 ?
  - 이번에는 Tristate Buffer 2가 disable 되어 PORTB4 비트로부터 PB4 핀으로의 데이터 통로는 차단되고 Tristate Buffer 1이 enable 되어 PB4 핀으로부터 PINB4 비트로의 데이터 통로가 연결됨으로써 PB4가 입력 핀으로 설정된다.
  - 이때 MCU가 PINB 레지스터의 값을 읽으면 PB4 핀에 연결되어 있는 외부 입력 데이터가 PINB4 비트를 통해 MCU의 내부 데이터 버스로 전달됨으로써 입력 동작이 이루어진다.
- 그런데 그림 3.1을 보면 내부 풀업 저항과 네모상자안의 스위치가 보일 것이다.
  - 이 스위치는 전자 스위치이고 AND 게이트의 출력에 의해 ON/OFF 된다.
  - 즉, AND 게이트의 출력이 '1'이면 스위치가 온 되어 풀업 저항이 PB4 핀에 연결되고 (풀업저항이 활성화 된다고 한다) AND 게이트의 출력이 '0'이면 스위치가 오프 되어 풀업저항이 회로에서 분리된다.(풀업 저항이 비활성 된다고 한다)
  - 그러면 이 AND 게이트의 출력은 어떻게 결정되는가?
    - 이 AND 게이트의 3개 입력은 DDRB4 비트로부터 NOT 게이트를 거쳐 공급되는 신호와 PORTB4 비트로부터 공급되는 신호 및 SFIOR의 PUD 비트로부터 인버터를 거쳐 공급되는 신호들로 구성된다.
    - 따라서 AND 게이트의 출력이 '1'이 되어 내부 풀업 저항이 활성화되기 위해서는 DDRB4, PORTB4, PUD 비트들의 값이 각각 '0', '1', '0'이 되어야 한다.
    - 이는 곧 앞에서 설명했던 것처럼 "PB4 핀을 입력으로 설정하고(DDRB4 = '0') 그 내부 저항을 활성화시키기 위해서는 이 핀에 '1'을 출력해야 한다(PORTB4 = '1')" 는 내용과 일치함을 확인할 수 있을 것이다.

※ 참고 3-4:

- 설명 중 언급된 SFIOR은 Special Function IO Register이며 PUD 비트는 Pull-Up Disable 비트로서 SFIOR의 비트 2에 해당한다.
- 이 SFIOR의 비트 2에 있는 PUD 비트는 전원 투입 시 기본 값으로 '0'을 가지는데 본 교재의 실습과제들에서 이 레지스터를 별도로 조작할 일이 없기 때문에 여기서는 더 이상의 설명은 생략하도록 한다.

3.2 LED 구동 회로 설계

○ 이제 ATmega128 MCU의 포트 핀 설정에 대해 소개가 되었으니 이 절에서는 포트 핀을 통한 LED 구동 방법에 대해 알아보기로 하자.

3.2.1 LED의 구조

○ LED는 Light Emitting Diode의 약자로서 우리말로는 발광 다이오드, 즉, 빛을 발생시키는 다이오드를 말한다.

○ 시중에는 다양한 종류 및 색상의 LED가 존재하는데 그림 3.2에 가장 보편적인 적색 LED의 회로 기호와 모양을 보여 준다.

○ 그림 3.2를 보면 알 수 있듯이 LED 역시 다이오드의 일종으로 애노드(Anode, A)와 캐소드(Cathode, K)로 이름 붙은 두 개의 단자를 가지고 있다.

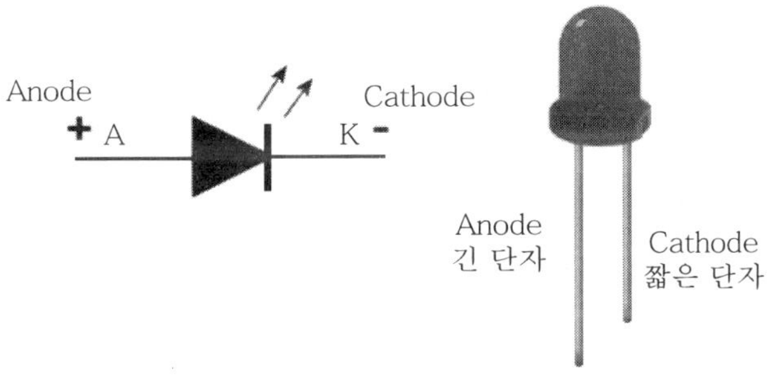

그림 3.2 LED의 회로기호와 가장 보편적인 모양

3.2.2 LED 점등 기법

○ LED 역시 일반 다이오드와 마찬가지로 순 바이어스(forward bias)가 인가되면 전류가 흐르고 역 바이어스(reverse bias)가 인가되면 전류가 차단되는데 일반 다이오드와 다른 점은 전류가 흐를 때 전류의 크기에 비례하는 밝기의 빛을 발생시킨다는 것이다.

- 전류가 흐를 때 발생되는 빛의 색상은 LED를 구성하는 재료에 의해 결정된다.

○ 그림 3.3에 LED를 구동하는 2가지 방법을 보여 준다.

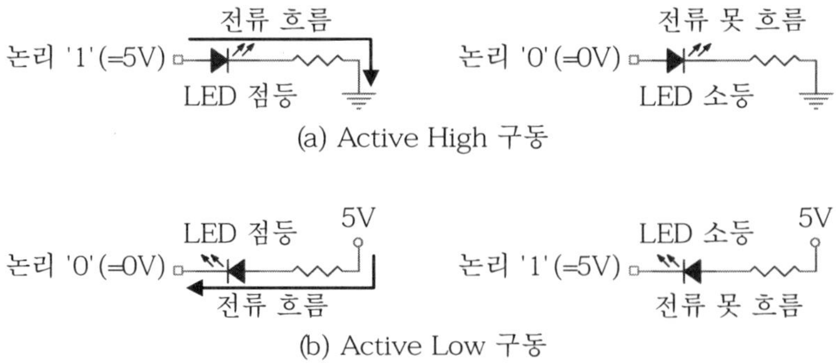

그림 3.3 LED의 구동 방식 2가지

- 그림 3.3 (a)에서는 회로에 논리 '1'(= 5V)을 인가하면 LED가 점등되고 논리 '0'(= 0V)을 인가하면 소등된다.
  - 논리 '1'일 때 점등 동작이 일어난다고 해서 Active High 구동이라고 한다.
- 그림 3.3 (b)에서는 반대로 회로에 논리 '0'(= 0V)을 인가하면 LED가 점등되고 논리 '1'(= 5V)을 인가하면 소등된다.
  - 논리 '0'일 때 점등 동작이 일어난다고 해서 Active Low 구동이라고 한다.

3.2.3 LED 구동 회로 구성 및 설계 이론

(1) 회로 구성

○ 한 개의 LED를 구동하는 회로는 그림 3.3에 보인 것과 같이 저항 한 개, LED 한 개만 있으면 되지만 여기서는 좀 더 다양한 디스플레이를 위해 ATmega128 MCU의 한 포트 비트 수와 같은 8개의 LED를 사용하도록 하자.

○ 그림 3.4에 포트 x를 사용하여 8개의 LED를 구동하는 인터페이스 회로를 보인다.

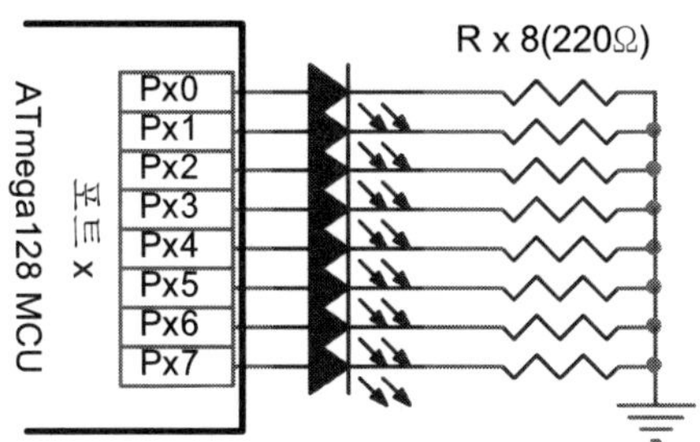

그림 3.4 8개 LED 구동 회로

- 여기서는 일반성을 위해 그냥 포트 x라고 하였지만 나중 회로를 브레드보드에 조립할 때는 상황에 따라 ATmega128 MCU가 가지고 있는 A ~ F까지 6개의 8비트 포트 중 배선이 용이한 하나를 골라 사용하면 된다.
- 예를 들어 조립 시 그림 3.4 회로를 ATmega128 MCU의 포트 A에 접속한다면 그림에서 모든 x를 A로 치환하여 주면 된다.

○ 그림 3.4의 회로는 그림 3.3에 소개한 LED 구동 방식 2가지 중 Active High 구동 방식을 사용하고 있는데 LED와 저항이 연결된 똑 같은 회로를 포트 x의 모든 핀에 반복해서 연결시켜 놓은 것에 지나지 않음을 알 수 있을 것이다.

(2) 설계 이론

○ LED 구동 회로를 설계한다는 것은 회로의 구성을 결정하고(그림 3.3의 2가지 방법 중 하나 선택) LED 밝기를 조절하는 저항 R의 값을 결정하는 것을 말한다.

○ 그런데 그림 3.4에서 우리는 이미 그림 3.3(a)의 Active High 구동 방식을 선택했기 때문에 여기서는 저항 R의 저항치만 필요한 값으로 결정해 주면 설계가 완료된다.

○ 저항 R 값 결정

- 그림 3.5는 마이크로컨트롤러의 Px0 핀으로 논리 '1'(= 5V)을 출력시켜 LED를 점등할 때의 회로해석을 위한 동작 상황을 보여주고 있다.

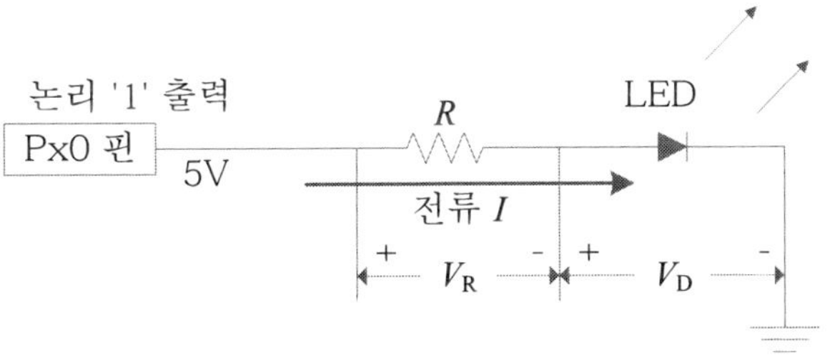

그림 3.5 LED 구동회로 해석

- 그림 3.5에서 V_R은 저항 양단의 전압강하이고, V_D는 LED의 순방향 전압강하이다.

※ 참고 3-5:

- LED도 접합 다이오드이기 때문에 접합부에 전위장벽이 존재하며 LED에 순방향 바이어스로 이 전위장벽 이상의 전압을 인가해야 전류가 흐를 수 있다.
- 이 전위 장벽 전압을 V_D 또는 V_γ라고 하며 실리콘으로 만들어진 일반 다이오드가 약 0.6V 정도인데 반해 화합물 반도체로 만들어진 LED는 1.5V ~ 2.5V 정도로 크다.

- 그림 3.5 회로의 폐루프(closed loop) 방정식은 다음과 같다.

$$5 = V_R + V_D = I \cdot R + V_D$$

- 여기에서 V_R, V_D 의 단위는 [V, volt]이고 I의 단위는 [A, ampere]이며 R의 단위는 [Ω]이다.
- V_D 는 사용하고자 하는 LED가 정해지면 데이터시트로부터 그 값이 주어지며 전류 값 I 는 LED의 밝기를 결정하는 요소인데 이것 역시 LED의 데이터시트에서 지정하는 최대 허용전류 이내의 적절한 값으로 결정하면 된다.
- 따라서 V_D 와 I 가 결정된 상태에서 필요한 저항치는 다음 식으로 계산된다.

$$R = \frac{5 - V_D}{I} [\Omega]$$

- 예를 들어 사용된 LED의 V_D 가 1.7V 이고 LED 전류를 15mA 정도로 하고자 할 때필요한 저항 값은 다음과 같이 계산된다.

$$R = \frac{5V - 1.7V}{15mA} = \frac{5V - 1.7V}{15 \times 10^{-3}A} = 220 [\Omega]$$

3.3 하드웨어 조립

○ 이제 회로의 구조 및 설계에 대한 이해를 하였으니 실습을 위해 회로를 브레드보드에 조립하도록 한다.

○ 본 LED 실습회로는 포트 하나만 사용하기 때문에 ATmega128 MCU가 가지고 있는

6개의 8비트 포트 중 아무것이나 사용해도 되지만 여기서는 브레드보드 상의 조립을 편하게 하기 위해 포트 A를 사용하기로 한다.

- 따라서 앞으로의 모든 실습에서는 그림 3.4의 포트 이름 x를 A로 치환해 주면 된다.

3.3.1 필요 부품

○ 이제 실습을 위해 그림 3.4의 회로를 브레드보드에 조립하면 되는데 회로를 보면 다음과 같은 부품들이 필요함을 알 수 있을 것이다.

- ATmega128 MCU 모듈
  - 이 모듈은 본 교재의 모든 실습에 사용되고 1장에서 이미 브레드보드의 고정된 위치에 붙박이로 조립해 두는 것으로 하였기 때문에 이후 설명에서는 생략한다.
- LED(색상 관계없음) 8개
- 저항 220Ω 8개

○ 회로가 복잡하지 않고 부품의 개수가 적기 때문에 쉽게 조립할 수 있지만 여기서는 더 적은 수의 부품과 더 적은 수의 점퍼선 연결로 회로 조립을 가능하게 하는 새로운 소자들을 소개하고 그림 3.4의 회로를 실제 조립을 위한 회로로 수정하고자 한다.

(1) 조립을 편하게 하는 새로운 소자 소개

○ 그림 3.4에는 8개의 LED가 사용되고 있는데 각 LED가 2개씩의 단자를 가지고 있기 때문에 실습회로의 조립을 위해 각각의 LED를 브레드보드에 꽂고 점퍼 선으로 연결하려면 총 16개의 선을 연결해야 한다.

○ 그런데 시중에는 여러 개의 LED를 DIP(Dual In-line Package) 형태로 된 하나의 패키지에 모아둔 것이 있는데 이것을 Bar Array LED라고 하며 이것을 사용하면 점퍼선의 개수도 현저하게 줄일 수 있고 브레드보드 상에 배치도 깔끔하게 할 수 있다.

○ 그림 3.6에 이런 형태의 LED 모양과 핀 배치를 보여 준다.

- 그림 3.6은 Avago사의 HDSP-4850을 모델로 하였으며 이 LED의 색은 녹색이다.

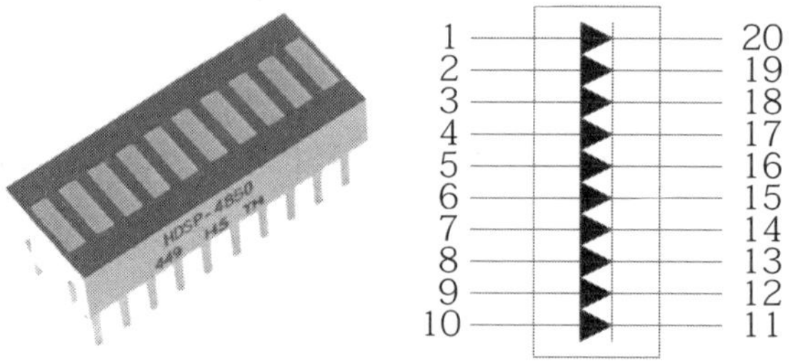

그림 3.6 Bar Array LED의 외관 및 핀 배치도

- 시중에는 우리가 필요로 하는 정확히 8개의 LED가 내장된 패키지도 있지만 핀 배치가 그림 3.6과 같이 사용하기 편리하게 배치 된 것이 없다.
- 따라서 우리는 그림 3.6과 같이 10개 들이 패키지를 사용하면서 그 중 8개의 LED만 사용하기로 한다.

○ 다음 소자는 8개의 LED에 연결되는 8개의 저항들인데 이것 역시 Array 형식으로 하나의 패키지에 내장된 것이 있으면 브레드보드에 조립 시 점퍼 선 연결에 상당한 수고를 덜 수 있을 것이다.

○ 역시 시중에는 Array 저항이라고 해서 이런 형식으로 구성된 저항소자가 있는데 그림 3.7에 대표적인 Array 저항의 두 가지 형태를 보여준다.

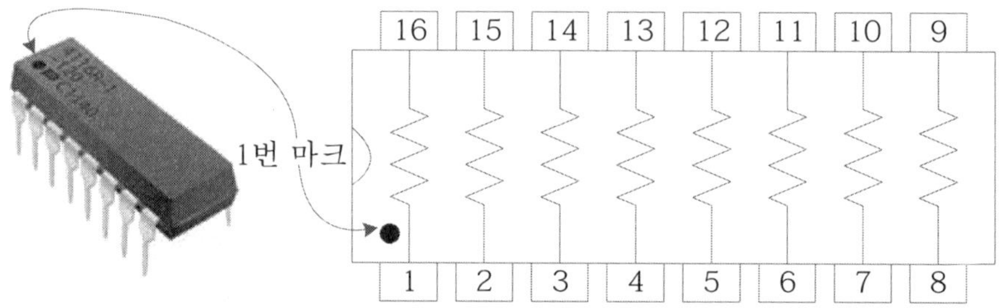

(a) DIP(Dual In-line Package) 형의 Array 저항

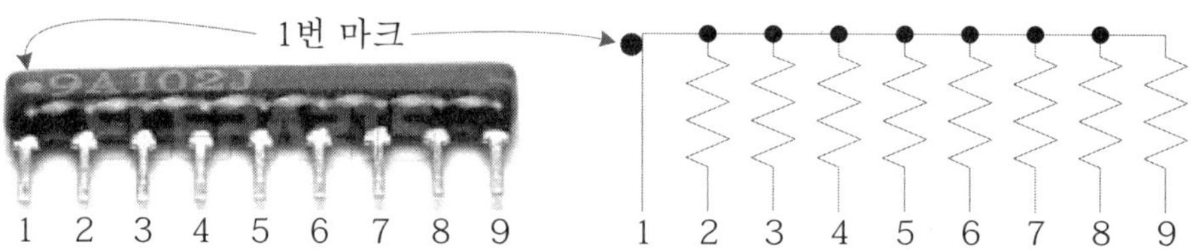

(b) SIP(Single In-line Package) 형의 Array 저항

그림 3.7 Array 저항의 두 가지 형태

- 그림 3.7(a)는 시중에 판매되는 DIP type Array 저항 4116-1-221LF를 모델로 하였다.
  - 여기서 221 수치는 $22 \times 10^1 = 220[\Omega]$로 정의되는 저항치를 나타낸다.
- 그림 3.7(b)는 시중에 판매되는 SIP(Single In-line Paackage) type Array 저항 9X221J를 모델로 하였다.
  - 이것도 마찬가지로 221 수치가 바로 $22 \times 10^1 = 220[\Omega]$로 정의되는 저항치이다.

○ 그림 3.7(a)와 (b) 중 적당한 형태의 패키지를 선택해서 사용하면 되는데 그림 3.4와 같은 회로의 연결선을 최소화 하는 데는 (b)의 패키지가 유리하다.

- 그 이유는 그림 3.4의 회로를 보면 알 수 있는데 8개 저항의 한쪽 단자들이 공통으로 접지에 연결되어 있어서 바로 이 공통 선을 그림 3.7(b)에 보이는 Array 저항의 1번 핀에 대응시키면 되기 때문이다.

(2) 회로 수정

○ 이제 앞에서 소개한 DIP 형의 Bar Array LED와 SIP 형의 Array 저항을 이용하기 위해 그림 3.4의 LED 구동회로를 수정하여 다시 그리면 그림 3.8과 같이 된다.

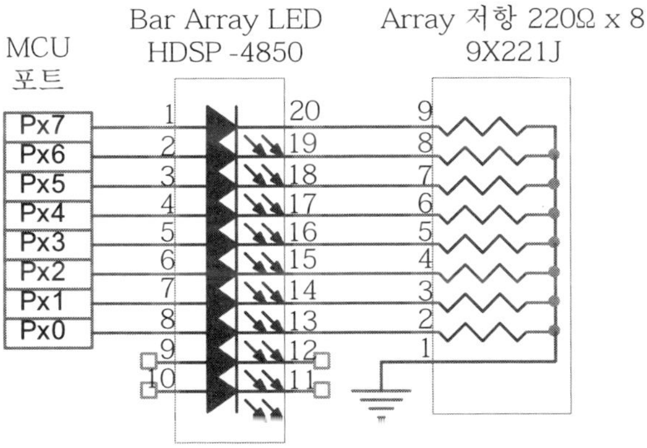

그림 3.8 LED 구동 회로 수정

3.3.2 조립

○ 이제 LED 구동회로의 하드웨어 설계가 끝났으니 부품을 구하여 브레드보드에 조립하기로 하자.

○ 조립은 그림 3.8의 회로를 보고 하면 되는데 그림에서 보듯이 LED는 Bar Array LED 모듈에 내장된 10개 중 1번 핀부터 8번 핀에 있는 8개의 LED만 사용된다.

○ 한 포트에 똑 같은 부품들이 반복적으로 나란히 붙어있는 본 LED 실습회로와 같은 경우 어레이 형태의 소자를 사용하면 브레드보드에 아주 쉽게 조립을 할 수 있는데 전체적인 조립 순서를 요약하면 다음과 같다. (그림 3.9 참조)

① Bar Array LED HDSP-4850을 MCU 모듈의 아래쪽 포트 A 핀들의 위치에 맞추어 그림 3.9와 같이 삽입한다.

– 이때 주의할 것은 Bar Array LED의 1번 핀이 포트 A의 비트 7에 연결되도록 해 주어야 한다는 것이다. (Bar Array의 1번 핀은 패키지 옆면에 둥근 점으로 표시되어 있다.)

– 이러면 LED 모듈의 10개 LED 중 사용되지 않는 2개 LED의 Anode 핀들(9번, 10번)은 각각 MCU 모듈의 GND, EXT 핀에 연결되게 되는데 이장의 실습에서는 이 2개 LED는 사용하지 않을 것이기 때문에 어디에 연결되든 상관할 필요 없다.

② 다음 Array 저항의 2번 ~ 9번 핀이 LED 모듈의 13번 ~ 20번 핀에 각각 연결되도록 정렬하여 LED 모듈 아래의 홀들에 Array 저항을 삽입한다.

③ 마지막으로 점퍼선 하나를 사용하여 Array 저항의 1번 핀을 MCU 모듈의 GND라고 써진 전원의 접지 핀에 연결시켜주면 회로의 조립은 완성된다.

○ 얼마나 간단한가! 그림 3.9에 이렇게 조립이 완성된 회로의 모습을 보인다.

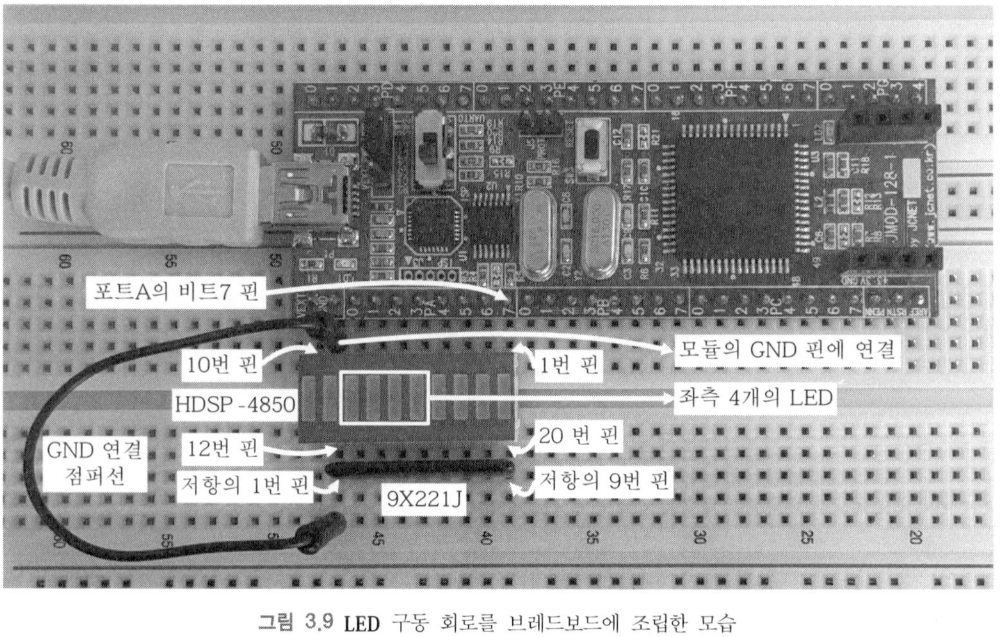

그림 3.9 LED 구동 회로를 브레드보드에 조립한 모습

3.4 실습 3-1: LED 점등(ex3-1)

3.4.1 실습 목표

○ 이 실습에서는 포트 A에 연결된 8개의 LED 중 하위 4비트(비트 3 ~ 0)에 연결된 4개의 LED만 점등하고자 한다.

- 참고로 하위 4개의 LED는 그림 3.9에서 흰색 네모 상자로 표시되어 있다.

3.4.2 필요 기술 및 프로그래밍 알고리즘

(1) 필요 기술

○ 이제 실습을 위한 하드웨어가 준비되었고 이해도 되었기 때문에 이 하드웨어를 구동하는 실습을 수행하고자 하는데 이 시점에서 바로 실습 프로그램의 작성 단계로 들어가기 전에 독자 여러분들에게 후일 전문적인 프로그램을 개발할 때 생산성을 높일 수 있는 아주 기본적이면서도 중요한 기법을 몇 가지 소개하고자 한다.

- 이 기법들은 너무나 중요해서 습관화를 시키기 위해 본 교재의 모든 실습 프로그램은 이 기법들을 적극적으로 사용할 것이니까 집중해서 확실하게 이해하기 바란다.

○ 이 예제를 수행하기 위해서는 포트 A의 8 비트 중 하위 4비트 만 선택하여 '1'을 출력함으로써 LED를 점등시켜야 한다.

○ 이를 위해서는 ATmega128이 한 번에 처리하는 8비트의 데이터 중 선택된 비트들에 대해서만 그 값을 '0' 또는 '1'로 설정할 수 있는 기법을 알아야 한다.

○ 그러면 여기서 "선택된 비트 값만 설정한다"는 것은 무슨 의미일까?

○ 다음의 경우를 보자.

- 예를 들어 포트 A의 하위 4비트인 비트 3 ~ 0을 출력으로 설정하라고 하면 여러분들은 어떻게 할 것인가?
- 아마 대부분은 다음과 같이 프로그래밍 할 것이다.

```
DDRA = 0x0F;
```

- 물론 위의 명령문은 포트 A의 하위 4비트를 출력으로 설정하라는 기본적인 목적은 달성할 수 있지만 아주 심각한 오류를 범하고 있다.

○ 그러면 이 명령문의 문제점은 무엇일까?

- 위의 명령문을 보면 알겠지만 이 명령문은 포트 A의 비트 3 ~ 0을 출력포트로 설정하면서 동시에 같은 포트 A에 있는 비트 7 ~ 4를 입력으로 설정하고 있다.
- 그런데 만약 포트 A의 비트 7 ~ 4가 프로그램의 다른 부분에서 출력으로 설정되어 사용되고 있는 중이었다면 위와 같은 단순한 명령문은 비트 7 ~ 4의 이전 설정을 기존 상태와 완전 반대인 입력 포트로 바꾸어 버릴 것이고 이 동작은 시스템에 심각한 장애를 발생시킬 수도 있을 것이다.

○ 그러면 이 문제점의 해결방안은 무엇일까?

- 이런 오류를 피하기 위해서는 포트 A의 비트 3 ~ 0을 출력포트로 설정하면서 비트 7 ~ 4는 그 이전의 설정 상태가 변하지 않도록 해 주어야 한다.
- 이를 위해서는 DDRA 레지스터 설정 시 다음과 같은 명령문으로 비트 3 ~ 0에는 모두 '1'을 써주고 비트 7 ~ 4의 값은 그 이전 값이 유지되도록 해 주면 된다.

```
DDRA |= 0x0F; // 또는 DDRA = DDRA | 0x0F;
```

○ **Mask On 기능**

- 위의 명령문에서 '|'는 2개 변수의 해당 비트끼리 논리합(OR)을 구하는 연산자로서 어떤 논리 값 'X'가(X는 '0' 또는 '1') '1'과 OR 연산이 되면 그 결과는 무조건 '1'이 되고 '0'과 OR 연산이 되면 그 결과는 원래 값인 'X'가 그대로 유지되는 특성을 가지고 있다.
- OR 연산의 이 성질을 이용하면 어떤 논리 변수 또는 포트의 값에서 특정 비트들을 선택하여 그 비트들의 값만 '1'로 설정하는 것이 가능한데, 불필요한 비트들에는 마스크를 씌워서 변하지 않게 하고 선택된 비트들만 그 값을 '1'로 설정한다고 하여 이 동작을 "**Mask On**"이라고 한다.
- 그림 3.10은 0x90(10010000_2)이라는 값을 가지고 있던 변수 A의 비트 3과 1에 마스크 온 동작을 적용하여 그 값을 0x9A(10011010_2)로 변환시키는 과정을 보인다.

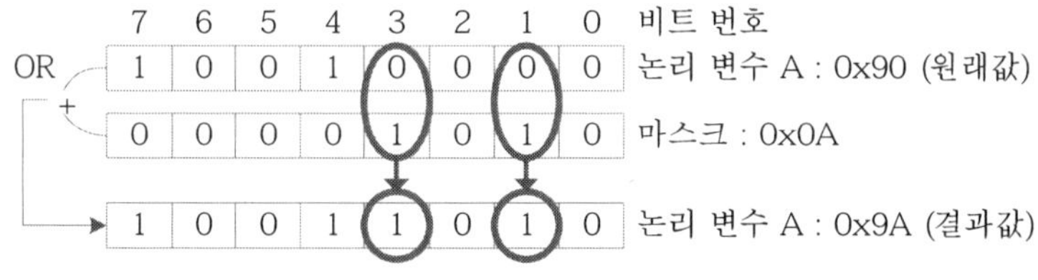

그림 3.10 마스크 온 동작

- 그림 3.10을 보면 논리변수 A의 비트들 중 마스크 값이 '1'인 비트 (그림에서 타원으로 표시된 부분들, 비트 3과 1) 위치의 값들만 결과에서 '1'로 변환되었고 마스크 값이 '0'인 나머지 위치의 비트들은 변화 없이 이전 값을 유지하고 있음을 알 수 있을 것이다.
- 마찬가지로 이 마스크 온 기능은 어떤 포트의 특정 핀에 '1'을 출력할 때도 사용될 수 있다. 예를 들어 앞의 예처럼 출력으로 설정된 포트 A의 하위 4비트 중 비트 1과 0에 "11"을 출력하고 나머지 비트들은 이전의 출력 값을 유지하게 하려면 다음과 같은 명령문을 실행시켜주면 된다.

```
PORTA |= 0x03;  // 또는 PORTA = PORTA | 0x03;
```

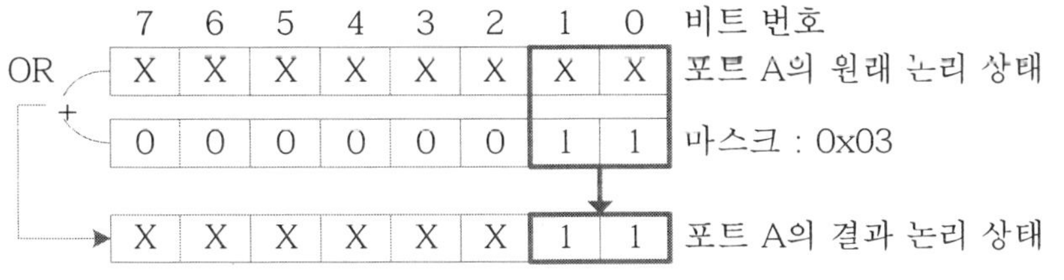

그림 3.11 마스크 온 기능을 이용한 포트 출력 예

- 그림 3.11에서 'X'는 '0' 또는 '1'의 값을 의미하며 원래 포트 A가 가지고 있었던 데이터를 나타낸다. 명령문 수행 후 포트 A의 나머지 비트 들은 이전 값이 유지된 채 하위 2 비트의 값만 "11"로 변해있음을 알 수 있을 것이다.

○ **Mask Off 기능**

- 그러면 선택 된 비트를 '1'로 설정하는 마스크 온에 대응하여 선택된 비트를 '0'으로 설정하는 기능은 없을까?
- 물론 이런 기능도 있으며 이를 마스크 온의 반대 개념으로 마스크 오프라고 한다.
- 예를 들어 포트 A의 하위 4비트(비트 3 ~ 0)를 입력으로 설정하기 위해 다음 명령문을 사용하는 경우를 보자.

```
DDRA = 0x00;
```

- 이 명령문 역시 포트 A의 하위 4비트를 입력으로 설정하라는 기본적인 목적은 달성할 수 있지만 역시 다른 용도로 사용되고 있을지도 모를 상위 4비트(비트 7 ~ 4)까지도 동시에 입력으로 설정해 버리는 아주 심각한 오류를 범하고 있다.

- 이때 이 오류를 피하기 위해서는 앞의 마스크 온 기능과 유사하게 다음과 같은 명령문으로 비트 3 ~ 0에는 모두 '0'을 써주고 비트 7 ~ 4의 값은 그 이전 값이 유지되도록 해 주면 된다.

```
DDRA &= 0xF0; // 또는 DDRA = DDRA & 0xF0;
```

- 위의 명령문에서는 마스크 온 시 사용되었던 '|' 연산자 대신 '&' 연산자가 사용되었음을 유의하라.
- '&' 연산자는 2개 변수의 해당 비트끼리 논리곱(AND)을 구하는 연산자로 AND 연산의 특성상 어떤 논리 값 'X'가(X는 '0' 또는 '1') '0'과 AND 되면 그 결과는 무조건 '0'이 되고 '1'과 AND 되면 그 결과는 원래 값인 'X'가 그대로 유지된다.
- AND 연산의 이 성질을 이용하면 어떤 변수 또는 포트의 값에서 특정 비트들을 선택하여 그 비트들의 값만 '0'으로 써 넣는 것이 가능하며 이 동작을 불필요한 비트들에는 마스크를 씌워서 변하지 않게 하고 선택된 비트들만 '0'으로 설정한다 하여 "**Mask Off**"라고 한다.
- 그림 3.12에 처음 0x9E(10011110_2)라는 값을 가지고 있었던 변수 A의 비트 3, 1에 마스크 오프 동작을 적용하여 그 값을 0x94(10010100_2)로 변환하는 과정을 보인다.

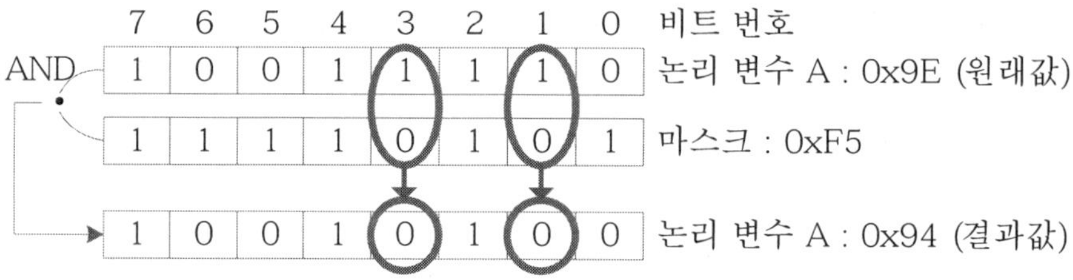

그림 3.12 마스크 오프 동작

- 그림 3.12를 보면 논리변수 A의 비트들 중 마스크 값이 '0'인 비트 (그림에서 타원으로 표시된 부분들, 비트 3과 1) 위치의 값들만 결과에서 '0'으로 변환되었고 마스크 값이 '1'인 나머지 위치의 비트들은 변화 없이 이전 값을 유지하고 있음을 알 수 있을 것이다.

○ 이 마스크 오프 기능은 어떤 포트의 특정 핀에 '0'을 출력할 때도 마찬가지로 적용될 수 있는데 예를 들어 앞의 예처럼 출력으로 설정된 포트 A의 하위 4비트 중 비트 1과 0에 "00"을 출력하고 나머지 비트들은 이전의 출력 값을 유지하게 하려면 다음과 같이 명령문을 실행시켜주면 된다.

```
PORTA &= 0xFC; // 또는 PORTA = PORTA & 0xFC;
```

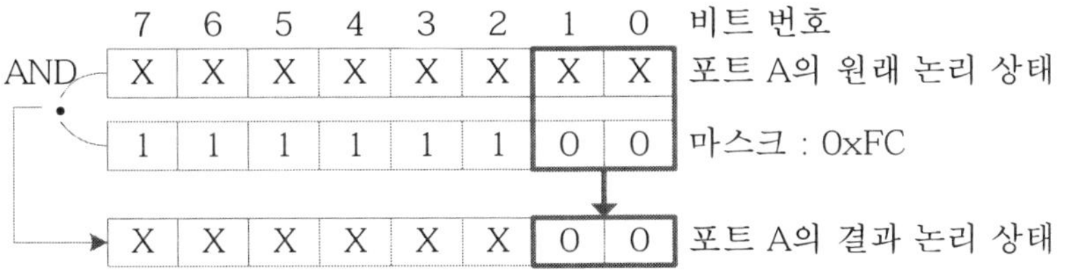

그림 3.13 마스크 오프 기능을 이용한 포트 출력 예

- 그림 3.13에서도 'X'는 '0' 또는 '1'의 값을 의미하며 원래 포트 A가 가지고 있었던 임의의 데이터를 의미하는데 명령문 수행 후 포트 A의 나머지 비트 들은 이전 값이 유지된 채 하위 2 비트의 값만 '00'으로 변해있음을 알 수 있을 것이다.

(2) 프로그래밍 알고리즘

○ 본 예제는 너무나 간단하기 때문에 알고리즘이라기보다는 맨 처음 작성하는 응용 프로그램인 만큼 프로그램 작성 절차를 중심으로 상세히 설명하도록 하겠다.

> **※ 참고 3-6:**
>
> - 여기에서는 이미 2장에서 연습했던 절차에 의해서 Studio 7이 구동되어 원하는 폴더에 ex3-1이라는 프로젝트가 생성이 되어 있다고 가정하고 프로젝트의 메인 함수인 ex3-1.c를 작성하는 절차에 대해서만 설명하겠다.
> - 따라서 여러분들은 앞으로 별도의 언급이 없더라도 모든 실습에서 이 단계 이전에 미리 Studio 7을 구동하여 해당 프로젝트를 생성시켜 놓아야 한다

○ 본 예제의 프로그램 작성을 위해서는 다음 절차를 따르면 된다.

① 포트 A의 모든 비트들을 출력으로 설정한다.

- 본 실습에서는 포트 A의 하위 4비트에 연결된 LED들만 사용할 것이니까 포트 A의 하위 4비트만 출력으로 설정하는 것이 맞지만 나머지 4개의 LED가 연결된 상위 4비트들도 다음의 실습에서 출력으로 사용될 것이기 때문에 그냥 포트 A 전체를 출력으로 설정하도록 한다.
- 다음과 같은 명령문으로 DDRA의 모든 비트에 '1'을 써 넣으면 된다.

```
DDRA = 0xFF;
```

② 포트 A의 출력 핀 PA3 ~ PA0에 논리 '1'을 출력시켜 4개의 LED를 점등한다.

- 우리의 실습회로인 그림 3.4(그림 3.8도 동일 회로)는 Active High 구동형으로 설계되었기 때문에 LED를 켜기 위해서는 PORTA 레지스터를 통해 해당 포트 핀에 논리 '1'을 출력시켜야 함은 이미 알고 있을 것이다.
- 하위 4비트에 연결된 LED는 점등하고 상위 4비트에 연결된 LED 들을 소등하기 위한 명령문은 다음과 같다.

```
PORTA = 0x0F;  // 하위 4개의 LED만 점등
```

③ 프로그램 종료를 위한 조치를 취한다.

- 이것 또한 아주 중요한 작업으로서 모든 마이크로프로세서는 전원이 투입되어 있고 클럭 펄스가 공급되는 한 계속 프로그램 메모리의 다음 장소로부터 명령어를 읽어와서 실행하려 한다.
- 우리가 지금 개발한 프로그램은 크기가 너무 작아 ATmega128 MCU가 가지고 있는 플래시 ROM의 지극히 일부에 저장되게 될 것이며 그 나머지 영역에는 ROM이 이전에 가지고 있던 의미 없는 랜덤(random) 코드들이 그대로 존재하고 있다.
- 이 상황에서 우리의 첫 번째 프로그램이 짧게 끝이 나면 MCU는 어디가 프로그램의 끝인지를 알지 못하기 때문에 계속해서 프로그램 메모리의 다음 장소로부터 코드들을 읽어 와서 실행하려 한다.
- 그런데 ROM 내용 중 프로그램이 끝난 이후의 코드들은 랜덤 코드이기 때문에 MCU가 이것들을 차례로 읽어 명령어로 해석하고 실행할 경우 그 결과가 어떻게 될지는 아무도 예측을 할 수 없다.
- 일반적으로 제대로 된 제어 프로그램들은 끊임없이 큰 루프를 반복 실행하면서 작업을 수행할 것이기 때문에 이런 문제가 발생하지 않겠지만 여기서는 다음과 같이 그냥 간단하게 제자리에서 무한 루프를 실행하게 하여 MCU로 하여금 더 이상 불확실한 메모리 영역으로 진행하지 못하도록 하면 된다. (이 기법은 간단한 예제 프로그램의 경우 가장 많이 사용하는 기법이다)

```
while(1); // 무한루프
```

- windows 같은 OS(Operating System: 운영체제)가 있는 환경에서 C 프로그램을 개발해 본 경험이 있는 독자라면 이런 작업이 약간 생소해 보일 수도 있겠는데 windows 환경에서는 사용자가 자신의 프로그램을 작성하고 그것이 끝나면 바로 프로그램의 끝을 알리는 닫히는 괄호인 '}'만 닫아주면 그만이었을 것이다.
  - 그 이유는 windows용 컴파일러가 사용자 프로그램이 종료되고 난 뒤 제어권을 다

시 windows로 되돌려 주는 코드를 자동으로 생성시켜 주기 때문에 사용자가 직접 프로그램 종료 후의 허드렛일(housekeeping이라 한다)을 관리해 주지 않아도 되기 때문이다.

- 그러나 우리의 시스템에는 그런 OS가 없기 때문에 프로그램 관리에 관한 모든 허드렛일을 사용자 프로그램에서 직접 해 주어야 하는 것이다.

3.4.3 프로그램 소스 리스트

○ 위의 순서에 따라 작성된 전체 프로그램의 소스 리스트를 보인다.

실습 3-1: LED 4개 점등 ex3-1.c

```
#include <avr/io.h> // 각종 AVR MCU 관련 상수들을 정의한 헤더 파일

int main(void) {

  // DDRA의 모든 비트를 '1'로 설정하여 포트 A의 모든 핀을 출력으로 설정
  DDRA = 0xFF;
  // PA3 ~ PA0 핀에 '1'을 출력시켜 LED 점등
  PORTA = 0x0F;

  while(1); // 무한 루프를 돌며 프로그램 종료
}
```

3.4.4 프로그램 설명

○ ex3-1.c 프로그램의 내용은 앞의 작성 절차에서도 설명이 되었고 보다시피 너무나 간단하여 추가적인 설명이 필요 없을 것이다.

○ 다만 프로그램 맨 첫줄의 #include <avr/io.h>는 프로그램 내에서 ATmega128 MCU의 각종 레지스터 이름을 사용하기 위해 반드시 필요한 문장이다.

○ 이미 windows와 같은 운영체제 환경에서 C 프로그램을 작성해 본 경험이 있는 독자들은 PC에 붙은 기본 입력 장치인 키보드로부터 데이터를 입력받는 scanf() 함수나 기본 출력장치인 모니터 또는 프린터로 데이터를 출력하는 printf() 함수를 사용하기 위해서 #include <stdio.h>라는 문장을 사용해 본 적이 있을 것이다.

○ 이와 같이 include 문은 컴파일러가 프로그램을 번역할 때 필요한 추가적인 정보를 가지고 있는 외부 파일을 프로그램 내로 불러오게 하는 명령문으로서 컴파일러 지시문(Compiler Directive)이라 한다.

○ include 명령문으로 불러오는 헤더 파일은 컴파일러의 라이브러리 함수에 따라 여러 가지가 있고 사용자의 필요에 의해 직접 만들어 사용할 수도 있는데 이에 대해서는 필요할 때 그때그때 설명하도록 하겠다.

이제 2장에서 배웠던 절차에 의해 Studio 7을 기동한 후 ex3-1 프로젝트를 위한 작업 폴더를 만들고 ex3-1.c 프로그램을 편집하여 컴파일한 후 ATmega128 MCU 모듈로 다운로드하여 실행시켜 보자. MCU 모듈에 연결된 8개의 LED 중 좌측에 있는 4개의 LED에 불이 켜질 것이다.

어떤가? 신기하지 않은가?

생명이 없이 아무런 반응이 없던 회로가 맨 처음 자신의 프로그램에 의해 기동되고 LED에 불이 켜지면 신기하면서 상당한 성취감을 느낄 것이다.

그러나 얼마 지나지 않아 프로그램이 너무 단순하고 그 실행결과도 너무 밋밋하다는 생각이 들면서 좀 더 나은 것을 찾게 될 것인데 바로 이런 생각들로부터 프로그램은 다음 단계로 발전하고 소위 버전이 업그레이드되는 것이다.

그러면 LED 점등 프로그램의 다음 버전은 어떤 모양으로 바꾸어 볼까? 가장 우선적으로 생각할 수 있는 것이 LED를 깜박이게 하는 것일 것이다.

3.5 실습 3-2: LED 점멸(ex3-2)

3.5.1 실습 목표

○ 여기서는 포트 A에 연결된 8개의 LED 중 비트 3 ~ 0에 연결되어 있는 좌측 4개의 LED만 깜박이게 하고자 한다.

3.5.2 필요 기술 및 프로그래밍 알고리즘

(1) 필요 기술

○ LED를 점멸하려면 LED를 점등하고 일정시간 후 LED를 소등하고 다시 일정시간 후 LED를 점등, 소등, ... 하는 동작을 반복해 주면 된다.

○ 이 예제에서 새로이 추가되는 기능은 “일정시간 후” 라는 것인데 이것은 MCU가 별다

른 일을 하지 않으면서 정해진 시간을 소모시키는 것으로서 영어로는 time delay라고 하고 우리말로는 보통 시간지연이라고 한다.

- 이 기능은 하드웨어적으로 구현할 수도 있고 소프트웨어적으로 구현할 수도 있는데 여기서는 avr-gcc 컴파일러에서 제공하는 딜레이 함수를 사용하여 소프트웨어적으로 구현하고자 한다.

※ 참고 3-7:

- 하드웨어적으로 딜레이를 구현하는 방법은 ATmega128 MCU가 가지고 있는 타이머를 사용하는 것인데 소프트웨어 딜레이보다 훨씬 더 정교한 시간을 얻을 수 있고 마이크로컨트롤러의 실행 시간을 더욱 효율적으로 사용할 수 있다는 장점이 있다.
- 그러나 이를 위해서는 MCU 내부의 타이머 구조와 각종 제어 레지스터들에 대한 이해가 필요하기 때문에 이 기법은 타이머를 취급하는 8장을 학습해야 이해할 수 있다.

① avr-gcc 컴파일러의 라이브러리 함수를 이용한 소프트웨어 time delay

○ 다음과 같은 for 루프를 보자.

```
for(i=0;i<DELAY_CONSTANT;i++);
```

○ 이 루틴은 단순히 변수 i 의 값을 0으로부터 1씩 증가시키면서 DELAY_CONSTANT라는 값에 이를 때까지 하는 일 없이 그냥 루프를 돌면서 일정 시간을 소모시킴으로써 원하는 지연시간(delay time)을 얻는 것이다.

○ 이런 방식의 시간지연 루틴은 CPU의 클럭 주파수와 컴파일러의 최적화(optimization) 수준에 따라 같은 DELAY_CONSTANT 값에 대해서도 얻어지는 지연시간이 달라진다는 단점이 있으나 사용법이 간단하기 때문에 단순한 응용에 널리 이용되는 기법이다.

○ avr-gcc 컴파일러의 라이브러리에도 이와 같은 방법으로 시간 지연을 구현하는 delay 함수들이 있는데 micro second(10^{-6}초) 단위의 딜레이를 구현하는 _delay_us() 함수와 milli second(10^{-3}초) 단위의 딜레이를 구현하는 _delay_ms() 함수가 그것이다.

○ 이 함수들을 사용하기 위해서는 #include 문을 통해 delay.h라는 헤더 파일을 프로그램에 포함시켜야 하며 또한 앞에서 언급한 바와 같이 소프트웨어 딜레이 함수는 마이크로프로세서의 클럭 주파수에 의존적이기 때문에 사용하는 마이크로프로세서의 클럭 주파수를 #define 문을 통해 컴파일러에게 알려 주어야 한다.

○ 다음에 마이크로프로세서의 클럭 주파수가 16MHz인 경우 avr-gcc 컴파일러의 delay

함수를 사용하는 방법을 보인다.

```
#define F_CPU   16000000UL // CPU 클럭 주파수 정의
#include        <util/delay.h> // delay.h 헤더 파일 포함

#define         DELAY_CONSTANT  30
.......
int main(void)  {
  .......
  ....... // main 프로그램의 다른 수행문들
  _delay_ms(10); // 10ms의 delay를 얻는다.
  .......
  _delay_us(DELAY_CONSTANT); // 30us의 delay를 얻는다.
```

○ 첫 문장 #define F_CPU 16000000UL은 사용하는 CPU(마이크로컨트롤러)의 클럭 주파수가 16000000Hz(= 16MHz)임을 컴파일러에게 알려 주는 명령문이다.

○ 여기서 F_CPU는 CPU의 주파수를 의미하는 마크로(Macro)로서 avr-gcc 컴파일러에서 사용되는 상수 라벨이고 CPU의 주파수 16000000 뒤에 붙은 UL은 unsigned long의 약자로서 16000000이라는 큰 수치를 취급하기 위해서는 unsigned long 형의 정수형 변수를 사용해야 한다는 것을 컴파일러에게 알려 주는 것이다.

② avr-gcc 라이브러리에서 제공하는 delay 함수의 단점

○ avr-gcc 라이브러리에서 제공하는 _delay_ms()와 _delay_us()를 사용하는 데는 2가지의 단점이 있다.

○ 첫 번째 단점은 이 함수들을 호출할 때는 호출인수로 반드시 상수 값만 사용해야 한다는 것이다.

- delay 함수 호출 인수로 변수를 사용할 수 없다는 것은 융통성 있는 프로그램 작성에는 상당한 약점일 수 있는데 그 이유는 프로그램 수행 중 상황에 따라 길이가 변하는 지연시간이 필요한 경우가 종종 있는데 그런 경우에는 이 delay 함수들을 사용할 수가 없기 때문이다.

○ 두 번째 단점은 _delay_ms()나 _delay_us() 함수로 발생시킬 수 있는 최대 지연시간이 너무 짧다는 것이다.

- avr-gcc의 _delay_ms() 함수로 발생시킬 수 있는 최대 지연시간은 다음 식으로 주어진다.

가능한 최대 지연 시간(ms) = 262.14 ms / F_CPU in MHz

- 따라서 CPU(마이크로컨트롤러)의 클럭 주파수가 16MHz인 경우 최대로 얻을 수 있는 지연시간은

262.14/16 = 16.38ms 이다.

- _delay_us() 함수로 발생시킬 수 있는 최대 지연시간은 다음 식으로 주어진다.

가능한 최대 지연 시간(us) = 768 us / F_CPU in MHz

- 따라서 CPU(마이크로컨트롤러)의 클럭 주파수가 16MHz인 경우 최대로 얻을 수 있는 지연시간은

768/16 = 48us 이다.

- 그러나 실제 응용에서는 이 보다 훨씬 더 긴 딜레이가 필요할 때가 많다.

○ 이상의 사실을 종합하여 다음에 delay 함수의 올바른 호출 예와 잘못된 호출 예를 몇 가지 보인다.

```
_delay_us(10); // 올바른 사용 → 10uS 시간지연을 얻음
_delay_ms(10); // 올바른 사용 → 10mS 시간지연을 얻음
_delay_us(70); // 잘못된 사용 → 최대 지연시간 범위 초과

x = 10;
_delay_ms(x); // 잘못된 사용 → 호출 인수로 상수가 아닌 변수 사용

#define x 10
_delay_ms(x); // 올바른 사용 → 이때는 x가 변수가 아니라 이 10의 값을 갖는
상수 라벨임
```

③ avr-gcc 라이브러리의 delay 함수를 이용한 유연한 delay 함수 제작

○ 본 교재에서 사용하는 MCU는 16MHz의 클럭을 사용하고 있기 때문에 앞에서 설명한 바와 같이 _delay_ms() 함수로 얻을 수 있는 최대의 지연시간은 16ms 정도이다.

○ LED를 켰다 껐다 하는 사이에 삽입되는 지연시간을 이 정도의 값으로 한다면 깜박이는 주기가 너무 짧아 사람의 눈에는 LED 불이 항상 켜져 있으면서 어른거리는 정도로 보일 것이다.

○ 따라서 avr-gcc에서 제공하는 delay 함수들의 단점들(호출 인수로 상수 사용, 짧은 지연시간)을 극복하고 긴 지연시간도 얻을 수 있고 함수 호출 인수를 변수로 사용할 수도 있도록 다음과 같은 좀 더 유연한 함수를 만들어서 사용하고자 한다.

```
void Delay_ms(unsigned int MilliSeconds)  {
  unsigned int i;
  for(i=0;i<MilliSeconds;i++) _delay_ms(1);
}
```

○ 함수 설명

- 이 함수는 호출인수로 변수 MilliSeconds를 사용하고 있다.
- 이 함수는 1ms를 딜레이하는 _delay_ms(1) 함수를 MilliSeconds회 반복 호출함으로써 원하는 딜레이를 얻고 있는데 MilliSeconds 변수가 unsigned int 형의 변수이기 때문에 최소 1ms부터 최대 65535ms(= 65.5초)까지의 긴 지연시간을 얻을 수 있다.
- 함수 호출 예

```
Delay_ms(1); // 1ms의 딜레이
Delay_ms(500); // 500ms(= 0.5초)의 딜레이
```

※ 참고 3-8:

- avr-gcc 컴파일러에서 _delay_ms()나 _delay_us() 함수들을 사용할 때는 반드시 컴파일러의 최적화 레벨을 0 이외의 레벨로 활성화 시켜 두어야 한다. 만약 최적화 옵션이 활성화되어 있지 않으면 실제 얻어지는 지연시간이 원하는 시간보다 훨씬 더 길어지는 문제가 발생된다.
- 한 가지 더 유념할 것은 위에 제시한 Delay_ms() 함수로는 정확한 지연시간을 얻을 수 없으며 원하는 시간에 근사한(실제는 원하는 시간보다 조금 긴) 지연시간을 얻는다는 것이다. 그 이유는 for 루프를 사용하여 _delay_ms() 함수를 MilliSeconds 만큼 호출하는 동안 매 루프마다 루프 변수 i 값을 증가시키고 MilliSeconds 값과 비교해야 하며 _delay_ms() 함수를 호출하는 등의 부수적인 작업이 필요하여 이를 위한 아주 짧지만 추가의 시간들이 반복적으로 소요되기 때문이다.

○ 컴파일러 최적화 옵션 설정

- avr-gcc 컴파일러는 레벨 0(-O0)부터 레벨 3(-O3)까지 총 4단계의 최적화 레벨이있는데 레벨 0은 최적화 기능을 사용하지 않는 것이고 레벨 3이 가장 최적화를 많이

하는 단계이다.

- 다행히 Studio 7에서는 레벨 1을 기본 최적화 수준으로 설정하고 있기 때문에 우리의 실습에서는 별도로 수정할 필요는 없으나 나중 필요할 경우를 대비해서 간단하게 최적화 옵션 설정 절차를 정리하면 그림 3.14와 같다.

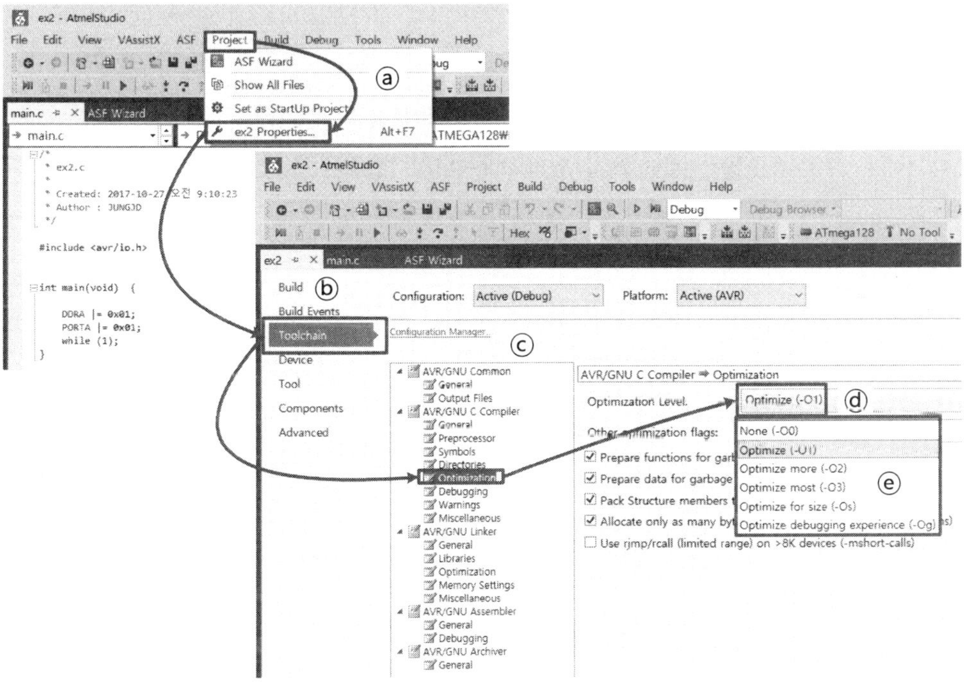

그림 3.14 컴파일러 최적화 레벨 설정

- 주 메뉴 중 Project 메뉴를 클릭하면 화면 ⓐ가 열리는데 거기서 ex2 Properties... 항목을 클릭하면 화면 ⓑ가 열린다.
  - 여기서 ex2는 현재 작업 중인 프로젝트 이름인데 여러분들이 ex3-2 프로젝트를 개발하면서 이 최적화 작업을 한다면 당연히 프로젝트 이름도 ex3-2로 되어 있을 것이다.
- 화면 ⓑ에 나타나는 메뉴 중 Toolchain을 클릭하면 화면 ⓒ가 열리는데 여기서 Optimization 항목을 클릭한다.
- 그러면 화면 ⓓ에 현재의 최적화 레벨이 표시되는데 이때 dialog box를 클릭하면 화면 ⓔ가 열리고 여기서 원하는 최적화 수준을 클릭하면 된다.
  - 그림 3.14에서는 기본 값인 레벨 1이 선택되어 있는 것을 보여준다.
- 최적화 레벨이 선택되면 마지막으로 화면 ⓑ를 닫는 X 버튼을 클릭하여 최적화 레벨 설정 과정을 종료한다.

(2) 프로그래밍 알고리즘

○ 이 예제 역시 LED를 켠 후 일정시간을 지연시키고 LED를 끈 후 일정시간을 지연시키는 동작을 무한히 반복하는 단순한 동작으로 구성되어 있기 때문에 특별한 알고리즘 없이 각각의 동작들에 필요한 명령문들을 순서대로 나열하면 된다.

3.5.3 프로그램 소스 리스트

○ 프로그램 소스를 작성하기 전 2장에서 언급했던 것과 같은 폴더 구조로 앞으로의 모든 예제 프로젝트들을 관리하기 위해서는 AVR_Project 폴더 아래에 있는 inc 폴더에 다음과 같은 ex.h 헤더 파일을 만들어 저장해 두도록 하자.

- ex.h 헤더 파일의 초기 내용
  - ex.h 파일의 초기 내용은 기본적인 include 문들과 앞으로의 응용 프로그램에서 자주 사용되게 될 시간 지연 함수를 포함하고 있다.
  - 시간 지연 함수에는 이 장에서는 사용되지 않지만 앞으로 자주 사용될 us(micro second) 단위의 지연 함수도 필요하기 때문에 앞 절에서 만들었던 Delay_ms() 함수와 같은 구조로 Delay_us() 함수도 만들어서 ex.h 파일에 미리 포함시켜 두도록 한다.

ex.h

```
// 3장에서 추가된 정의들

// 라이브러리 함수 _delay_ms() 및 _delay_us()를 사용하기 위한 준비 작업
#define     F_CPU       16000000UL // MCU의 클럭 주파수 정의
#include  <avr/io.h>
#include  <util/delay.h>

// ms, us 단위의 시간 지연 함수를 정의한다.
void Delay_ms(unsigned int MilliSeconds) {
  unsigned int i;

  for(i=0;i<MilliSeconds;i++) _delay_ms(1);
}

void Delay_us(unsigned int MicroSeconds) {
  unsigned int i;

  for(i=0;i<MicroSeconds;i++) _delay_us(1);
}
```

- 앞으로 본 교재의 모든 예제 프로젝트 들은 이런 폴더 구조를 사용한다는 가정 하에서 설명되고 작성될 것이기 때문에 반드시 2장의 그림 2.2에 보인 폴더 구조와 같이 현재 작업 폴더와 같은 레벨에 inc 폴더를 만든 다음 ex.h 파일을 저장하여 두기 바란다.
- 이제 프로젝트 ex3-2를 생성시키고 다음과 같은 프로그램을 입력한다.

실습 3-2: LED 점멸 ex3-2.c

```
#include    "../../../inc/ex.h"

int main(void)  {

  // DDRA의 모든 비트를 '1'로 설정하여 포트 A의 모든 비트를 출력으로 설정
  DDRA = 0xFF;
  PORTA = 0x00; // 초기 상태 모든 LED 소등

  while(1)  {  //  다음의 과정을 무한히 반복하게 한다
    // PA3 ~ PA0 핀에 "1111"을 출력시켜 LED 4개 점등
    PORTA |= 0x0F;     // 비트 3 ~ 0 mask on, 나머지 비트들은 이전 값 유지
    // 딜레이 함수 호출
    Delay_ms(500);// 약 0.5초(500mS) 딜레이
    // PA3 ~ PA0 핀에 "0000"을 출력시켜 LED 소등
    // PORTA 레지스터의 비트 3 ~ 0 mask off, 나머지 비트들은 이전 값 유지
    PORTA &= 0xF0;
    // 딜레이 함수 호출
    Delay_ms(500);// 약 0.5초 지연
  }  // while 루프의 끝
}  // 주 프로그램 끝
```

3.5.4 프로그램 설명

- 예제 3-2 프로그램의 알고리즘 및 그를 위한 딜레이 함수 등에 대해서는 이미 이해하고 있을 것이기 때문에 추가적인 설명이 필요 없을 것으로 본다.
- 이제 ex3-2.c 프로그램을 입력하여 컴파일 한 뒤 다운로드 하여보라. 포트 A의 비트 3 ~ 0에 연결된 4개의 LED(브레드보드에 있는 8개의 LED 중 좌측 4개의 LED)가 약 0.5초 간격으로 깜박이는 것을 볼 수 있을 것이다.

3.6 실습 3-3: 스위치 입력에 의한 LED 제어1(ex3-3)

3.6.1 실습 목표

○ 푸시버튼 스위치를 회로에 추가하고 이 스위치가 눌러지면 8개의 LED가 모두 점등되고 스위치가 떨어지면 모든 LED가 소등되도록 하고자 한다.

○ 그런데 여기서는 하나의 푸시버튼 스위치를 사용하는 대신 앞으로의 응용 확장성을 고려하여 16개의 푸시버튼 스위치를 갖는 4×4 키패드를 회로에 추가하고 16개의 스위치 중 하나를 선택해서 사용하고자 한다.

- 실습에서는 키패드를 포트 C에 연결시키도록 한다.

3.6.2 필요 기술 및 프로그래밍 알고리즘

(1) 필요 기술

○ 특정 포트를 출력으로 설정하고 그 포트를 통해 디지털 논리 값을 출력시켜 LED에 불을 켜고 끄는 기능에 대해서는 앞의 예제들에서 취급하였으므로 생략한다.

○ 본 예제를 수행하기 위해서는 푸시버튼 스위치를 입력장치로 MCU의 핀에 연결하는 기법과 ATmega128 MCU의 특정 핀을 입력으로 설정하고 그 입력상태를 읽어 들이는 기법에 대한 이해가 필요하다.

○ 또한 입력포트로부터 읽어 들인 바이트 데이터 내의 특정 비트 값이 '0'인지 '1'인지를 판별하는 기법도 알아야 한다.

○ 따라서 여기서는 이 기술들에 대해 자세히 설명하고자 한다.

(a) 푸시버튼 스위치 입력 회로

○ 이해를 돕기 위해 우선 한 개의 푸시버튼 스위치 입력을 취급하는 기본 회로에 대해 설명하고 실습에 사용하고자 하는 4×4 키패드 메트릭스 입력을 설명하고자 한다.

① 1개의 푸시버튼 스위치 입력의 기본회로

- 그림 3.15에 푸시버튼 스위치의 회로 기호를 보인다.

그림 3.15 푸시버튼 스위치의 회로 기호

- 그림 3.15에 보이는 푸시버튼 스위치는 2개의 단자가 있으며 평소에는 2개의 단자가 서로 떨어져 있어서 전기적으로 차단(open)되어 있다가 버튼이 눌러지면 2개의 단자가 전기적으로 합선(close, short)되어 도통 상태가 되는 소자이다.
- 이런 스위치를 디지털 입력장치로 사용하려면 스위치가 눌러지고 떨어짐에 따라 '0' 또는 '1'의 논리상태가 발생되도록 만들어 주어야 하는데 그림 3.16에 가장 보편적인 푸시버튼 입력 회로 및 동작 상태를 보여 준다.

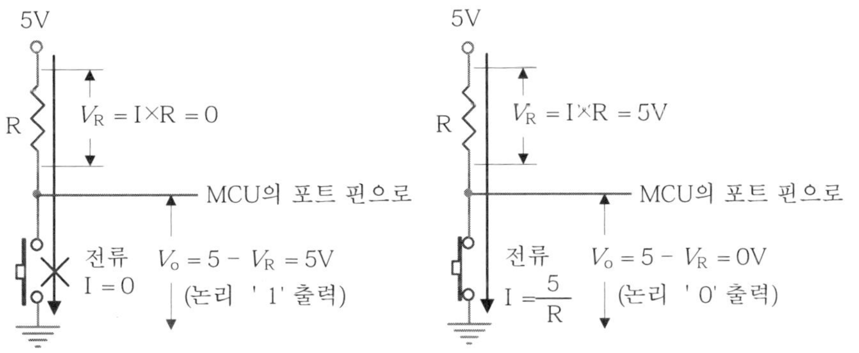

(a) 스위치가 눌러지지 않았을 때 (b) 스위치가 눌러졌을 때

그림 3.16 푸시버튼 스위치 입력회로 및 동작

- 그림 3.16의 회로에서는 스위치가 눌러지면 논리 '0'(0V)이 발생되고 스위치가 떨어지면 논리 '1'(5V)이 발생되는데 그림 3.16(a)는 푸시버튼이 눌러지지 않았을 때의 회로 상황을, 3.16(b)는 푸시버튼이 눌러졌을 때의 회로 상황을 보여주고 있다.
  - 푸시버튼이 눌러지지 않으면 위의 그림 3.16(a)에서 보듯이 전류 I가 흐를 수 없어서 저항 R 양단의 전압강하는 0V가 되고 따라서 전원전압 5V가 손실 없이 MCU의 포트 핀에 나타나게 됨으로써 논리 '1'이 입력되게 된다.
  - 푸시버튼이 눌러지면 위의 그림 3.16(b)에서 보듯이 스위치 양 단자가 합선이 되어 MCU의 포트 핀이 접지에 연결됨으로써 논리 '0'이 입력되게 된다.

※ 참고 3-9:

- 그러면 그림 3.16의 회로에서 저항 R이 없다면 어떻게 될까 ?
  ○ 저항 R이 없을 때의 회로 동작을 그림 3.17에 보인다.

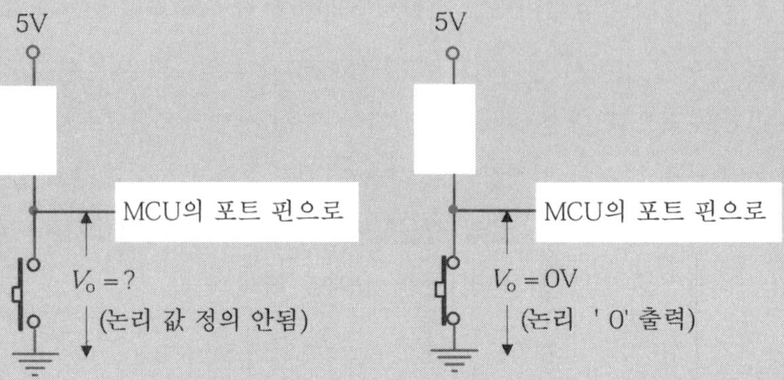

(a) 스위치가 눌러지지 않았을 때 (b) 스위치가 눌러졌을 때

그림 3.17 저항 R이 없을 때의 푸시버튼 스위치 입력회로의 동작

- 그림 3.17(b)를 보면 스위치가 눌러졌을 때 스위치의 양 단자가 합선됨으로써 MCU의 포트 핀에 접지전압인 0V가 인가되어 명백히 논리 '0'이 입력됨을 알 수 있다.
- 반면 그림 3.17(a)를 보면 스위치가 눌러져 있지 않을 때 스위치의 양 단자가 개방되어 있고 따라서 MCU의 포트 핀은 전압을 결정할 수 있는 그 어느 것에도 연결되어 있지 않기 때문에 논리 값이 정의될 수 없다.
- 이때 저항 R을 달아주게 되면 그림 3.16(a)와 같은 상황이 되어 MCU 포트 핀에 전원전압인 5V가 인가됨으로써 논리 값이 '1'로 정의되게 되는데 이처럼 저항 R에 의해 정의되지 않은 전압이 5V로 끌어 올려 졌다는 의미로 이 저항을 풀업(pull up) 저항이라고 하며 디지털회로의 입력을 설계할 때 아주 중요한 역할을 하는 것인 만큼 꼭 기억하기 바란다.

○ 이제 푸시버튼 스위치의 기본 입력회로에 대해서는 이해가 되었으리라고 보고 실습에 사용하고자 하는 4×4 키패드 메트릭스 입력회로에 대해 알아보자.

② 실습 회로의 4×4 키패드 메트릭스(matrix) 스위치 입력 회로

- 실습에 사용하고자 하는 4×4 키패드는 시중에서 판매되는 EL-MK-3 제품인데 그 외관 및 회로 구성은 그림 3.18과 같다.

> **※ 참고 3-10:**
>
> - 본 실습에서는 키패드를 포트 C에 연결시키기로 했기 때문에 그림 3.18부터 그 뒤로의 설명은 포트 C를 사용한다는 것을 가정한다.
> - 키패드 역시 포트 A ~ F 중 어디에도 연결될 수 있고 그 때는 당연히 모든 그림과 설명에서 포트 이름을 선택된 포트 이름으로 바꾸어 주면 된다.

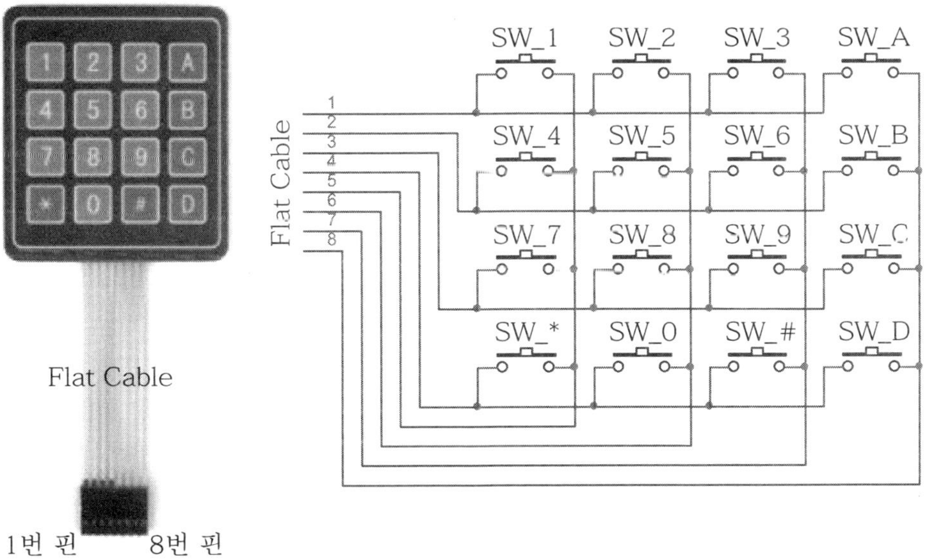

(a) 외관 (b) 회로 구성

그림 3.18 4×4 키패드의 구조 및 회로 구성

- 그림 3.18을 보면 16개의 스위치들이 4행(row), 4열(column)의 메트릭스 형태로 구성되어 있는데 이를 보통 4×4 키패드 메트릭스라고 한다.
  - 이런 형태의 키패드는 MCU의 입력 포트 핀 수를 최소로 사용하면서 많은 개수의 스위치를 사용하고자 할 때 널리 사용되는 기법이며 여러분들이 사용하는 PC의 키보드에 있는 많은 키들도 이런 형태로 연결되어 사용된다.
  - 참고로 위와 같이 16개의 스위치를 그림 3.16과 같은 구조로 한 개씩 포트 핀에 물리게 되면 총 16개의 포트 핀이 필요하지만 그림 3.18과 같은 구조를 사용하면 총 8개의 포트 핀만 있으면 된다.
- 그림 3.18(a)에 보이는 실물 외관에는 16개의 스위치 이름이 1, 2, 3, ..., 0, A, B,

C, D로 붙어 있는데 편의상 우리는 그 이름들을 그림 3.18(b)와 같이 사용하고자 한다.

- 그림 3.18(a)의 외관을 보면 4개의 행과 4개의 열로 구성된 총 8개의 단자가 플랫 케이블(flat cable)을 통해 출력되어 있으며 단자 번호는 좌에서 우로 가면서 1, 2, 3, ..., 8로 붙어 있는데 그림 3.18(b)에서 보듯이 플랫 케이블의 1 ~ 4번 단자들은 4개의 행들에 연결되어 있고 5 ~ 8번 단자들은 4개의 열들에 연결되어 있다.
- 그림 3.18과 같이 메트릭스 형으로 구성된 키패드에서는 어떤 스위치가 눌러지면 그 스위치가 속해 있는 행과 열이 합선되어 연결되게 된다.
- 예로서 그림 3.19에 SW_1 버튼이 눌러졌을 때의 연결 상황을 보여준다.
  - SW_1이 눌러지면 이 스위치가 속해 있는 1번 행과 5번 열이 연결되는데 결과적으로 이 회로에서는 MCU의 PC0 핀과 PC4 핀을 연결하게 된다.

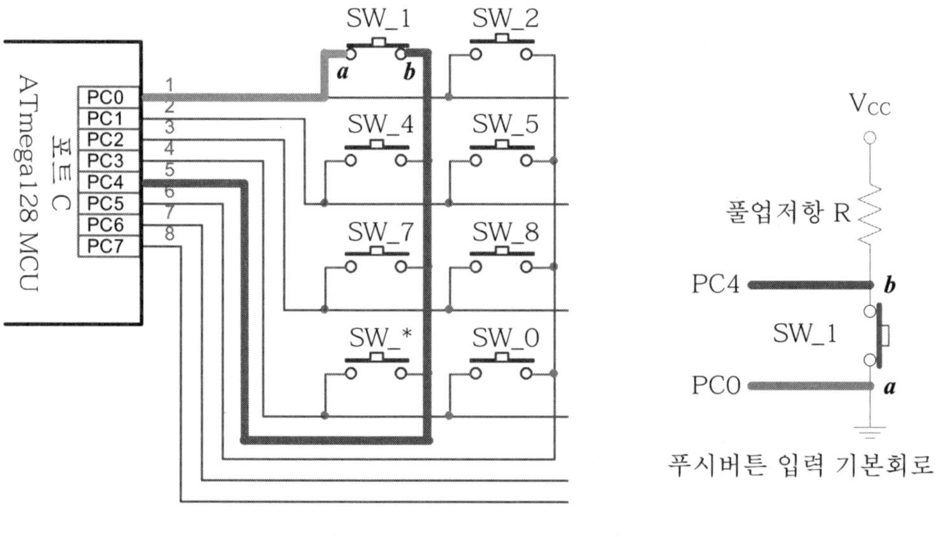

(a) 메트릭스 내에서 SW_1이 눌러 졌을 때

(b) 푸시버튼 입력 기본 회로

그림 3.19 4×4 키패드에서 SW_1 키가 눌러졌을 때의 포트 핀 연결 상태

- 그림 3.19(a)의 스위치 SW_1이 그림 3.19(b)에 보인 푸시버튼 스위치의 기본 입력 회로와 같은 모양으로 사용되기 위해서는 SW_1 스위치의 단자 *a*를 접지시켜 주고 단자 *b*를 MCU 포트의 입력으로 사용되도록 해주면 된다.
- 그리고 여기서 아주 중요한 것은 반드시 입력으로 사용하고자 하는 단자 쪽(그림 3.19에서는 단자 *b* 쪽)에는 풀업저항을 달아 줘야 한다는 것이다.

- 그런데 그림 3.19(a)를 보면 스위치 SW_1의 두 단자 *a*와 *b*는 각각 PC0 핀과 PC4 핀에 연결되어 있어서 접지에 연결되어 있지도 않고 풀업저항도 없다.
- 그러면 이런 상황에서 어떻게 하면 그림 3.19(b)와 같이 단자 *a*는 접지가 되고 단자 *b*에는 풀업저항이 연결되게 할 수 있을까?
- 그림 3.20에 본 실습 예제에서 사용하고자 하는 기법을 보인다.

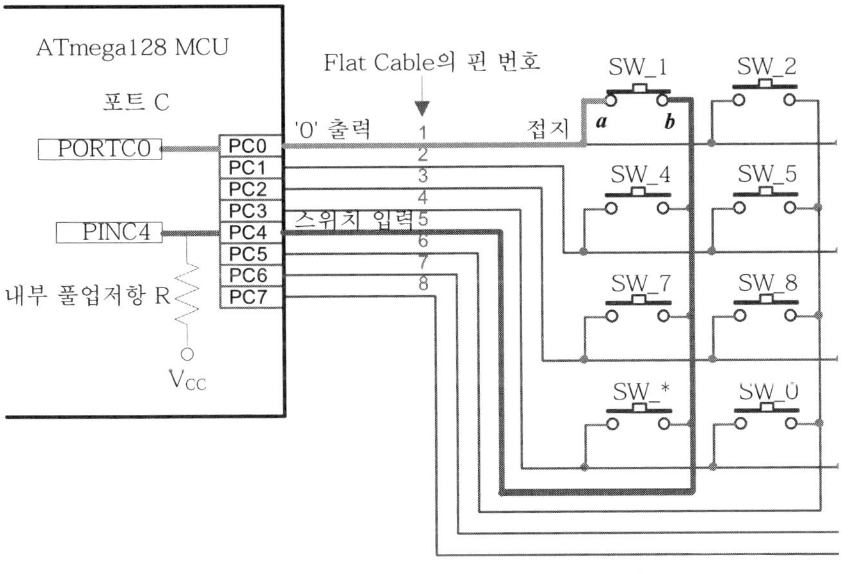

그림 3.20 키패드 내의 SW_1 버튼 입력 설정

○ 그림 3.20을 보면 푸시버튼 스위치 단자 *a*가 연결된 PC0 핀에 논리 '0'을 출력하여 단자 *a*가 접지전압인 0V에 연결되도록 하고 있으며 단자 *b*가 연결된 PC4 핀을 입력으로 설정하고 이 핀에 할당된 내부풀업 저항을 활성화시킴으로써 그림 3.19(b)에 보인 푸시버튼 입력이 기본회로와 같은 구성이 가능함을 알 수 있다.

※ 참고 3-11:

- 위와 같은 2단자 스위치 입력 회로 구성 시 만약 MCU 내부에 풀업저항이 없다면 당연히 MCU 외부에서 풀업 저항을 달아 줘야하지만 다행스럽게도 요즘 대부분의 마이크로컨트롤러들은 풀업 저항들을 내장하고 있어서 사용자들에게 최대한의 편의성을 제공하고 있다.

○ 이제 MCU에 외부 입력 장치로서 키패드 메트릭스 형태로 구성된 푸시버튼 스위치를 접속하여 활용하는 기법에 대해 이해를 했으니 실제 MCU의 특정 포트 핀을 입력으로 설정하고 그 입력 포트에 연결된 장치의 논리 값을 읽어 들이는 기법에 대해 알아보자.

(b) 바이트 데이터 내 지정된 비트 위치의 논리 값 식별하기

○ 이제 PC0 핀에 '0'을 출력하여 SW_1 스위치의 한쪽 단자를 접지시켰고 스위치의 다른 쪽 단자가 연결된 PC4 핀을 입력으로 설정하고 내부 풀업저항을 활성화 시켰기 때문에 적절한 명령문을 사용하여 PC4 핀의 논리 값을 읽으면 SW_1의 상태(눌러졌는지 안 눌러졌는지)를 검사할 수 있다.

○ PC4 핀에 연결된 SW_1 스위치의 입력상태를 알아보기 위해서는 PINC 레지스터의 값을 읽으면 되며 그 결과는 다음과 같이 될 것이다.

7	6	5	4	3	2	1	0	← 비트 번호
X	X	X	SW_1	X	X	X	X	← 읽혀진 논리 값

○ PINC 레지스터는 8비트 레지스터이기 때문에 한 번 읽을 때 무조건 8비트가 읽혀 오는데 SW_1 스위치와 관계없는 비트들은 don't care 상태인 'X'로 표시되어 있다.

○ 비트 4에 있는 SW_1 비트는 스위치 SW_1의 상태를 가지는데 스위치가 눌러지면 이 비트의 값은 '0'이 되고 이 때 읽혀진 PINC 레지스터의 값은 다음과 같이 된다.

7	6	5	4	3	2	1	0	← 비트 번호
X	X	X	0	X	X	X	X	← 읽혀진 논리 값

○ 스위치가 눌러지지 않았으면 SW_1 비트의 값은 '1'이 되고 이때 읽혀진 PINC 레지스터의 값은 다음과 같이 된다.

7	6	5	4	3	2	1	0	← 비트 번호
X	X	X	1	X	X	X	X	← 읽혀진 논리 값

○ 자, 이제 읽혀진 PINC 레지스터의 값으로부터 SW_1이 눌러졌는지 아닌지를 판단해야 하는데 어떻게 하면 될까?

○ 여러분들은 당연히 다음과 같은 if 문으로 SW_1의 상태를 판단하고자 할 것이다.

```
if(PINC==______)
```

○ 올바른 시도이다. 하지만 예를 들어 본 예제에서 요구하는 것처럼 "SW_1이 눌러졌으면, 즉 PINC 레지스터의 값이 'XXX0XXXX'이면 PA0 핀에 '1'을 출력해라"라는 명령

을 수행하기 위해 다음과 같이 if 문을 썼다고 하자.

```
if(PINC==XXX0XXXX)  PORTA |= 0x01;
```

○ 이런 if 문을 본 적이 있는가?

○ 위의 if 문이 제대로 동작하려면 X로 표현되어 있는 don't care 값들을 '0' 또는 '1'의 값으로 치환하여 실제 비교에 사용될 수 있는 수치로 바꾸어 주어야 한다.

○ 바로 이런 경우를 위해 우리는 OR(|) 연산에 의한 마스크 온 기능과 AND(&) 연산에 의한 마스크 오프 기능을 학습한 적이 있다.

○ 위의 예에서 모든 don't care 비트 X들을 모두 '1'로 바꿔 주면서 SW_1의 상태를 가지는 비트 4는 원래 입력된 값으로 유지하기 위해서는 다음과 같이 마스크를 0xEF(= 11101111_2)로 하고 PINC 레지스터와 OR 연산을 수행하면 된다.

7	6	5	4	3	2	1	0	← 비트 번호
X	X	X	SW_1	X	X	X	X	← PINC 레지스터 값
1	1	1	0	1	1	1	1	← 마스크(0xEF)
1	1	1	SW_1	1	1	1	1	← OR 연산 결과 값

○ 이때 SW_1이 눌러졌다면 SW_1 비트의 논리 값은 '0'이 되어 OR 연산 결과 값은 11101111_2(= 0xEF)가 될 것이고 SW_1이 눌러지지 않았다면 SW_1 비트의 논리 값은 '1'이 되어 OR 연산 결과 값은 11111111_2(= 0xFF)이 될 것이다.

○ 따라서 "SW_1이 눌러 졌으면 PA0 핀에 '1'을 출력하라"라는 동작을 수행하기 위한 명령문은 다음과 같이 쓰여질 수 있다.

```
if((PINC | 0xEF)==0xEF)  PORTA |= 0x01;
```

○ 반대로 위의 예에서 SW_1 스위치의 상태를 가지는 비트 4의 값은 변하지 않으면서 나머지 모든 don't care 비트 X들은 '0'으로 바꾸어 if 문의 비교에 사용할 수도 있는데 이를 위해서는 다음과 같이 마스크를 0x10(= 00010000_2)으로 하여 PINC 레지스터의 값과 AND 연산을 수행하면 된다.

7	6	5	4	3	2	1	0	← 비트 번호
X	X	X	SW_1	X	X	X	X	← PINC 레지스터 값
0	0	0	1	0	0	0	0	← 마스크(0x10)
0	0	0	SW_1	0	0	0	0	← AND 연산 결과값

○ OR 연산을 사용했을 때와 마찬가지로 이때 SW_1이 눌러졌다면 SW_1 비트의 논리

값은 '0'이 되어 AND 연산 결과 값은 00000000_2(= 0x00)가 될 것이고 SW_1이 눌러지지 않았다면 SW_1 비트의 논리 값은 '1'이 되어 AND 연산 결과 값은 00010000_2(= 0x10)이 될 것이다.

○ 따라서 "SW_1이 눌러 졌으면 PA0 핀에 '1'을 출력하라"라는 동작을 수행하기 위한 명령문은 다음과 같이 쓰여질 수 있다.

```
if((PINC & 0x10)==0x00)  PORTA |= 0x01;
```

○ 그런데 여기서 C 명령문에서 조건문 내의 조건 연산 값이 0이면 '거짓'이 되는 사실을 이용하면 위의 if 문은 다음과 같이 더 간단하게 표현할 수도 있다.

```
if(!(PINC & 0x10))  PORTA |= 0x01;
```

○ 위의 명령문에서 '!' 연산자는 논리 부정(NOT) 연산자로서 SW_1 스위치가 눌러진 경우 PINC & 0x10 연산의 값이 0이 되어 논리적으로 '거짓'이 되는데 이것을 부정하여 '참'으로 만들어 주는 역할을 한다. 이에 따라 SW_1 스위치가 눌러진 경우 if 문의 ( ) 안에 있는 조건 값이 '참'이 됨으로써 PORTA |= 0x01; 이라는 명령문이 실행되게 되는 것이다.

○ 이제 키패드 메트릭스 내에 있는 SW_1을 스위치 입력으로 사용하는 방법에 대해 이해하였으므로 실제 본 예제를 해결하기 위한 하드웨어 조립 및 알고리즘에 대해 생각해 보기로 하자.

(2) 키패드 조립

○ 이제 푸시버튼 스위치 입력에 의한 LED 점등 제어 실습을 위해 그림 3.18(a)의 4×4 키패드를 MCU 모듈의 포트 C에 연결시켜 주어야 한다.

○ 이것은 그림 3.18(a)에 보이는 플랫케이블의 1번 ~ 8번 핀을 1번 핀이 PC0 핀에 연결되고 8번 핀이 PC7 핀에 연결되도록 해 주면 된다.

○ 즉, 이를 위해서는 키패드의 플랫 케이블을 브레드보드에 조립된 MCU 모듈의 포트 C 쪽 홀들에 삽입시켜 주면 되는데 이때 문제는 우리가 사용하는 EL-MK-3 키패드의 플랫 케이블 끝이 단자가 아니라 홀로 되어 있어서 브레드보드의 홀에 삽입이 불가능하다는 것이다.

○ 따라서 그림 3.21과 같이 플랫 케이블의 홀에 8핀 핀 헤더를 꽂아서 플랫 케이블이

브레드보드의 홀에 삽입되는 핀을 갖도록 만들어 주어야 한다.

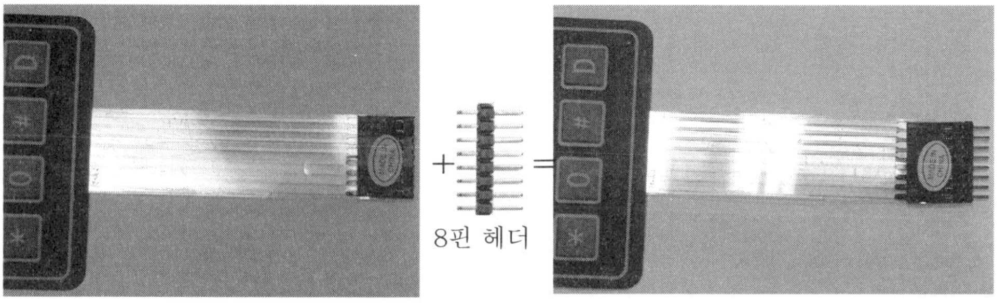

그림 3.21 8핀 플랫 케이블의 핀 홀에 핀 헤더를 꽂아서 연결 단자 만들기

○ 그림 3.22에 LED와 키패드가 함께 조립된 모습을 보여준다.

그림 3.22 LED와 키패드가 함께 조립된 모습

(3) 프로그래밍 알고리즘

- 이 예제 역시 LED에 불을 켜고 끄는 것과 푸시버튼 스위치 입력 기법에 대한 이해가 끝났다면 프로그램 자체는 아주 간단하다.
- 단순히 무한 루프를 돌면서 푸시버튼 스위치 SW_1의 상태를 살펴 눌러져 있지 않으면 8개의 LED 모두 불을 끄고 눌러져 있으면 8개의 LED 모두 불을 켜 주면 된다.

3.6.3 프로그램 소스 리스트

실습 3-3: 푸시버튼 스위치에 의한 LED 제어1 ex3-3.c

```
#include<avr/io.h>

int main(void) {

  // LED 출력 포트 설정
  // LED가 연결된 포트 A 전체를 출력으로 설정
  DDRA = 0xFF;

  // SW_1 스위치의 접지 쪽 단자 설정
  // 포트 C의 비트 0 핀(PC0)를 출력으로 설정
  DDRC |= 1<<0;
  // PC0 핀에 '0'을 출력시켜 SW_1 스위치의 한쪽을 접지 시킨다.
  PORTC &= ~(1<<0);

  // SW_1 스위치의 입력 쪽 단자 설정
  // 포트 C의 비트 4 핀(PC4)을 입력으로 설정
  DDRC &= ~(1<<4);  // PC4 핀은 SW_1 스위치의 다른 쪽에 연결되어 있음
  // 포트 C의 비트 4 핀(PC4)에 대한 내부 풀업 저항 활성화
  PORTC |= 1<<4;

  while(1) { // 다음의 과정을 무한히 반복하게 한다
    // SW_1 스위치가 눌러졌으면 LED 8개를 모두 점등한다
    if(!(PINC & (1<<4))) PORTA = 0xFF;

    // SW_1이 눌러져 있지 않으면 LED를 모두 소등한다
    else PORTA = 0x00;
  } // while 루프의 끝
} // 프로그램 끝
```

3.6.4 프로그램 설명

○ 프로그램은 아주 간단하여 단순히 SW_1 스위치의 상태를 살펴 스위치가 온 되어 있으면 8개의 LED 모두를 점등하고 아니면 모두 소등하는 동작을 무한히 반복하고 있다.

○ 이 프로그램에서는 레지스터의 특정 비트에 '1'을 써 넣거나 '0'을 써 넣을 때 '<<' 연산자를 사용하고 있다.

- 이 연산자는 시프트(shift) 연산자로서 레지스터 또는 변수의 값을 왼쪽으로(<<) 또는 오른쪽으로(>>) 지정된 비트 수만큼 시프트 시키는 연산자이다.
  – 사용하는 예는 다음과 같다.

DDRA >> 1 → DDRA 레지스터의 값을 오른쪽으로 1 비트 시프트

⇒ DDRA의 원래 값이 01010110_2(=0x56) 이었다면 위의 연산 후 DDRA의 값은 00101011_2(=0x2B)가 된다.

yy << 3 → 변수 yy의 값을 왼쪽으로 3 비트 시프트

⇒ 변수 yy의 원래 값이 01010110_2(=0x56) 이었다면 위의 연산 후 변수 yy의 값은 10110000_2(=0xB0)가 된다.

1<<3 → 수치 1(=00000001_2)을 왼쪽으로 3 비트 시프트

⇒ 이 연산 결과는 00001000_2가 된다.

○ 특히 마지막 1<<3의 예는 본 실습 예제의 프로그램에서도 사용되고 있는 기법인데 이 기법은 지정된 비트에 대해 마스크 온 이나 마스크 오프 기능을 수행하고자 하는 경우 마스크 값을 쉽게 만들 수 있어서 아주 유용하게 사용되는 기법이다.

- 예를 들어 DDRB 레지스터의 비트 5를 '1'로 설정하고자 하는 경우 다음 명령문을 보자.

```
DDRB |= 1<<5;
```

- 이 명령문이 실행되면 수치 1(00000001_2)이 왼쪽으로 5 비트 시프트되어 00100000_2(= 0x20)이라는 마스크 값이 만들어 진 다음 DDRB 레지스터와 ORing 되어 DDRB 레지스터의 비트 5를 '1'로 설정하게 된다.
  – 이런 기법을 모르면 위의 명령문은 다음과 같이 써야 한다.

```
DDRB |= 0x20;
```

- 둘 중 어느 방법이 더 이해가 쉽고 쓰기가 편한가?
- 이 편의성은 특정 비트를 '0'으로 클리어하는 마스크 오프에서 더욱 명백해 지는데 이번에는 다음의 명령문으로 포트 B의 비트 5에 '0'을 출력하는 예를 보자.

```
PORTB &= ~(1<<5);
```

- 이 명령문이 이해가 되는가? 아마 C 프로그래밍에 익숙한 독자가 아니라면 이런 명령문은 첫눈에 당장 이해가 되지 않을 것이다.
- 이 명령문이 실행되면 우선 1(00000001_2)이 왼쪽으로 5비트 시프트 되어 00100000_2라는 값이 만들어진 다음 '~' 연산자에 의해 1의 보수인 11011111_2(= 0xDF)로 변환되어 마스크가 만들어지고 PORTB 레지스터와 ANDing 되어 비트 5를 '0'으로 클리어하게 된다.
- 이 역시 이 기법을 모르면 다음과 같은 명령문을 사용해야 한다.

```
PORTB &= 0xDF;
```

- 마스크 0xDF를 위에서 설명한 절차대로 계산해서 사용하는 것보다 ~(1<<5)처럼 비트 번호만으로 조작하는 것이 훨씬 이해가 쉽고 쓰기가 편하지 않은가?
- 이 기법을 사용하는 또 다른 목적에 대해서는 이장의 마지막에 정리해 놓은 고급 프로그래밍을 위한 팁에서 자세하게 설명되어 있으니 참고하기 바란다.

○ 마지막으로 본 예제 프로그램에서는 스위치 SW_1이 온 되었는지를 판단하기 위해 if(!(PINA & (1<<4))) ... 으로 하고 있는데 이것은 앞에서 설명한 것처럼 다음과 같이 작성해도 결과는 같다.

```
if((PINA & 0x10)==0x00) ...
```

또는

```
if((PINA | 0xEF)==0xEF) ...
```

프로그램 ex3-3.c를 컴파일하고 다운로드하여 실행시키고 SW1 스위치를 눌렀다 떼어 보라. 예상했던 대로 SW_1 스위치의 누름에 의해 LED 불이 켜졌다 꺼졌다 하는 결과를 볼 수 있을 것이다.

3.7 실습 3-4: 푸시버튼 스위치 입력에 의한 LED 제어2

3.7.1 실습 목표

- 처음 프로그램이 기동되면 맨 좌측에 있는 LED의 불이 켜지고 그 이후에는 SW_1이 눌러질 때마다 LED 불이 오른 쪽으로 한 칸씩 이동하게 하고자 한다.
- 맨 우측 LED에 불이 켜졌을 때 SW_1이 눌러지면 다시 맨 좌측 LED로 돌아가서 같은 동작을 되풀이 하도록 한다.

3.7.2 필요 기술 및 프로그래밍 알고리즘

(1) 필요 기술

- 브레드보드에 조립된 실습회로에서 LED는 포트 A에 연결되어 있고 MCU 모듈의 기판에는 포트 핀이 좌측부터 PA0, PA1, ..., PA6, PA7의 순서로 배열되어 있다.
- 따라서 불이 켜진 LED를 맨 좌측부터 우측으로 한 칸씩 이동시키기 위해서는 2진수로 00000001, 00000010, 00000100, 00001000, 00010000, 00100000, 01000000, 10000000의 데이터를 차례로 포트 A에 출력시켜야 한다.
- 따라서 맨 처음 00000001(= 0x01)의 2진 데이터를 출력시키고 SW_1 스위치가 눌러질 때마다 데이터를 한 비트씩 왼쪽으로 이동시키면서 출력시키면 된다.
- 위와 같은 시프트 동작은 C 언어의 왼쪽 시프트 연산자(<<)를 사용해서 구현한다.
- 그 외 LED 구동, 키패드 읽기 등에 관한 기술은 앞에서 설명되었으니 생략한다.

(2) 프로그래밍 알고리즘 1(ex3-4-1)

- 여기서 갑자기 알고리즘 뒤에 "1"이라는 숫자가 붙은 것은 앞으로 "2", "3"이 있을 거라는 걸 알려주며 당연히 "1"이 가장 초보적인 접근 방법이라는 것도 암시하고 있다.
- 기본적인 알고리즘은 지정된 버튼스위치가 눌러질 때까지 기다리다가 스위치가 눌러지면 1(=00000001_2)을 한 비트 왼쪽으로 시프트 시켜서 출력하고 다시 새로운 버튼스위치 누름을 기다리는 동작을 반복하는 것이다.

○ 그림 3.23에 본 프로그램을 위한 플로차트를 보인다.

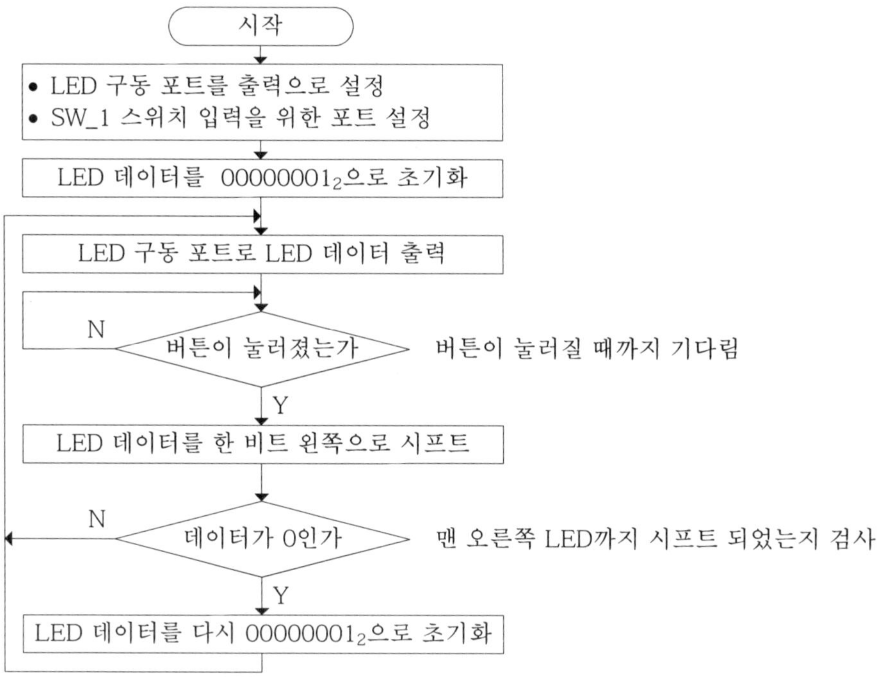

그림 3.23 예제 3-4 알고리즘 1의 플로차트

○ 그림 3.23의 플로차트에서 "버튼이 눌러 졌는가" 부분은 버튼스위치 SW_1이 눌러질 때까지 기다리라는 것으로서 SW_1 스위치 입력을 받는 PC4 핀의 입력 상태가 '0'인지(SW_1 스위치가 눌러짐) '1'인지(SW_1 스위치가 안 눌러짐)를 검사해서 이 입력이 '1'이면 '0'이 될 때까지 계속 기다리라는 것이다.

○ 이를 위해서는 포트 C의 입력 레지스터인 PINC 레지스터의 비트 4를 체크하여 이 값이 '1'인 동안, 즉 SW_1이 눌러지지 않은 동안 반복적으로 그 비트 값을 검사하다가 '0'이 되면 루프를 빠져 나와 다음 명령문으로 진행하게 하면 된다.

○ 다음 명령문을 보자.

```
while(PINC & (1<<4));
```

• PINC 레지스터로 포트 C의 입력을 읽으면 $XXX?XXXX_2$로 읽혀진다. 여기서 X는 '0' 또는 '1'이며 '?'는 스위치 SW_1의 입력에 연결된 비트인데 이 값과 1<<4($=00010000_2$)을 AND 연산한 결과는 $000?0000_2$이 될 것이다.

- 이때 SW_1이 눌러지지 않았으면 AND 연산의 결과는 00010000_2이 될 것이고 SW_1이 눌러졌으면 00000000_2이 될 것이다.
- 따라서 SW_1이 눌러지지 않았을 때는 PINC & (1<<4)의 값이 0이 아니기 때문에 조건이 '참'이 되어 while 문이 반복 수행되면서 PINC & (1<<4)의 값을 계속 검사하게 되고 SW_1이 눌러지면 그 값이 0이 되기 때문에 조건이 '거짓'이 되어 while 문을 빠져 나옴으로써 결과적으로 while(PINC & (1<<4)); 명령문은 "SW_1이 눌러질 때까지 기다려라"라는 명령을 수행하게 되는 것이다.

○ 마지막으로 "데이터가 0인가"라는 부분은 LED에 불을 켜기 위한 초기 데이터 00000001_2로부터 '1'이 한 비트씩 왼쪽으로 시프트 되다가 완전히 시프트 되어 0000000_2이 되었는지를 체크하는 것으로 만약 그렇다면 LED 데이터를 00000001_2로 초기화하여 다시 맨 좌측 LED부터 시프트 동작을 반복하도록 하기 위함이다.

3.7.3 프로그램 소스 리스트

실습 3-4-1: 푸시버튼 스위치에 의한 LED 제어2-1 ex3-4-1.c

```
#include <avr/io.h>

int main(void) {

  unsigned char LED_Data;

  // LED 출력 포트 설정
  // LED가 연결된 포트 A 전체를 출력으로 설정
  DDRA = 0xFF;

  // SW_1 스위치의 접지쪽 단자 설정
  // 포트 C의 비트 0 핀(PC0)를 출력으로 설정
  DDRC |= 1<<0;
  // PC0 핀에 '0'을 출력시켜 SW_1 스위치의 한쪽을 접지 시킨다.
  PORTC &= ~(1<<0);

  // SW_1 스위치의 입력쪽 단자 설정
  // 포트 C의 비트 4 핀(PC4)을 입력으로 설정
  DDRC &= ~(1<<4);  // PC4 핀은 SW_1 스위치의 다른 쪽에 연결되어 있음
  // 포트 C의 비트 4 핀(PC4)에 대한 내부 풀업 저항 활성화
  PORTC |= 1<<4;

  // LED 데이터 초기화
```

```
    LED_Data = 0x01; // = 000000012, 초기 맨 왼쪽 LED부터 시작

    while(1) { // 다음의 과정을 무한히 반복하게 한다
      PORTA = LED_Data;  // LED 구동 포트로 데이터를 보내 LED 점등

      // SW_1 스위치가 눌러질 때까지 기다린다.
      while(PINC & (1<<4));  // SW_1이 눌러지지 않으면 계속 루핑

      // SW_1이 눌러졌으면 LED_Data 값을 한 비트 왼쪽으로 시프트
      LED_Data <<= 1;

      // 왼쪽으로 완전히 시프트가 되었는지(LED_Data 값이 000000002 인지)
      // 검사하여 그렇다면 LED_Data 값을 다시 000000012로 초기화 한다.
      if(!LED_Data) LED_Data = 0x01;

    } // while 루프의 끝
  } // 프로그램 끝
```

3.7.4 프로그램 설명

○ while 문 이전의 부분은 LED 구동 포트와 키패드 구동 포트들의 입출력 상태를 설정하는 것이며 이 부분은 앞의 예제 3-3과 같으므로 더 설명이 필요 없을 것이다.

○ while 문에서는 그림 3.23의 플로차트에 보인 데로 포트 A를 통해 현재의 LED 데이터를 출력하고 내부의 while 문으로 SW_1 스위치가 눌러지기를 기다리다가 눌러지면 LED 데이터를 한 비트 좌측으로 시프트 시킨다.

○ 그 뒤 방금 시프트 된 데이터를 검사하여 그 값이 00000000_2 이면 LED_Data 변수 값을 00000001_2로 초기화 하고 있는데 이것은 앞에서도 설명하였듯이 LED 불을 다시 맨 왼쪽부터 시프트 할 수 있도록 하기 위한 것이다.

○ 그 후 다시 while 루프의 시작으로 돌아가서 같은 동작을 무한히 반복한다.

자, 이제 프로그램을 컴파일하고 다운로드하여 실행시킨 후 SW_1 버튼을 눌러 보자. 기대했던 것처럼 버튼이 눌러질 때마다 LED의 점등이 깨끗하게 한 칸씩 오른쪽으로 이동 하는가?

아마 기대는 무너지고 모든 LED들이 그렇게 밝지 않은 빛으로 동시에 켜져서 어른거리며 현재 점등된 LED의 위치가 어딘지 종잡을 수가 없게 되었을 것이다.

왜일까 ?

위의 그림 3.23에 보인 플로차트나 ex3-4-1.c 프로그램을 자세히 관찰해 보라. 그러면 그 원인이 보일 것이다.

.
.
.

○ 그렇다!

○ 원인은 푸시버튼 스위치가 눌러지는 것만 체크하고 다음 번 눌러지는 것을 체크하기 이전에 지금 눌러져 있는 버튼스위치의 떨어짐을 체크 하지 않았기 때문이다.

○ 버튼이 한 번 눌러질 때 한 번의 시프트가 이루어지도록 하기 위해서는 버튼스위치를 눌러서 데이터가 시프트 되어 디스플레이 되고 난 뒤 다시 새로운 버튼스위치의 입력을 기다리기 전 반드시 현재 눌러진 버튼스위치가 떨어지는 것을 확인해야 한다.

○ 그렇지 않으면 MCU는 현재 LED 데이터를 출력한 후 바로 다시 스위치 입력을 체크하는 루틴으로 돌아가게 되고 당연히 방금 전 눌러진 푸시버튼이 아직 눌린 채로 있을 것이기 때문에 LED 데이터가 또 시프트 되어 출력되고 다시 스위치 입력을 체크하는 루틴으로 돌아가는 동작을 반복하게 되는 것이다.

○ 따라서 LED는 계속 시프트 되면서 디스플레이 되게 되고 이 반복 동작이 워낙 빨리 수행되기 때문에 모든 LED들이 동시에 켜져 있는 것처럼 보이게 되는 것이다.

○ 그러면 사람이 아주 빠른 속도로 스위치를 누르고 뗀다면 스위치 누름이 단 한번만 감지되고 LED 데이터가 한 번씩만 시프트 되면서 디스플레이 되지 않을까?

- 16MHz 클럭을 사용하는 ATmega128 MCU의 처리속도는 상상을 초월할 정도로 빨라서 사람이 아무리 빠른 속도로 푸시버튼 스위치를 누르고 떼더라도 그 사이 수없이 많은 회수의 루프가 반복 수행되어 모든 LED가 동시에 켜져 있는 것처럼 보이는 현상은 피할 수가 없다.

3.7.5 프로그램 알고리즘 2(ex3-4-2)

○ 그러면 알고리즘 1에서의 문제를 해결하려면 어떻게 하면 될까? 잠간 머리를 식힐 겸 책을 덮고 생각해 보라. 뭔가 번쩍이는 해법이 떠오를 것이다.

○ 그렇다. 방법은 의외로 단순하다. 현재 눌러져 있는 푸시버튼 스위치가 떨어진 것을 확인하고 난 뒤 다음 푸시버튼 스위치의 입력을 기다리게 하면 된다.

○ 이렇게 하면 현재 한 번 눌러진 푸시버튼 스위치 입력이 여러 번 중복되어 사용되는 것을 방지할 수 있다.

○ 그림 3.24에 수정된 알고리즘의 플로차트를 보인다.

- 플로차트를 보면 버튼스위치가 떨어짐을 미리 조사하고 그 뒤 새로운 버튼스위치의 누름을 기다리는 것을 볼 수 있을 것이다.

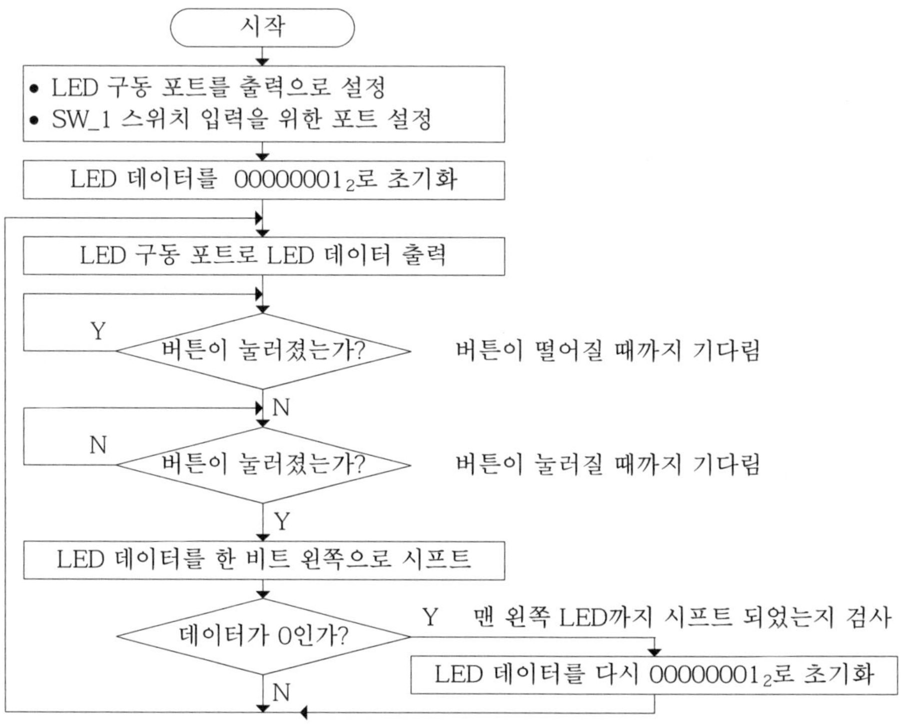

그림 3.24 예제 3-4 알고리즘 2의 플로차트

3.7.6 프로그램 소스 리스트 2

실습 3-4-2: 푸시버튼 스위치에 의한 LED 제어2-2 ex3-4-2.c

```
#include <avr/io.h>

int main(void) {

  unsigned char LED_Data;

  // LED 출력 포트 설정
```

```
    // LED가 연결된 포트 A 전체를 출력으로 설정
    DDRA = 0xFF;

    // SW_1 스위치의 접지쪽 단자 설정
    // 포트 C의 비트 0 핀(PC0)를 출력으로 설정
    DDRC |= 1<<0;
    // PC0 핀에 '0'을 출력시켜 SW_1 스위치의 한쪽을 접지 시킨다.
    PORTC &= ~(1<<0);

    // SW_1 스위치의 입력쪽 단자 설정
    // 포트 C의 비트 4 핀(PC4)을 입력으로 설정
    DDRC &= ~(1<<4);  // PC4 핀은 SW_1 스위치의 다른 쪽에 연결되어 있음
    // 포트 C의 비트 4 핀(PC4)에 대한 내부 풀업 저항 활성화
    PORTC |= 1<<4;

    // LED 데이터 초기화
    LED_Data = 0x01; // = 000000012, 초기 맨 왼쪽 LED부터 시작

    while(1) { // 다음의 과정을 무한히 반복하게 한다
      PORTA = LED_Data;  // LED 구동 포트로 데이터를 보내 LED 점등

      while(!(PINC & (1<<4)));  // SW_1 스위치가 떨어질 때까지 기다린다.

      while(PINC & (1<<4));    // SW_1 스위치가 다시 눌러질 때까지 기다린다.

      LED_Data <<= 1;  // LED_Data 값을 한 비트 왼쪽으로 시프트

      // 왼쪽으로 완전히 시프트가 되었는지(LED_Data 값이 000000002 인지)
      // 검사하여 그렇다면 LED_Data 값을 다시 000000012로 초기화 한다.
      if(!LED_Data) LED_Data = 0x01;

    } // while 루프의 끝
  }  // 프로그램 끝
```

3.7.7 프로그램 설명

○ 프로그램의 골격은 근본적으로 앞의 프로그램 ex3-4-1.c와 같으며 이 프로그램이 ex3-4-1.c와 다른 점은 SW_1 스위치가 눌러지기를 기다리기 전에 현재 눌러져 있는 SW_1 스위치가 떨어질 때까지 기다리는 루틴이 추가된 것이다.

○ 현재 눌러져 있는 스위치가 떨어질 때까지 기다리기 위해서는 버튼이 눌러져 있는

동안 계속 while 루프를 돌아야 하기 때문에 while(PINC & (1<<4));이 아닌 while(!(PINC & (1<<4)));로 바뀌어 있음에 주목하라.

- 즉, while(!(PINC & (1<<4))); 루프는 SW_1 스위치가 눌러져 있는 동안 계속 루프를 돌게 됨으로써 SW_1 스위치의 눌림이 해제될 때까지 기다리게 되는 것이다.

자, 이제 프로그램이 수정되었으니 다시 컴파일하고 다운로드하여 실행시킨 후 버튼을 한 번씩 눌러 보자.

동작 상태가 어떤가?

알고리즘 1에서와 같이 버튼을 누를 때 모든 LED들이 동시에 켜지는 현상은 없어지고 하나씩 켜지기는 하지만 아직도 버튼을 누를 때마다 한 칸씩 규칙적으로 이동하지 못하고 뭔가 불안정 한 모습을 보일 것이다.

3.7.8 프로그램 알고리즘 3(ex3-4-3)

○ 알고리즘 2에는 아직 무슨 문제가 남아 있는 것일까?

○ 이 문제를 해결하기 위해서는 사용하고 있는 버튼스위치의 전기기계적인 특성에 대한 이해가 필요하다.

○ 대부분의 버튼스위치는 내부에 기계적인 접점을 가지고 있으면서 버튼이 눌러지면 접점이 붙고 버튼 누름을 해제하면 접점이 떨어지는 구조로 되어 있다.

○ 그런데 기계적인 접점은 눌러질 때 한 번에 접점이 연결되지 못하고 아주 짧은 시간 동안 여러 번 붙고 떨어지기를 반복한 후 접점이 안정적으로 연결되며 누름을 해제할 때도 마찬가지로 여러 번 붙고 떨어지기를 반복한 후 완전히 떨어지게 된다.

○ 이 현상을 채터링(chattering) 또는 바운싱(bouncing)이라 하며 그림 3.25에 그 현상을 보인다.

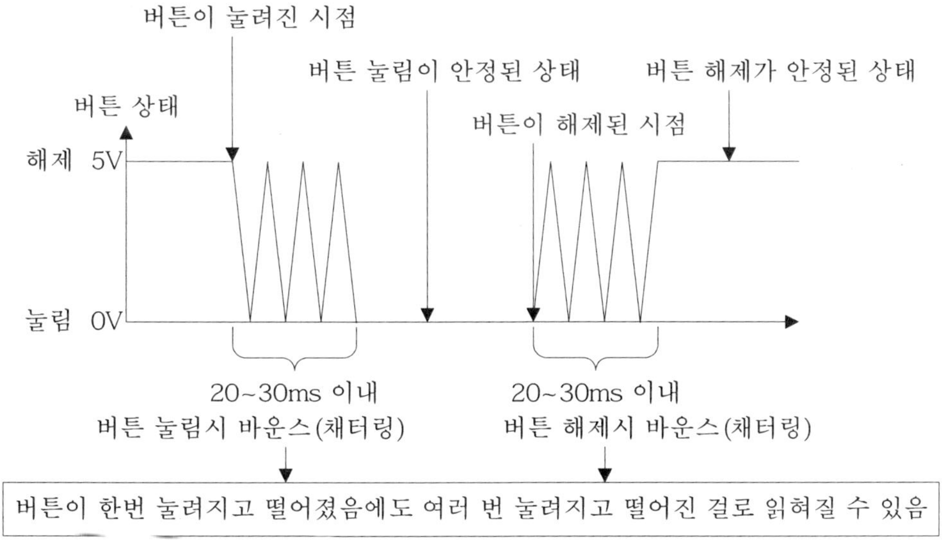

그림 3.25 버튼스위치의 바운싱

- 그림 3.25를 보면 버튼을 한번만 눌렀다 놓았음에도 불구하고 눌림 시 또는 해제 시 발생되는 바운싱에 의해 여러 번의 '0' → '1' → '0' 펄스가 발생되는 것을 알 수 있다.
- MCU는 그 수행속도가 워낙 빨라 이런 바운싱에 의한 펄스들도 모두 개별적인 스위치 입력으로 인식함으로써 프로그램 ex3-4-2.c에서는 한 번의 스위치 누름이 있었음에도 LED 불이 여러 번 시프트 되어 그 동작이 불안정하게 보이게 된 것이다.
- 이 바운싱을 제거하여 한 번의 스위치 누름에 대해 단 한 개의 입력펄스를 생성하게 하는 것을 디바운싱(debouncing)이라 하며 이것은 하드웨어로 또는 소프트웨어로 구현할 수 있다.
- 여기서는 간단하게 소프트웨어적인 디바운싱 기법을 사용하고자 한다.
- 소프트웨어 디바운싱은 간단하다.
  - 대부분의 기계식 접점에서 바운싱은 그림 3.25에서도 보인 바와 같이 20 ~ 30ms 이내에 안정되기 때문에 버튼스위치의 누름이나 해제가 감지되면 바운싱이 종료될 때까지 기다렸다가 버튼스위치의 입력상태를 다시 읽으면 된다.
  - 즉, 버튼 눌러짐이 감지되면 바운싱이 종료될 때까지 기다렸다가 다시 버튼스위치의 상태를 읽어서 그때까지 눌러진 상태가 유지되고 있으면 눌러진 걸로 인식하면 되고 그렇지 않으면 노이즈(noise)로 간주하고 무시하면 된다.
  - 마찬가지로 버튼 해제가 감지되면 바운싱이 종료될 때까지 기다렸다가 다시 버튼

스위치의 상태를 읽어서 그때까지 해제된 상태가 유지되고 있으면 해제된 걸로 인식하면 되고 그렇지 않으면 노이즈(noise)로 간주하고 무시하면 된다.

○ 그림 3.26은 위에서 설명한 기계적인 푸시버튼스위치의 디바운싱 알고리즘을 플로차트로 보여주고 있다.

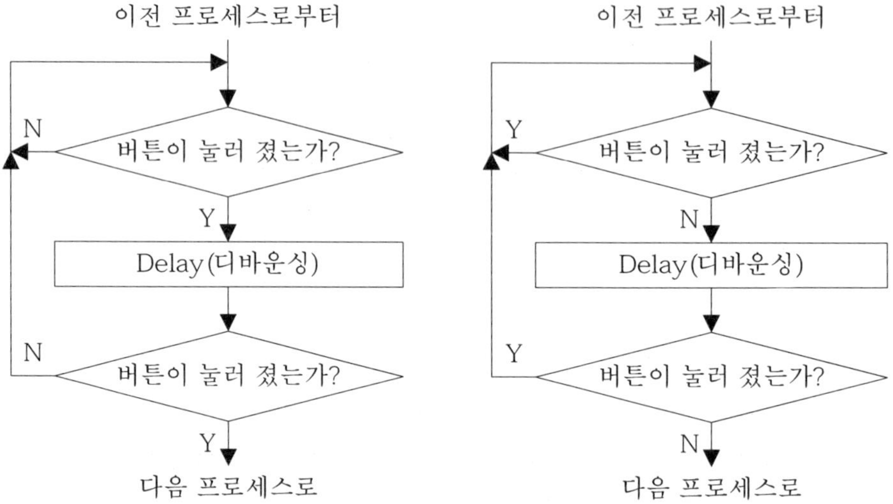

(a) 스위치 눌림 시의 디바운싱 (b) 스위치 해제 시의 디바운싱

그림 3.26 버튼스위치 입력의 디바운싱 알고리즘

○ 그림 3.27에 버튼스위치의 디바운싱을 포함한 완전한 플로차트를 보인다.

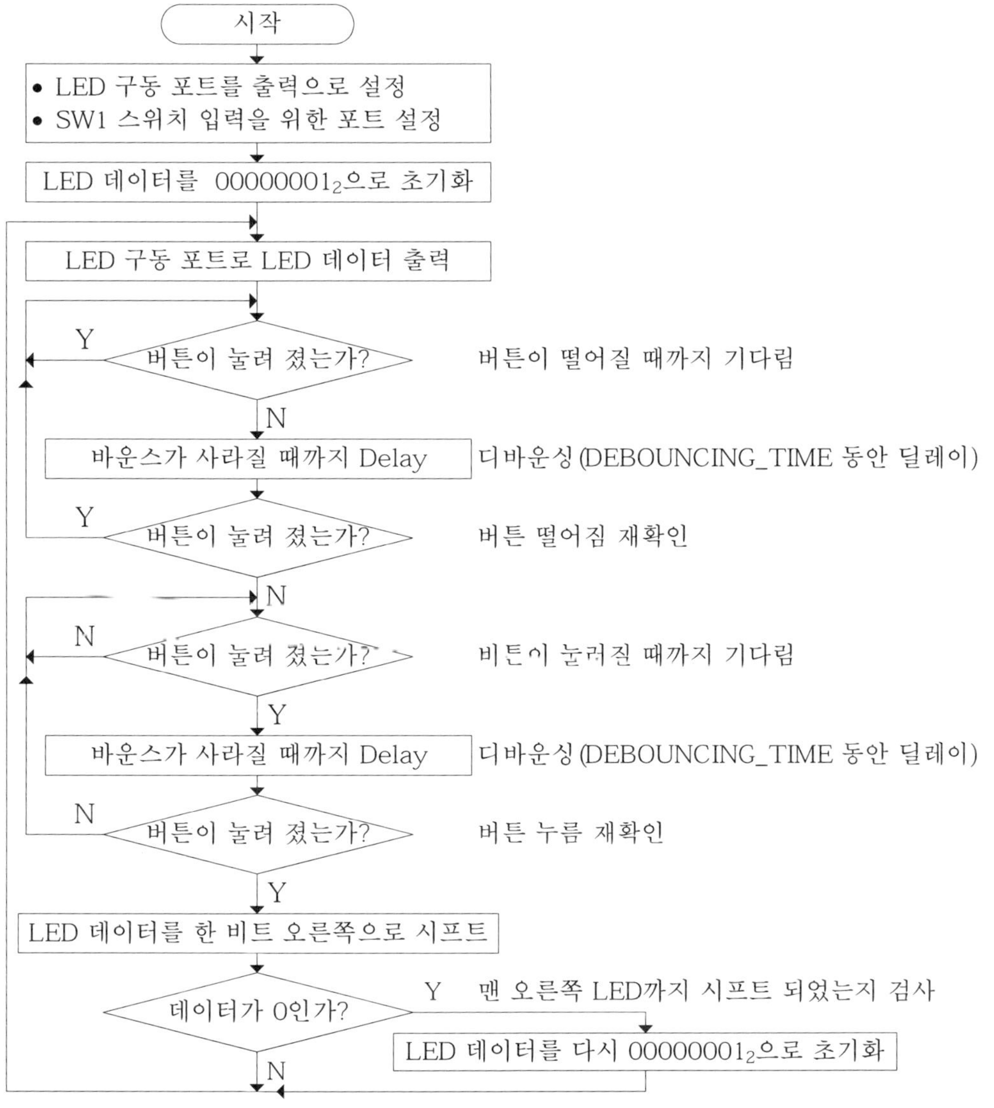

그림 3.27 예제 3-4 알고리즘 3의 플로차트

○ 이제 버튼스위치의 디바운싱에 대한 개념도 이해되었으니 모든 문제가 해결된 완전한 프로그램을 작성하여 보자.

3.7.9 프로그램 소스 리스트 3

실습 3-4-3: 푸시버튼 스위치에 의한 LED 제어2-3 ex3-4-3.c

```
#include  "../../../inc/ex.h"

#define     DEBOUNCING_TIME   20// 디바운싱 시간 20ms

int main(void) {

  unsigned char LED_Data;

  // LED 출력 포트 설정
  // LED가 연결된 포트 A 전체를 출력으로 설정
  DDRA = 0xFF;

  // SW_1 스위치의 접지쪽 단자 설정
  // 포트 C의 비트 0 핀(PC0)를 출력으로 설정
  DDRC |= 1<<0;
  // PC0 핀에 '0'을 출력시켜 SW_1 스위치의 한쪽을 접지 시킨다.
  PORTC &= ~(1<<0);

  // SW_1 스위치의 입력쪽 단자 설정
  // 포트 A의 비트 4 핀(PC4)을 입력으로 설정
  DDRC &= ~(1<<4); // PC4 핀은 SW_1 스위치의 다른 쪽에 연결되어 있음
  // 포트 C의 비트 4 핀(PC4)에 대한 내부 풀업 저항 활성화
  PORTC |= 1<<4;

  // LED 데이터 초기화
  LED_Data = 0x01; // = 000000012, 초기 맨 왼쪽 LED부터 시작

  while(1) { // 다음의 과정을 무한히 반복하게 한다
    PORTA = LED_Data; // LED 구동 포트로 데이터를 보내 LED 점등

    while(1) {  // SW_1 스위치 누름이 해제될 때까지 루핑
      if(!(PINC & (1<<4))) continue; // 눌러져 있으면 떨어질 때까지 기다림
      // 버튼스위치가 떨어지고 난 후 바운싱이 종료될 때까지 기다린다.
      _delay_ms(DEBOUNCING_TIME);
      // 바운싱 종료 후 다시 스위치의 상태 확인
      if(!(PINC & (1<<4))) continue; // 아직 스위치가 눌러져 있는 상태면
      // noise 입력으로 간주하고 다시 while
      // 루프를 반복하며 버튼 해제를 기다림
      else break; // 디바운싱 시간 경과 후 버튼 해제가 안정적으로 유지되고
      // 있으면 while 루프를 빠져 나가 다음 프로세스로 진행
    } // 내부 while 루프 끝
```

```
    while(1) {  // SW_1 스위치가 눌러질 때까지 루핑
      if(PINC & (1<<4)) continue; // SW_1 스위치가 눌러질 때까지 기다림
      // 스위치가 눌러지고 난 후 바운싱이 종료될 때까지 기다린다.
      _delay_ms(DEBOUNCING_TIME);
      // 바운싱 종료 후 다시 스위치의 상태 확인
      if(PINC & (1<<4)) continue; // 이 때 스위치가 해제된 상태이면 noise
      // noise 입력으로 간주하고 다시 while
      // 루프를 반복하며 버튼 누름을 기다린다.
      else break; // 디바운싱 시간 경과 후 버튼 누름이 안성적으로 유지되고
      // 있으면 while 루프를 빠져 나가 다음 프로세스로 진행
    } // 내부 while 루프 끝

    LED_Data <<= 1; // LED_Data 값을 한 비트 왼쪽으로 시프트
    // 왼쪽으로 완전히 시프트가 되었는지(LED_Data 값이 000000002 인지)
    // 검사하여 그렇다면 LED_Data 값을 다시 000000012로 초기화 한다.
    if(!LED_Data) LED_Data = 0x01;

  } // while 루프의 끝
} // 프로그램 끝
```

3.7.10 프로그램 설명

○ 프로그램은 그림 3.27의 플로차트를 그대로 C 명령문으로 옮겨 놓은 것이기 때문에 쉽게 이해할 수 있을 것이다.

이제 다시 프로그램 ex3-4-3.c를 컴파일하고 다운로드하여 실행시켜 보라. 드디어 한 번의 버튼 눌림에 대해 LED 불이 안정되게 한자리씩 오른쪽으로 이동하면서 깨끗하게 동작되는 모습을 볼 수 있을 것이다.

이처럼 그냥 보기에는 단순하게 동작할 것 같은 간단한 푸시버튼 스위치조차도 실제 내부적으로는 꽤 많은 사항들을 고려하여 프로그래밍 해야 안정적인 실행결과를 얻을 수 있음을 알았을 것이다.

모든 스위치 입력은 바운싱이 있다고 간주되는데 예를 들면 요즘 여러분들이 가장 즐겨 사용하는 스마트폰의 입력 수단인 터치스크린 입력 역시 스위치의 일종으로 바운싱을 피할 수 없고 위와 같은 디바운싱의 절차를 거쳐야만 오류 없이 사용될 수 있다.

이런 문제를 이해하고 해결책을 찾아내기 위해서는 디지털 하드웨어에 대한 기본적인 지식과 함께 다양한 환경에 대한 경험이 필요하다.

이제 여러분들은 이 교재를 통해 이런 지식과 경험들을 하나하나 배우고 체험해 나가게 될 것이다.

연습문제

E3.1 그림 3.5의 회로에서 LED의 순방향 전압강하가 2V이고 포트 핀의 논리 '1' 출력 전압은 4.5V, 논리 '0' 출력 전압은 0.2V 라고 한다. 이 때 LED에 10mA의 전류를 흘리기 위해서는 저항 값을 얼마로 해야 하는가 ?

E3.2 포트 E의 비트 1, 3을 입력으로 설정하면서 나머지 비트들은 변화가 없도록 프로그래밍 하여 보라.

E3.3 포트 C의 비트 1, 3은 입력으로, 0, 2는 출력으로 설정하고 나머지 비트들의 이전 설정은 변화가 없도록 프로그래밍 하여 보라.

E3.4 포트 A의 비트 7, 6, 5를 출력으로 설정하고 비트 7, 5에는 '1'을, 비트 6에는 '0'을 출력하도록 프로그래밍 하여 보라.

E3.5 포트 B의 비트 5, 6은 출력으로, 비트 1, 3은 입력으로 설정하고 입력 포트에 대해서는 내부 풀업 저항이 활성이 되도록 프로그래밍 하여 보라.

E3.6 포트 E의 비트 1, 3은 입력으로, 비트 4, 5, 6은 출력으로 설정한 다음 모든 입력의 내부 풀업 저항을 활성화 시키고 비트 4, 6에는 '0'을 비트 5에는 '1'을 출력하도록 프로그래밍 하여 보라.

E3.7 그림 3.16과 같은 회로에 사용되는 풀업저항은 그 저항치가 크면 "약한 풀업(weak pull-up)"이라 하고 저항치가 작으면 "강한 풀업(strong pull-up)"이라 한다. 그 이유와 각각의 특징을 설명하고 데이터시트를 참고하여 ATmega128의 내부풀업 저항의 크기를 알아보고 strong pull-up인지 weak pull-up인지를 알아보라.

E3.8 그림 3.16의 회로를 수정하여 푸시버튼스위치가 눌러지면 논리 '1'이 발생되고 스위치가 떨어지면 논리 '0'이 발생되도록 설계하여 보라.

○ 힌트

- 풀업 저항의 반대 개념인 풀다운(pull down) 저항에 대해 알아보고 활용하라.

E3.9 디지털 회로의 입력 스위치 회로에 풀다운 저항보다 풀업 저항을 주로 사용하는 이유는 스위치 입력을 받는 디지털 회로가 TTL 회로일 때 더욱 명백하게 설명할 수 있다. 표준 TTL 인버터인 7404의 입력에 푸시버튼 스위치를 달 경우 풀업 저항을 사용하는 것이 풀다운 저항을 사용하는 것보다 나은 이유를 설명해 보라. (Hint: 입력회로의 노이즈 마진 등을 고려하면 될 것이다.)

연습과제

T3.1 프로그램 ex3-1.c를 수정하여 8개의 LED가 모두 켜지게 해 보라.

T3.2 ex3-2.c 프로그램을 수정해서 8개의 LED가 동시에 점멸되도록 하라. 단, 이때 C 언어의 어떤 기능을 이용해서 하나의 명령문으로 LED의 점등과 소등을 반복할 수 있도록 구성해 보라.

T3.3 상위 4비트에 연결된 4개의 LED를 한조로 하고 하위 4비트에 연결된 4개의 LED를 또 한조로 하여 두 개의 조가 교대로 깜박이도록 프로그래밍 하여 보라. 각 조에 불이 켜져 있는 시간은 적절하게 설정하라.

T3.4 키패드 상 SW_1 스위치가 눌러질 때마다 LED 불이 한 칸씩 왼쪽으로 이동하고 SW_3 스위치가 눌러질 때마다 LED 불이 한 칸씩 오른쪽으로 이동하도록 하여 보라. LED 불이 맨 왼쪽 또는 맨 오른쪽에 이르렀을 때 계속 SW_1 키 또는 SW_3 키가 눌러지면 적절하게 대응하도록 하라.

프로젝트

P3.1 연습과제 T3.3을 보완하여 앰블런스나 경찰 순찰차의 경광등을 흉내 내어 보자. 즉, LED 한 조가 빠른 속도로 4 ~ 5회 깜박이고 다음 조가 빠른 속도로 4 ~ 5회 깜박이는 동작을 반복하게 하는 것이다. 여기서 4 ~ 5회 등의 횟수나 깜박이는 속도 등은 해당 파라미터들을 변경하여 실행시켜 가면서 가장 실감나는 값을 선정하면 될 것이다.

P3.2 6개의 LED와 푸시버튼 스위치를 사용하여 전자 주사위를 구현하여 보라. LED는 1개, 2개, 3개, 4개, 5개, 6개, 다시 1개, 2개, ... 하는 식으로 켜지는 LED의 개수를 변화시키면서 빠르게 디스플레이 되며 이때 사용자가 SW_1 스위치를 누르면 LED 디스플레이가 정지되고 그 때 디스플레이 된 LED 개수가 주사위 눈금이 되는 식이다. LED는 8개의 LED 중 좌측 또는 우측의 6개를 사용하면 될 것이다.

부록

고급 프로그래밍을 위한 팁

○ 여기서는 포트 A가 어떤 장치와의 인터페이스를 위해 출력으로 설정되어 있다고 가정하고 PA3 핀에는 '0'을, PA2 핀에는 '1'을 출력하는 경우를 예로 그 구현을 위한 수준별 접근 방법을 보여줌으로써 왜 ④번과 같은 방법이 좋은지를 스스로 이해하고 사용하게 하고자 한다.

① 1 수준 :

```
PORTA = 0x04;  // 0x04 = 00000100_2
```

- 이 명령문에 따르면 PA3 핀에는 '0'을, PA2 핀에는 '1'을 출력하는 목적은 달성되었으나 앞에서도 언급했던 데로 다른 비트들의 값이 마음대로 '0' 또는 '1'로 설정되어 버려 시스템의 동작이 엉망이 될 가능성이 높다.
- 따라서 이 방법은 거의 모든 경우에서 절대로 사용하면 안 된다.

② 2 수준 :

```
PORTA &= 0xF7; // PA3에 '0' 출력
PORTA |= 0x04; // PA2에 '1' 출력
```

- PA3, PA2에 원하는 값을 출력하면서도 다른 비트들의 값에는 영향을 주지 않고 있기 때문에 좋은 방법이다.

③ 3 수준 :

```
PORTA &= ~(1<<3); // PA3에 '0' 출력
PORTA |= 1<<2; // PA2에 '1' 출력
```

- 1<<3은 1을 왼쪽으로 3비트 시프트하라는 명령문으로서 그 결과를 8비트 2진수로 표현하면 00001000_2이 되고 여기에 1의 보수를 취하는 '~' 연산자를 적용하면 11110111_2(=0xF7)이 되어 ②번에서의 결과와 같은 값이 된다.
- 마찬가지로 1<<2의 결과도 0x04가 되어 ②번에서의 결과와 같아진다.
- 결과만 보면 이 방법은 수준 2와 같은 방법이지만 시프트 명령(<<)에 나타난 3과 2가 실제 '0' 또는 '1'로 설정되어야 할 비트 번호를 의미한다는 점에서 ②번의 방법과는 차원이 다른 아주 좋은 방법이다.
- 예를 들어 '0'을 출력해야 하는 비트가 나중에 어떤 필요에 의해 PA3이 아닌 PA6으로

바뀌는 경우 본 방법에서는 간단하게 ~(1<<3)에서 3을 6으로 바꿔 ~(1<<6)으로 하면 되지만 ②번의 방법에서는 ~(1<<6)의 결과인 0xBF를 새로 계산하여 써 주어야하기 때문에 아주 불편하다.

④ 4 수준

```
OUT_PORT &= ~(1<<RESET_BIT); // PA3에 '0' 출력
OUT_PORT |= 1<<SET_BIT; // PA2에 '1' 출력
```

- 최상의 방법이다.
- 물론 이 방법을 사용하기 위해서는 OUT_PORT, RESET_BIT, SET_BIT과 같은 라벨의 의미가 다음과 같이 미리 정의가 되어 있어야 한다.

```
#define OUT_PORT      PORTA
#define RESET_BIT     3
#define SET_BIT       2
```

- 이 방법의 가장 특징적인 장점은 나중 시스템의 하드웨어 구성이 바뀌어 출력 포트가 A 포트가 아닌 다른 포트로 바뀌거나 SET_BIT, RESET_BIT가 비트 2, 3이 아닌 다른 비트로 바뀌는 경우 여러 파일로 구성된 긴 소스 프로그램의 구석구석을 찾아다니며 일일이 포트 이름과 비트 번호를 수정할 필요 없이 위의 define 문에 나타나는 포트 이름이나 비트 번호만 바꿔주면 모든 수정이 한 번에 이루어질 수 있어서 향후 시스템의 업그레이드 등과 같은 변화에 유연하게 대응 할 수 있다는 것이다.
- 또한 define 문을 통해 포트나 해당 비트에 그 기능의 의미가 내포된 새로운 이름을 할당함으로써 프로그램의 가독성을 높여 결과적으로 프로그램 개발의 생산성을 크게 높일 수 있다.

CHAPTER

04

스피커(Speaker) 구동

이 장에서는 마이크로컨트롤러 응용 시스템의 출력 장치 중 하나인 음향을 발생시키는 스피커 구동장치에 대한 실습을 하고자 한다.

이 장에서 발생시키는 소리는 너무나 단순하여 여러분들이 PC에서 게임을 할 때 들을 수 있는 화려한 사운드와 비교하면 실망이 클지도 모르겠다.

그러나 이 지그마한 장치로도 음향발생의 기본원리를 학습할 수 있음은 물론이고 경고음, 전원 온/오프 음 등과 같이 시스템의 현재 상황에 따른 여러 가지 음향을 발생시킬 수 있으며 또한 초보자들도 쉽게 프로그래밍 하고 성취감을 얻을 수 있어서 아주 재미있고 유용한 내용이 될 것이다.

다음은 이 장에서 학습하고자 하는 내용을 구체적으로 정리한 것이며 본문의 내용도 이 순서에 따라 전개해 나갈 것이다.

- ㅇ 스피커의 동작 원리 및 간단한 스피커 구동회로 설계 기법 이해
- ㅇ 반복적인 '1', '0' 출력에 의한 가청 주파수 신호 발생 기법 이해
- ㅇ 배열을 사용한 효율적인 악보 데이터의 관리 기법 이해
  - 포인터를 이용한 배열 데이터 처리 기법 이해

4.1 스피커 구동 회로 설계

4.1.1 스피커의 구조 및 동작원리

○ 어떤 장치에 의해 주변 공기가 가청주파수 이내로 진동하게 되면 그 진동은 음향으로 사람의 귀에 들리게 된다.

○ 여기서 공기의 진동을 일으키는 어떤 장치 중 가장 대표적인 것이 바로 오디오(Audio) 장비의 최종 출력장치로 사용되는 스피커이다.

○ 시중에는 수천가지 다양한 크기와 모양의 스피커가 있는데 그림 4.1에 대표적인 스피커의 외관을 보인다.

(앞면) (뒷면) (기판형)

그림 4.1 대표적인 스피커의 모양

○ 스피커는 전류 구동형과 전압 구동형의 2가지 형태가 있는데 전류 구동형은 가장 보편적인 형태의 스피커로서 보이스 코일(voice coil)에 전류를 흘려 진동판을 진동시켜 소리를 발생시키고 전압 구동형은 피에조(Piezo) 효과를 이용한 스피커로서 압전소자에 전압을 인가하면 변형이 생기고 이 변형으로 진동판을 진동시켜 소리를 발생시킨다.

○ 보통 우리가 스피커라고 하는 것은 대부분 전류 구동형이며 그림 4.2에 보이는 것과 같은 구조로 되어 있다.

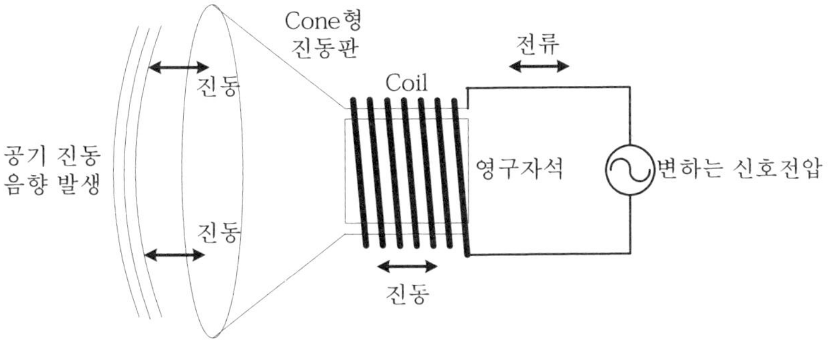

그림 4.2 스피커의 구조 및 음향 발생 원리

- 그림 4.2를 보면 스피커는 깔때기(Cone) 모양의 진동판과 진동판 끝에 부착된 원통형 코일 및 원통형 코일 내부에 있는 영구자석으로 구성되어 있음을 알 수 있다.
- 스피커의 동작 원리는 아주 간단한데, 신호의 강약에 따라 방향 및 크기가 변하는 신호전류를 코일에 인가하면 코일에 흐르는 전류에 의해 생성된 전자석과 영구자석 사이에 서로 밀고 당기는 힘이 발생되어 진동판을 전후로 진동시킴으로써 공기의 진동을 일으켜 소리를 발생시키게 된다.

○ 본 실습에서는 그림 4.1의 맨 우측에 있는 것과 같이 크기가 작고 브레드보드에 조립하기 용이한 형태의 스피커를 사용할 것이다.

- 이 스피커 역시 가장 널리 사용되는 전류 구동형이다.

4.1.2 스피커 구동 기법

○ 어떤 형태의 스피커든 적절한 방법을 통해 가청주파수 이내의 주파수로 변하는 전압이나 전류를 인가하면 소리를 발생시킬 수 있는데 우리의 실습에서는 마이크로컨트롤러의 포트 핀을 통해 출력되는 디지털 신호 '0'과 '1'의 전압으로 스피커를 구동할 수 있도록 아주 단순한 형태의 구동회로를 구성하고자 한다.

○ 실제 제일 간단한 기법은 그림 4.3과 같이 마이크로컨트롤러의 출력 핀에 바로 스피커를 연결시키는 것이다.

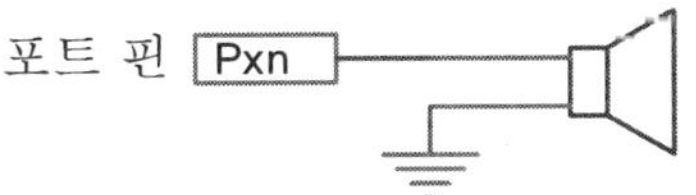

그림 4.3 포트 핀으로 바로 스피커를 구동하는 회로

○ 그림 4.3과 같이 회로를 구성하고 포트 핀을 통해 논리 '0', '1'을 교대로 출력시키면 스피커로 음향을 발생시키는 것이 가능하다.

○ 그러나 이 경우 스피커 출력은 스피커 양단에 걸리는 평균전압 × 스피커 전류인데 평균전압은 '0'과 '1'이 교대로 인가될 경우 5/2 = 2.5V 정도이고 전류는 ATmega128 MCU의 포트 최대 전류 40mA로 제한되기 때문에 출력은 약 2.5V × 0.04A = 0.1W = 100mW 정도로서 소리가 좀 적을 수도 있다.

○ 따라서 교재의 실습에서는 전류증폭을 위해 NPN 트랜지스터를 하나 사용하는 그림 4.4와 같은 구조를 사용하고자 한다.

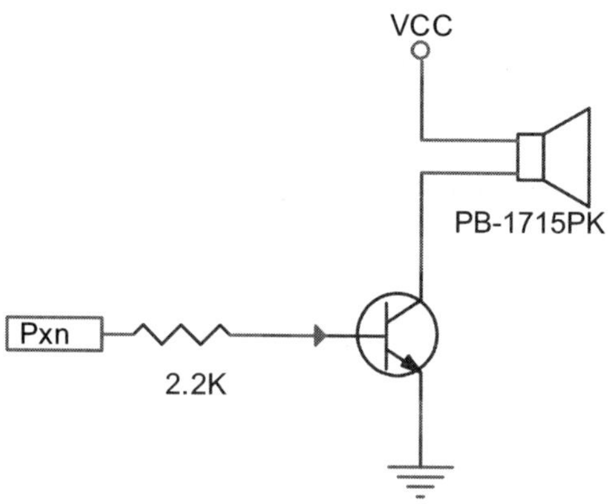

그림 4.4 실습에 사용될 스피커 구동 회로

○ 그림 4.4와 같은 구조에서는 마이크로컨트롤러의 Pxn 핀으로 논리 '0' 또는 '1'을 출력하여 트랜지스터를 온 또는 오프 시킴으로써 스피커에 단속적인 전류를 흘려서 진동을 발생시키고 결과적으로 소리를 발생시킬 수 있다.

○ 이 회로에서는 Pxn 핀에 논리 '0'이 출력되면 트랜지스터가 오프 되어 스피커의 전류가 차단되고 논리 '1'이 출력되면 트랜지스터가 온 되어 스피커에 전류가 공급된다.

4.1.3 스피커 구동회로 설계

○ 간단한 스피커 구동회로의 설계는 그림 4.4의 구조에서 보다시피 저항 1개와 트랜지스터 1개, 그리고 스피커로 구성되는 아주 단순한 구조로 되어 있다.

○ 따라서 여기서 설계라고 하는 것은 스피커와 트랜지스터는 어떤 것을 사용할 것이며

트랜지스터 베이스의 저항 값은 몇 Ω을 사용할 것인가를 결정해 해 주는 것이 전부로서 각각에 대해 간단하게 설명하고자 한다.

(1) 스피커 선정

○ 앞에서도 언급했듯이 시중에는 수많은 종류의 스피커가 있는데 스피커를 선정할 때의 고려사항으로는 구동 방식(전류 구동, 전압 구동), 크기, 모양, 임피던스[Ω] 그리고 출력[W]이다.

- 구동 방식은 가장 널리 사용되는 전류 구동형 스피커를 사용하고 형태와 크기는 브레드보드에 쉽게 부착할 수 있는 것으로 고르면 되는데 우리는 그림 4.1의 맨 오른쪽에 있는 작은 원통 형태의 PB-1715PK라는 스피커를 사용하기로 한다.
- 이 스피커는 임피던스가 8Ω이고 최대 출력이 500mW이며 주파수 특성이 1.5KHz ~ 20KHz로서 실습 용도에 무난히 사용될 수 있는 특성을 가지고 있다.

(2) 트랜지스터 선정

○ 스피커의 최대 허용 출력이 500mW이기 때문에 그림 4.4의 구조에서 VCC 전압을 5V로 하는 경우 트랜지스터의 콜렉터에 흐르는 전류는 500mW/5V = 100mA로서 좀 여유롭게 설계하드라도 콜렉터 허용전류가 150mA 이상의 NPN 트랜지스터라면 어느 것이나 사용할 수 있으며 시중에 판매되는 대부분의 소전력 트랜지스터들은 이 조건을 만족시킨다.

○ 쉽게 구할 수 있는 트랜지스터로는 2SC1815, PN2222A, 2N3904 등이 있다.

(3) 베이스 저항 값 결정

○ 콜렉터 전류 I_C의 최대치를 위의 트랜지스터 선정에서 가정한 것보다 더 여유롭게 200mA 정도로 가정하고 트랜지스터의 전류 증폭률 β를 100 정도로 가정하면(실제 정확한 값은 해당 트랜지스터의 데이터시트에서 제공됨) 필요한 베이스 전류는 $I_B = I_C / \beta = 200mA/100 = 2mA$가 된다.

○ 그림 4.5에 베이스 저항 계산을 위한 입력 루프 회로를 보인다.

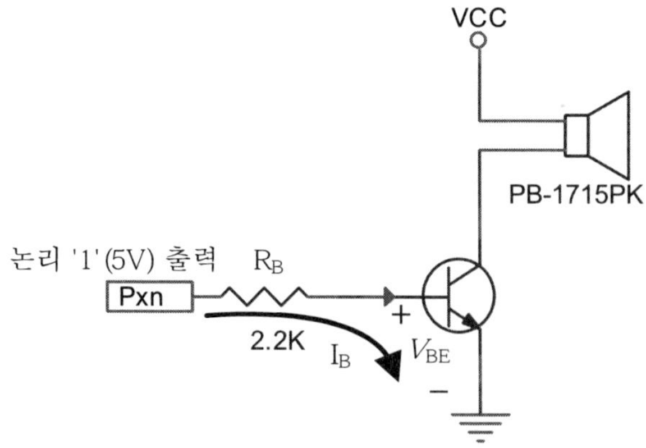

그림 4.5 베이스 저항 계산을 위한 입력 루프 회로

○ 그림 4.5에서 화살표로 표시된 전류방향을 따르는 입력 루프 방정식은 다음과 같다.

$$5 = I_B \times R_B + V_{BE}$$

○ 여기서 5는 마이크로컨트롤러의 Pxn 핀에서 출력되는 논리 '1' 전압이고 V_{BE}는 트랜지스터의 베이스와 에미터를 구성하는 접합 다이오드의 전위장벽전압으로서 V_γ라고 표현하기도 하는데 일반 실리콘 다이오드와 마찬가지로 대개 0.7V 정도의 값을 갖는다.

○ 이 식으로부터 베이스 저항 R_B는 다음과 같이 계산된다.

$$R_B = \frac{5 - V_{BE}}{I_B} = \frac{5V - 0.7V}{2mA} = 2150\,[\Omega] = 2.15\,[k\Omega]$$

○ 그런데 이 계산치는 트랜지스터의 β값을 추정치로 계산 한 것이기 때문에 대충 2 ~ 3kΩ 정도의 저항이면 문제없이 동작하며 마땅한 값이 없는 경우 심지어는 5kΩ 정도를 사용해도 무방하다. (회로에서는 2.2kΩ을 사용하고 있다.)

4.2 하드웨어 조립

○ 스피커 구동 하드웨어는 그림 4.4의 회로에서 보듯이 조그만 스피커, 트랜지스터, 저항의 3개 소자로 구성되는 아주 단순한 회로이기 때문에 조립 또한 아주 간단하다.

○ 그림 4.6에 스피커 구동회로의 조립에 필요한 부품들을 보인다.

그림 4.6 스피커 구동회로의 조립에 필요한 부품들

○ 조립은 그림 4.5에서 Pxn으로 되어 있는 구동 회로의 입력을 마이크로컨트롤러의 어느 포트 핀에 연결할 것인가만 결정해 주면 되는데 이장의 실습에서는 포트 B의 비트 5번 핀인 PB5 핀에 연결한다.

○ 그림 4.7에 스피커 구동회로를 브레드보드에 조립한 모습을 보여 준다.

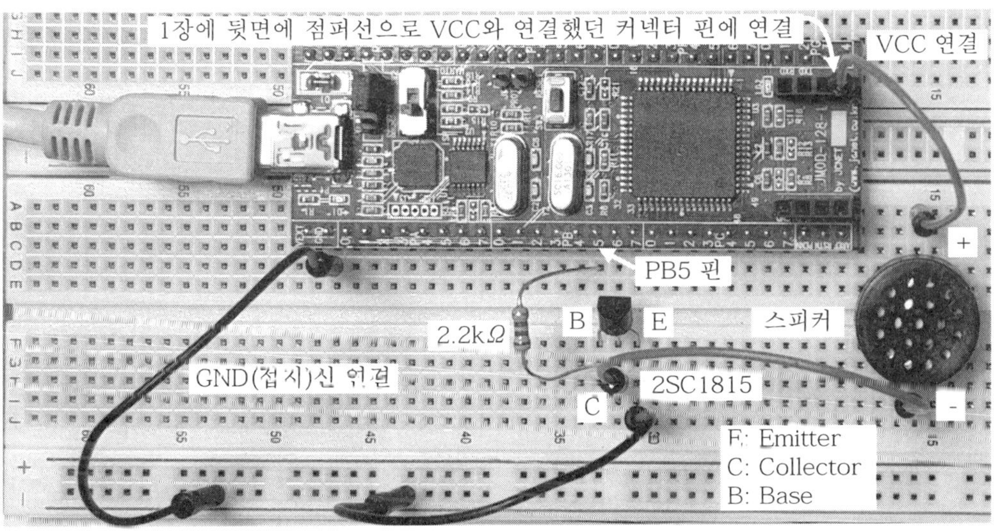

그림 4.7 브레드보드에 스피커 구동회로를 조립한 모습

※ **참고 4-1:**

- 음향 발생은 이 장에서 시도하는 방식대로 프로그램 명령문에 의한 반복적인 '0', '1' 출력에 의해서도 가능하지만 나중 학습하게 될 PWM 출력에 의해서도 가능하다.
- 프로그램 명령문에 의한 반복적인 '0', '1' 출력으로 소리를 내려면 MCU가 '0'과 '1'을 출력하는 명령문을 반복적으로 수행해야 하기 때문에 다른 일을 할 수가 없어서 MCU 사용의 효율이 나빠진다.
- 반면 PWM 출력으로 음을 발생시킬 때는 MCU가 발생시키고자 하는 음계에 해당하는 상수만 설정해 주면 하드웨어에 의해 자동적으로 계속 음이 발생되기 때문에 MCU의 사용 효율 면에서는 훨씬 유리하며 또한 다양한 음향을 발생시킬 수 있는 이점도 있다.
- 그러나 이 방법은 8, 9장에서 다루게 될 타이머/카운터에 대한 내용을 이해해야 가능하기 때문에 나중에 소개하기로 하겠다.

4.3 실습 4-1: 500Hz 연속 음향 발생 실습(ex4-1)

4.3.1 실습 목표

○ 이 실습은 스피커로 음향을 발생시키는 맨 처음의 실습이기 때문에 제일 간단하게 "삐"하는 500Hz의 연속적인 음향을 발생시키고자 한다.

4.3.2 필요 기술 및 프로그래밍 알고리즘

(1) 필요 기술

○ 500Hz의 음을 발생시키기 위해서는 스피커의 진동판을 초당 500번 진동시켜 주면 되는데 이를 위해서는 스피커 구동 트랜지스터를 1초에 500번 ON, OFF 시켜 주면 된다.

○ 즉, 500Hz의 한 주기가 2ms 이므로 MCU의 PB5 핀으로 '1'을 출력시키고 1ms 동안의 시간지연 후 '0'을 출력시키고 다시 1ms 시간지연 후 '1'을 출력하는 동작을 반복하면 된다.

○ 1ms 시간지연은 avr-gcc 컴파일러에서 제공하는 _delay_ms() 함수로 얻을 수 있는 지연시간의 범위 내에 있으므로 바로 _delay_ms() 함수를 사용하면 될 것이다.

○ 그림 4.8은 이 개념을 보여준다.

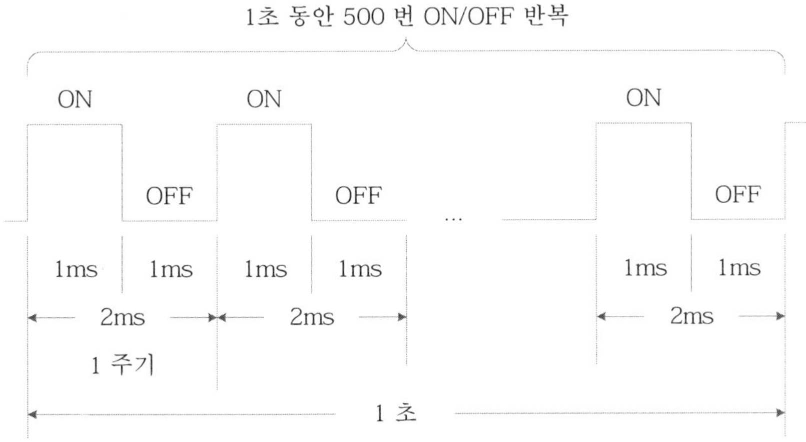

그림 4.8 500Hz 음 발생 타이밍도

(2) 프로그래밍 알고리즘

○ 이 프로그램도 위의 기능 부분에서 설명했듯이 MCU의 스피커 구동 핀(PB5 핀)을 통해 '1', '0'을 반복적으로 출력시키면 되기 때문에 아주 간단하다.

○ 그림 4.9에 본 프로그램의 플로차트를 보인다.

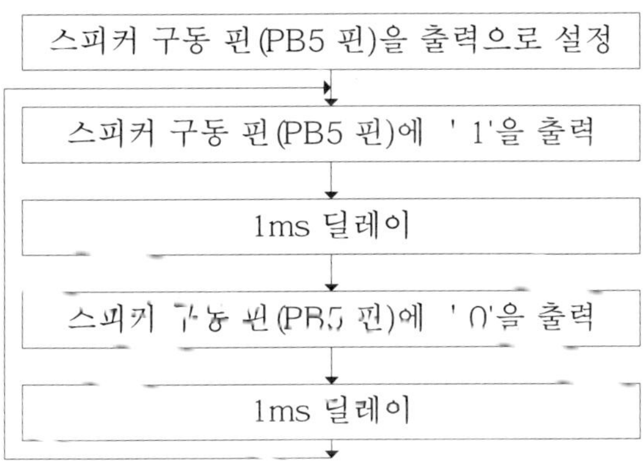

그림 4.9 500Hz 음 발생 플로차트

4.3.3 프로그램 소스 리스트

실습 4-1: 500Hz 음 발생 ex4-1.c

```
#include    "../../../inc/ex.h"

int main(void)  {

  // DDRB의 비트 5를 '1'로 설정하여 포트 B의 비트 5 핀(PB5)을 출력으로 설정
  DDRB |= 1<<5;  // DDRB |= 0x20; 과 같음

  while(1)  {  // 다음 루프를 무한 반복
    PORTB |= 1<<5;    // PB5 핀에 '1'을 출력시켜 스피커 구동 트랜지스터 ON
    _delay_ms(1);      // 1ms Delay
    PORTB &= ~(1<<5);  // PB5 핀에 '0'을 출력시켜 스피커 구동 트랜지스터 OFF
    _delay_ms(1);      // 1ms Delay
  }
}
```

4.3.4 프로그램 설명

○ 이 예제 프로그램이 제대로 컴파일 되려면 <avr/io.h> 헤더파일이 프로그램 파일로 로드가 되어야 하고 딜레이 라이브러리 함수를 호출하기 위한 정의들(F_CPU 속도 및 delay.h 헤더 파일) 역시 프로그램으로 로드 되어야 한다.

○ 우리는 3장에서 ex.h 파일을 생성하고 inc 폴더에 저장하여 향후 프로그램 작성에서 공통으로 사용하기로 약속하였다.

○ ex.h 파일 내에는 이미 #include <avr/io.h> 문이 포함되어 있고 #define F_CPU .... 문들이 포함되어 있기 때문에 프로그램의 선두에 있는 단 한 줄의 명령문 #include "../../../inc/ex.h"만 실행되면 프로그램에서 필요로 하는 모든 정의와 함수들의 로드가 끝나니 얼마나 편리한가?

○ 실제 프로그램의 내용은 너무나 간단하기 때문에 별도의 설명은 생략하기로 한다.

자, 이제 프로그램을 컴파일하고 다운로드하여 실행시켜보자. 삐~ 하는 아주 단조로운 소리가 계속될 것이고 아마 금방 시끄러워져서 얼른 전원을 끄고 싶어질 것이다. 그럼 얼른 좀 더 업그레이드 된 다음 예제로 넘어 가도록 하자.

4.4 실습 4-2: 500Hz 단속 음향 발생 실습(ex4-2)

4.4.1 실습 목표

○ 이 실습에서는 앞에서 만든 예제를 보완하여 "삐-삐-... 삐" 소리가 단속적으로 발생되도록 하고자 한다.

4.4.2 필요 기술 및 프로그래밍 알고리즘

(1) 필요 기술

○ 여기서는 주어진 주파수의 음을 주어진 시간 동안 발생시키는 좀 더 일반화 된 음향 발생 함수를 만들어서 사용하고자 한다.

○ 이 음향 발생 함수의 이름은 MakeTone()이라고 하고 Hz 단위로 주어지는 주파수(int Frequency)와 ms 단위로 주어지는 음의 길이(int Length)를 인수로 받도록 한다.

○ 따라서 MakeTone() 함수의 프로토타입(prototype)은 다음과 같다.

```
void MakeTone(int Frequency, int Length);
```

○ 주파수 Frequency[Hz]인 음을 Length[ms] 시간동안 발생시키려면 Frequency[Hz] 주파수의 주기 T[us]가 Length[ms](= Length × 1000[us]) 안에 몇 개나 들어갈 수 있는지를 계산하여 그 횟수만큼 스피커를 온/오프 시켜주면 된다.

○ 이 개념을 그림 4.10에 1KHz의 음을 100ms 동안 발생시키는 경우를 예로 보여준다.

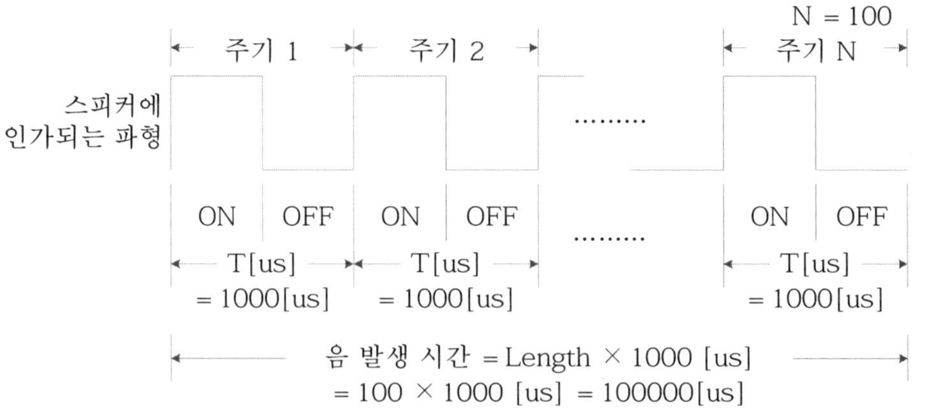

$$\text{음의 한 주기} : T = \frac{1}{\text{Frequency}} \times 10^6\ [\text{us}] = 1000\ [\text{us}]$$

$$\text{음 발생 시간 내 주기 개수(N)} = \frac{\text{음 발생 시간[us]}}{\text{음의 한 주기[us]}}\ [\text{개}]$$

$$= \frac{\text{Length} \times 1000}{T} = 100[\text{개}]$$

그림 4.10 MakeTone( ) 함수의 음 발생 개념도

- 그림 4.10에서 T는 발생시키고자 하는 음의 주기로서 주파수 변수 Frequency의 역수로 계산되고 us의 단위를 가지며 N은 주어진 음 발생시간 Length[ms] 동안 음을 발생시키려면 T[us]를 몇 회 반복시켜야 하는가의 회수를 나타낸다.
- 따라서 T와 N은 각각 다음과 같이 계산된다.

```
T = (int)((long)1000000/Frequency); // us,
```
$$T = \frac{1}{\text{Frequency}} \times 10^6\ [\text{us}]$$

```
N = Length*1000/T; // 개,
```
$$N = \frac{\text{Length} \times 1000}{T}$$

- T와 N이 계산되고 나면 Frequency[Hz]의 음을 Length[ms] 동안 발생시키는 문제는 스피커를 (T/2 시간 동안 ON, T/2 시간 동안 OFF) 시키는 동작을 N번 반복하는 단순한 문제로 변환된다.
  - (T/2 시간 동안 스피커 ON, T/2 시간 동안 스피커 OFF) 이 동작을 명령문으로 표현하면 다음과 같은 식이 될 것이다.

```
SPEAKER_ON;
Delay_us(T/2);
SPEAKER_OFF;
Delay_us(T/2);
```

○ 그림 4.11에 이상의 설명을 종합하여 정리한 MakeTone() 함수의 플로차트를 보인다.

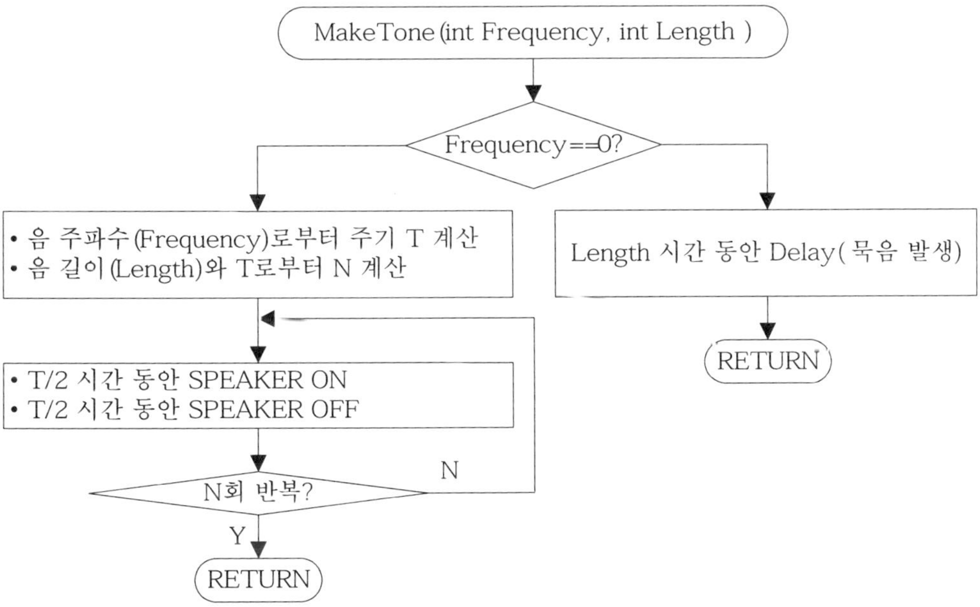

그림 4.11 MakeTone( ) 함수의 플로 차트

○ 앞의 설명을 생각하면서 플로차트를 보면 이해가 쉽게 될 것인데 플로차트에는 인수로 주어지는 주파수가 0인 경우를 추가하여 취급하고 있다.

○ 이것은 묵음을 처리하기 위한 것으로서 발생시키고자 하는 음의 주파수가 0Hz로 주어지면 이를 묵음으로 간주하고 주어진 시간 동안 스피커에 대해 아무런 동작도 하지 않은 채 시간만 소모시키고 복귀하게 하는 것이다.

- 이 기능은 나중 악보 연주 시 쉼표 처리에 사용된다.

○ 이상의 설명을 기반으로 만들어진 MakeTone() 함수는 다음과 같다.

```
void MakeTone(int Frequency, int Length)  {
  // Frequency in Hz, Length in mS
```

```
    int T, N, Half_T, i;

    // 주파수가 0Hz 이면 묵음 발생 후 리턴
    if(Frequency==0) {
      // 아무런 동작도 없이 시간만 소모시키고 리턴
      Delay_ms(Length);
      return;
    }

    // 음의 주기를 계산, 단위는 us
    T = (int)((long)1000000/Frequency);
    Half_T = T>>1; // T/2와 같다.

    // 주어진 시간(Length) 안에 주기 T가 반복되어야 할 회수 계산
    N = (int)(((long)1000*Length)/T);

    // 스피커 온/오프를 N회 반복함으로써 Length 시간 동안 음 발생
    for(i=0;i<N;i++)  {
      SPEAKER_ON;
      Delay_us(Half_T);
      SPEAKER_OFF;
      Delay_us(Half_T);
    } // for 루프 끝
  } // 함수 끝
```

- 위의 MakeTone() 함수는 그림 4.11의 플로차트와 비교하면서 보면 쉽게 이해될 것인데 스피커 온/오프 주기를 만들기 위해 Delay_us()라는 함수를 사용하고 있다.
- 이 Delay_us()는 인수로 주어지는 값만큼의 us 시간지연을 구현하는 함수로서 3장에서 이미 Delay_ms() 함수와 똑 같은 구조로 만들어서 ex.h 파일에 저장하여 두었는데 독자들의 이해를 위해 아래에 다시 보인다.

```
  // us 단위의 가변 딜레이를 얻는 확장 딜레이 함수
```

```
void Delay_us(unsigned int MicroSeconds)  {
   unsigned int i;

   for(i=0;i<MicroSeconds;i++) _delay_us(1);
}
```

- 이 함수를 사용하면 1 ~ 65535us(=65.5ms)의 지연시간을 얻을 수 있는데 이 기법 역시 3장의 검토 3-8에서 언급했던 것처럼 정확한 딜레이는 얻지 못함을 염두에 두고 사용해야 할 것이다.

○ 또한 MakeBeep() 함수를 보면

```
SPEAKER_ON;
SPEAKER_OFF;
```

와 같은 마크로(macro) 명령문들이 사용되고 있는데 당연히 이 명령문들이 오류없이 컴파일 되기 위해서는 다음과 같은 정의문이 미리 선언되어 있어야 한다.

```
#define    SPEAKER_ON     PORTB |= 1<<5
#define    SPEAKER_OFF    PORTB &= ~(1<<5)
```

○ 위의 첫 번째 define 문은 PB5 핀에 '1'을 출력해서 스피커 구동 트랜지스터를 온 시키는 것이고 두 번째 define 문은 PB5 핀에 '0'을 출력해서 스피커 구동 트랜지스터를 오프 시키는 것이다.

○ 위의 명령문을 더욱 일반화 되게 확장하여 다음과 같이 프로그래밍하는 습관을 갖는 것도 나중 더욱 복잡하고 고급스런 프로그래밍을 하는데 아주 도움이 될 것이다. (3장의 마지막에 소개한 고급 프로그래밍을 위한 팁 참조)

```
#define    SPEAKER_PORT    PORTB
#define    SPEAKER_BIT     5 // 스피커 회로가 PB5 핀에 연결되었음
#define    SPEAKER_ON      SPEAKER_PORT |= 1<<SPEAKER_BIT
#define    SPEAKER_OFF     SPEAKER_PORT &= ~(1<<SPEAKER_BIT)
```

○ 스피커 역시 여러 가지 응용 프로그램에서 경고음을 발생시키는 등 다양한 용도가 있어서 자주 사용될 수 있기 때문에 위의 4개의 define 문과 앞에서 만든 MakeTone() 함수를 ex.h 파일에 추가하도록 한다.

○ 그러면 여기까지 생성된 ex.h 파일의 내용은 다음과 같다.

4장까지의 ex.h

```
// 3장에서 추가된 정의들

// 라이브러리 함수 _delay_ms() 및 _delay_us()를 사용하기 위한 준비 작업
#define   F_CPU   16000000UL // MCU의 클럭 주파수 정의
#include<avr/io.h>
#include<util/delay.h>

// 시간 지연 함수를 정의한다.
void Delay_ms(unsigned int MilliSeconds) {
  unsigned int i;

  for(i=0;i<MilliSeconds;i++) _delay_ms(1);
}

void Delay_us(unsigned int MicroSeconds) {
  unsigned int i;

  for(i=0;i<MicroSeconds;i++) _delay_us(1);
}

// 4장에서 추가된 상수 정의들
#define   SPEAKER_PORT    PORTB
#define   SPEAKER_BIT     5 // 스피커가 PB5 핀에 연결되었음
#define   SPEAKER_ON      SPEAKER_PORT |= 1<<SPEAKER_BIT
#define   SPEAKER_OFF     SPEAKER_PORT &= ~(1<<SPEAKER_BIT)

// 4장에서 추가된 함수
// 주어진 주파수의 음을 주어진 시간동안 발생시키는 함수
void MakeTone(int Frequency, int Length)  {
  // Frequency in Hz, Length in ms

  int T, N, Half_T;
  int i;

  // 주파수가 0Hz 이면 묵음 발생 후 리턴
```

```
    if(Frequency==0)  {
      // 아무런 동작도 없이 시간만 소모시키고 리턴
      Delay_ms(Length);
      return;
    }

    // 음의 주기를 계산, 단위는 us
    T = (int)((long)1000000/Frequency);
    Half_T = T>>1;    // T/2와 같다.

    // 주어진 시간(Length) 안에 주기 T가 반복되어야 할 회수 계산
    N = (int)(((long)1000*Length)/T);

    // 스피커 온/오프를 N회 반복함으로써 Length 시간 동안 음 발생
    for(i=0;i<N;i++)  {
      SPEAKER_ON;
      Delay_us(Half_T);
      SPEAKER_OFF;
      Delay_us(Half_T);
    }  // for 루프 끝
  }  // MakeTone() 함수 끝
```

(2) 프로그래밍 알고리즘

○ 이제 위에서 만든 MakeTone() 함수를 이용하여 500Hz 음을 단속적으로 삐~ 삐~ 거리며 발생시키는 프로그램을 제작해 보자.

○ 앞에서 MakeTone() 이라는 아주 유용한 함수를 잘 만들어 두었기 때문에 본 프로그램은 알고리즘이랄 것도 없이 아주 쉽고 편하게 작성할 수 있다.

○ 즉, 아래와 같이 500Hz 음을 0.5초(= 500ms) 동안 발생시키고 0.5초 동안 묵음을 하는 과정을 무한히 반복하면 되는데 음을 발생시키는 것이나 묵음을 발생시키는 것 모두가 MakeTone() 함수 하나로 다 해결되니 얼마나 편리한가!

```
while(1)  {
   MakeTone(500, 500);     // 500Hz 음을 500ms(= 0.5초) 동안 발생
   MakeTone(0, 500);     // 500ms(= 0.5초) 동안 묵음
}
```

4.4.3 프로그램 소스 리스트

실습 4-2: 500Hz 단속 비프 음 발생 ex4-2.c

```
#include  "../../../inc/ex.h"

int main(void)  {

  // DDRB의 비트 5를 '1'로 설정하여 포트 B의 비트 5 핀(PB5)을 출력으로 설정
  DDRB |= 1<<5;     // DDRB |= 0x20; 과 같음

  while(1)  {  // 다음 루프를 무한 반복
    MakeTone(500, 500);   // 0.5 초간 500Hz 음 발생
    MakeTone(0, 500);     // 0.5 초간 묵음 발생
  }
}
```

4.4.4 프로그램 설명

○ 역시 스피커를 구동하는데 필요한 각종 정의, 상수들을 ex.h 파일에 모두 저장해 놓았기 때문에 #include "../../../inc/ex.h" 명령 한 줄로 프로그램 앞부분이 간단하게 해결되었다.

○ 실제 프로그램의 내용은 앞에서 부분별로 자세히 설명되었기 때문에 어렵지 않게 이해할 수 있을 것이다.

○ 그리고 main() 함수 역시 단 몇 줄로 완성되는 아주 단순한 구조로 되어 있는데 그 이유는 main() 함수를 구현하는데 필요한 딜레이 함수와 MakeTone() 같은 함수 들이 너무나 잘 준비되어 있기 때문이다.

※ 참고 4-2:

- 이 점은 앞으로 계속 강조되겠지만 어떤 프로젝트를 훌륭하게 완수하기 위해서는 그 프로젝트의 main() 함수를 구현하는데 필요한 부 함수(sub function)들을 잘 준비해야 한다는 것이다.
- 프로젝트 수행에 필요한 모든 기능들이 부 함수들로 잘 준비되어 있으면 실제 main() 함수는 단순히 함수 호출문들로만 구성될 정도로 간단하게 구현될 수 있으며 나중 기능 업그레이드 등에 아주 유연하게 대처할 수 있게 된다.

그러면 이제 프로그램을 컴파일하고 다운로드하여 실행시켜보자. 아마 예제 4-1 보다는 조금 업그레이드 된 삐~ 삐~ 하는 500Hz의 단속음이 스피커에서 울릴 것이다.

4.5 실습 4-4: 계명을 사용한 노래 연주 실습(ex4-3)

4.5.1 실습 목표

- 이 실습에서는 계명을 입력받아 간단한 악보를 연주하는 실습을 하고자 한다.
- 물론 실습에 사용되는 음향발생기(스피커 구동회로)는 너무나 단순한 구조이기 때문에 전문적인 음원 칩을 사용하는 장치들과 같은 화려한 음향효과는 기대하기 힘들지만 단음으로 주어지는 악보의 계명을 따라 노래를 연주할 수는 있다.
- 그림 4.12에 연주하고자 하는 노래의 악보를 보인다. 이 노래는 유명한 “뽀뽀뽀”라는 동요이다.

그림 4.12 동요 뽀뽀뽀의 악보

- 이 예제의 궁극적인 목표는 단순히 악보를 연주하는 것이 아니라 큰 용량의 데이터(이 예제의 경우는 긴 악보 데이터)에 대해 반복적으로 같은 동작(이 예제의 경우는 악보를 차례로 읽어서 스피커로 출력하는 것)을 수행하는 경우에 대한 효과적인 프로그래밍 기법 및 그를 위한 데이터 구조 설계 기술을 학습하는 것이다.

4.5.2 필요 기술 및 프로그래밍 알고리즘

(1) 필요 기술

○ 본 예제를 수행하기 위해서는 악보에 주어지는 도, 레, 미, 파, ... 하는 음계들의 주파수를 알아야 한다.

○ 표 4.1에 각 옥타브(Octave)의 음계별 주파수표를 보인다.

표 4.1 음계별 주파수

단위: Hz

Oct	0	1	2	3	4	5	6	7
A	27.5000	55.0000	110.0000	220.0000	440.0000	880.0000	1760.000	3520.000
Bb	29.1352	58.2705	116.5409	233.0819	466.1638	932.3275	1864.655	3729.310
B	30.8677	61.7354	123.4708	246.9417	493.8833	987.7666	1975.533	3951.066
C	32.7032	65.4064	130.8128	**261.6256**	523.2511	1046.502	2093.005	4186.009
Db	34.6478	69.2957	138.5913	277.1826	554.3653	1108.731	2217.461	4434.922
D	36.7081	73.4162	146.8324	293.6648	587.3295	1174.659	2349.318	4698.636
Eb	38.8909	77.7817	155.5635	311.1270	622.2540	1244.508	2489.016	4978.032
E	41.2034	82.4069	164.8138	329.6276	659.2551	1318.510	2637.020	5274.041
F	43.6535	87.3071	174.6141	349.2282	698.4565	1396.913	2793.826	5587.652
Gb	46.2493	92.4986	184.9972	369.9944	739.9888	1479.978	2959.955	5919.911
G	48.9994	97.9989	195.9977	391.9954	783.9909	1567.982	3135.963	6271.927

○ 표 4.1에서 C는 도, D는 레, E는 미, F는 파, G는 솔, A는 라, B는 시 음에 해당하고 3 옥타브 열에 있는 C 음의 주파수 261.6256Hz가 피아노의 중앙 C음에 해당한다.

○ 표 4.1을 보면 알겠지만 옥타브가 하나씩 높아질 때마다 같은 음계의 주파수는 2배가 됨을 알 수 있을 것이다. 즉, 2 옥타브 도의 주파수는 130.8128Hz 이고 3 옥타브의 도는 이 주파수의 2배인 261.6256Hz가 되는 것이다.

○ 본 예제에서는 표 4.1에 있는 전 대역의 음은 필요 없고 간단한 동요 정도를 연주할 수 있도록 일부의 음계를 발췌해서 사용할 것이며 또한 MakeBeep() 함수에 전달되는 주파수 인자가 정수여야하기 때문에 주파수를 정수로 환산하여 다음과 같이 DO, RE, MI, FA, SOL, LA, SI, ... 와 같이 계명 이름을 바로 사용할 수 있도록 define 문으로 라벨을 정의하여 사용하고자 한다.

```
#define  DO_1    (int)523  // Hz
#define  RE_1    (int)587
#define  MI_1    (int)659
#define  FA_1    (int)698
#define  SOL_1   (int)783
#define  LA_1    (int)880
#define  SI_1    (int)987
#define  DO_2    (int)1046
#define  RE_2    (int)1174
#define  MI_2    (int)1318
```

(2) 프로그래밍 알고리즘

○ 동요 연주 알고리즘을 논하기 전에 기본 도(DO_1)부터 다음 옥타브의 도(DO_2)까지 단순하게 도, 레, 미, 파, ... 하는 식으로 각 음의 길이를 300mS 정도로 하여 연주하는 간단한 루틴을 만들어 보자.

○ 프로그램 구성을 위한 기본적인 명령문들을 제외하고 소리 내는 부분만 정리하면 다음과 같이 될 것이다.

```
MakeTone(DO_1, 300);
MakeTone(RE_1, 300);
MakeTone(MI_1, 300);
MakeTone(FA_1, 300);
MakeTone(SOL_1, 300);
MakeTone(LA_1, 300);
MakeTone(SI_1, 300);
MakeTone(DO_2, 300);
```

○ 보다시피 MakeTone() 함수가 연주하고자 하는 계명의 개수만큼 쭉 나열되고 있다.

○ 이런 식으로 만들어진 프로그램으로 긴 악보의 전곡을 연주하려면 수없이 많은 MakeTone()를 호출하여야 할 것이다. 이 얼마나 원시적이며 지루한 작업인가!

○ 그러면 이 문제를 해결하고 효율적인 방법으로 노래를 연주하기 위해서는 어떻게 하

면 될까?

○ 이런 형태의 문제에서는 노래의 악보를 저장하기 위한 데이터 구조를 잘 설계하면 상당히 효율적인 프로그래밍을 할 수 있다.

○ 예를 들면 악보 데이터를 배열에 차례대로 저장하되 노래의 끝, 즉 배열의 끝에는 악보 데이터가 끝났음을 알리는 지표 데이터를 저장하여 두고 이 지표 데이터가 나타날 때까지 악보 데이터를 차례로 읽어 내어 MakeTone() 함수를 반복적으로 호출하면 된다.

○ 이를 위한 악보 데이터의 배열 구조를 그림 4.13에 보인다.

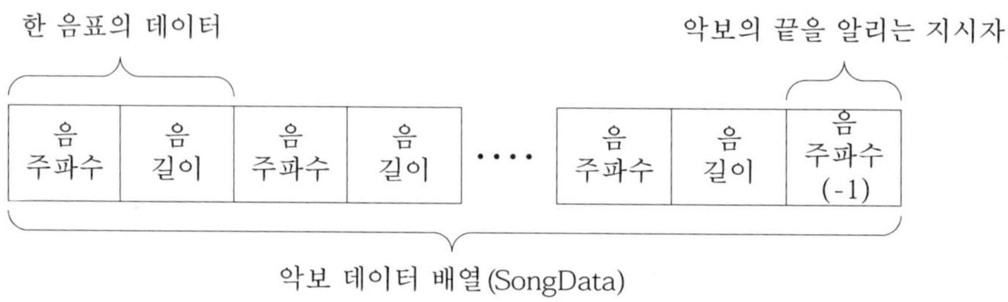

그림 4.13 악보 데이터의 배열 구조

○ 그림 4.13과 같은 계명 데이터의 배열 이름을 SongData라고 하면 위에서 예로 든 '도', '레', '미', ... '시', '도' 음계를 연주하기 위한 배열 및 연주 루틴은 다음과 같이 프로그래밍 할 수 있다.

```
const int SongData[] = {
    DO_1, 300, RE_1, 300, MI_1, 300, FA_1, 300, SOL_1, 300, LA_1, 300,
    SI_1, 300, DO_2, 300, -1 };

SoundPtr = SongData;

// 주파수가 음수(-)이면 노래의 끝으로 간주하고 while 루프를 빠져나감
while((*SoundPtr)>0)  {  // 데이터가 음수(-)이면 while 루프 종료
    Freq = *SoundPtr++;   // 음의 주파수 데이터 읽음
    Time = *SoundPtr++;   // 음의 연주 시간 데이터 읽음
    MakeTone(Freq, Time);
}
```

○ 위의 루틴을 보면 포인터 변수를 사용하여 계명 데이터 배열의 시작부터 끝까지 차례로 주파수 데이터와 시간 데이터를 읽은 다음 MakeTone() 함수를 반복적으로 호출하는 단순한 구조로 되어 있다.

○ 이 예에서는 읽어 들인 주파수 데이터가 음(-)이면 계명 데이터의 끝, 즉 노래가 끝나는 걸로 간주하고 루프를 빠져 나오게 되어 있다.

○ 이 루틴을 앞에서 보였던 MakeTone( ) 함수 호출 문을 계명의 개수만큼 나열하는 기법과 비교하여 보라. 어떤 차이가 느껴지는가?

○ 위의 예와 같이 연주해야 하는 노래의 길이가 짧을 때는 두 가지 기법 사이의 차이를 별로 느끼지 못하겠지만 노래가 만약 수십 개 이상의 계명을 가지는 긴 노래라면 그 차이가 엄청남을 느낄 수 있을 것이다.

○ 바로 이와 같은 배열구조와 알고리즘을 사용하면 노래의 길이가 아무리 길어지더라도 프로그램의 크기는 변하지 않게 된다.

○ 그림 4.14에 이와 같은 방식으로 노래를 연주하는 프로그램의 알고리즘을 플로차트로 보인다.

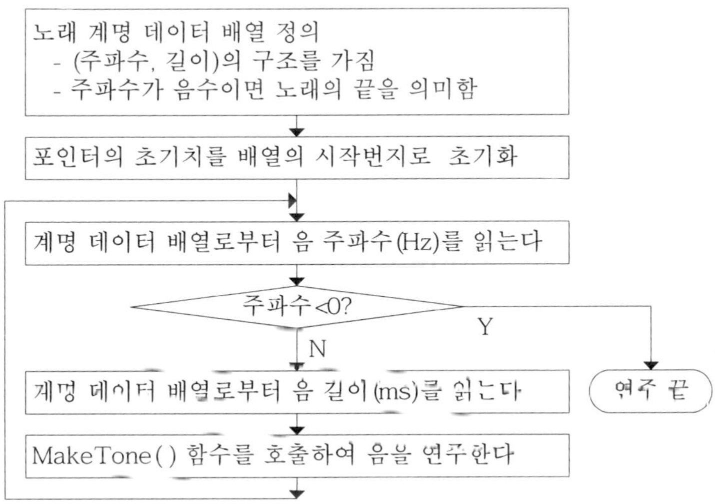

그림 4.14 악보 연주 프로그램의 플로차트

4.5.3 프로그램 소스 리스트

실습 4-4: 노래 연주 프로그램 ex4-4.c

```
#include      "../../../inc/ex.h"

// 계명 주파수 정의
#define  DO_1         (int)523
#define  RE_1         (int)587
#define  MI_1         (int)659
#define  FA_1         (int)698
#define  SOL_1        (int)783
#define  LA_1         (int)880
#define  SI_1         (int)988
#define  DO_2         (int)1047
#define  RE_2         (int)1176
#define  MI_2         (int)1319
#define  MUTE         (int)0    // 주파수가 0이면 묵음(쉼표) 발생
#define  END_OF_SONG  (int)-1   // 주파수가 음수이면 악보의 끝

// 음의 길이 정의
#define  ONE          (int)1600     // 1600ms, 온음 시간(1.6초)
#define  HALF          ONE/2        // 반음 시간
#define  FOURTH        HALF/2       // 4분음 시간
#define  EIGHTH        FOURTH/2     // 8분음 시간
#define  SIXTEENTH     EIGHTH/2     // 16분음 시간

// 악보 데이터 배열
const int SongData[] = {
  SOL_1, SIXTEENTH,  MUTE, SIXTEENTH, SOL_1, SIXTEENTH,  MUTE,
  SIXTEENTH, SOL_1,  FOURTH, MI_1, SIXTEENTH,  MUTE, SIXTEENTH, MI_1,
  SIXTEENTH,  MUTE, SIXTEENTH, DO_1, EIGHTH, MI_1, EIGHTH,
  SOL_1, EIGHTH, DO_2, FOURTH, LA_1, EIGHTH, LA_1, HALF,
  SOL_1, SIXTEENTH,  MUTE, SIXTEENTH, SOL_1, SIXTEENTH,  MUTE,
  SIXTEENTH, SOL_1,  FOURTH, LA_1, SIXTEENTH,  MUTE, SIXTEENTH,
  LA_1, SIXTEENTH,  MUTE, SIXTEENTH, SOL_1, EIGHTH, FA_1, EIGHTH,
  MI_1, EIGHTH, FA_1, FOURTH, RE_1, EIGHTH, RE_1, HALF,
  END_OF_SONG
};

int main(void) {
  const int *SoundPtr;  // 포인터 변수
  int Freq, Time;

  // 포트 설정
```

```
  DDRB |= 1<<5;     // PB5 핀을 출력으로 설정

  // 포인터 초기화
  SoundPtr = SongData;  // 악보 데이터 배열의 시작 번지를 포인터 변수에 로드

  while((*SoundPtr)>=0) {  // 주파수 데이터가 음수가 나타날 때까지 연주
    Freq = *SoundPtr++;
    Time = *SoundPtr++;
    MakeTone(Freq, Time);
  }

  while(1); // 무한 루프를 도는 것으로 프로그램 종료

}  // 프로그램 종료
```

4.5.4 프로그램 설명

○ 본 예제 프로그램 역시 대부분이 define 문으로 상수를 정의하는 부분과 딜레이 및 음향 발생을 위한 함수로 구성이 되는데 이 정의문들과 함수들은 이미 ex.h 파일에 내장되어 있어서 #include 문을 통해 프로그램에 포함된다.

○ 앞에서도 얘기 했듯이 각종 상수, 마크로, 변수들이 잘 정의되고 필요한 함수가 잘 만들어져 있으면 main() 함수가 그만큼 간단해 지는데 이 예제에서도 그 현상을 한 번 더 명백히 확인할 수 있을 것이다.

○ 프로그램 앞부분에 음의 주파수와 길이를 정의하는 부분이 있는데 각 명령문의 의미는 쉽게 이해할 수 있을 것이며 한 가지 특이한 것은 END_OF_SONG이라는 계명 이름이 아닌 라벨을 정의하고 그 주파수 값을 음수인 -1로 할당한 것이다.

- 주파수에는 음수 값이 있을 수 없기 때문에 이 -1 값은 나중 노래 데이터 배열에서 노래의 끝을 알리는 지시자로 사용된다.
- 즉, 악보 데이터를 순서대로 읽어서 연주하다가 주파수 값에 음수가 나타나면 악보가 끝난 것으로 판단하고 연주를 종료하면 되는 것이다.

○ 그 뒤 "뽀뽀뽀" 노래의 악보를 연주하는 계명 데이터 배열이 선언되어 있는데 이에 대한 설명은 다음과 같다.

- 이 배열의 데이터는 [계명(주파수), 음의 길이], [계명, 음의 길이], ... 식으로 저장되어 있으며 악보 상 하나의 음표는 계명과 길이의 쌍으로 구성된다.

- 연주 루틴에서는 이 계명, 음의 길이를 차례로 읽어 MakeTone() 함수의 인수로 호출함으로써 악보가 연주된다.
- 계명을 읽다가 END_OF_SONG, 즉 -1인 주파수를 만나게 되면 노래의 악보가 끝난 것으로 인식하고 연주를 종료한다.

※ 참고 4-3:

- 이 배열의 변수 선언문 const int SongData[]에서 const는 무엇일까?
- C 컴파일러는 별도의 지시가 없으면 모든 변수를 MCU 내의 RAM에 저장하게 한다.
- const는 변수형 변경자(type modifier)로서 이렇게 선언된 변수는 프로그램 수행 중 그 값이 변하지 않는다는 것을 컴파일러에게 알려 준다.
- 컴파일러는 이런 형식의 변수들을 용량이 작은 RAM에 저장하지 않고 대용량의 FLASH ROM에 함으로써 응용 프로그램의 일반 변수들을 위한 RAM 공간을 최대한 확보할 수 있도록 해준다.
- 우리의 예제 프로그램에 있는 계명 데이터가 바로 이런 경우로서 용량이 크면서 고정된 값을 갖고 있기 때문에 변수 선언문 앞에 const를 붙여서 용량이 큰 계명 데이터를 RAM에 저장하지 않고 ROM에 저장하게 하여 RAM 사용량을 아낄 수 있는 것이다.
- 1장에서 소개했듯이 ATmega128 MCU가 가지고 있는 RAM 용량이 4K 바이트 밖에 안 된다는 사실을 알면 왜 RAM 영역을 아껴 써야 하는지 이해가 될 것이다.
- 실제 이 예제 프로그램에서는 변수가 많지 않고 계명 데이터의 용량도 사실 그렇게 크지 않아 굳이 이렇게 안 해도 되지만 나중 큰 프로젝트를 개발할 때를 대비해서 이런 사용법을 습관화 해 두는 것이 좋을 것이다.

○ 이제 필요한 함수들과 데이터 구조가 정의되어 있으니 main() 함수로 가서 노래 연주 프로그램의 동작을 분석해 보자.

- main() 프로그램이 수행되면 먼저 스피커가 연결된 포트에 대한 설정을 하고 노래 데이터 배열을 액세스하기 위한 포인터 변수를 다음과 같이 초기화 한다.

```
SoundPtr = SongData;
```

- C 언어에서 배열 이름은 그 배열의 맨 첫 번째 원소의 주소, 즉 배열의 시작번지 값을 갖는다는 것은 이미 알고 있을 것이다.
  - 따라서 위의 명령에 의해 SongData 배열의 시작번지가 SoundPtr이라는 포인터 변수에 인가되는 것이다.

- 그 다음 while() 문은 포인터를 1씩 증가시키면서 계명의 주파수와 음의 길이를 차례로 읽어내어 MakeTone() 함수의 인자로 사용하여 음을 발생시키고 있다.
- 읽어낸 계명의 주파수 데이터가 음(-)이면 while()문의 조건이 거짓이 되어 반복 루프를 빠져 나옴으로써 노래 연주를 종료하고 있다.
- 여기서는 -1을 배열의 끝을 나타내는 데이터로 사용하고 있는데 그 이유는 음계의 주파수가 -1 이라는 것은 있을 수 없기 때문이다.
- 이런 기법은 C에서 문자 배열을 취급할 때도 사용되는 기법인데 이 예와 같이 노래 데이터 배열의 끝을 알리는 데이터로는 -1 이외에도 음계 주파수로 사용될 수 없는 수치이면 아무거나 사용해도 상관없다.

자, 이제 모든 것이 준비되었으니 4장의 마지막 예제 프로그램을 컴파일하고 수행시켜 보라. PC의 스피커에서 나는 소리보다는 보잘 것 없지만 TV 유치원에서 자주 들리던 "아빠가 출근할 땐 뽀뽀뽀 ..." 라는 노래의 멜로디가 여러분들의 귀를 즐겁게(?) 해 줄 것이다.

참고로 본 예제에서는 프로그램의 간략한 구성을 보여주기 위해 전곡을 연주하지 않고 맨 처음 한 소절만을 연주하고 있다.

연습과제

T4.1 예제 4-3의 프로그램을 수정하여 키패드 상의 SW1을 누를 때마다 TONE_HIGH 음과 TONE_LOW 음이 교대로 울리도록 하여 보라. 즉 SW1을 한 번 누르면 TONE_HIGH 음이 발생되고 다시 누르면 TONE_LOW 음, 또 누르면 TONE_HIGH 음, ... 식으로 울리도록 하라.

T4.2 2개 또는 그 이상의 음을 잘 조합하여 Ambulance의 경고음을 흉내 내어 보라.

프로젝트

P4.1 그림 4.15에 주어진 악보를 연주하는 프로그램을 만들고 테스트 하여 보라.

그림 4.15 프로젝트 **P4.1**의 연주 악보

CHAPTER

05

7 세그먼트(Segment) LED 구동

3장에서 취급했던 개별 LED는 불이 켜지거나 꺼지는 2 가지 상황을 표현할 수 있는 가장 단순한 출력장치로서 주로 경고(alarm)나 지시계(indicator) 등에 많이 사용된다.
이 장에서는 0 ~ 9까지의 숫자와 약간의 영문자를 표시할 수 있는 7 세그먼트 LED에 대해 알아보고 이를 이용한 몇 가지 응용 예제를 다루고자 한다.
실제 7 세그먼트 LED는 수치를 디스플레이 해야 하는 디지털시계, 디지털 멀티미터, 계산기 등에 널리 사용되는 실용적인 출력 장치이다.
따라서 이장의 내용을 충분히 이해한다면 다양한 실용 시스템을 설계하고 프로그래밍 하는데 아주 도움이 될 것이다.
다음은 이 장에서 학습하고자 하는 내용을 구체적으로 정리한 것이며 본문의 내용도 이 순서에 따라 전개해 나갈 것이다.

- 7 세그먼트 LED의 구조 및 숫자, 간단한 문자 디스플레이의 원리 이해
- 7 세그먼트 LED와 마이크로컨트롤러의 인터페이스 기법 이해
- 7 세그먼트 LED 정적(static), 동적(dynamic) 구동 방법 이해
- 4자리 7 세그먼트 LED 모듈의 구조 이해 및 동적 구동회로 설계 기법 이해
- 4자리 7 세그먼트 LED의 동적 구동 실습

5.1 세그먼트 LED의 이해

5.1.1 7 세그먼트 LED의 구조

○ 그림 5.1에 7 세그먼트 LED 소자의 외형 및 2 가지의 구성형태를 보인다.

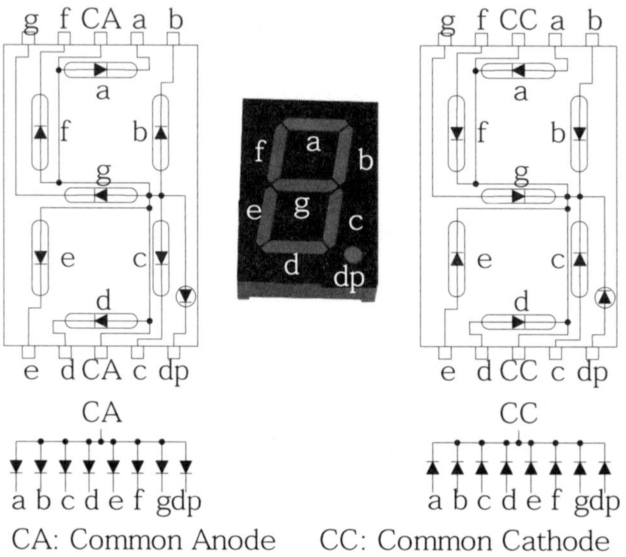

(a) 공통 애노드 형 (b) 공통 캐소드 형

그림 5.1 7 세그먼트 LED의 외형 및 2 가지 내부 구성 형태

○ 7 세그먼트 LED란 7 개의 획(세그먼트: segment)을 사용하여 숫자를 표시할 수 있도록 만들어진 소자로서 세그먼트 하나하나가 LED 들로 구성되어 있다.

○ 그림 5.1에서 보다시피 널리 사용되는 7 세그먼트 LED는 실제로는 a, b, c, d, e, f, g, dp 라고 표시된 8 개의 세그먼트를 가지는데 숫자를 표시하는 a ~ g까지의 7 세그먼트와 소숫점을 표시하는 한 개의 dp 세그먼트로 구성되어 있다.

- 그러나 7 세그먼트 LED가 원래 숫자를 표시하기 위해 개발되었고 숫자를 표시하는데 dp 세그먼트는 없어도 되기 때문에 그냥 7 세그먼트라고 부르고 있는 것이다.

○ 각 세그먼트가 하나의 LED로서 애노드(Anode)와 캐소드(Cathode)의 2 단자를 가지기

때문에 8 세그먼트 LED는 총 16개의 단자를 가져야 하는데 그림 5.1(a), (b)의 LED 모듈에는 단지 10개의 단자만 있다. 어찌된 일일까 ?

- 7 세그먼트 LED는 제조 시 그 단자(핀) 수를 줄이기 위해 각 세그먼트 LED 들의 애노드들 또는 캐소드들 끼리를 하나의 단자로 묶어서 사용하는데 그림 5.1(a)처럼 애노드들 끼리 묶은 것을 공통 애노드(CA: Common Anode)형이라 하고 그림 5.1(b) 처럼 캐소드들 끼리 묶은 것을 공통 캐소드(CC: Common Cathode)형이라 한다.
- 이에 따라 공통 애노드형의 경우 7 세그먼트 LED 모듈은 8개의 LED 캐소드 단자와 하나의 공통 애노드 단자로 총 9개의 핀을 가지게 된다.
- 실제 상용 7 세그먼트 LED 모듈은 DIP(Dual In-line Package) 형태로 제조되는데 기존 9개의 단자에 공통 단자를 하나 더 추가하여 총 10 개의 단자를 가지고 있다.
- 그림 5.1(a)에서 대문자 CA로 표시된 것들이 바로 이 공통 단자이며 두 개의 CA끼리는 내부에서 서로 연결되어 있다.
- 이 사실은 그림 5.1(b)에 있는 공통 캐소드(CC) 형에도 마찬가지로 적용된다.

5.1.2 7 세그먼트 LED의 디스플레이 원리

○ 7 세그먼트 LED에 숫자나 문자를 디스플레이하기 위해서는 공통 애노드 형이든 공통 캐소드 형이든 표시하고자 하는 숫자나 문자의 획(세그먼트)에 해당하는 LED에 순방향 전류를 흘려주면 된다.

- 당연히 모든 LED에는 전류의 크기를 알맞게 조절하는 저항을 달아 주어야 한다.

○ 그림 5.2에 숫자 '5'를 디스플레이 할 때 공통 애노드 형 및 공통 캐소드 형의 각 세그먼트 단자에 인가해야 하는 전압(논리 값)과 전류의 흐름을 보여주고 있다.

○ 그림 5.2를 보면서 숫자 '5'가 디스플레이 되는 원리에 대해 생각해 보자.

- 숫자 '5'가 디스플레이 되기 위해서는 g, f, d, c, a 세그먼트의 LED는 불이 켜져야 하고 나머지 dp, e, b 세그먼트들은 불이 꺼져야 한다.
- 따라서 공통 애노드 형인 경우는 그림 5.2(a)처럼 공통 애노드 단자를 5V 전원에 연결하고 '5'자를 만드는데 필요한 g, f, d, c, a 세그먼트들의 캐소드에는 0V인 접지를 연결하여 전류가 흐를 수 있게 함으로써 불이 켜지게 하고 dp, e, b 세그먼트들의 캐소드에는 5V를 인가하여 전류가 흐를 수 없게 함으로써 불이 꺼지게 하면 된다.

- 공통 캐소드 형인 경우에는 반대로 그림 5.2(b)처럼 공통 캐소드 단자를 0V인 접지에 연결하고 '5'자를 만드는데 필요한 g, f, d, c, a 세그먼트들의 애노드에는 5V를 인가하여 전류가 흐를 수 있게 함으로써 불이 켜지게 하고 dp, e, b 세그먼트들의 애노드에는 0V를 인가해서 전류가 흐를 수 없게 함으로써 불이 꺼지게 하면 된다.

○ 여기서 각각의 세그먼트에 인가하는 전압 0V를 논리 '0'에 5V를 논리 '1'에 대응시키고 '5'자를 디스플레이 하는데 필요한 데이터를 dpgfedcba 세그먼트의 순으로 2진수로 읽으면 공통 애노드 형인 경우에는 10010010_2(= 0x92) 이 되고 공통 캐소드 형인 경우에는 01101101_2(= 0x6D)이 됨을 알 수 있다.

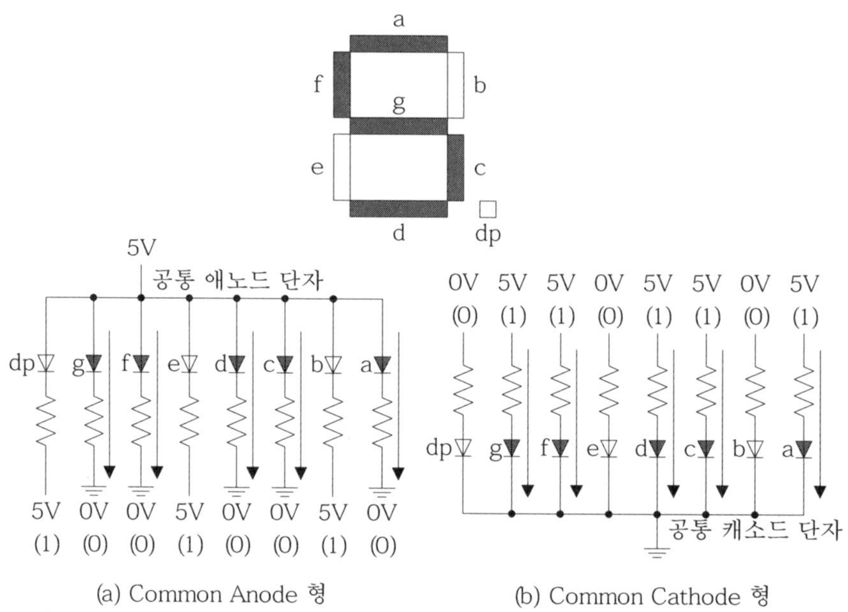

그림 5.2 공통 애노드 형과 공통 캐소드 형에서 숫자 '5'가 디스플레이 되는 원리

이제 7 세그먼트 LED의 기본적인 디스플레이 원리를 알았으므로 다음에는 프로그램에 의해 다양한 형태의 패턴을 디스플레이 할 수 있도록 이 7 세그먼트 LED 모듈을 마이크로컨트롤러와 인터페이스 시키는 방법에 대해 알아보자.

5.1.3 마이크로컨트롤러에 의한 7 세그먼트 LED 구동 기법

○ 여기서는 우선 7 세그먼트 LED 1자리를 마이크로컨트롤러로 구동하는 기법에 대해 알아보고 자리수가 많아 질 경우의 구동기법으로 확장하고자 한다.

(1) 1자리 7 세그먼트 LED 구동

○ 7 세그먼트 LED에 소수점까지 포함하여 8 개의 세그먼트가 있고 마이크로컨트롤러의 한 포트가 8비트이므로 한 개의 포트로 7 세그먼트 LED 한자리를 구동할 수 있다.

○ 그림 5.3에 ATmega128 MCU의 포트 A를 사용하여 7 세그먼트 LED 한 자리를 구동하는 인터페이스 회로를 보여주고 있다.

- 그림을 보면 LED는 포트 A의 비트 7부터 dpgfedcba의 세그먼트 순으로 연결되어 있다.

○ 이때 LED의 각 세그먼트에 연결된 저항 값은 3장에서 개별 LED를 취급할 때의 저항 값 결정 기법과 같은 방법으로 설계해 주면 된다.

※ 참고 5-1:

- 7 세그먼트 LED 회로 설계 시 공통 애노드 형을 사용할 것인가 공통 캐소드 형을 사용할 것인가에 대한 의문이 있을 수 있는데 어느 형태의 LED를 사용하든 전혀 차이가 없다.
- 단지 회로 구성상 어느 형의 LED를 사용하는 것이 접속이 용이한지와 LED를 구동할 하드웨어의 전류 공급 능력이 논리 '0' 출력 때와 논리 '1' 출력 때 중 어느 때 더 구동능력이 좋은지 등에 따라 적당한 형을 선정하면 된다.

※ 참고 5-2:

- 그림 5.3에서는 문자 'F.'를 디스플레이하기 위해 ATmega128 MCU가 출력해야 하는 데이터를 보여 주고 있는데 공통 애노드일 때는 0x0E를, 공통 캐소드일 때는 0xF1을 출력해야 함을 알 수 있다.
- 0x0E와 0xF1을 합하면 0xFF가 됨을 알 수 있는데 이것은 공통 애노드 형 LED에 대한 구동 데이터와 공통 캐소드 형 LED에 대한 구동 데이터가 서로 보수(complement) 관계임을 의미한다.

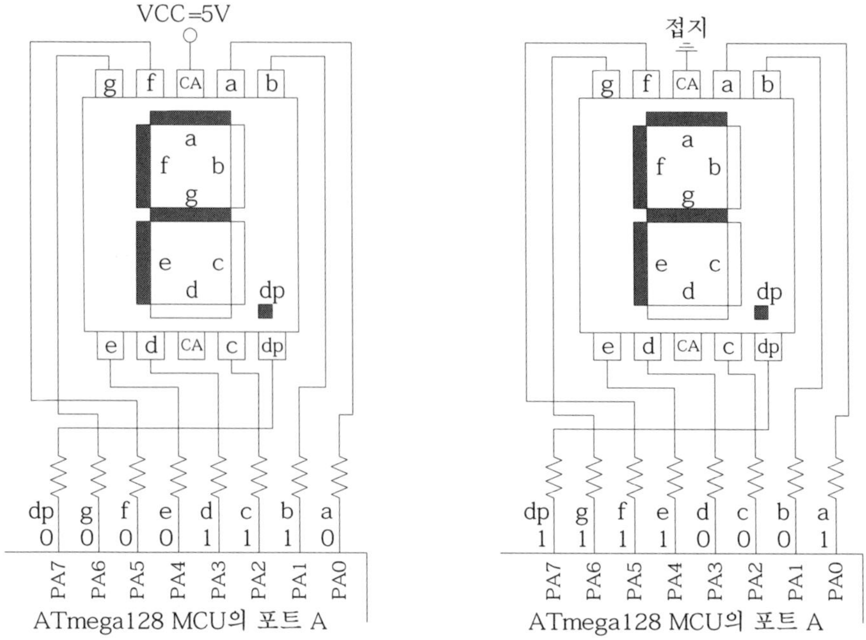

(a) Common Anode LED와의 인터페이스 (b) Common Cathode LED와의 인터페이스

그림 5.3 ATmega128 MCU에 의한 7 세그먼트 LED 1자리 구동 인터페이스

(2) 정적구동(Static Drive) 방식에 의한 여러 자리 7 세그먼트 LED 구동

○ 1자리의 7 세그먼트 LED로는 표현할 수 있는 정보의 량이 너무나 적어서 실제 상황에서 적용할 수 있는 응용 예는 아주 제한적일 수밖에 없다.

○ 그림 5.4에 ATmega128 MCU로 4자리 CC(공통 캐소드)형 7 세그먼트 LED를 구동하는 회로의 개념을 보인다.

○ 그림 5.4에서 보듯이 4자리 7 세그먼트 LED를 구동하기 위해서는 각각의 자리에 8비트의 세그먼트 데이터를 출력하는 4개의 8비트 포트가 필요하다.(그림에서는 포트 A, B, C, D로 이름이 붙어 있다)

- 이는 다시 말하면 그림 5.4와 같은 방식으로 4자리 7 세그먼트 LED 구동회로를 구성하려면 총 32개의 MCU 포트 핀이 필요하다는 것을 말한다.

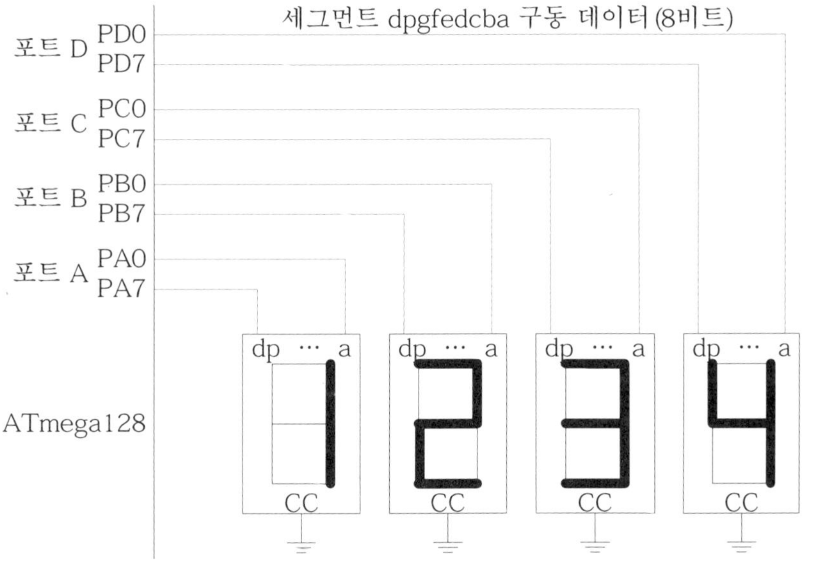

그림 5.4 ATmega128 MCU에 의한 4자리 7 세그먼트 LED의 구동 회로 개념도

○ MCU 모든 포트들의 출력은 래치(latch) 기능이 있어서 새로운 데이터가 출력되기 전에는 이전 출력되었던 데이터 값이 기억되어 유지되기 때문에 MCU가 "1234"를 켜기 위한 데이터를 각 포트에 한번만 출력시켜주면 나머지 시간에는 다른 작업을 하고 있더라도 디스플레이 상태는 안정적으로 유지된다.

○ 이처럼 한번 디스플레이 된 데이터가 안정적으로 유지된다고 하여 이를 "정적구동 (Static Drive)" 방식이라고 한다.

○ 정적구동 방식은 어른거림이 없는 깨끗한 디스플레이를 유지할 수 있기 때문에 많이 사용될 것 같지만 MCU의 포트 핀 수를 너무 많이 사용한다는 단점이 있어서 디스플레이 자리수가 3자리 이상이 되면 거의 사용되지 않는다.

- 단적인 예로 12자리 디스플레이를 가지는 계산기를 정적구동 방식으로 제작하려면 12개의 8비트 포트가 필요한데 ATmega128 MCU는 단지 6개의 8비트 포트만을 가지고 있기 때문에 아예 적용이 불가능함을 알 수 있다.
- 그러면 포트 개수가 모자라는 ATmega128 MCU로 이런 여러 자리 LED를 구동할 수 있는 방법은 없는 것일까 ?
  - 물론 있으며 다음에 그 기법을 설명하고자 한다.

(3) 동적구동(Dynamic Drive) 방식에 의한 여러 자리 7 세그먼트 LED 구동

○ 그림 5.5에 4자리 7 세그먼트 LED를 동적으로 구동하는 회로구성 개념을 보인다.

- 여기서는 설명의 편이를 위해 CC(공통 캐소드) 형의 7 세그먼트 LED를 사용하고 있으나 모든 설명은 CA(공통 애노드) 형의 LED에도 그대로 적용가능하다.

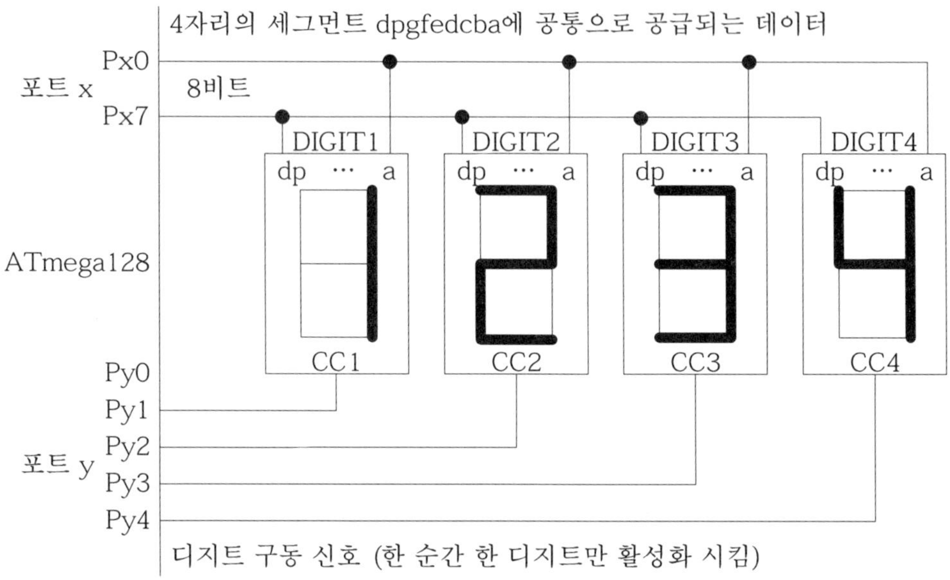

그림 5.5 동적구동에 의한 4자리 7 세그먼트 LED 디스플레이 회로 구성 개념

> **※ 참고 5-3:**
>
> - 그림 5.5를 보면 포트 y의 Py0 핀을 비워두고 Py1 ~ Py4 핀들을 사용하고 있는데 그 이유는 두 가지가 있다.
> - 첫 번째 이유는 이렇게 하면 LED의 DIGIT1 ~ DIGIT4와 번호가 일치하기 때문이며,
> - 두 번째 이유는 Py0 핀은 나중에 다시 설명되겠지만 우리가 사용하려는 7 세그먼트 LED 모듈의 또 다른 디지트를 구동하는데 사용될 것이기 때문이다.

○ 그림 5.5를 보면 그림 5.4와 확실하게 다른 점이 두 가지가 있다.

- 첫째, 4자리의 각 세그먼트 핀들을 병렬연결 함으로써 MCU 포트와 LED 세그먼트들 간의 연결에 단 한 개의 8비트 포트(그림에서는 포트 x)만 사용되고 있다는 것이다.

– 여기서 병렬연결이라고 하는 것은 각 디지트의 같은 세그먼트들 끼리를 공통으로 연결시켜 주는 것을 말한다.(그림 5.5 참조)

- 둘째, LED 각 자리 당 하나씩의 포트 핀을 할당하여 LED의 CC(Common Cathode) 라인을 구동하고 있다는 것이다. (그림에서는 포트 Py1 ~ Py4 핀)

○ 이렇게 함으로써 7 세그먼트 LED 4자리를 구동하는데 세그먼트 데이터를 위한 8비트와 LED 자리구동에 필요한 4비트를 합쳐서 총 12비트가 필요하게 된다.

○ 이것은 그림 5.4의 정적구동으로 4자리를 구동하는데 총 32비트(8비트 포트 4개)가 필요한 것에 비하면 엄청난 하드웨어 자원이 절약되었음을 알 수 있는데 이 절약은 LED의 자리수가 늘어날수록 그 효과가 두드러지게 된다.

○ 그러면 이제 그림 5.5에 보인 동적구동 방식의 동작 원리에 대해 알아보자.

- 우선 그림 5.5와 같이 4자리 LED에 "1234"를 디스플레이 하는 경우를 생각해 보자.
- 첫 번째로 포트 x를 통해 숫자 '1'을 디스플레이 하기 위한 세그먼트 데이터를 출력한다.
- 포트 x의 출력은 4자리 LED 모두에 공통으로 연결되어 있기 때문에 당연히 4자리 LED 모두 숫자 '1'을 디스플레이 하려고 할 것이다.
- 그러면 이 상황에서 어떻게 맨 좌측 LED에만 '1'이 디스플레이 되게 할 수 있을까?
  – 바로 CC형 7 세그먼트 LED 디스플레이가 동작하려면 CC 핀을 접지시켜야 한다는 사실을 이용하면 된다.
  – 즉, 그림 5.5의 Py1 핀에 논리 '0'을 출력시켜 맨 좌측 DIGIT1 LED의 CC1 핀만 접지시켜 주고 Py2 ~ Py4 핀들에는 논리 '1'을 출력시켜 나머지 3자리의 DIGIT2 ~ DIGIT4 LED들은 디스에이블 시켜주면 맨 좌측의 DIGIT1 LED에만 숫자 '1'이 디스플레이 되는 것이다.
- 그림 5.6에 이 상황을 보여준다.
  – 그림에서 화살표는 전류가 흐르는 방향을 나타낸다.
- 다음, 두 번째로 포트 x를 통해 DIGIT2에 디스플레이 시키고자 하는 숫자 '2'의 세그먼트 데이터를 출력시킨다.
- 앞에서와 마찬가지로 이번에는 Py2 핀을 통해 논리 '0'을 출력시켜 두 번째 LED인 DIGIT2의 CC2 핀을 접지시켜서 DIGIT2에 숫자 '2'가 디스플레이 되도록 한다.
  – 역시 당연히 이때 Py1, Py3, Py4 핀들에는 논리 '1'을 출력시켜 나머지 3자리의 LED인 DIGIT1, DIGIT3, DIGIT4는 디스에이블 시켜야 한다.

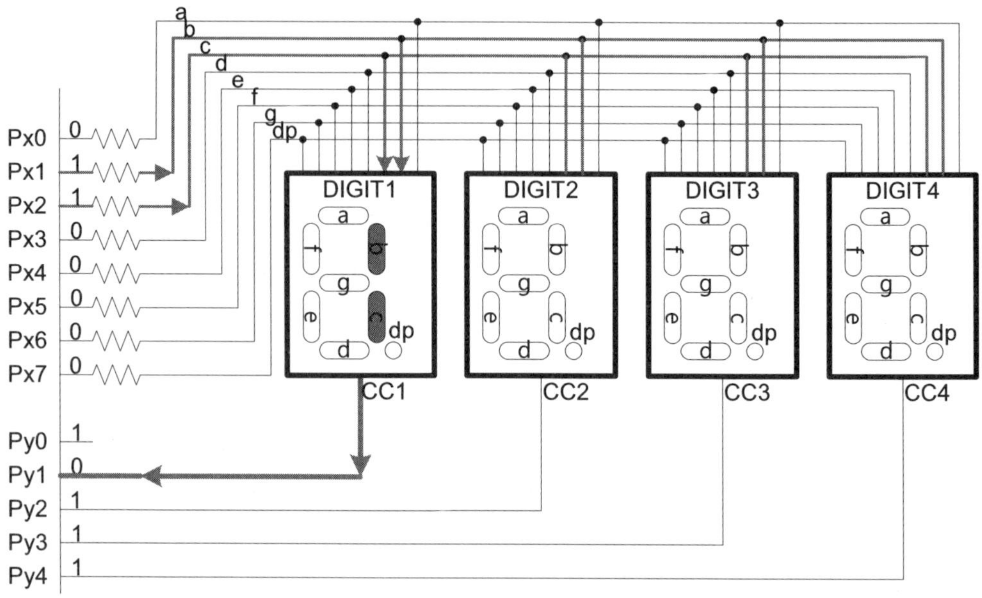

그림 5.6 동적구동에 의한 4자리 7 세그먼트 LED 디스플레이 1

- 그림 5.7에 이 상황을 보여준다.

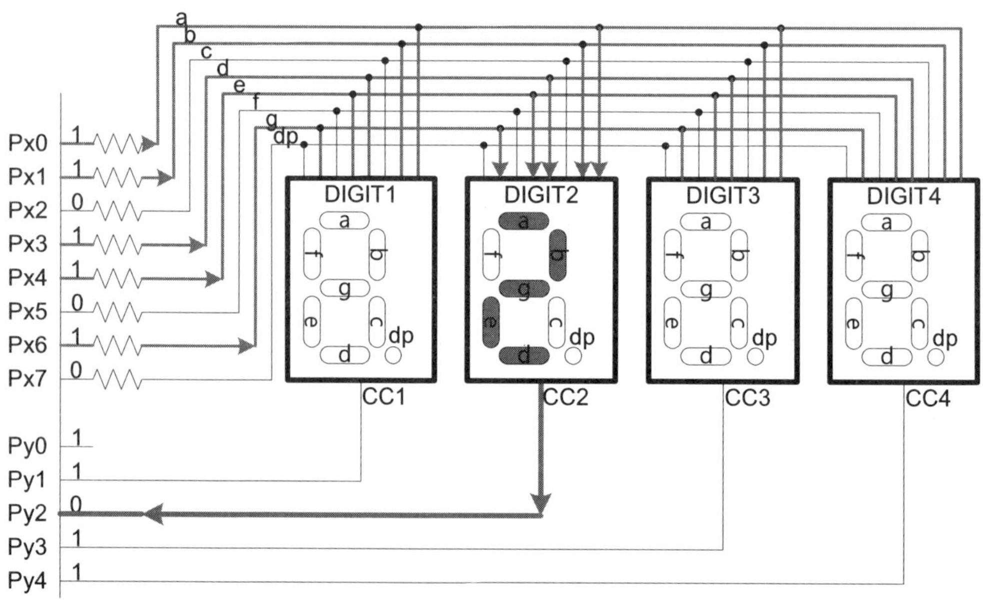

그림 5.7 동적구동에 의한 4자리 7 세그먼트 LED 디스플레이 2

- 이제 나머지 두 개의 LED인 DIGIT3, DIGIT4에 차례로 '3'과 '4'를 디스플레이 하는 것도 앞에서와 같은 방법으로 하면 될 것이라는 걸 짐작할 수 있을 것이다.
- 그림 5.8, 5.9에 '3'과 '4'를 디스플레이 하는 상황을 연속적으로 보여준다.

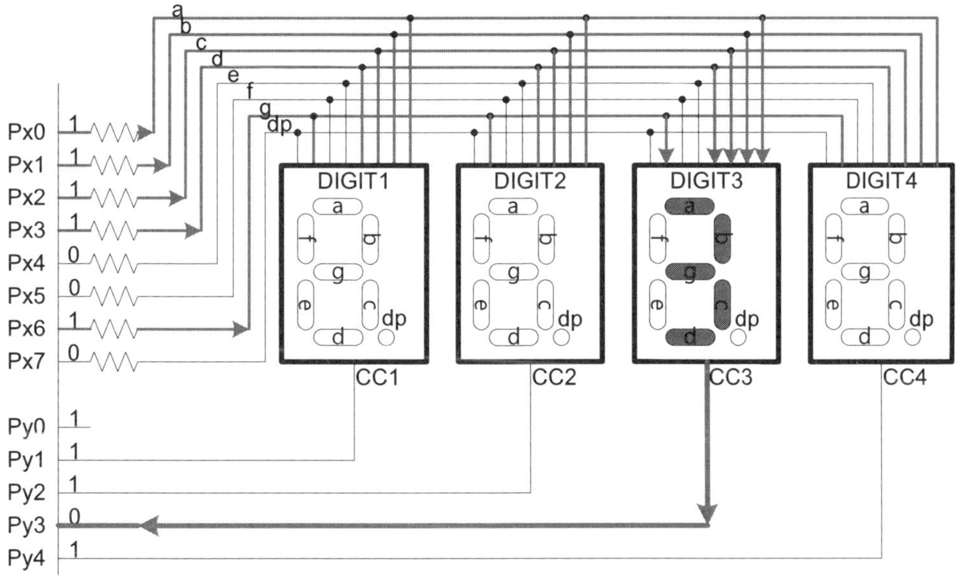

그림 5.8 동적구동에 의한 4자리 7 세그먼트 LED 디스플레이 3

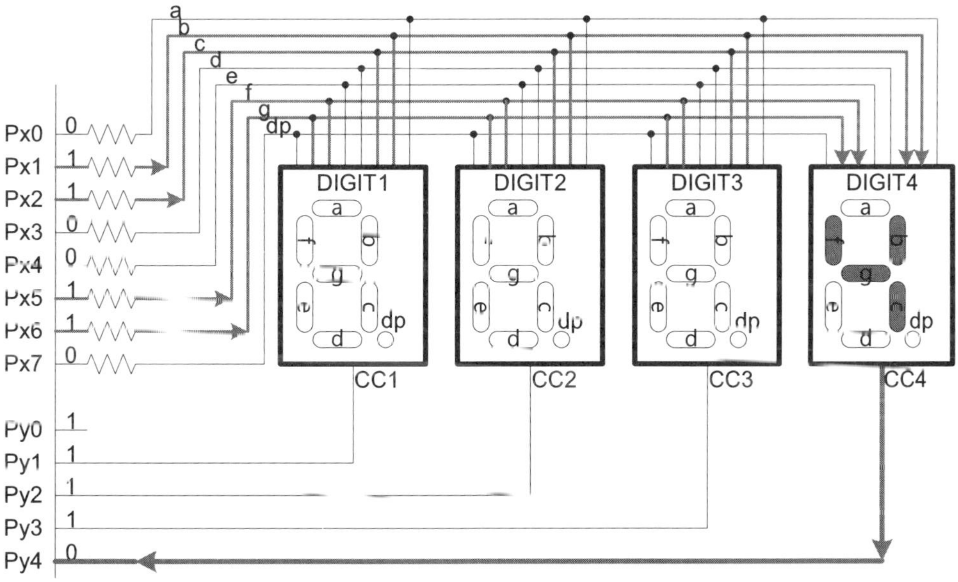

그림 5.9 동적구동에 의한 4자리 7 세그먼트 LED 디스플레이 4

○ 결국 동적구동의 원리는 사람 눈의 잔상효과를 이용하는 것으로 그림 5.6 ~ 5.9와 같이 DIGIT1 ~ DIGIT4에 차례대로 한 자리씩 데이터를 디스플레이하면서 이 과정을 빠른 속도로 반복하면 사람의 눈에는 4개의 LED에 "1234"가 동시에 켜져 있는 것처럼 보이게 되는 원리이다.

○ 이렇게 LED의 각 자리를 끊임없이 순차적으로 켜주는 행위를 리프레시(refresh)라고 하며 이런 방식으로 LED를 구동하는 방식을 동적구동(dynamic drive)이라고 한다.

○ 이와 같은 동적 구동의 장점은 위에서 언급한 데로 MCU의 핀을 최소로 사용하면서 여러 자리의 디스플레이를 구현할 수 있다는 것이고 단점은 모든 LED가 동시에 켜져 있는 것처럼 보이기 위해서는 끊임없이 리프레시 동작을 수행해야 하기 때문에 MCU의 부담이 그만큼 커진다는 것이다.

※ 참고 5-4:

- 여러 자리 7 세그먼트 LED를 동적인 방식으로 구동하고자 할 때 각 자리를 짧은 시간씩 순차적으로 디스플레이 하는데 이때 각 자리에 할당되는 짧은 디스플레이 시간구간이 일정하지 않으면 디스플레이의 밝기가 균일하지 않게 된다.
- 즉, 리프레시 시간간격이 균일하지 않으면 바로 디스플레이의 품질저하로 연결되기 때문에 LED의 동적 구동방식을 구현할 때는 이 부분을 세심하게 처리해 주어야 한다.

※ 참고 5-5:

- 위에서 본 바와 같이 7 세그먼트 LED를 동적 구동하기 위해서는 세그먼트 데이터를 출력시키기 위한 포트와 각 LED의 공통 캐소드 핀을 구동하기 위한 포트의 2개 포트가 필요하다.
- 앞으로 이장의 설명에서는 LED에 세그먼트 데이터를 출력하는 포트를 세그먼트 데이터 포트, 각 LED의 공통 핀을 구동하는 포트를 디지트 드라이브 포트라고 부르고자 한다.
- 그림 5.5에서는 포트 x가 세그먼트 데이터 포트로 사용되었고 포트 y가 디지트 드라이브 포트로 사용되었다.

5.2 7 세그먼트 LED 디스플레이 회로

5.2.1 회로 구성

○ 이제 7 세그먼트 LED의 동작원리와 이를 이용한 동적 구동의 원리도 이해했으니 실질적인 응용회로를 설계해 보자.

- 설계하고자 하는 회로의 기본 구조는 그림 5.6을 기반으로 한다.

○ 그림 5.6을 보면 당연히 회로의 핵심 소자가 4자리 7 세그먼트 LED이기 때문에 여기서는 우선 사용하고자 하는 4자리 7 세그먼트의 구조, 동작에 대해서 설명하고자 한다.

○ 시중에는 수많은 종류의 4자리 7 세그먼트 LED 디스플레이가 있는데 여기서는 숫자 4자리 디스플레이에 디지털시계와 온도계 구현 시 필요한 별도의 기호까지를 추가한 LTC-4727JR이라는 소자를 사용하고자 한다.

○ 그림 5.10에 LTC-4727JR 모듈의 외형을 보여 준다.

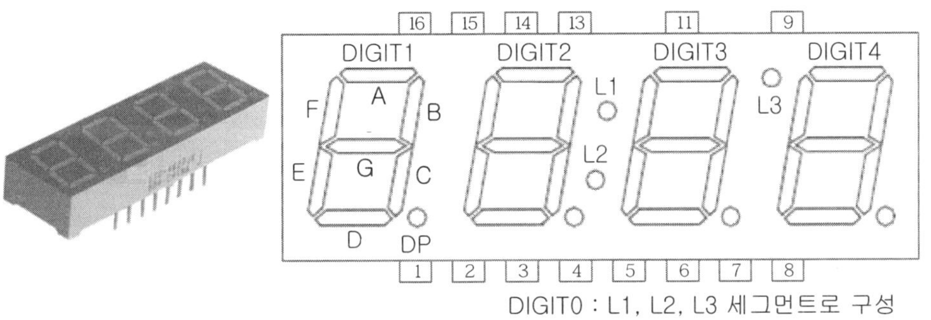

그림 5.10 4자리 7 세그먼트 LED 모듈 LTC-4727JR의 외형

○ 앞에서도 언급했듯이 4자리 7 세그먼트 LED를 동적 구동하기 위해서는 각 LED에 공통으로 공급되는 세그먼트 데이터 핀 8개와 각 LED의 디지트 드라이브를 위한 4개의 핀을 합쳐 12개의 핀만 있으면 된다.

○ 그런데 우리가 사용하고자 하는 LTC-4727JR 모듈은 그림 5.10에서 보듯이 아래쪽에 8개, 위쪽에 6개로 총 14개의 핀을 가지고 있음을 알 수 있는데 이것은 이 모듈이 기본적인 4자리의 7 세그먼트 LED외에 추가적인 자리의 LED들을 더 가지고 있다는 것

을 의미한다.

○ LTC-4727JR 모듈의 디지트 구성을 이해하기 위해 그림 5.11에 이 모듈의 내부 결선도를 보인다.

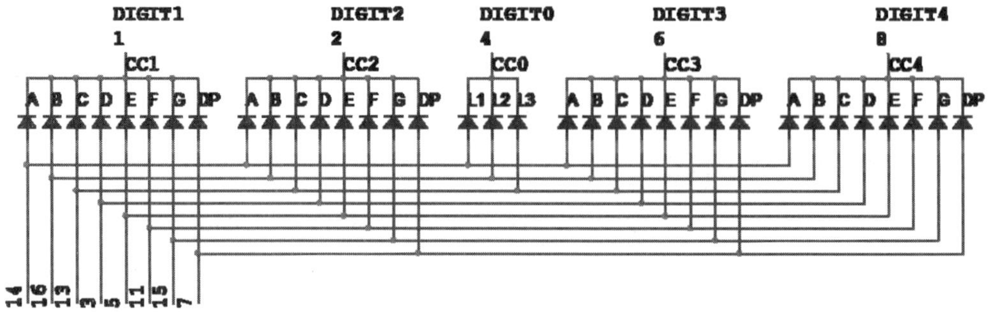

그림 5.11 LTC-4727JR 7 세그먼트 LED 모듈의 내부 결선도

○ 그림 5.11을 보면 CC0, CC1, CC2, CC3, CC4로 이름 붙은 4, 1, 2, 6, 8번 핀들이 있는데 이것은 모듈에 5개의 공통 캐소드 단자가 있음을 의미하고 이로부터 이 모듈이 5개의 디스플레이 자리(디지트)를 가지고 있다는 것을 알 수 있다.

- 그림 5.10과 5.11을 비교해 보면 이 모듈은 DIGIT1, DIGIT2, DIGIT3, DIGIT4로 이름 붙은 기본적인 4자리 7 세그먼트 LED 외에 3개의 LED L1, L2, L3로 구성된 DIGIT0라고 이름 붙은 자리가 하나 더 있어서 총 5자리로 구성됨을 알 수 있다.
- 그림 5.10의 LED 모듈 외형 그림을 보면 당연히 추가적인 2개의 LED L1, L2는 이 디스플레이를 시계용으로 사용할 때 시간과 분 사이를 구분하는 기호로 사용되고 마지막 LED L3는 이 디스플레이를 온도계용으로 사용할 때 ° 기호를 표시하는 용도로 사용되기 위한 것임을 상식적으로 짐작할 수 있을 것이다.

○ 이제 그림 5.11을 통해 7 세그먼트 LED의 내부를 보자.

- 우선 수치를 디스플레이 하는 4 디지트를 보면 같은 이름을 갖는 세그먼트 LED들의 애노드들끼리는 공통으로 묶여서 a, b, c, d, e, f, g, dp의 8개 세그먼트 데이터 핀(14, 16, 13, 3, 5, 11, 15, 7번 핀)을 구성하고 있고 각 디지트를 구성하는 8개 LED들의 캐소드들끼리는 공통으로 묶여서 CC1, CC2, CC3, CC4의 4개 공통 캐소드 핀(1, 2, 6, 8번 핀)을 구성하고 있다.
- 추가된 L1, L2, L3 LED들의 애노드들은 각각 a, b, c 세그먼트에 묶여 있고 3개의 캐소드들은 공통으로 묶여서 CC0 핀(4번 핀)을 구성하고 있다.

– 따라서 추가 LED들을 이용하여 시간과 분의 경계 기호인 " : "를 켜기 위해서는 14번 핀(세그먼트 a 핀에 해당)과 16번 핀(세그먼트 b 핀에 해당)에 논리 '1'을 인가하고 CC0핀(4번 핀)에 논리 '0'을 인가하여 L1, L2 LED를 점등시켜 주면 되며 온도기호인 "°"를 표시하기 위해서는 13번 핀(세그먼트 c 핀에 해당)에 논리 '1'을 인가하고 CC0 핀(4번 핀)에 논리 '0'을 인가하여 L3 LED를 점등시켜 주면 된다.

○ 이상 설명한 내용을 바탕으로 그림 5.6과 같은 4자리 7 세그먼트 LED 구동회로를 구성하면 그림 5.12와 같이 될 것이다.

- 여기서 저항 R 값의 결정에 관한 내용은 나중 최종회로가 결정되고 난 뒤에 자세히 설명하도록 하겠다.

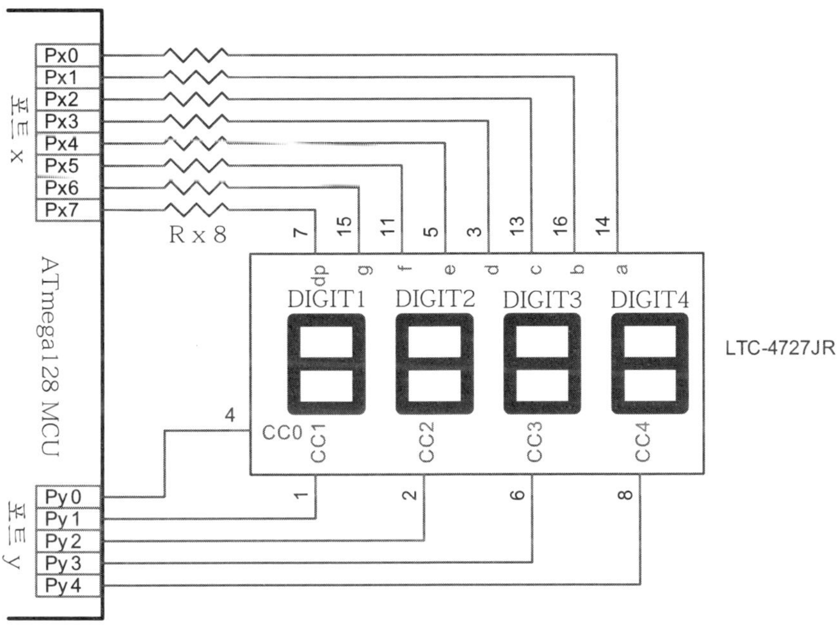

그림 5.12 7 세그먼트 LED 부 회로 1

○ 그림 5.12의 구조는 저항 R 값만 적당하게 설정되면 우리가 추구하는 4자리 동적 구동을 실현할 수 있는 회로가 될 수 있다.

○ 그런데 이 회로를 구동하기 위해 Px, Py 단자들을 실제 마이크로컨트롤러의 포트에 접속하게 되면 문제가 발생될 수 있다. 어떤 문제일까?

- 바로 마이크로컨트롤러 포트 핀들의 전류 구동 능력에 관한 문제이다.
- 포트 x의 각 핀은 LED의 한 세그먼트에만 전류를 공급하면 되기 때문에 별 문제가

없지만 포트 y의 각 핀은 LED의 CC 핀에 연결되어 있어서 LED의 모든 세그먼트 전류를 합해서 받아 들여야 하기 때문에 문제가 발생된다.

- 예를 들어 LED의 한 세그먼트에 10mA씩의 전류를 공급한다면 포트 x 핀들은 전류구동에 여유가 있지만(ATmega128은 포트 핀 당 최대 40mA의 전류를 구동할 수 있다) 포트 y 핀들은 모든 세그먼트를 점등하는 경우 최대 80mA의 전류를 받아야 하기 때문에 ATmega128 MCU의 기본 능력으로는 불가능하다.
- 따라서 CC0 ~ CC4의 공통 캐소드 단자들은 바로 MCU의 포트 핀에 접속하면 안 되며 그림 5.13과 같이 트랜지스터의 전류 증폭 기능을 사용하여 MCU 포트 핀들의 부담을 줄이도록 해야 한다.
- 그림 5.13을 보면 포트 y의 각 핀은 저항을 거쳐 NPN 트랜지스터의 베이스에 연결되어 있고 각 LED의 공통 단자(CC0 ~ CC4)들은 각각의 트랜지스터 콜렉터에 연결되어 있음을 알 수 있다.

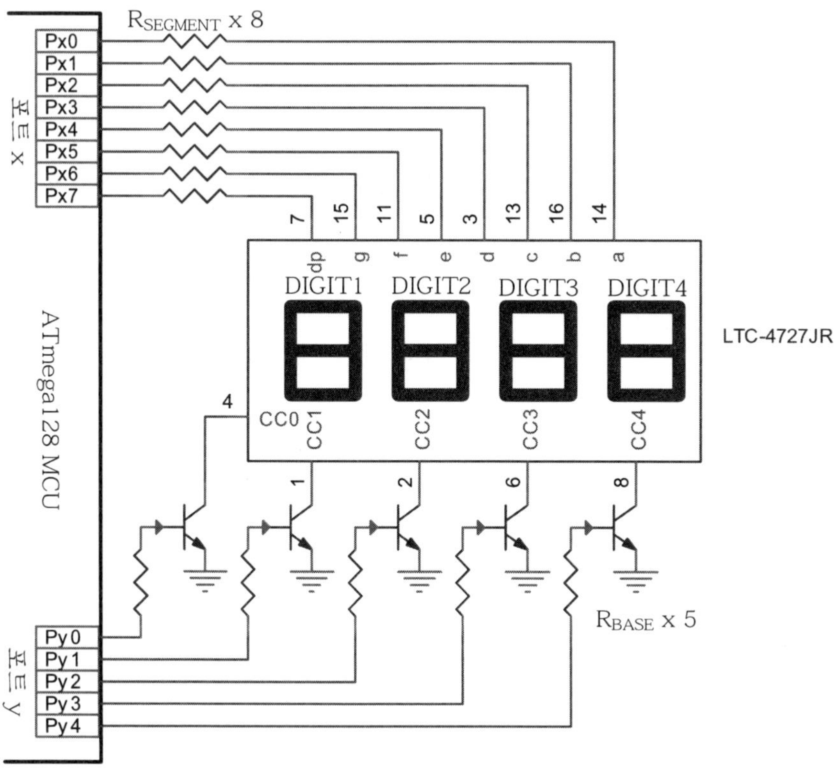

그림 5.13 7 세그먼트 LED 부 회로 2

- 이런 구조에서는 어떤 LED의 모든 세그먼트가 켜져서 80mA의 전류가 공통단자 CC를 통해 흘러나오는 경우 이 전류는 트랜지스터의 콜렉터를 통해 흐르게 되고 이를 위해서는 트랜지스터의 베이스에 80mA/β_{DC} 만큼의 전류만 흘려주면 된다.
- 여기서 β_{DC}는 트랜지스터의 직류전류 증폭률로서 소전력 트랜지스터의 경우 적어도 100 이상은 되기 때문에 MCU의 포트 y를 통해 흘러 나가는 전류는 아주 적은 값으로도 충분함을 알 수 있을 것이다.

5.2.2 회로설계 이론

○ 그림 5.13에서 4자리 7 세그먼트 LED의 동적 구동을 위한 회로의 모양이 완성되었기 때문에 이제 회로 설계에서 남은 부분은 트랜지스터의 선정과 $R_{SEGMENT}$ 및 R_{BASE}의 저항 값을 결정해 주는 것이다.

- 첫째, 이 회로에 사용될 수 있는 트랜지스터가 갖추어야 할 조건은 LED의 모든 세그먼트가 다 켜졌을 때 흐르는 전류 이상의 전류구동 능력과 충분한 직류전류 증폭률을 갖는 것인데 보통 시중에서 구할 수 있는 소전력용 트랜지스터의 경우 거의 대부분이 이 조건을 만족시키고 있기 때문에 그냥 쉽게 구할 수 있는 NPN형 BJT면 아무거나 상관없다.
- 둘째, 저항 값의 결정기법에 대해 알아보자.
  - 저항 값을 결정하기 위해서는 동적구동 시의 불 밝기를 결정하는 듀티 비(Duty ratio)라는 개념을 알아야 한다.
  - 4자리 동적구동에서 각각의 LED는 그림 5.14에 보이는 것처럼 자신의 차례인 1/4 주기만큼만 불이 켜지고 다른 자리 LED들이 차례로 켜지는 3/4 주기 동안은 불이 꺼져 있게 된다.

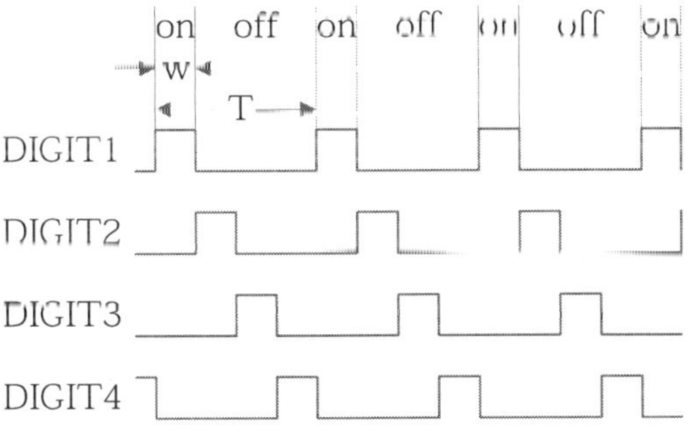

그림 5.14 LED 동적 구동의 듀티 비 개념도

- 즉, 각 LED는 전체 주기 T의 1/4에 해당하는 w 동안만 불이 켜지고 나머지 구간에는 불이 꺼지는 것을 반복하게 되는데 주기 T가 아주 빠르면 사람의 눈에는 실효적으로 항상 켜져 있는 밝기의 1/4 밝기로 느껴지게 되는 것이다.
- 이 개념을 듀티 비라고 하며 다음 식과 같이 정의된다. (듀티 비는 나중 타이머에 의한 PWM 펄스 발생에서 다시 자세히 다루게 될 것이다.)

$$\text{LED 밝기의 듀티 비} = \frac{\text{w}}{\text{T}} \times 100 \ [\%]$$

- 4자리 LED를 위와 같은 방법으로 동적구동을 하게 되면 불 밝기의 듀티 비는 25%가 된다.
- 참고로 LED가 항상 켜져 있는 정적 구동 방식의 듀티 비는 100%이다.
- 따라서 듀티 비가 25%인 동적 구동의 LED로부터 듀티 비가 100%인 정적구동의 LED와 같은 밝기를 얻기 위해서는 불이 켜져 있는 1/4 구간에서의 밝기를 정적구동 LED 밝기의 4배로 해 주어야 함을 짐작할 수 있을 것이다.
- 예를 들어 정적 구동에서 LED의 한 세그먼트에 5mA의 전류를 흘렸다면 듀티 비 25%인 동적 구동으로 같은 밝기를 얻기 위해서는 1/4 주기 동안 한 세그먼트에 20mA를 흘려주어야 한다.
- 이때 8개의 모든 세그먼트에 동시에 불이 켜지는 "8."을 표시하는 상황이 되면 최대 전류인 160mA의 전류가 공통 캐소드 핀을 통해 흘러나오게 된다.
- 당연히 이 전류는 ATmega128 MCU의 한 핀에서 흘릴 수 있는 전류 범위를 초과하기 때문에 그림 5.13에서 우리는 전류 증폭용 트랜지스터를 사용하여 이 문제를 해결하였다.
- 여기서 주의해야 할 사실은 트랜지스터가 추가됨으로써 논리 값이 반전되기 때문에 각 자리 LED의 공통 캐소드에 '0'을 공급하기 위해서는 Py1 ~ Py3 핀에는 논리 '1'을 출력시켜야 한다는 사실이다.
- 이제 듀티 비에 대한 설명이 되었으니 $R_{SEGMENT}$ 및 R_{BASE} 값을 계산하여 보자.

① 세그먼트 전류 제어 저항 $R_{SEGMENT}$ 설계

- 그림 5.13의 회로에서 LED의 모든 디지트, 모든 세그먼트는 같은 조건이므로 어느 한 자리의 LED와 세그먼트를 선택하고 그 세그먼트에 해당하는 저항치만 계산하면 나머지 다른 저항들도 같은 값을 사용하면 된다.
- 그림 5.13에서 예를 들어 Px0 단자에 논리 '1'(5V)이 출력되고 Py1 단자에 '1'이 출력되면 CC1에 연결된 트랜지스터가 온 되면서 맨 좌측 7 세그먼트 LED(DIGIT1)의 세그먼트 a에 불이 켜지게 된다.

- 이때의 등가회로를 보이면 그림 5.15와 같다.

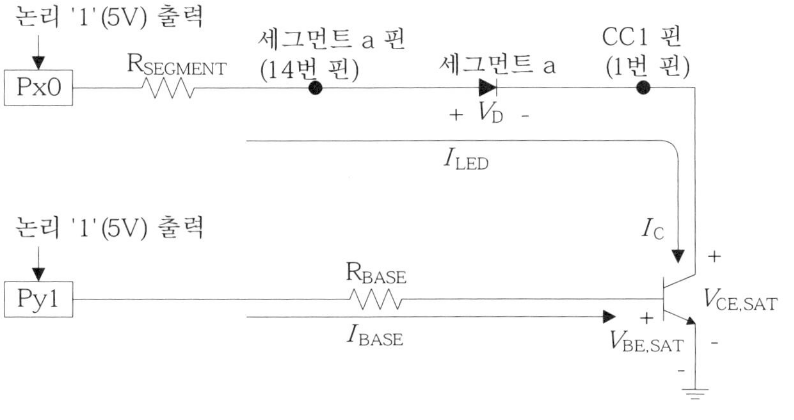

그림 5.15 맨 왼쪽 LED 세그먼트 a가 켜질 때의 등가 회로

- 그림 5.15에서 I_{LED} 전류 루프에 의한 폐루프 방정식은 다음과 같다.

$$5 = R_{SEGMENT} \times I_{\le D} + V_D + V_{CE,SAT}$$

- 여기서 V_D 는 세그먼트 a LED의 순방향 전압강하이고 $V_{CE,SAT}$은 트랜지스터가 온 상태일 때 콜렉터와 에미터 사이의 포화전압($V_{CE,SAT}$)으로 각각 해당 LED와 트랜지스터의 데이터시트를 참조하면 그 값을 구할 수 있다.
- 대표적인 값으로 V_D 를 1.8V, $V_{CE,SAT}$을 0.2V라고 하고 논리 '1' 출력 전압을 5V라고 하면 세그먼트 a LED에 정적 구동 시 흘리는 전류(약 5mA)의 4배인 20mA를 흘리는데 필요한 저항 값은 다음과 같이 계산된다.

$$R_{SEGMENT} = \frac{5 - V_D - V_{CE,SAT}}{I_{\le D}} = \frac{5 - 1.8 - 0.2}{20 \times 10^{-3}} = 150[\Omega]$$

② 트랜지스터 베이스 저항 R_{BASE} 설계

- 디지털 회로에서 스위치로 사용되는 트랜지스터가 온 상태(포화상태, Saturation)를 유지할 수 있기 위해서는 다음 조건이 충족되어야 된다.

$$\text{트랜지스터 베이스전류} \ge \frac{\text{트랜지스터 온 시 콜렉터 전류의 최대치}}{\text{트랜지스터의 직류전류 증폭률}}$$

- 여기서 트랜지스터 온 시 콜렉터의 최대 전류는 7 세그먼트 LED의 모든 세그먼트에 불이 켜진 때의 전류를 의미하며 세그먼트 당 약 20mA를 기준으로 하여 (20mA/세그먼트) × (8 세그먼트) = 약 160mA라고 가정한다.

- 이때 트랜지스터의 직류 전류증폭률 β_{DC} 를 200으로 가정하면 트랜지스터를 온 시켜 160mA의 콜렉터 전류를 흐르게 하기 위해서 베이스 전류는 다음의 조건을 만족시켜 주면 된다. 즉, 트랜지스터의 베이스에

$$I_B \geq \frac{I_C}{\beta_{DC}} = \frac{160\text{mA}}{200} = 0.8[\text{mA}] = 0.0008[\text{A}]$$

이상의 전류만 흘려주면 된다.

- 한편 그림 5.15에서 I_{BASE} 전류 루프에 의한 폐루프 방정식은 다음과 같다.

$$5 = \mathrm{R}_{BASE} \times I_{BASE} + V_{BE,SAT}$$

- 여기서 $V_{BE,SAT}$는 트랜지스터를 포화시키기 위한 베이스-에미터 간 전압으로 소전력 실리콘 트랜지스터의 경우 약 0.7V 정도로 가정한다.

- 위의 두 식들을 결합하면

$$I_{BASE} = \frac{5 - V_{BE,SAT}}{\mathrm{R}_{BASE}} \geq \frac{I_C}{\beta_{DC}} = 0.0008[\text{A}]$$

- 따라서 베이스 저항 R_{BASE}의 범위는 다음과 같이 결정된다.

$$\mathrm{R}_{BASE} \leqq \frac{5 - \mathrm{V}_{BE,SAT}}{0.0008} = \frac{5 - 0.7}{0.0008} = 5.375[\text{k}\Omega]$$

- 위의 식에 의하면 베이스 저항은 5.375kΩ 보다 적으면 어떤 저항도 사용가능한데 3.9kΩ 정도를 사용하면 무난할 것이다.

※ 참고 5-6:

- 위와 같이 베이스 저항을 5.375kΩ 보다 적은 3.9KΩ 정도로 하면 트랜지스터의 온 조건을 충족시켜서 동작에는 이상이 없으나 베이스 전류가 필요한 정도보다 더 많이 흐름으로써 전력소모를 증대시키는 요인이 된다.
- 따라서 초절전이 요구되는 하드웨어 설계 시에는 이런 전력 소모조차도 최대한 줄일 수 있도록 세심한 배려가 필요하다.

5.3 하드웨어 조립

○ 이제 회로의 구조 및 설계에 대한 이해를 하였으니 실습을 위해 회로를 브레드보드에 조립하도록 한다.

5.3.1 필요 부품

○ 그림 5.13의 회로를 브레드보드에 조립하기 위해서는 다음과 같은 부품들이 필요하다.

- 4 디지트(자리) 7 세그먼트 LED 모듈(LTC-4727JR) 1개
- NPN BJT(통상 그냥 트랜지스터라고 함) 5개
- 세그먼트 저항 $R_{SEGMENT}$ 150Ω 8개
- 트랜지스터 베이스 저항 R_{BASE} 3.9㏀ 5개

○ ATmega128 MCU 모듈과 이 부품들을 브레드보드에 적당히 배치하고 필요한 부분들을 점퍼 선을 이용하여 연결하면 실습 회로를 조립할 수 있는데 여기서는 더 쉽게 회로 조립을 할 수 있게 하는 새로운 부품들을 소개하고자 한다.

○ 첫째, $R_{SEGMENT}$의 저항 8개를 일일이 연결하는 수고를 줄이기 위해 저항 8개가 하나의 패키지에 들어 있는 DIP형 어레이(array) 저항을 사용하도록 한다.

- 그림 5.16에 150Ω 저항이 8개 들어 있는 4116R-1-151LF의 핀 배치를 보인다.
  - 여기서 뒤의 수치 151이 저항치를 나타내는데 저항치의 계산은 (앞의 두 자리 15) × 10(뒤의 한 자리 1), 즉 $15 \times 10^1 = 150[\Omega]$으로 계산된다.
  - 다른 예로는 3.9㏀은 392로 표시된다.

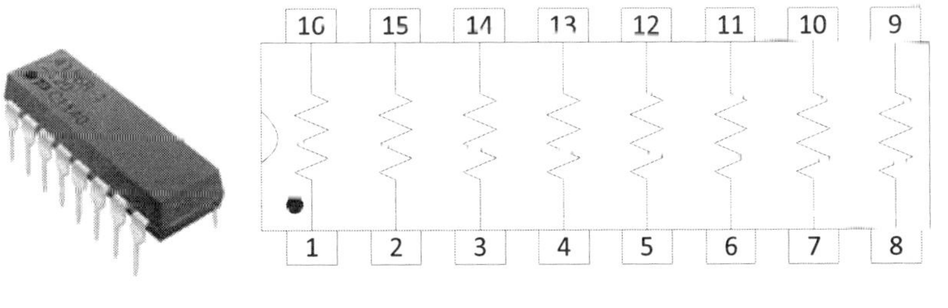

그림 5.16 150Ω ×8 어레이 저항의 구조

- 그림 5.16과 같은 어레이 저항을 사용하면 LED 세그먼트 핀들과 ATmega128 MCU 포트 핀들 간의 결선을 아주 효율적으로 간단하게 할 수 있다.

○ 둘째, LED의 다섯 개 CC 단자를 구동하는데 5개의 트랜지스터와 5개의 R_{BASE} 저항을 사용하고 있는데 이것 역시 여러 개의 트랜지스터를 하나의 패키지에 집적한 어레이 트랜지스터 모듈을 사용하면 회로 구성 및 조립을 한결 수월하게 할 수 있다.

- ULN2803이라는 소자가 바로 그런 소자로서 하나의 패키지 안에 8개의 NPN형 트랜지스터가 들어 있고 각 트랜지스터의 베이스 저항 R_{BASE}들도 이미 내장되어 있으며 또한 8개 트랜지스터의 에미터들이 하나의 공통 핀으로 묶여 있어서 우리의 용도에 완전 맞춤형이라고 할 수 있는 소자이다.
- 그림 5.17에 ULN2803 소자의 구조를 보인다.

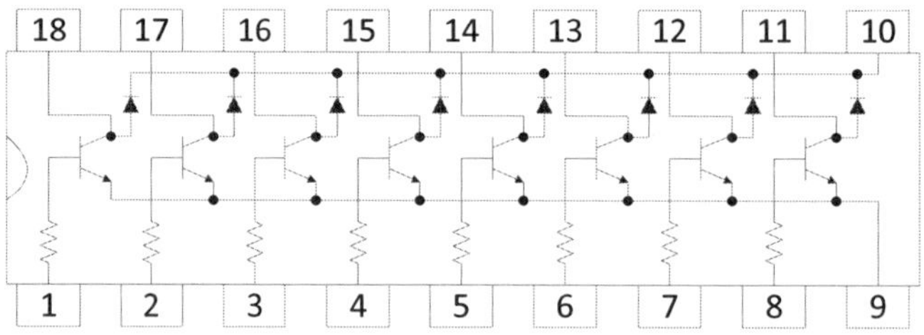

그림 5.17 어레이 트랜지스터 ULN2803의 구조

○ 그림 5.18에 그림 5.16과 5.17에서 소개한 새로운 소자들을 사용하여 그림 5.13의 회로를 간략화 시킨 최종적인 4자리 7 세그먼트 LED의 조립용 회로를 보인다.

- 회로 구성이 얼마나 깔끔하고 단순해 졌는가!
- ULN2803 소자는 내장된 8개의 트랜지스터 중 우리에게 필요한 5개만 사용하고 나머지 핀들은 개방시켜두고 있다. (6, 7, 8, 11, 12, 13번 핀)

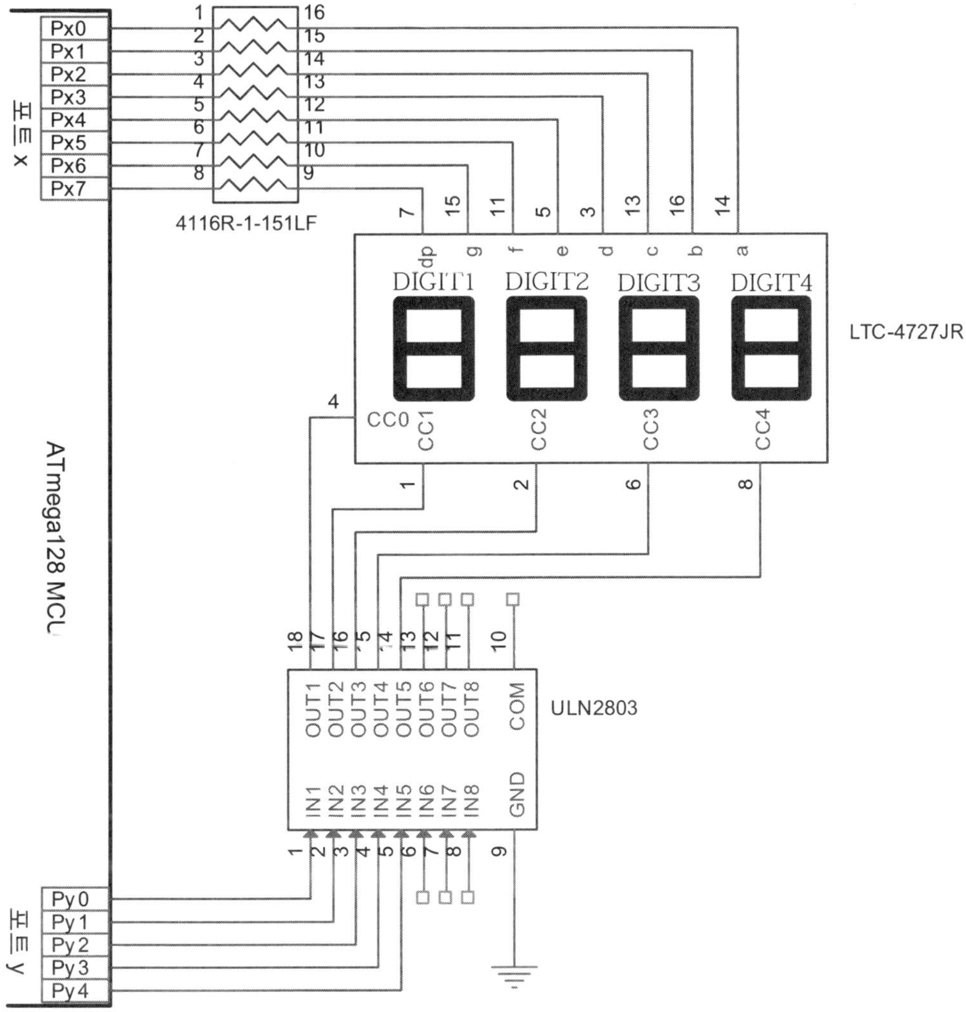

그림 5.18 7 세그먼트 LED 부 회로 3

5.3.2 조립

○ 본 회로의 조립에 특별한 기술이 필요한 것은 없고 소자들을 적절히 배치하여 점퍼선의 사용 개수가 최소가 되고 선들 간 꼬임이 최소가 되도록 해 주면 된다.

○ 이 회로 조립에서 LED의 5개 공통 핀 CC0 ~ CC1 구동은 포트 G를 사용하면 좋다. 그 이유는, 알고 있겠지만 포트 G가 유일하게 5개의 핀만 갖는 포트로서 우연하게도 LED가 가지는 공통 핀의 개수와 일치하기 때문이다.

그림 5.19 4자리 7 세그먼트 LED 구동 회로를 브레드보드에 조립한 모습

- 그림 5.19를 보면 MCU 모듈 우측 상부에 있는 포트 G의 PG0 ~ PG4 핀들에 ULN2803의 1 ~ 5번 핀들이 점퍼 선 없이 바로 연결되어 있음을 볼 수 있다.

○ 또한 그림 5.19를 보면 세그먼트 구동 데이터 포트로는 MCU 모듈의 좌측 상부에 있는 포트 D가 사용되고 있음을 알 수 있을 것이다.

- 포트 핀과 7 세그먼트 LED를 연결하는 저항으로는 그림 5.16에 보인 DIP 형 어레이 저항을 사용하고 있으며 그림 5.19를 보면 DIP 저항의 한쪽이 점퍼선 없이 브레드보드를 통해 포트 D의 D0 ~ D7 핀들에 바로 접속되어 있는 것을 알 수 있다.

○ 이제 7 세그먼트 모듈과 어레이 저항의 다른 쪽 단자들 및 ULN2803의 콜렉터 핀들을 점퍼 선으로 연결하여 주변 회로 조립은 완성이 되는데 그림 5.19에 조립이 완성된 모습을 보여준다.

- LED 모듈의 핀이 아래쪽에 8개가 있고 위쪽에 6개가 있는데 세그먼트 핀과 공통 캐소드 단자들이 규칙적으로 배열되어 있지 않고 랜덤하게 되어 있기 때문에 LED

모듈의 핀 연결에는 특별히 주의를 집중해야 할 것이다.

- 조립의 마지막 단계에서 아주 중요한 일은 ULN2803의 에미터 핀(9번 핀)을 반드시 접지에 연결시켜 주어야 한다는 것인데 그림 5.19에서는 우측 하단의 점퍼 선으로 MCU 모듈의 블루투스 확장 커넥터의 1번 핀과 ULN2803의 9번 핀을 연결하여 해결하고 있다.

5.4 실습 5-1: 7 세그먼트 1자리 정적구동(ex5-1)

5.4.1 실습 목표

○ 4자리의 7 세그먼트 LED 중 한 자리를 골라 0 ~ 9까지의 숫자를 순차적으로 반복하여 디스플레이 하고자 한다.

- 여기서는 맨 왼쪽 LED인 DIGIT1에 디스플레이 하기로 하자.

5.4.2 필요 기술 및 프로그래밍 알고리즘

(1) 필요 기술

○ 그림 5.18 회로에서 맨 좌측의 LED 하나에만 숫자 0 ~ 9를 정적으로 디스플레이 하기 위해서 필요한 기술은 무엇일까?

- 그림 5.18의 회로를 보면 4자리의 LED 중 맨 왼쪽 자리의 LED(DIGIT1)만 활성화 시키고 나머지 자리들을 비활성화 시키기 위해서는 공통 핀 CC0, CC1, CC2, CC3, CC4 핀에 각각 '0', '1', '0', '0', '0'의 논리 값들이 인가되면 된다.
  - 이것은 다시 말하면 포트 G의 비트 1인 PG1 핀에만 '1'을 출력하고 나머지 핀들, PG0, PG2, PG3, PG4 핀들에는 모두 '0'을 출력하면 된다는 의미이다. (회로도에서는 일반적인 포트 y로 되어 있지만 조립 시 ATmega128의 포트 y를 포트 G에 대응되도록 하면 되며 포트 G를 통해 출력된 논리 값이 NPN BJT를 통해 반전되어서 CC0, CC1, CC2, CC3, CC4 핀들에게 인가됨을 기억할 것)
- 위의 작업으로 맨 왼쪽 LED가 활성화 되었으면 이제 남은 일은 포트 D를 통해 세그먼트 데이터를 연속적으로 출력시켜서 0 ~ 9의 수자를 순차적으로 반복하여

디스플레이하면 된다.

- 이를 위한 가장 보편적이고 편리한 방법은 숫자 0에서 9까지를 디스플레이하는 세그먼트 데이터를 배열에 저장하여 두고 하나씩 차례로 꺼내어 세그먼트 데이터 포트로 출력시키는 것이다.
- 그림 5.18과 같은 구조에서 숫자 0 ~ 9를 디스플레이하기 위한 세그먼트 데이터는 다음과 같다.

```
0x3F, 0x06, 0x5B, 0x4F, 0x66, 0x6D, 0x7D, 0x27, 0x7F, 0x6F
```

- 위의 데이터에 대한 검증은 독자 여러분들이 스스로 수행해 보기 바란다.

(2) 프로그래밍 알고리즘

- 본 예제의 알고리즘은 아주 간단하다.
- 포트 G의 비트 1 핀, 즉 PG1 핀에 논리 '1'을 출력하고 나머지 비트들에는 '0'을 출력하여 맨 좌측 DIGIT1 LED만 활성화 시킨 다음 배열에 저장된 숫자 0 ~ 9까지의 세그먼트 데이터를 차례로 읽어내어 포트 D로 출력시키기만 하면 된다.

5.4.3 프로그램 소스 리스트

실습 5-1: 7 세그먼트 LED 한자리 정적구동 ex5-1.c

```
#include  "../../../inc/ex.h"

// 숫자 0 ~ 9의 7 세그먼트 LED 표시를 위한 패턴 데이터
const unsigned char NumericPattern[10] =
{ 0x3F,0x06, 0x5B, 0x4F, 0x66, 0x6D, 0x7D, 0x27, 0x7F, 0x6F };

int main(void)  {
  int Number;

  // 포트 D를 출력 포트로 설정(LED 세그먼트 데이터 출력 포트)
  DDRD = 0xFF;

  // 포트 G를 출력 포트로 설정(LED 디지트 드라이브 데이터 출력 포트)
  DDRG = 0xFF; // PG0 ~ PG4 핀 모두 출력으로 설정
  PORTG = 0x02;  // 00000010₂, 맨 좌측 디지트(DIGIT1)만 이네이블
```

```
    // 디스플레이 할 수치 초기화
    Number = 0;
    while(1) {// 숫자 0 ~ 9를 반복적으로 디스플레이
      // 포트 D에 숫자의 세그먼트 데이터 출력
      PORTD = NumericPattern[Number];

      // 시간 딜레이
      Delay_ms(DELAY_TIME_1S);

      // 수치 증가
      Number++;

      // 경계치 검사, 경계치를 넘으면 다시 0으로 초기화
      if(Number>9) Number = 0;
    }  // while loop의 끝

  }  // 프로그램 끝
```

5.4.4 프로그램 설명

- ex5-1.c 프로그램의 구성은 아주 직관적이기 때문에 별도의 설명이 없어도 쉽게 이해할 수 있을 것이다.
- NumericPattern이라는 배열에 숫자 0 ~ 9를 디스플레이 하는 7 세그먼트 LED 데이터를 저장하여 두고 배열 인덱스 변수를 0부터 1씩 증가시키면서 차례로 배열로부터 디스플레이 데이터를 읽어내어 세그먼트 데이터 포트로 출력시킴으로써 LED에 숫자를 표시하게 된다.
- 이때 숫자는 LED 디지트 구동 신호인 CC0 ~ CC4 중 드라이브 포트를 통해 '1'이 출력되는 자리의 LED에 디스플레이 된다.
  - 본 예제에서는 main 함수의 다음 명령문

```
PORTG = 0x02;            // 00000010₂, 맨 좌측 디지트(DIGIT1)만 이네이블
```

  에 의해 맨 왼쪽 LED 디지트에 숫자가 디스플레이 된다.
- 물론 배열 인덱스의 값이 최고치인 9보다 커지면 다시 0부터 9까지를 무한히 디스플레이 하도록 하고 있다.

○ 한 숫자를 디스플레이하고 다음 숫자로 넘어 갈 때까지의 시간 간격은 1초이며 Delay_ms(DELAY_TIME_1S) 명령문으로 구현되는데 이를 위해서는 ex.h 파일 안에 다음 명령문을 추가해 두어야 한다.

```
#define  DELAY_TIME_1S  1000 //ms
```

○ 그러면 이 단계까지 ex.h 파일의 내용은 다음과 같다.

5장까지의 ex.h

```
// 3장에서 추가된 정의들

// 라이브러리 함수 _delay_ms() 및 _delay_us()를 사용하기 위한 준비 작업
#define   F_CPU   16000000UL // MCU의 클럭 주파수 정의
#include<avr/io.h>
#include<util/delay.h>

// 시간 지연 함수를 정의한다.
void Delay_ms(unsigned int MilliSeconds) {
  unsigned int i;

  for(i=0;i<MilliSeconds;i++) _delay_ms(1);
}

// 4장에서 추가된 상수 정의들
#define   SPEAKER_PORT  PORTB
#define   SPEAKER_BIT     5   // 스피커가 PB5 핀에 연결되었음
#define   SPEAKER_ON    SPEAKER_PORT |= 1<<SPEAKER_BIT
#define   SPEAKER_OFF     SPEAKER_PORT &= ~(1<<SPEAKER_BIT)

// 4장에서 추가된 함수
//us 단위의 가변 딜레이를 얻는 확장 딜레이 함수
void Delay_us(unsigned int MicroSeconds) {
  unsigned int i;

  for(i=0;i<MicroSeconds;i++) _delay_us(1);
}

// 주어진 주파수의 음을 주어진 시간동안 발생시키는 함수
void MakeBeep(int Frequency, int Length)  {
  // Frequency in Hz, Length in mS
```

```
    int T, N, Half_T;
    int i;

    // 주파수가 0Hz 이면 묵음 발생 후 리턴
    if(Frequency==0)  {
      // 아무런 동작도 없이 시간만 소모시키고 리턴
      Delay_ms(Length);
      return;
    }

    // 음의 주기를 계산, 단위는 us(s)
    T = (int)((long)1000000/Frequency);
    Half_T = T>>1;    // T/2와 같다.

    // 주어진 시간(Length) 안에 주기 T가 반복되어야 할 회수 계산
    N = (int)(((long)1000*Length)/T);

    // 스피커 온/오프를 N회 반복함으로써 Length 시간 동안 음 발생
    for(i=0;i<N,i++)  {
      SPEAKER_ON;
      Delay_us(Half_T);
      SPEAKER_OFF;
      Delay_us(Half_T);
    }  // for 루프 끝
  }  // MakeBeep() 함수 끝

  // 5장에서 추가된 상수 및 함수
  #define    DELAY_TIME_1S    1000   //ms
```

컴파일 된 프로그램을 다운로드하여 실행시키면 4 개의 7 세그먼트 LED 중 맨 왼쪽 LED에 약 1초 간격으로 0, 1, 2, ..., 9, 0, 1, ... 이 반복적으로 디스플레이 될 것이다.

그런데 여기서 주목할 것은 LED의 밝기이다. 아마 상당히 밝게 디스플레이 될 텐데 이 밝기를 기억하고 있다가 나중 동적 구동시의 밝기와 비교하여 그 차이를 느껴 보기 바란다.

5.5 실습 5-2 4자리 7 세그먼트 LED 동적구동 1(ex5-2)

5.5.1 실습 목표

○ 4개의 7 세그먼트 LED에 4 자리 숫자를 동적구동 방식으로 디스플레이 한다.

○ 우선 이 예제에서는 프로그램에서 주어지는 고정된 수치를 디스플레이 하기로 한다.

5.5.2 필요 기술 및 프로그래밍 알고리즘

(1) 필요 기술

a. 데이터구조 설계

○ 4자리 LED를 동적구동하기 위해서는 다음과 같은 2개의 배열을 활용하면 편리하다.

① 배열 1: 4 바이트의 세그먼트 데이터 배열

- 4자리의 LED에 디스플레이 될 세그먼트 데이터가 저장되는 배열로서 앞으로의 예제 프로그램에서 이 배열 변수 이름을 LED_DisplayBuffer라고 할 것이다.
- LED_DisplayBuffer 배열에 저장된 4 바이트의 데이터는 차례대로 세그먼트 데이터 포트를 통해 출력되어 다음에 정의할 DigitDrivingData에 의해서 지정되는 디지트 위치의 LED에 표시될 것이다.
- 예를 들어 "1234"라는 수치를 디스플레이 하고자 하는 경우 LED_DisplayBuffer 배열에 저장될 세그먼트 데이터는 다음과 같다.

```
LED_DisplayBuffer[0] = 0x06 – 숫자 '1'의 세그먼트 데이터
LED_DisplayBuffer[1] = 0x5B – 숫자 '2'의 세그먼트 데이터
LED_DisplayBuffer[2] = 0x4F – 숫자 '3'의 세그먼트 데이터
LED_DisplayBuffer[3] = 0x66 – 숫자 '4'의 세그먼트 데이터
```

② 배열 2: 4 바이트 디지트 구동 데이터 배열

- 4자리 LED들을 순차적으로 구동하기 위한 디지트 구동 데이터가 저장되어 있는 배열로서 앞으로의 예제 프로그램에서 이 배열변수 이름을 DigitDrivingData라고 할 것이다.

- DigitDrivingData 배열에 저장된 4 바이트의 데이터는 차례대로 디지트 드라이브 포트를 통해 출력되어 지정된 디지트의 공통 캐소드를 접지시킴으로써 해당 디지트의 LED에 세그먼트 데이터 포트를 통해 출력된 글자 모양이 디스플레이 되도록 한다.
- 따라서 DigitDrivingData 배열에 저장되는 데이터는 다음과 같다.

```
DigitDrivingData[0] = 0x02 : CC1을 접지시켜 첫 번째 LED(DIGIT1)만을 구
                             동하기 위한 디지트 구동 데이터
DigitDrivingData[1] = 0x04 : CC2를 접지시켜 두 번째 LED(DIGIT2)만을 구
                             동하기 위한 디지트 구동 데이터
DigitDrivingData[2] = 0x08 : CC3을 접지시켜 세 번째 LED(DIGIT3)만을 구
                             동하기 위한 디지트 구동 데이터
DigitDrivingData[3] = 0x10 : CC4를 접지시켜 네 번째 LED(DIGIT4)만을 구
                             동하기 위한 디지트 구동 데이터
```

○ 본 예제를 수행하기 위해서는 위에서 소개한 2개의 배열 외에 당연히 앞의 예제 5-1에서와 같이 숫자 0 ~ 9의 LED 표시 세그먼트 데이터를 갖는 10 바이트 크기의 배열도 필요하다.

- 앞으로의 예제 프로그램에서 이 배열 변수 이름을 NumericPattern이라고 할 것이다.

b. 필요 함수 설계

○ 앞장에서 언급했듯이 어떤 프로젝트에서 주된 기능을 수행하는 서브 함수들을 잘 설계해 놓으면 main() 함수를 아주 단순하게 구성할 수 있고 전체 프로그램을 아주 효율적으로 작성하고 관리할 수 있게 된다.

○ 여기서 설계하고자 하는 함수의 주된 기능은 디스플레이 하고자 하는 4자리 정수 값을 인수로 받아서 각 자리 숫자의 디스플레이 세그먼트 데이터를 생성시킨 다음 LED_DisplayBuffer라는 배열에 차례대로 저장하는 것이다.

○ 여기서는 Convert4DigitNumber2SegmentData()라는 이름으로 이 함수를 설계하고자 하며 다음과 같은 기능을 갖도록 한다.

- 이 함수는 -999 ~ +9999까지의 수치를 취급할 수 있다.
- 수치가 음수의 경우 맨 좌측 LED(LD1)에 '-' 부호가 디스플레이 되도록 하며 양수

의 경우는 별도의 부호를 표시하지 않는다.

- Leading Zero Blanking 기능은 없다. 즉, 정수 수치 앞의 불필요한 '0'도 표시하며 예를 들어 수치 "28"은 "0028"의 식으로 디스플레이 된다.

○ 그림 5.20은 Convert4DigitNumber2SegmentData() 함수가 하는 일을 도식적으로 보여준다.

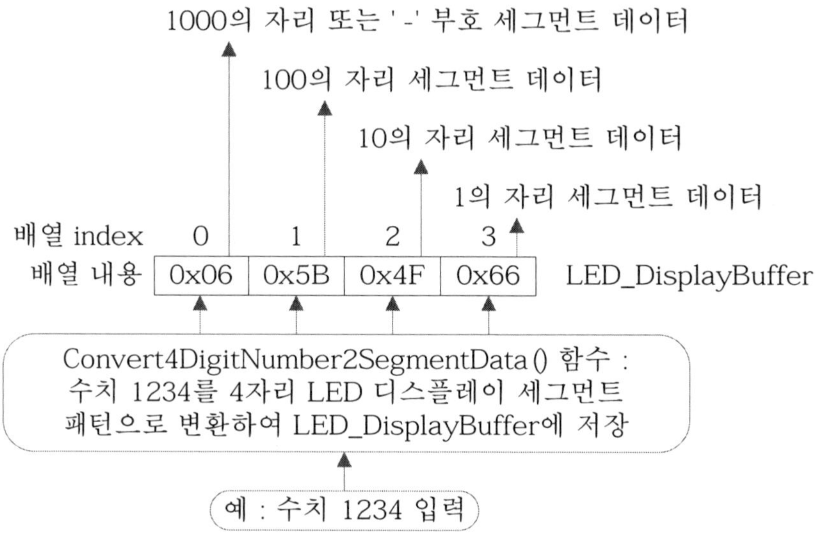

그림 5.20 Convert4DigitNumber2SegmentData() 함수의 기능

○ 그림 5.20은 수치 1234가 Convert4DigitNumber2SegmentData() 함수의 인수로 주어지면 1234의 1000의 자리 수인 1을 추출하여 세그먼트 데이터 배열로부터 그에 해당하는 세그먼트 데이터 0x06을 읽어서 LED_DisplayBuffer[0] 위치에 저장하고 다음에는 100의 자리 수인 2를 추출하여 그 세그먼트 데이터 0x5B를 읽은 후 LED_DisplayBuffer[1] 위치에 저장하는 식으로 하여 수치 1234의 각 자리 수에 대한 디스플레이 세그먼트 패턴 데이터를 구하여 LED_DisplayBuffer라는 배열에 차례로 저장한다는 것을 보여주고 있다.

○ 그림 5.21에 이 함수의 플로차트를 보인다.

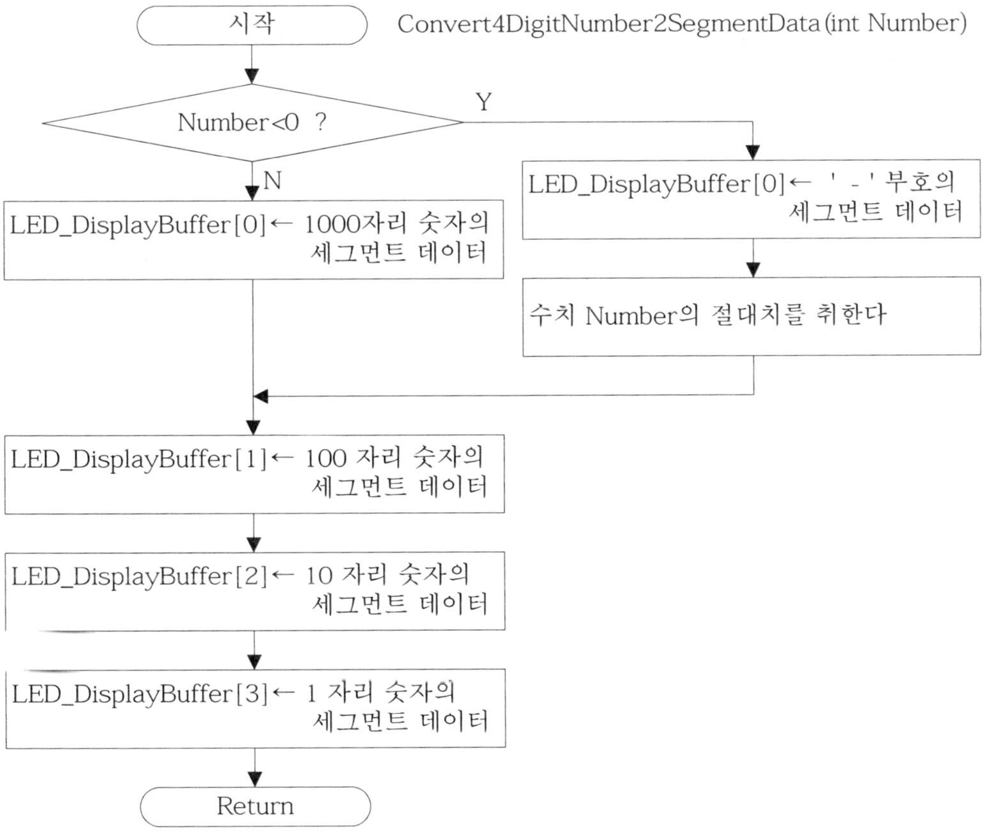

그림 5.21 4자리 수치를 7 세그먼트 LED 디스플레이 패턴으로 변환하는 함수의 플로차트

○ 플로차트를 보면 우선 주어진 수치가 음수인 경우는 맨 좌측 7 세그먼트 LED에 해당하는 디스플레이 버퍼(LED_DisplayBuffer[0])에 '-' 부호를 위한 세그먼트 데이터를 저장한 뒤 원래의 수치에 -1을 곱하여 그 절대치를 구한 뒤 다음 단계로 넘어 간다.

- 절대치로 변환된 이 수치는 000 ~ 999 사이의 양수가 될 것이다.

○ 주어진 수치가 양수였으면 바로 1000의 자리수를 추출해서 그 세그먼트 데이터를 LED_DisplayBuffer[0]에 저장한다.

○ 그 뒤는 차례로 100의 자리, 10의 자리, 1의 자리 수치를 구해 해당 세그먼트 데이터들을 차례로 LED_DisplayBuffer[1], LED_DisplayBuffer[2], LED_DisplayBuffer[3]에 저장하는 것이 전부이다.

○ 최종적으로 완성된 Convert4DigitNumber2SegmentData() 함수의 소스 코드는 다음과 같다.

```
// 4자리 정수를 4 자리의 7 세그먼트 LED 디스플레이 세그먼트 데이터로 변환하여
// 디스플레이 버퍼에 저장하는 함수
void Convert4DigitNumber2SegmentData(int Number) {

    if(Number<0) { // 수치가 음수인 경우
        // 버퍼의 첫 번째 자리에 음수 부호('-')의 세그먼트 데이터 저장
        LED_DisplayBuffer[0] = 0x40
        Number = -Number; // 수치의 절대치를 취함(이 때 수치는 3자리 수치)
    }

    // 양수의 경우 버퍼의 첫 번째 자리에 1000의 자리 수의 세그먼트 데이터 저장
    else {
        LED_DisplayBuffer[0] = NumericPattern[Number/1000];
        Number = Number%1000; // 1000 자리를 제외한 나머지 3자리 수치
    }

    // 버퍼의 두 번째 자리에 100의 자리 수치 세그먼트 데이터 저장
    LED_DisplayBuffer [1] = NumericPattern[Number/100];

    // 100 자리를 제외한 나머지 2자리 수치를 취함
    Number = Number%100;

    // 버퍼의 세 번째 자리에 10의 자리 수치 세그먼트 데이터 저장
    LED_DisplayBuffer [2] = NumericPattern[Number/10];

    // 버퍼의 네 번째 자리에 1의 자리 수치 세그먼트 데이터 저장
    LED_DisplayBuffer [3] = NumericPattern[Number%10];
} // Convert4DigitNumber2SegmentData( ) 함수 끝
```

○ 위의 코드는 그림 5.21의 플로차트와 거의 1:1 대응이 되는 수준으로 프로그래밍이 되어 있기 때문에 쉽게 이해할 수 있을 것이다.

- 이 함수를 프로그래밍 하는데 필요한 가장 특징적인 기법은 주어진 4자리 수치로부터 1000의 자리, 100의 자리, 10의 자리, 1의 자리 수치를 추출하는 것인데 이를 위해서는 C 언어에서 수행되는 정수형 변수 또는 수치끼리의 나눗셈에 대해 정확하게 이해하고 있어야 한다.
- C 언어에서는 정수형 데이터에 대해 '/'와 '%'의 2가지 나눗셈 연산자가 있는데

'/'는 몫을 구하는 것이고 '%'는 나머지를 구하는 것이다.

- 다음에 정수형 나눗셈의 몇 가지 예를 보인다.

1234/1000 = 1 → 1234를 1000으로 나눈 몫, 즉, 1000의 자리 수인 1이 구해진다.
1234%1000 = 234 → 1234를 1000으로 나눈 나머지, 즉, 1000의 자리를 제외한 하위 3자리의 수치 234가 구해진다.

- 따라서 위의 예에서 알 수 있듯이 어떤 4자리 정수형 수치를 '/' 연산자를 사용하여 1000으로 나누면 몫으로 얻어지는 값이 그 수치의 1000의 자리 수가 된다.
- 또한 그 수치를 '%' 연산자를 사용하여 1000으로 나누면 나머지로 얻어지는 값이 원래의 수치에서 1000의 자리가 제거된 하위 3자리 수치가 되고 마찬가지로 이 3자리 수치에 대해 '/' 연산자를 사용하여 100으로 나누면 100의 자리 수를 얻게 되고 '%' 연산자를 사용하여 100으로 나누면 하위 2자리 수치를 나머지로 얻게 되는 것이다.

(2) 프로그래밍 알고리즘

○ 본 예제의 수행은 크게 2가지 부분으로 구성된다.

○ 하나는 4자리 정수를 입력받아 7 세그먼트 LED에 디스플레이 되는 세그먼트 패턴으로 변환하여 4 바이트의 디스플레이 버퍼 배열에 저장하는 부분으로서 앞에서 만든 Convert4DigitNumber2SegmentData() 함수가 이 부분을 수행하며 다른 하나는 4 바이트의 디스플레이 버퍼로부터 패턴을 하나씩 꺼내어 7 세그먼트 LED의 해당 디지트에 차례대로 디스플레이 해 주는 부분이다.

○ 그림 5.22에 5.5.2 절에서 언급한 데이터 구조들과 이 2개 부분이 결합되어 4자리 수치가 4 디지트의 LED에 동적으로 디스플레이 되는 개념도를 보인다.

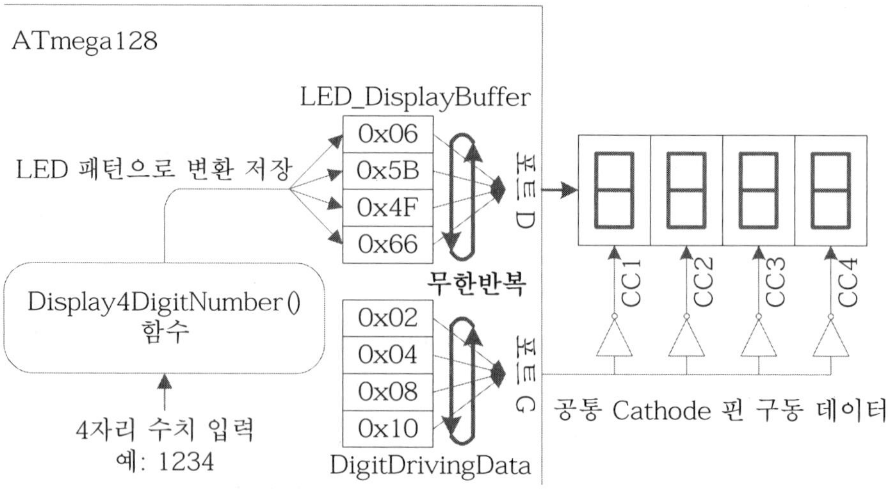

그림 5.22 그림 5.18 회로도의 LED 동적구동을 위한 데이터 구조 및 역할

- 그림 5.22를 보면 예를 들어 수치 "1234"가 Convert4DigitNumber2SegmentData()라는 함수에 전달되면 '1'. '2'. '3'. '4'를 표시하는 세그먼트 패턴 데이터 0x06, 0,5B, 0x4F, 0x66으로 변환되어 LED_DisplayBuffer[]에 저장된다.
- 그 다음 이 버퍼의 내용이 차례대로 세그먼트 데이터 포트 D를 통해 7 세그먼트 LED에 인가되면서 동시에 DigitDrivingData[] 배열내의 디지트 구동데이터가 포트 G를 통해 출력되어 LED의 공통 캐소드를 차례로 접지시켜줌으로써 4자리의 7 세그먼트 LED가 동적으로 구동이 되는 것이다.
  - 디지트 구동 데이터에 있는 4개의 인버터(NOT 게이트)들은 BJT 어레이 ULN2803에 의한 논리 값 반전을 의미한다.
- 그림 5.23의 플로차트는 그림 5.22에서 굵은 선으로 표시된 루프를 구현하는 것으로서 4 바이트의 디스플레이 버퍼에 있는 패턴 데이터를 차례로 꺼내어 대응되는 디지트의 7 세그먼트 LED에 무한히 반복적으로 디스플레이 함으로써 실제 동적구동을 수행하는 부분을 보여주고 있다.

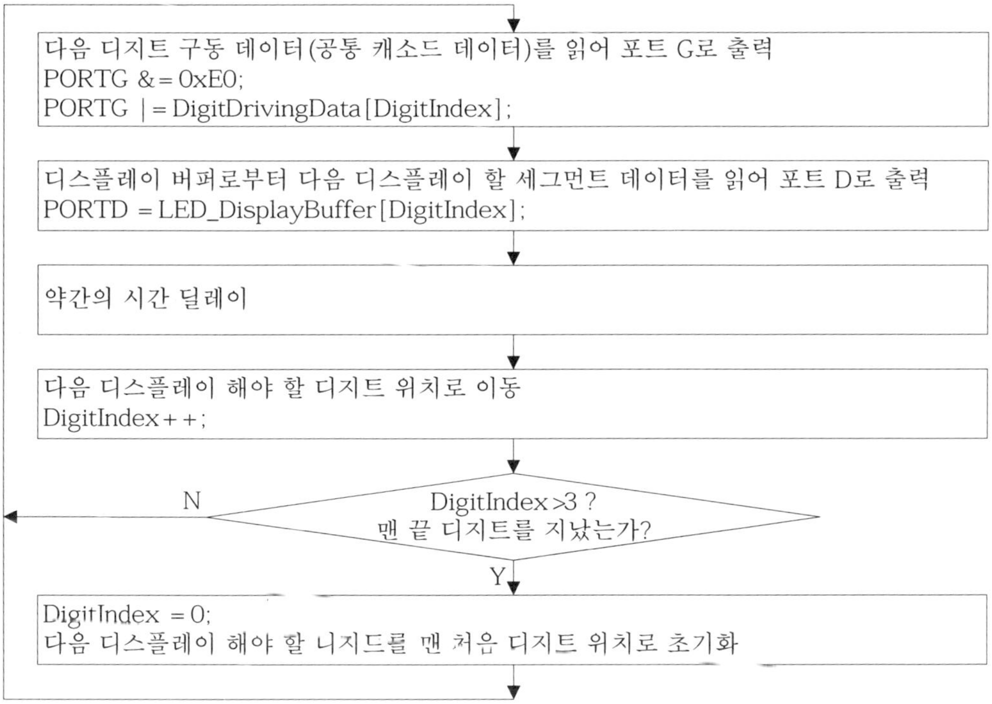

그림 5.23 4자리 7 세그먼트 LED의 동적 구동 루프의 플로차트

5.5.3 프로그램 소스 리스트

실습 5-2: 4자리 7 세그먼트 LED 동적구동 프로그램1 ex5-2.c

```
#include "../../../inc/ex.h"

#define   DIGIT_TIME  2 // 동적 구동 시 디스플레이 자리 이동 간격 2ms

// 숫자 0 ~ 9의 7 세그먼트 LED 표시를 위한 패턴 데이터
const unsigned char NumericPattern[10] =
{ 0x3F,0x06, 0x5B, 0x4F, 0x66, 0x6D, 0x7D, 0x27, 0x7F, 0x6F };

// 4 자리 7 세그먼트 LED를 차례로 구동하기 위해 공통 캐소드에 인가해야 하는
// 디지트 구동 데이터
const unsigned char DigitDrivingData[4] = {0x02, 0x04, 0x08, 0x10 };

// 4 자리 7 세그먼트 LED에 디스플레이 될 세그먼트 데이터 저장 버퍼
unsigned char LED_DisplayBuffer[4];

// 4자리 정수를 4 자리의 7 세그먼트 LED 디스플레이 패턴 데이터로 변환하여
// 디스플레이 버퍼에 저장하는 함수
```

```
void Convert4DigitNumber2SegmentData(int Number) {

  if(Number<0) { // 수치가 음수인 경우
    // 버퍼의 첫 번째 자리에 음수 부호('-')의 세그먼트 데이터 저장
    LED_DisplayBuffer[0] = 0x40;
    Number = -Number; // 수치의 절대치를 취함(이 때 수치는 3자리 수치)
  }

  // 양수의 경우 버퍼의 첫 번째 자리에 1000의 자리 수치 세그먼트 데이터 저장
  else {
    LED_DisplayBuffer[0] = NumericPattern[Number/1000];
    Number = Number%1000; // 1000 자리를 제외한 나머지 3자리 수치를 취함
  }

  // 버퍼의 두 번째 자리에 100의 자리 수치 세그먼트 데이터 저장
  LED_DisplayBuffer [1] = NumericPattern[Number/100];

  // 100 자리를 제외한 나머지 2자리 수치를 취함
  Number = Number%100;

  // 버퍼의 세 번째 자리에 10의 자리 수치 세그먼트 데이터 저장
  LED_DisplayBuffer [2] = NumericPattern[Number/10];

  // 버퍼의 네 번째 자리에 1의 자리 수치 세그먼트 데이터 저장
  LED_DisplayBuffer [3] = NumericPattern[Number%10];
} // Convert4DigitNumber2SegmentData( ) 함수 끝


int main(void)  {

  int DigitIndex;

  // 포트 D를 출력 포트로 설정한다(LED 세그먼트 데이터 출력 포트)
  DDRD = 0xFF;

  // LED 디지트를 구동하는 포트 G의 비트 0 ~ 4를 출력으로 설정
  DDRG |= 0x1F;  // 포트 G의 하위 5비트를 출력으로 설정
  // 초기 상태는 모든 디지트 디스에이블
  PORTG &= 0xE0; // 111000002, 모든 디지트 디스에이블

  // 4자리 수치를 7 세그먼트 LED 디스플레이 패턴으로 변환하여 버퍼에 저장
  Convert4DigitNumber2SegmentData(-234);

  // 순차적으로 디스플레이 될 디지트 위치 번호 초기화
  DigitIndex = 0; // 맨 왼쪽 LED부터 시작(맨 왼쪽 디지트의 위치 번호가 0
```

```
    while(1) {// 이 루프를 무한 반복하면서 LED 4 자리를 Dynamic Drive 한다
      // 디지트 구동 데이터를 포트 D에 출력
      PORTG &= 0xE0; // 하위 5 비트 클리어
      PORTG |= DigitDrivingData[DigitIndex];
      // 포트 D로 세그먼트 데이터 출력
      PORTD = LED_DisplayBuffer[DigitIndex];

      // 디지트 이동 간 시간 딜레이
      Delay_ms(DIGIT_TIME);

      // 다음 디지트 위치로 이동
      DigitIndex++;  // 디지트 위치 번호 1 증가

      // 맨 우측 디지트 위치를 넘었는가?
      //  경계치를 넘었으면 0으로 초기화(맨 좌측 디지트 LED의 위치 번호)
      if(DigitIndex>3) DigitIndex = 0;
    } // End of while

  } // End of main
```

5.5.4 프로그램 설명

- 이 프로그램도 주어지는 정수 수치로부터 4자리 디스플레이 세그먼트 데이터를 만드는 Convert4DigitNumber2SegmentData() 함수와 그림 5.22에 주어진 실제 4자리 동적 구동의 개념을 제대로 이해하고 있다면 큰 어려움 없이 쉽게 이해할 수 있을 것이다.
- LED를 동적 구동할 때는 한자리를 디스플레이하고 일정시간 경과 후 다음 자리로 이동하는 동작을 반복해야 하는데 이때 이 "일정시간"을 자리 이동 간격이라 하며 이 시간이 짧으면 부드러운 동적 디스플레이가 가능하고 이 시간이 길어지면 극단적인 경우 표시사리 이동이 눈에 보인다든지 디스플레이가 어른거릴 수도 있다.
- 따라서 이 시간 설정이 중요한데 본 예제 프로그램은 이 인터벌 시간을 DIGIT_TIME 이라는 라벨에 정의하여 사용하고 있으며 현재는 2ms로 설정이 되어 있다.
  - 이렇게 하면 4자리 LED를 한번 순차적으로 디스플레이 하는데 총 8ms가 걸리게 되고 이 주기로 4자리 전체에 대한 동적 드라이브가 반복되기 때문에 LED 각 자리는 초당 1000ms/8ms = 125회의 속도로 켜졌다 꺼졌다를 반복하게 된다.
    - 이 속도는 충분히 빨라서 사람의 눈에는 LED가 계속 켜져 있는 것처럼 보이며 이때

밝기는 앞에서 설명했듯이 정적 구동 시 밝기의 1/4(듀티 비 25%)이 된다.

이제 ex5-2.c 프로그램을 컴파일 하고 다운로드하여 실행시키면 4개의 7 세그먼트 LED에 "-234"라는 값이 디스플레이 될 것이다.

알고 있겠지만 4개의 LED에는 '-', '2', '3', '4'라는 글자가 한순간 하나씩 차례로 켜지고 있는데 그 이동 속도가 아주 빨라 사람의 눈에는 흡사 4개의 LED가 동시에 켜져 있는 것처럼 보이게 되는 것이다. 이것이 바로 동적구동, 즉 다이내믹(Dynamic) 드라이브이다.

이 때 주목할 것은 LED의 밝기이다. 본 예제에서의 LED 밝기와 정적구동방식을 구현한 예제 5-1에서의 LED 밝기를 비교해 보면 동적구동에서의 밝기가 정적구동 때보다 약해졌음을 알 수 있을 것이다. 이것이 바로 그림 5.14에서 설명한 듀티 비에 의한 결과이다.

연습문제

E5.1 그림 5.13 회로에서 7 세그먼트 LED 모듈로 공통 캐소드 형인 LTC-4727JR 대신 공통 애노드 형의 다른 모듈을 사용하고자 할 때 여기에 맞춰 회로를 수정하여 보라. 단, 문제에서 사용하고자 하는 공통 애노드 형 LED 모듈의 핀 배치는 LTC-4727JR과 똑 같으며 공통 캐소드 단자인 CC0, CC1, ... , CC4 들의 이름은 공통 애노드 단자인 CA0, CA1, ..., CA4 들로 대치된다.
편의상 공통 애노드 형 7 세그먼트 LED 모듈의 이름은 LTC-4727JR 대신 CA_LED라고 하자.

E5.2 문제 E5.1과 같이 공통 애노드 형 LED를 사용할 경우 숫자 0 ~ 9까지를 표시하기 위한 LED 패턴 배열 NumericPattern[10]의 데이터는 어떻게 바뀌어야 할까 ?

연습과제

T5.1 ex5-2.c 프로그램에서 DIGIT_TIME 값을 2, 10, 50, 200, 500으로 변경시키면서 실행시켜 그 결과를 관찰 해 보라.

프로젝트

P5.1 예제 5-2와 마찬가지로 4개의 7 세그먼트 LED에 4 자리 숫자를 동적구동 방식으로 디스플레이 한다.

- 예제 5-2와 다른 점은 본 프로젝트에서는 4 × 4 키패드 상의 SW_1, SW_3 키를 '←'(감소) 키와 '→'(증가) 스위치로 활용하여 수치 값을 변화시키면서 7 세그먼트 LED에 동적구동으로 디스플레이 하고자 한다
- 즉, 프로그램에 구동되면 4자리 LED에 "0000"이 디스플레이 되는데 SW_1 스위치가 눌러질 때마다 값이 1씩 증가하고 SW_3 스위치가 눌러질 때마다 값이 1씩 감소되면서 디스플레이 되게 하라는 것이다.

- 물론 값이 음수이면 "-XXX"의 형식으로 디스플레이 하면 된다.
- 본 프로젝트에서도 4 × 4 키패드는 3장의 실습에서와 마찬가지로 ATmega128 MCU의 포트 C에 연결되어 있는 것으로 간주한다.
- 힌트
  - 본 프로젝트에서는 사용자의 키 누름과 4자리 LED의 동적 리프레시를 끊임없이 수행해 주어야 하기 때문에 상당한 주의가 필요하다.
  - 즉, 3장의 예제에서처럼 스위치가 눌러질 때까지 무한히 기다리게 되면 LED의 동적 구동에 심각한 문제가 발생하는데 왜 그런지 잘 생각해 보고 그런 일이 발생하지 않도록 알고리즘을 설계해서 프로그래밍 해야 한다는 것이다.

CHAPTER

06

LCD 문자표시장치 구동

5장에서 다루었던 7 세그먼트 LED는 숫자는 올바로 표시할 수 있지만 문자를 표시하는 데는 한계가 있다.
이 단점을 극복하고 숫자는 물론 영문자도 표시할 수 있는 장치로서 LCD 문자표시장치가 있는데 시중에 소개되어 있는 제품들은 대부분 가로 한 행에 영문자 16 ~ 20자를 쓸 수 있고 세로 2 ~ 4행을 표시하는 구조로 되어 있다.
이 장에서는 2행 × 16문자 LCD 문자표시장치를 구동하는 기법에 대해 학습하고자 하는데 여기서 학습하는 기술은 (2 ~ 4행) × (16 ~ 20자)의 형식을 갖는 모든 LCD 문자표시장치에 그대로 적용될 수 있다.
다음은 이 장에서 학습하고자 하는 내용을 구체적으로 정리한 것이며 본문의 내용도 이 순서에 따라 전개해 나갈 것이다.

- 2행 × 16문자 LCD 문자표시장치의 구조 이해
- LCD 문자표시장치와 마이크로컨트롤러와의 인터페이스 기법 이해
- 제어 레지스터 프로그래밍에 의한 LCD 문자표시장치의 기능 설정 방법 이해
- LCD 디스플레이 구동을 위한 서브 함수 작성 기법 이해
- LCD 문자표시장치 응용 실습

6.1 LCD 모듈의 이해

이 절에서는 실습에 사용하고자 하는 LCD 문자표시장치의 구조와 구동회로 설계에 대해 설명하고자 한다.

6.1.1 LCD 문자표시장치의 구조, 핀 기능 및 동작

○ 그림 6.1에 실습에 사용될 LCD 문자표시장치의 모양을 보인다.

○ 본 실습에 사용되는 LCD 문자표시장치는 한 행에 영문자와 숫자 16자를 표시할 수 있으며 전부 2행으로 구성되어 있어서 총 32문자를 표시할 수 있다.

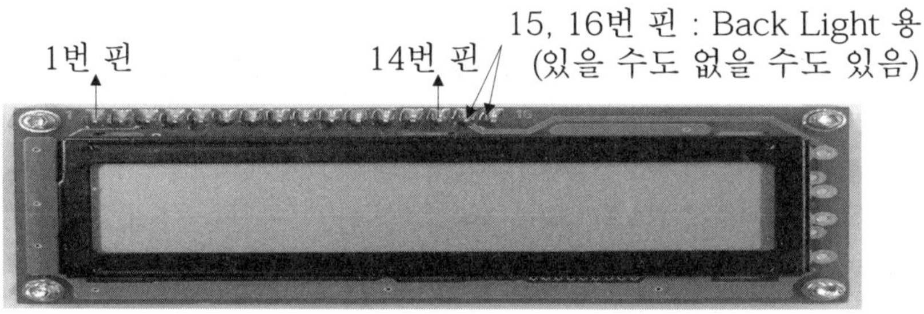

그림 6.1 LCD 문자표시장치의 외관

○ 그림 6.1을 보면 LCD 모듈과 외부와의 인터페이스를 위해 총 16개의 핀이 사용되고 있는데 1 ~ 14번 핀까지가 실제 인터페이스용이며 15, 16번은 LCD 패널의 백라이트를 위한 핀이다.

- 백라이트는 선택사양으로서 사용할 수도 있고 안 할 수도 있으나 실습에 사용하고자 하는 LCD 모듈은 백라이트 유닛을 가지고 있어서 15번, 16번 핀에 5V의 전원을 인가하면 백라이트가 켜져서 밝은 화면을 볼 수 있다.

○ LCD 문자표시장치의 동작원리에 대한 이해를 돕기 위해 그림 6.2에 LCD 문자표시장치의 내부 기능 블록도를 보인다.

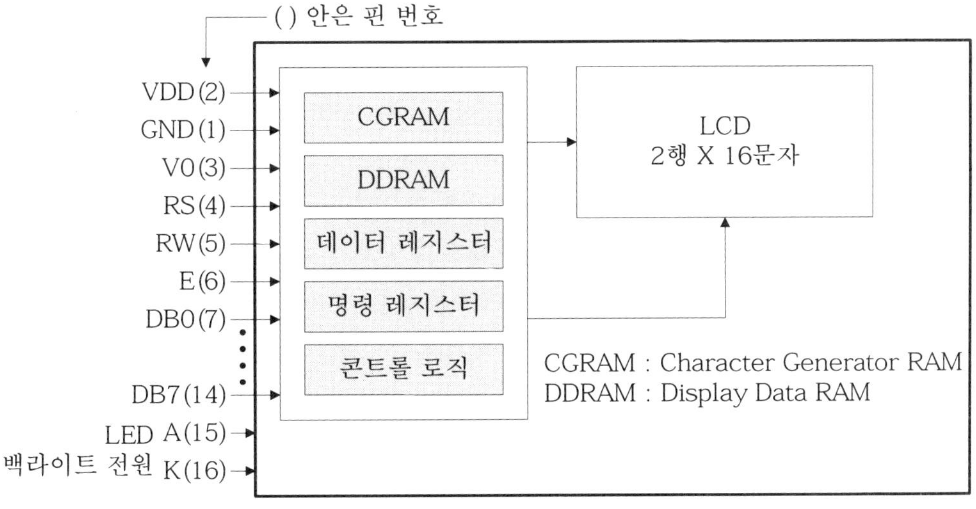

그림 6.2 LCD 문자표시장치의 내부 기능 블록도

○ 실제 LCD 모듈의 내부는 제어를 담당하는 별개의 마이크로컨트롤러와 그 주변 회로들로 꽤 복잡하게 구성되어 있지만 여러분들은 이 내부회로의 구성에 대해서는 전혀 신경 쓸 필요가 없으며 단지 LCD 화면에 글자를 디스플레이하려면 외부 인터페이스 핀들에게 어떤 신호를 어떻게 인가해야 하는지만 알면 된다.

○ 따라서 이 절에서는 그림 6.2에 보이는 LCD 모듈의 각 핀들의 기능에 대해 간단하게 설명하고자 한다.

(1) LCD 모듈의 핀 기능 설명

- 1번 핀(VDD), 2번 핀(GND)

  LCD 모듈의 전원공급 핀으로서 VDD 핀과 GND 핀 사이에 2.7V ~ 5.5V의 전압을 인가하면 되는데 실습회로에서는 5V를 전원으로 인가한다.

- 3번 핀(V0)

  – 이 핀에 0 ~ VDD[V]의 전압을 인가하면 LCD 디스플레이의 명암비가 조절된다.

- 7번 핀 ~ 14번 핀(DB0 ~ DB7)

  – LCD 모듈과 외부 하드웨어 간의 데이터 통신을 위한 8 비트의 데이터 핀들이다.

  – 이 핀들은 마이크로컨트롤러의 포드와 연결되어 마이크로컨트롤러로부터 전송되는 명령어 코드 또는 디스플레이 데이터를 받거나 마이크로컨트롤러의 요구에 의해 LCD 모듈 내부의 상태를 출력하는데 사용된다.

- 4번 핀(RS: Register Selection)

  - 정보가 LCD 모듈로 써지거나 LCD 모듈로부터 읽혀질 때 명령이나 상태는 명령 레지스터(command register)에 로드되고 ASCII 코드 데이터는 데이터 레지스터(data register)에 로드되어 해석되고 처리된다.
  - 그런데 디지털 시스템에서는 명령 코드든 데이터 코드든 모든 정보가 2진수로 나타내지기 때문에 2진수치만 봐서는 구분을 할 수가 없다.
  - 따라서 마이크로컨트롤러가 LCD 모듈에 대해 쓰기 또는 읽기 동작을 하고자 할 때 지금 쓰고자 하는 것이 명령인지 데이터(문자의 ASCII 코드)인지를 구분해 주어야 하는데 그때 바로 이 RS 핀이 사용되며 다음과 같이 구분된다.
    - RS = 0
      - 명령 레지스터가 선택된다.
      - 즉, 지금 마이크로컨트롤러가 LCD 모듈에 제어 명령어 코드를 써 넣으려고 하는 중이거나 LCD 모듈의 상태(busy 플래그 값과 어드레스 카운터 값)를 읽어 내려고 한다는 것을 의미한다.
    - RS = 1
      - 데이터 레지스터가 선택된다.
      - 즉, 지금 마이크로컨트롤러가 LCD 모듈에 디스플레이하고자 하는 문자의 ASCII 코드를 써 넣으려고 하는 중이거나 LCD에 디스플레이 되어 있는 문자의 ASCII 코드를 읽어 내려고 한다는 것을 의미한다.
- 5번 핀(RW: Read/Write)
  - LCD 모듈에는 "쓰기" 동작만 있는 것이 아니라 "읽기" 동작도 있다.
  - 이 5번 핀이 쓰기와 읽기 동작을 구분하는 역할을 하며 이 핀에 '0'이 인가되면 마이크로컨트롤러로부터 LCD 모듈로의 명령 또는 ASCII 코드 데이터의 "쓰기" 동작이 수행되고 이 핀에 '1'이 인가되면 LCD 모듈 내부의 상태 또는 데이터의 "읽기" 동작이 수행되게 된다.
- 이상의 설명을 토대로 3번 RS 핀과 4번 R/W 핀에 입력되는 논리 조합에 따른 LCD 모듈의 동작을 정리하면 표 6.1과 같다.

표 6.1 LCD 제어 신호 조합에 다른 동작

RS(4번 핀)	RW(5번 핀)	동작
0(명령어)	0(쓰기)	LCD 모듈에 대한 명령어 쓰기
0(명령어)	1(읽기)	LCD 모듈의 상태 읽기
1(데이터)	0(쓰기)	LCD 모듈에 디스플레이 할 ASCII 코드 쓰기
1(데이터)	1(읽기)	LCD 모듈에 디스플레이 된 ASCII 코드 읽기

- 6번 핀(E: Enable)
  - 이 핀은 문자 그대로 LCD 모듈의 모든 기능에 대한 이네이블 핀이다.
  - 앞에서 우리는 LCD 모듈에 대한 "읽기", "쓰기" 등의 동작에 대해 알아보았는데 실제 이런 모든 동작이 완료되기 위해서는 LCD 모듈의 E 단자(6번 핀)에 반드시 "0→1→0"의 정 펄스가(positive pulse) 1개 인가되어야 한다.

(2) LCD 모듈에 대한 읽기, 쓰기 동작

○ 그림 6.3와 6.4에 LCD 모듈의 사용자 매뉴얼에서 제시한 읽기 및 쓰기 동작의 타이밍 다이어그램을 보여준다.

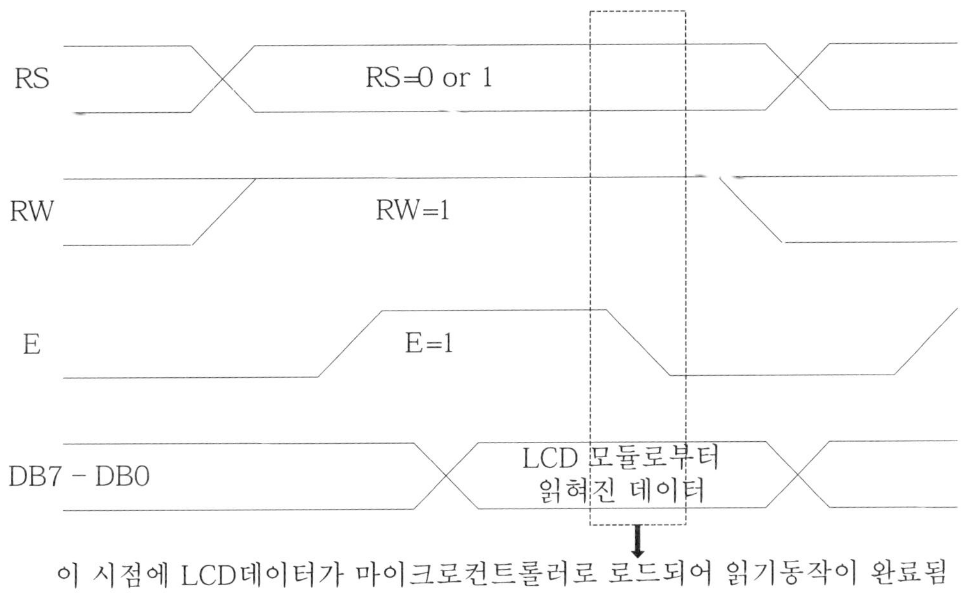

그림 6.3 LCD 모듈에 대한 읽기 동작 타이밍 다이어그램(8비트 인터페이스)

○ 그림 6.3은 LCD 모듈로부터 데이터나 상태 플래그를 읽을 때의 타이밍 차트인데 RS의 값은 상태(또는 명령어)의 경우에는 '0'이고 데이터의 경우에는 '1'이기 때문에 타이밍 차트에서 '0' 또는 '1'로 되어 있고 RW의 값은 현재 읽기 동작이기 때문에 '1'로 되어 있으며 이때 E핀에 '0' → '1' → '0'의 펄스가 인가되면 LCD 모듈의 데이터 버스 DB0 ~ DB7에 LCD 모듈로부터 읽혀진 데이터가 출력된다는 것을 보여 준다.

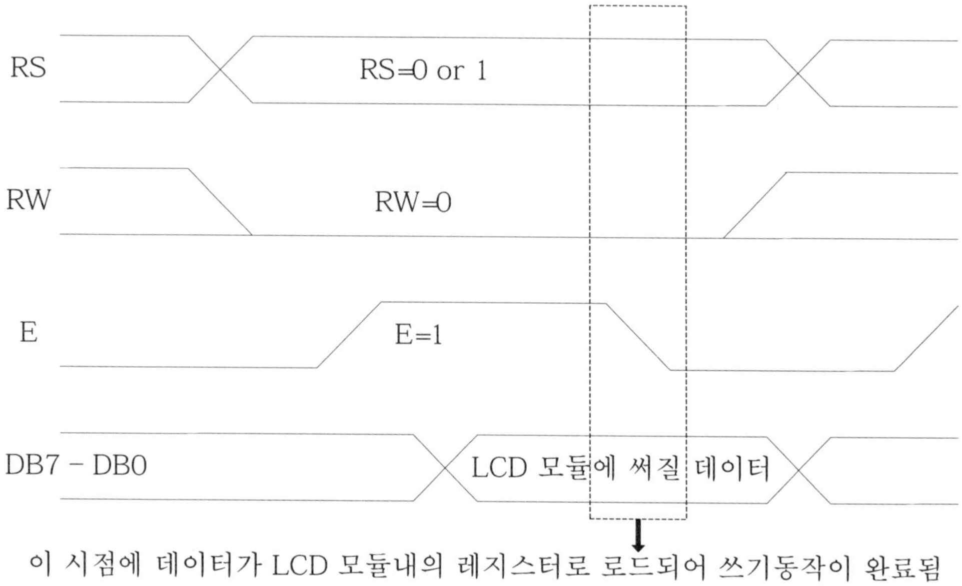

그림 6.4 LCD 모듈에 대한 쓰기 동작 타이밍 다이어그램(8비트 인터페이스)

○ 그림 6.4는 LCD 모듈에 데이터나 명령어를 써 넣을 때의 타이밍 차트인데 RS의 값은 상태(또는 명령어)의 경우에는 '0'이고 데이터의 경우에는 '1'이기 때문에 타이밍 차트에서 '0' 또는 '1'로 되어 있고 RW의 값은 현재 쓰기 동작이기 때문에 '0'으로 되어 있으며 이때 LCD 모듈의 데이터 버스 DB0 ~ DB7에 써 넣고자 하는 데이터를 싣고 E핀에 '0' → '1' → '0'의 펄스를 인가되면 LCD 모듈에 데이터(또는 명령어)가 입력된다는 것을 보여 준다.

6.1.2 LCD 모듈과 마이크로컨트롤러와의 인터페이스

○ LCD 모듈과 ATmega128 MCU를 인터페이스하기 위해서는 8개의 데이터 라인(DB7~DB0)과 3개의 제어 라인(RS, R/W, E)을 연결해 주면 되는데 이때 마이크로컨트롤러의 포트 핀에 여유가 있는지 없는지에 따라 2가지 접근 방법이 있다.

○ 마이크로컨트롤러의 포트 핀에 여유가 있는 경우

- 이때는 ATmega128 MCU의 어떤 한 포트를 LCD 모듈의 8비트 데이터 라인에 접속하고 나머지 다른 포트의 3개 핀을 LCD 모듈의 RS, RW, E 신호 선에 연결하여 주면 된다.
- 이 인터페이스는 결과적으로 11개의 MCU 포트 핀을 필요로 한다.

- 이와 같이 LCD 모듈의 데이터 라인 8개를 모두 사용하는 것을 8비트 인터페이스라고 한다.

○ 마이크로컨트롤러의 포트 핀에 여유가 없는 경우
- 이때는 LCD 모듈의 8개 데이터 라인 중 상위의 4개 라인(DB7 ~ DB4)을 마이크로컨트롤러 포트의 비트 7 ~ 4에 연결시켜 주고 나머지 3개의 제어선 RS, RW, E를 포트의 나머지 핀에 연결시켜주면 된다.
- 이 인터페이스는 결과적으로 7개의 MCU 포트 핀을 필요로 한다.
- 이와 같이 LCD 모듈의 데이터 라인 8개 중 상위 비트 4개만 사용하는 것을 4비트 인터페이스라고 한다.

○ 본 실습회로에서는 8비트 인터페이스를 사용하고자 한다.

※ 참고 6-1:

- 4비트 인터페이스는 MCU와의 인터페이스에 데이터 핀 4개(DB4 ~ DB7)와 제어 핀 3개(E, RS, RW)로 총 7개의 핀만 사용하기 때문에 MCU의 포트 한 개만 사용하면 된다는 장점이 있으나 8비트 길이인 명령이나 데이터를 전송하기 위해서는 4비트씩 나누어서 2회 전송해야 하고 전송 후 반드시 상태 레지스터를 읽어줘야 하기 때문에 처리 속도가 늦어진다는 단점이 있다.
- 반면 8비트 인터페이스를 사용할 때는 8비트의 명령이나 데이터를 한 번에 전송할 수 있다는 장점이 있는 대신 인터페이스에 총 11개 핀이 사용됨으로써 적어도 2개의 포트가 사용되어야 한다는 단점이 있다.
- 이처럼 세상 모든 일에는 한 가지 이득을 취하기 위해서는 다른 한 가지를 양보해야 하는 것이 원칙이며 하드웨어/소프트웨어의 세상도 예외는 아니다.

6.2 LCD 문자표시장치부 회로

6.2.1 회로 설계

○ 이제 실제 회로 설계를 위한 구체적인 인터페이스 내용들을 정리하면 다음과 같다.

○ 우리의 실습에서는 8비트 인터페이스를 사용할 것이기 때문에 우선 LCD 모듈의 8개

데이터 핀 DB7 ~ DB0을 MCU의 적당한 포트에 연결시켜 준다.

- 이때 LCD 모듈의 DBi 핀이 마이크로컨트롤러 포트의 비트 i 핀에 연결되도록 해 주어야 한다.
  - 여기서 i는 비트 번호로서 0 ~ 7의 값을 갖는다.

○ 그 다음 LCD 모듈의 나머지 제어 핀들(E, RS, RW)을 MCU의 다른 포트 핀에 연결시켜주면 되는데 데이터 핀 연결에 사용된 포트를 제외한 MCU의 나머지 포트들 중 사용가능한 임의의 포트, 임의의 비트 핀 3개를 선택해서 연결해 주면 된다.

○ 이렇게 데이터 핀 8개, 제어 핀(RS, RW, E) 3개를 연결하면 LCD 모듈과 마이크로컨트롤러와의 기본적인 인터페이스는 끝난다.

○ 그 다음 남은 핀들은 전원 핀(VDD 핀, GND 핀), 명암비 제어 핀(V0 핀), 백라이트용 LED의 전원 핀이 있는데 이들의 연결에 대해 정리하면 다음과 같다.

- VDD(2번) 핀과 GND(1번) 핀은 전원의 5V(VCC)와 GND에 연결시켜 주면 된다.
- V0(3번) 핀에는 포텐시오메터(potentiometer)로 VDD의 전원전압을 분배하여 0 ~ VDD[V] 사이의 전압을 만들어서 연결시켜주면 된다.
- 마지막으로 백라이트 전력공급을 위한 BLA(15번) 핀과 BLK(16번) 핀을 연결시키면 회로 결선이 완성되는데 BLA 핀은 백라이트 LED의 애노드 핀으로서 전원의 VDD에 연결시켜 주면 되며 BLK 핀은 백라이트 LED의 캐소드 핀으로서 전원의 GND에 연결시켜 주면 된다.
  - 실제 BLA와 BLK 핀을 이렇게 연결시키면 백라이트가 항상 켜져 있게 된다.
  - LCD 디스플레이를 사용하는 보통 실습에서는 백라이트가 항상 켜져 있어도 되지만 좀 더 고급스러운 응용 시스템을 설계하는 경우에는 필요에 따라 백라이트를 켜기도 하고 끄기도 할 뿐만 아니라 밝기 조절까지 가능하게 할 필요가 있는데 우리의 실습회로는 이런 기능까지 가능하도록 설계하고자 한다.
  - 이를 위해서는 BLA(15번) 핀은 VDD(5V)에 연결시키고 BLK(16번) 핀과 접지(GND) 사이에 트랜지스터 스위치를 넣어 프로그램으로 온/오프를 제어할 수 있도록 하면 된다.

○ 그림 6.5에 이와 같은 개념으로 설계된 LCD 디스플레이 구동회로를 보인다.

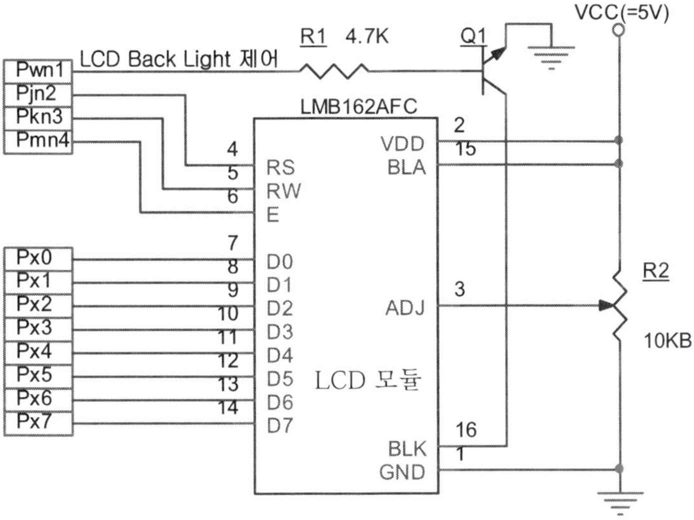

그림 6.5 LCD 문자표장치부의 회로도

○ 그림 6.5의 회로를 간단히 정리하면 다음과 같다.

- LCD 모듈의 VDD 핀(2번 핀)과 GND 핀(1번 핀) 및 디스플레이 명암비를 조절하기 위한 V0 핀(3번 핀, 회로에서는 ADJ 핀으로 표시되어 있음)들은 위에서 설명한 데로 연결되어 있음을 볼 수 있다.
  - 회로에서 가변저항의 저항치가 10㏀이 아닌 10KB로 표시되어 있는데 이것은 잘 못 표기된 것이 아니라 10㏀ B type 가변저항이라는 의미이며 B type은 저항 값이 손잡이 회전각도에 정비례하는 type을 말한다.
  - 참고로 가변저항은 A, B, C type이 있는데 회로에서는 B type으로 표시되어 있지만 우리의 실습에서는 어떤 type을 사용해도 무방하다.
- 다음 LCD 모듈의 좌측에 있는 8개의 데이터 핀들과 4개의 제어신호 핀들에 대한 연결을 다음과 같다.
  8개의 데이터 핀들은 MCU의 포트 x에 연결하는 걸로 되어 있는데 나중 조립 시 A ~ F 포트 중 사용가능한 포트에 연결시켜주면 된다.
  - 다음 4개의 제어신호들(RS, RW, E 및 "LCD Back Light 제어")을 연결해야 하는데 회로를 보면 각 신호에 할당된 포트 이름도 w, j, k, m으로 각각 다르고 비트 번호도 n1, n2, n3, n4로 각각 다름을 알 수 있는데 이것은 이 제어신호 핀들은 MCU의 어떤 포트 어떤 핀에 연결되어도 무방하다는 것을 의미하는데 실제 나중 브레드보드에 조립할 때는 RS, RW, E 핀들은 같은 포트의 인접한 핀들에 연결하는 것이 편리 할 것이

다.

- Pwn1 단자는 LCD 모듈의 백라이트를 제어하는 핀인데 이 핀에 논리 '1'을 인가하면 NPN 형인 Q1 트랜지스터가 온이 되어 VCC로부터 LCD의 BLA 단자(백라이트 LED의 애노드)와 BLK(백라이트 LED의 캐소드)를 거쳐 접지로의 전류통로가 연결됨으로써 백라이트가 켜지게 된다.
- 반면 Pwn1 단자에 논리 '0'이 인가되면 트랜지스터가 오프 되고 위의 전류통로가 차단되어 백라이트가 꺼지게 된다.
- Pwn1 단자에 이렇게 단순히 논리 '0'이나 '1'을 인가하면 백라이트를 온/오프만 할 수 있지만 9장에서 학습하게 될 PWM 펄스를 인가하면 백라이트에 인가되는 전력을 제어할 수 있어서 디스플레이의 밝기를 부드럽게 조절할 수 있어서 컴퓨터나 휴대폰의 절전모드, 즉 얼마간 입력이 없으면 화면의 밝기가 서서히 어두워지다가 꺼지는 동작을 실현할 수 있는 아주 유용한 기능이 될 것이다.
- 따라서 Pwn1 단자는 나중 회로 조립 시 반드시 ATmega128 MCU가 가지고 있는 PWM 펄스 출력이 가능한 포트 핀에 연결하도록 한다.

○ 이상 설명에서 보았듯이 거창하게 회로 설계라고 했지만 실제 계산 한 번 없이 단순히 몇 개의 선만 연결하면 되니 얼마나 간단한가 ?

○ 이제 백라이트 제어 트랜지스터와 베이스 저항 값만 결정해 주면 회로설계는 끝난다.

- 이 과정은 4장에서 스피커 구동회로를 설계할 때와 똑 같은 개념으로 진행하면 된다.
  - 트랜지스터는 백라이트 구동전류에 의해 결정되는데 LCD 모듈의 데이터시트에 의하면 LED 백라이트의 최대전류가 70mA로서 전류가 작기 때문에 모든 NPN 트랜지스터가 사용가능하다. 우리는 가장 보편적인 2SC1815를 사용하기로 한다.
  - 베이스 저항 역시 4장에서의 계산을 따라하면 되는데 그림 6.5 회로에서는 4.7kΩ으로 설정되어 있다.
  - 이 경우 베이스 전류는 약 0.91mA가 되고 트랜지스터의 전류증폭률을 100 정도로 가정하드라도 콜렉터에 약 91mA 정도까지의 전류가 흐를 수 있어서 LED로 된 백라이트를 구동하는데 충분한 전류가 확보된다.

6.2.2 LCD 모듈 구동회로 조립

○ 이제 회로의 구조 및 설계에 대한 이해를 하였으니 실습을 위해 회로를 브레드보드에 조립하도록 한다.

(1) 필요 부품

○ 그림 6.5의 회로를 브레드보드에 조립하기 위해서는 다음과 같은 부품들이 필요하다.

- LCD 디스플레이 모듈 1개
  - 실습에서는 LMB162AFC 사용(2 × 16 문자표시)
- NPN BJT(2SC1815) 1개
- 10㏀ 포텐시오미터(가변저항) 1개
- 트랜지스터 베이스 저항 4.7㏀ 1개

○ 그림 6.6에 회로 조립에 사용되는 각 소자(부품)의 모양을 보인다.

그림 6.6 회로 조립에 사용되는 소자들의 모양

(2) 조립

○ 조립해야 할 부품의 개수가 4개 밖에 안 되고 그림 6.6의 회로도 단순하기 때문에 조립은 아주 간단한데 조립하기 전에 미리 사용할 포트들을 지정해 주어야 한다.

○ LCD 모듈의 DB7 ~ DB0와 연결할 8 비트 데이터 포트는 브레드보드 상 MCU 모듈의 위치와 LCD 모듈의 핀 위치를 고려해서 포트 C를 사용하기로 한다.

○ 회로에 익숙한 독자라면 그림 6.5의 회로를 보고 쉽게 조립할 수 있겠지만 회로에 익숙하지 않은 독자들은 다음에 설명하는 절차를 따라 조립하기 바란다.

① LCD 모듈 삽입

- LCD 모듈의 핀들을 가로로는 브레드보드의 H 행에 맞추고 세로로는 LCD 모듈의 7번 핀(DB0 핀)을 MCU 모듈의 PC0 핀 위치에 맞추어서 브레드보드에 삽입한다.

② 전원 연결

- 그림 6.5을 보면 이 회로는 5V의 전원을 필요로 하고 있다.
- 1장에서 우리는 컴퓨터의 USB로부터 공급되는 +5V 전원을 MCU 모듈의 블루투스

확장 커넥터의 한 핀에 연결해 두었기 때문에 점퍼 선으로 이 +5V 전원을 브레드보드로 연결시켜 준다.

– 그림 6.7에서 ⓐ, ⓑ 점퍼 선에 의해 블루투스 확장 커넥터의 핀으로부터 5V를 받아서 브레드보드의 + 전원 라인에 5V를 공급하고 있다.

- 다음 점퍼 선 ⓒ로 MCU 모듈의 GND 핀을 브레드보드의 - 라인에 연결시켜 준다.
- 점퍼 선 ⓓ로 LCD 모듈의 GND 핀(1번 핀)과 회로의 GND 라인(전원의 - 라인)을 연결하고 점퍼 선 ⓔ로 LCD 모듈의 VDD 핀(2번 핀)과 회로의 5V 라인(전원의 + 라인)을 연결해 준다.

③ 데이터 라인 연결

- 다음 8개의 점퍼 선을 사용하여 DB0(LCD 모듈의 7번 핀)-PC0 핀, DB1(LCD 모듈의 8번 핀)-PC1 핀, ... , DB7(LCD 모듈의 14번 핀)-PC7 핀을 차례로 연결한다.

④ 명암조절 핀(V0 또는 ADJ 핀, LCD 모듈의 3번 핀) 연결

- 10㏀ 가변저항을 그림 6.7과 같이 브레드보드의 좌측 하단에 삽입한다.

– 이때 2개의 단자가 있는 쪽을 화면의 아래쪽이 되도록 삽입하고 점퍼 선 2개를 사용하여 2개의 단자 중 하나는 전원의 + 라인에(ⓕ), 다른 쪽은 - 라인에(ⓖ) 연결시켜 준다.

- 점퍼 선 ⓘ로 가변저항의 위쪽 면에 있는 하나의 단자를 LCD 모듈의 3번 핀에 연결시켜 준다.

⑤ LCD 모듈 제어신호 E(6번 핀), RW(5번 핀), RS(4번 핀) 연결

- 점퍼 선 3개를 사용하여 E(6번 핀)는 MCU 모듈의 PB7 핀, RW(5번 핀)는 PB6 핀, RS(4번 핀)는 PB5 핀에 각각 연결해 준다.

⑥ 백라이트 제어 부 연결

- 앞에서 설명했듯이 불 밝기를 가변시킬 수 있기 위해서는 MCU가 가지고 있는 많은 포트 핀들 중 PWM 펄스 출력 기능이 있는 것을 골라서 사용해야 한다.
- ATmega128 MCU는 여러 개의 PWM 출력 핀들을 가지고 있는데(1장 1.1.2절 참조) 그 중 PB4 핀이 포트 C와 인접해 있어서 조립에 유리하기 때문에 그림 6.5 회로에서 Pwn1 핀을 PB4 핀에 연결하면 된다.
- 우선 회로 구성에 필요한 저항(4.7㏀)과 트랜지스터(2SC1815)를 브레드보드에 배치하여 삽입하고 점퍼 선 ⓙ로 MCU 모듈의 PB4 핀과 저항의 한쪽 단자를 연결한다.

– 이때 저항의 반대 단자는 바로 트랜지스터의 베이스에 연결되도록 삽입한다.

- 점퍼선 ⓚ를 이용해서 트랜지스터의 에미터를 브레드보드의 - 전원 라인에 연결하고 점퍼선 ⓛ을 이용하여 LCD 모듈의 BLK 단자(16번 핀)와 트랜지스터의 콜렉터를

연결해 주며 마지막으로 점퍼선 ⓜ을 이용해서 전원 +5V와 LCD 모듈의 15번 핀을 연결해 주면 회로 결선이 완성된다.

○ 그림 6.7에 위의 절차에 따라 브레드보드에 조립된 LCD 구동회로의 모습을 보인다.

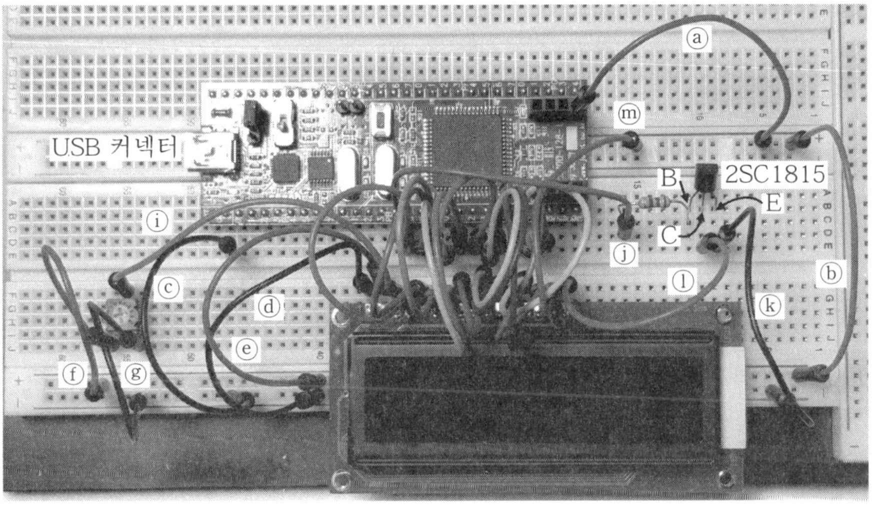

그림 6.7 브레드보드에 조립된 LCD 구동회로의 모습

6.3 LCD 모듈 프로그래밍을 위한 기본 함수들 제작

○ 이 절에서는 LCD 모듈을 구동하는데 필요한 각종 함수들을 만들고자 한다.

○ 이 함수들은 LCD 화면의 원하는 위치에 원하는 형태로 문자를 디스플레이 하거나 LCD 디스플레이 화면에 어떤 변화를 주고자 할 때 사용되는 함수들로서 모듈의 사용설명서에 소개되어 있는 명령어들을 활용하여 만들 것인데 필요한 명령어들은 그때 그때 자세히 설명할 것이다.

○ 이 절에서는 LCD 모듈의 사용설명서에서 소개되는 명령어들 중 우리의 실습을 위한 함수 제작에 필요한 명령어들만 발췌해서 사용할 것이지만 사실상 거의 대부분의 명령어를 포함하고 있으며 나중 좀 더 기능이 필요한 경우 인터넷에서 LCD 문자표시장치의 사용자 매뉴얼을 다운 받아 사용하면 된다.

- 이 장에서 취급되지 않은 LCD 모듈 제어명령어들 중 여러분들이 알고 있으면 유용한 몇 개는 연습문제에서 다루도록 하였으니 유념하기 바란다.

> ※ 참고 6-4:
>
> - 이 절에서 개발할 함수들은 앞으로 LCD 관련 응용에서 계속 사용될 것이기 때문에 이 함수들을 lcd.c라는 파일에 모아서 본 교재에서 공통으로 사용하는 inc 폴더에 저장하여 두도록 한다.
> - 그러면 앞으로의 각 예제에서 LCD 모듈을 사용하는 경우 프로그램의 선두 부분에서 #include "../../../inc/lcd.c" 명령문으로 손쉽게 불러서 사용할 수 있다.

6.3.1 LCD 모듈의 E 단자에 공급할 Enable 펄스 발생 함수: EnablePulse( )

○ LCD 모듈에 대한 모든 읽기/쓰기 동작은 이네이블 펄스가 공급되어야 완료되기 때문에 이 EnablePulse() 함수는 앞으로의 모든 LCD 함수 개발에 필수적으로 사용되는 가장 기본적인 함수이다.

○ 이 함수는 LCD 모듈의 E 핀에 '0' → '1' → '0'의 이네이블 펄스를 인가하는 기능을 수행한다.

○ 데이터 시트를 보면 이네이블 펄스폭의 최소시간은 약 450nS 이기 때문에 '1'로 유지시켜 주는 시간을 이 시간보다 길게 해 주면 된다.

- 이때 주의할 것은 '1'로 유지하는 시간이 너무 길면 빈번한 LCD 디스플레이 동작이 있을 때 전체적인 수행속도를 떨어뜨리게 되므로 이 시간은 데이터 시트에서 요구하는 최소 시간 보다 조금 긴 정도로 잡는다.

```
void EnablePulse(void)  {

  LCD_CONTROL_PORT &= ~(1<<LCD_E);    // E 단자에 '0' 인가
  LCD_CONTROL_PORT |= 1<<LCD_E;       // E 단자에 '1' 인가
  _delay_us(40);                      // 40uS 딜레이 동안 '1' 유지
  LCD_CONTROL_PORT &= ~(1<<LCD_E);    // E 단자에 다시 '0' 인가
}
```

○ 여기서 LCD_CONTROL_PORT는 LCD 모듈의 E, RW, RS 핀이 연결될 MCU의 포트를 가리키는데 당연히 이 프로그램이 오류 없이 컴파일 되기 위해서는 #define 문으로

LCD_CONTROL_PORT 라벨에 실제적인 MCU 포트 이름을 지정해 주어야 한다.

○ 마찬가지로 LCD_E는 LCD 모듈의 이네이블(E) 핀이 연결될 포트의 비트 번호인데 6.3.2의 조립과정에서 우리는 이 핀을 PB5 핀에 연결하기로 하였기 때문에 당연히 LCD_E 라벨 역시 #define 문을 통해 이 비트 번호를 정의해 주어야 한다.

○ 이들 라벨들에 대한 정의는 나중 LCD에 관련된 모든 함수들을 모아서 lcd.c라는 파일을 만들 때 실시하도록 하겠다.

○ 마찬가지로 LCD 모듈의 RS, RW 핀들에 대한 라벨인 LCD_RS, LCD_RW 들에 대한 정의도 lcd.c 파일에서 하도록 하겠다.

6.3.2 LCD 모듈의 기능 설정 함수: FunctionSet( )

○ 이 함수는 LCD 모듈의 인터페이스 데이터 비스 폭, 디스플레이 라인 수, 문자 폰트 등을 설정한다.

○ LCD 모듈의 기능설정 명령어의 형식은 다음과 같다. (LCD 사용설명서 참조)

Function Set 명령어 코드

DB7	DB6	DB5	DB4	DB3	DB2	DB1	DB0
0	0	1	DL	N	F	X	X

○ 이 명령은 LCD 모듈 인터페이스의 데이터 비트 수, 디스플레이 행 수, 폰트 크기 등을 설정한다.

- DL 비트 : LCD 모듈과 외부 세계와의 인터페이스 데이터 폭을 결정한다.
  - DL = 0: 외부와 4 비트 데이터 버스로 인터페이스 한다.
  - DL = 1: 외부와 8 비트 데이터 버스로 인터페이스 한다.
- N 비트 : Number of Line 비트 (디스플레이 행 수 설정)
  - N = 0: 1행 디스플레이 모드
  - N = 1: 2행 디스플레이 모드
- F 비트 : Font 비트 (디스플레이 폰트 형태 설정)
  - F = 0: 5×8 폰트 모드
  - F = 1: 5×11 폰트 모드

○ 여기서는 LCD 모듈을 8 비트 인터페이스로 설정하고 디스플레이 행수는 2행으로, 문자 모양은 5×8 폰트를 사용하도록 설정하고자 한다.

○ 따라서 명령어 코드는 00111000_2(=0x38)이 되고 이를 설정하는 함수는 다음과 같다.

```
void FunctionSet(void)  {

  // 명령어 쓰기 모드로 설정(RW = RS = '0' 으로 설정)
  LCD_CONTROL_PORT &= ~((1<<LCD_RW) | (1<<LCD_RS));

  LCD_DATA_PORT = 0x38; // 8 비트, 2 라인 5x8 폰트
  EnablePulse();
}
```

○ 여기서 LCD_DATA_PORT는 LCD 모듈의 데이터 라인(DB7 ~ DB0)들이 연결될 MCU의 포트를 가리키는데 우리는 6.3.2절에서 C 포트를 사용하기로 했다.

○ 당연히 이것 역시 이 프로그램이 오류 없이 컴파일 되기 위해서는 #define 문을 통해 이 LCD_DATA_PORT 라벨에 실제적인 포트 C의 이름을 지정해 주어야 한다.

- 이 정의 역시 lcd.c 파일 내에서 실시하도록 하겠다.

> **※ 참고 6-4:**
>
> • 위 함수의 첫 번째 명령문
> LCD_CONTROL_PORT &= ~((1<<LCD_RW) | (1<<LCD_RS));은 LCD 모듈의 RW, RS 핀에 모두 논리 '0'을 인가하기 위한 것인데 이것은 LCD 모듈에 명령어를 쓰기 동작을 하겠다는 걸 알려준다.
>
> • 이 명령문은 LCD 모듈에 명령어를 쓰는 모든 함수들에서 반복적으로 사용될 것이기 때문에 유념해서 봐 두기 바란다.

6.3.3 LCD 디스플레이 클리어 함수: ClearLCD( )

○ 이 함수는 LCD 화면의 모든 표시 내용을 지우고 커서를 홈 위치인 첫째 라인의 맨 왼쪽 위치(LCD 화면의 좌측 상단)로 이동시킨다.

○ 화면을 클리어 시키는 명령어 코드는 00000001_2(0x01) 이며 함수도 다음과 같이 간단

하게 구성할 수 있다.

```
void ClearLCD(void)  {

  // 명령어 쓰기 모드로 설정(RW = RS = '0' 으로 설정)
  LCD_CONTROL_PORT &= ~((1<<LCD_RW) | (1<<LCD_RS));

  LCD_DATA_PORT = 0x01;  // 클리어 명령(0x01)
  EnablePulse();
  _delay_ms(1.5)
}
```

6.3.4 커서 제어 함수: Cursor( )

○ 이 함수는 LCD 화면에 커서를 보일 것인가 말 것인가와 커서를 보일 때 깜박이게 할 것인가 아닌가를 인수로 받아 설정한다.

○ 커서의 모양을 결정짓는 명령어의 형식은 다음과 같다.

Display 제어 명령어 코드

DB7	DB6	DB5	DB4	DB3	DB2	DB1	DB0
0	0	0	0	1	D	C	B

○ 이 명령은 디스플레이 화면 온/오프, 커서 온/오프, 커서의 깜박임 온/오프를 제어하는 명령이다.

- D 비트 : 디스플레이 온/오프 제어
  - D = '0': 디스플레이가 오프(꺼짐)된다. 그러나 화면만 꺼질 뿐 디스플레이 데이터 메모리(DDRAM)의 내용은 그대로 유지된다.
  - D = '1': 디스플레이가 온 된다.
- C 비트 : 커서 온/오프 제어
  - C = '0': 커서 오프(안보임)
  - C = '1': 커서 온(보임)
- B 비트 : 커서의 깜박임 온/오프 제어
  - B = '0': 커서 깜박임 오프(깜박임 기능 정지)

– B = '1': 커서 깜박임 온(깜박임 기능 활성화)

○ 그런데 커서의 모양은 당연히 디스플레이가 온 되어 있는 상태에서 의미를 가지므로 이 함수에서는 D 비트가 이미 '1'로 설정되어 있다고 가정한다.

- 따라서 기본 명령어 코드는 000011CB$_2$가 되며 함수 호출 시 주어지는 CursorMode와 BlinkingMode의 값에 따라 C, B 비트의 값들을 설정할 수 있도록 한다.
- 이를 위해 C와 B의 초기치를 모두 '0'이라고 간주하여 00001100$_2$(= 0x0C)을 기본 값으로 하고 함수의 인수로 주어지는 CursorMode와 BlinkingMode의 값들을 결합하여 명령어를 완성한 다음 LCD 모듈에 공급하면 된다.

```
void Cursor(char CursorMode, char BlinkingMode) {
  unsigned char Tmp;

  // 명령어 쓰기 모드로 설정(RW = RS = '0' 으로 설정)
  LCD_CONTROL_PORT &= ~((1<<LCD_RW) | (1<<LCD_RS));

  // 커서 모드와 깜박임 모드 인수 결합
  Tmp = (CursorMode<<1) | BlinkingMode;
  LCD_DATA_PORT = Tmp | 0x0C;
  EnablePulse();
  _delay_ms(1.5)
}
```

○ 이 함수를 호출하기 위해서는 CursorMode 변수와 BlinkingMode 변수에 '0'이나 '1'의 값을 인가하여 호출하여야 한다

- CusorMode 변수가 '0'이면 커서는 보이지 않게 되고 '1'의 값을 가지면 디스플레이에 커서가 보이게 된다.
- 마찬가지로 BlinkingMode 변수가 '0'이면 커서는 깜박이지 않고 '1'이면 커서는 깜박이게 된다.
- 다음에 본 함수에 대한 몇 가지 호출 예를 보인다.

```
Cursor(1, 1);    // 커서가 표시되고 깜박임
```

```
Cursor(1, 0);    // 커서가 표시되고 깜박이지 않음
Cursor(0, 0);    // 커서가 표시되지 않음
```

6.3.5 LCD 모듈 초기화 함수: InitLCD( )

○ 이제 LCD 모듈의 설정에 관한 기본적인 함수들이 만들어 졌으므로 이들을 이용하여 LCD 디스플레이 모듈을 초기화하는 함수를 만들어 보자.

○ LCD 모듈은 다양한 모드로 설정되고 동작될 수 있기 때문에 전원 투입 후 반드시 사용자가 원하는 모드로 설정하는 초기화 과정이 필요하다.

○ 그림 6.8에 사용자 매뉴얼에서 제시하는 초기화 과정의 플로차트를 보인다.

○ 여기서는 LCD를 2행, 행 당 16자, 5×8 폰트, 커서를 보이지 않게 하고 깜박이지 않게 하며, 문자를 읽거나 쓸 때마다 자동적으로 커서가 우측으로 1 칸 이동 되도록 설정하고자 한다.

전원 온

↓

Vcc = 4.5V 된 후 15mS 이상 대기 — 이 동안 LCD 모듈에 대한 어떤 데이터 전송도 있어서는 안됨

↓

RS	RW	DB7	DB6	DB5	DB4	DB3	DB2	DB1	DB0	
0	0	0	0	1	1	X	X	X	X	Function Set 명령(8 비트 인터페이스) 이 명령 전 BF 플래그는 체크 되지 않음

↓

4.1mS 이상 대기 — 이 동안 LCD 모듈에 대한 어떤 데이터 전송도 있어서는 안됨

↓

RS	RW	DB7	DB6	DB5	DB4	DB3	DB2	DB1	DB0	
0	0	0	0	1	1	X	X	X	X	Function Set 명령(8 비트 인터페이스) 이 명령 전 BF 플래그는 체크 되지 않음

↓

100uS 이상 대기 — 이 동안 LCD 모듈에 대한 어떤 데이터 전송도 있어서는 안됨

↓

RS	RW	DB7	DB6	DB5	DB4	DB3	DB2	DB1	DB0	
0	0	0	0	1	1	X	X	X	X	Function Set 명령(8 비트 인터페이스) 이 명령 후 BF 플래그가 체크 될 수 있다

↓

RS	RW	DB7	DB6	DB5	DB4	DB3	DB2	DB1	DB0	
0	0	0	0	1	1	N	F	X	X	Function Set : 8비트, 디스플레이 라인 수, 폰트 크기 결정
0	0	0	0	0	0	1	0	0	0	디스플레이 OFF
0	0	0	0	0	0	0	0	0	1	Clear Display
0	0	0	0	0	0	0	1	I/D	S	Entry Mode 설정
0	0	0	0	0	0	1	1	C	B	디스플레이 ON : 커서/깜박임 필요에 따라 C, B 설정

그림 6.8 LCD 디스플레이 모듈의 초기화 과정(8 비트 인터페이스 경우)

○ 다음에 그림 6.8의 플로차트를 따라 작성한 초기화 함수의 리스트를 보인다.

```
void InitLCD(void)  {

// 초기 RS = RW = '0'으로 설정  LCD 모듈에 대한 명령어 쓰기 모드
 LCD_CONTROL_PORT &= ~((1<<LCD_RW) | (1<<LCD_RS));

 _delay_ms(15);  // 15 mS 이상 대기

 LCD_DATA_PORT = 0x30;  // 기능설정(8 비트 인터페이스)
 EnablePulse();

 _delay_ms(5);  // 5.0 mS(>4.1 mS) 대기

 LCD_DATA_PORT = 0x30;  // 기능설정(8 비트 인터페이스)
 EnablePulse();

 _delay_ms(0.1);  // 100 uS 대기

 LCD_DATA_PORT = 0x30;  // 기능설정(8 비트 인터페이스)
 EnablePulse();

 _delay_ms(1.5);

 LCD_DATA_PORT = 0x38;  // 8 비트, 2 라인 5x8 폰트
 EnablePulse();

 LCD_DATA_PORT = 0x08;  // Display OFF
 EnablePulse();

 LCD_DATA_PORT = 0x06;  // Entry mode 설정, 커서 오른쪽으로 이동
 EnablePulse();

 LCD_DATA_PORT = 0x0C;  // Display ON, 커서 안 보임, 깜박임 없음
 EnablePulse();

}
```

6.3.6 커서 위치 이동 함수: GotoXY( )

○ LCD 화면에 문자를 표시하기 위해서는 우선 커서를 원하는 위치로 이동시킨 후 문자의 ASCII 코드를 출력해야 하는데 이 절에서는 화면 내 커서를 원하는 위치로 이동시키는 바로 그 함수를 만들고자 한다.

○ 사용자가 LCD 디스플레이에 문자를 표시하기 위해 ASCII 코드를 보내면 일단 이 코드는 현재 디스플레이 메모리의 어드레스카운터가 가리키는 번지에 저장되고 LCD 모듈 내부의 문자발생기 RAM과 컨트롤러에 의해 글자 모양이 만들어진 다음 화면의 해당 위치에 글자가 써지게 된다.

○ 이때 문자 코드가 저장되는 디스플레이 메모리 번지와 실제 문자 폰트가 디스플레이되는 LCD 화면상의 위치 사이에는 1:1 대응관계가 있다.

○ 따라서 화면 내의 원하는 위치로 커서를 이동시켜 거기서부터 문자를 표시하기 위해서는 그 화면 위치에 해당하는 데이터 메모리 주소를 계산한 다음 그 주소를 데이터 메모리의 어드레스카운터 AC(Address Counter)에 로드시켜 주어야 한다.

○ 그림 6.9에 2행×16문자를 표시하는 LCD 디스플레이의 화면 좌표와 디스플레이 메모리 번지간의 관계를 보인다.

가로축 X 좌표 0≤X≤15

세로축 Y 좌표 0≤Y≤1		0	1	2	3	4	5	6	7	8	9	10	11	12	13	14	15
	0	00	01	02	03	04	05	06	07	08	09	0A	0B	0C	0D	0E	0F
	1	40	41	42	43	44	45	46	47	48	49	4A	4B	4C	4D	4E	4F

00 ~ 0F, 40 ~ 4F : 16진수로 표시된 디스플레이 데이터 메모리 주소

그림 6.9 LCD 데이터 메모리 번지와 화면 상 좌표와의 관계

- LCD 디스플레이 메모리의 전체 크기는 128 바이트이지만 LCD 모듈에서는 2행×16문자에 해당하는 32 바이트의 내용만 화면에 디스플레이 된다.
- 그림 6.9에서는 LCD 디스플레이 화면의 좌표를 가로축을 X로 하고 그 범위를 0 ~ 15, 세로축은 Y로 하였으며 그 범위를 0 ~ 1로 하였다.
- 또 그림을 보면 Y = 0인 첫 번째 행의 메모리 번지는 16진수로 00 ~ 0F이고 Y = 1인 두 번째 행의 메모리 번지는 16진수로 40 ~ 4F임을 알 수 있다.

○ 따라서 화면 상 좌표 (X, Y) 위치에 문자를 표시하려면 이 좌표에 해당되는 디스플레이 데이터 메모리 번지에 문자의 ASCII 코드를 써 넣어야 하는데 이때 좌표 (X, Y)에 대응되는 디스플레이 데이터 메모리 번지는 다음과 같이 계산된다.

```
디스플레이 데이터 메모리 번지 = 0x40*Y + X
```

○ 이제 좌표 (X, Y)로 주어지는 위치로 커서를 이동시키기 위해서는 위의 식으로 계산된 디스플레이 메모리 번지를 어드레스카운터(AC)에 로드해 주어야 한다.

- 계산된 번지를 어드레스카운터에 로드시키는 명령어의 형식은 다음과 같다.

어드레스카운터에 번지를 로드하는 명령어 코드

DB7	DB6	DB5	DB4	DB3	DB2	DB1	DB0
1	AC6	AC5	AC4	AC3	AC2	AC1	AC0

– 명령어 코드의 비트 7은 반드시 '1'이어야 하며 나머지 하위 7 비트(비트 6 ~ 비트 0)는 어드레스카운터에 로드시키고자 하는 번지 값이다.

○ 따라서 위에서 계산된 디스플레이 메모리 번지를 AC에 로드하기 위해서는 7비트로 계산된 번지 데이터를 8비트로 확장하면서 최상위 비트를 '1'로 설정해 주면 된다.

- 이를 위해서는 계산된 주소 데이터에 0x80을 더하든지 주소 데이터와 0x80을 ORing 해 주면 된다.
- 따라서 최종적인 주소 설정 명령어는 다음과 같다.

```
어드레스카운터 번지 설정 명령어 = 0x40*Y + X + 0x80;
또는
어드레스카운터 번지 설정 명령어 = (0x40*Y + X) | 0x80;
```

○ 이상의 이론에 의해 만들어진 커서 이동 함수는 다음과 같다.

```
void GotoXY(unsigned char X, unsigned char Y)  {

  // 명령어 쓰기 모드로 설정(RW = RS = '0' 으로 설정)
  LCD_CONTROL_PORT &= ~((1<<LCD_RW) | (1<<LCD_RS));
```

```
    // 메모리 주소 계산하고 주소 설정 명령어로 변환하여 LCD로 출력
    LCD_DATA_PORT = 0x40*Y + X + 0x80;
    EnablePulse();
  }
```

6.3.7 단문자(Single Character) 디스플레이 함수: PutCharacter( )

○ LCD 화면에 문자를 표시하기 위해서는 디스플레이하고자 하는 문자의 ASCII 코드만 LCD 모듈에 써 넣어 주면 되기 때문에 아주 쉽다.

- 그러면 LCD 모듈내의 컨트롤러가 현재 데이터 메모리의 어드레스카운터에 의해 지정되는 장소에 ASCII 코드를 저장하고, 문자 폰트를 발생시키고, 실제 화면의 지정된 위치에 점을 찍어 디스플레이하는 모든 복잡한 일을 대신 해 준다.

○ 다음 함수를 보자.

```
void PutCharacter(char Character)  {

    // RS = '1', RW = '0'로 설정하여 데이터 쓰기 모드로 설정
    LCD_CONTROL_PORT |= 1<<LCD_RS;
    LCD_CONTROL_PORT &= ~(1<<LCD_RW);

    // LCD 모듈의 데이터 버스로 디스플레이 하고자 하는 문자의 ASCII 코드 전송
    LCD_DATA_PORT = Character;
    EnablePulse();
}
```

○ 함수의 호출인수 Character는 디스플레이하고자 하는 문자의 ASCII 코드이다.

○ 함수의 구조가 너무나도 단순하여 더 이상의 부연 설명이 필요하지 않으리라 생각된다.

○ 이 함수가 앞에서의 만든 다른 함수들과 다른 점은 이번에는 LCD 모듈을 제어하기 위한 명령어를 쓰는 것이 아니라 디스플레이 하고자 하는 데이터를 쓰는 것이기 때문에 RS 핀의 값을 '0'이 아닌 '1'로 설정해줘야 한다는 것이다.

6.3.8 문자열(Character String) 디스플레이 함수: PutString( )

○ 앞에서 만든 한 문자 디스플레이 함수를 반복적으로 호출하면서 문자들을 표시하게 하면 문자열을 디스플레이 할 수 있다.

○ 디스플레이하고자 하는 문자열은 C 언어에서 사용하는 문자열처럼 NULL 문자, 즉 '\0'(= 00000000_2)으로 끝나는 것으로 한다.

```
void PutString(char *StrPtr)  {

  while(*StrPtr)  PutCharacter(*StrPtr++);
}
```

- 함수가 너무 간단하지 않은가 ?
- 이 함수를 호출하기 위해서는 디스플레이하고자 하는 문자열이 저장된 배열(또는 버퍼)의 시작 번지를 인수로 넘겨줘야 한다.
- 프로그램의 수행을 보면 while(*StrPtr) 조건문에서 문자열 포인터 StrPtr이 가리키는 번지에 저장되어 있는 문자의 코드가 NULL이 아니면 PutCharacter(*StrPtr++) 문이 수행되어 한 글자가 LCD에 표시된다.
- PutCharacter(*StrPtr++) 문은 현재 StrPtr 포인터가 가리키는 번지에 저장된 문자의 코드인 *StrPtr을 LCD로 출력하여 디스플레이 하고, 다음 디스플레이 해야 할 문자의 번지로 진행하기 위해 StrPtr 포인터 값을 1 증가 시킨다. (StrPtr++)
- 디스플레이 해야 할 문자열이 다 출력되면 마지막으로 NULL, 즉 '\0' 코드를 만나게 되는데 이때 *StrPtr의 값이 0이 되고 따라서 while(*StrPtr) 문의 조건이 거짓이 되어 루프를 빠져나옴으로써 문자열 디스플레이를 완성하게 되는 것이다.

※ 참고 6-5:

- 앞에서 언급했던 것처럼 C 컴파일러에서는 const라는 변수형 변경자를 사용할 수 있고 변수 선언 시 이 변경자를 붙이면 그 변수 값은 ATmega128이 가지고 있는 내부의 FLASH ROM에 저장되게 된다.
- 일반적으로 화면에 디스플레이 되는 문자열들은 프로그램 수행 중 그 내용이 변하는 경우가 거의 없기 때문에 이런 문자열들을 대부분 다음 예와 같이 ROM에 저장시키는 것이 좋다.

```
const char String[17] = { "Hello !" };
```

- 이렇게 const 형으로 선언되어서 ROM에 저장된 문자열을 앞에서 만든 PutString() 함수로 디스플레이 하기 위해서는 문자열에 대한 포인터 역시 const 형으로 변경해 주어야 한다.
- 다음에 이와 같이 ROM에 저장된 문자열을 디스플레이 할 수 있도록 수정된 함수인 PutString_ROM() 함수를 보인다.
- 이 함수 역시 다음 절에서 만들고자 하는 lcd.c 파일에 같이 저장하도록 한다.

```
void PutString_ROM(const char *StrPtr)  {

  while(*StrPtr)  PutCharacter(*StrPtr++);
}
```

6.3.9 LCD 디스플레이 구동 함수 모음: lcd.c 파일

○ 앞으로 이장의 예제뿐만 아니라 다른 장에서도 출력 표시장치로서 LCD를 사용할 경우가 빈번할 것이다.

○ 따라서 그때마다 앞에서 만들어 놓은 각종 LCD 함수들을 다시 타이핑하여 프로그램 소스 리스트에 포함시키는 다는 것은 대단히 비생산적인 일이다.

○ 이럴 경우 앞의 6.5.1절부터 6.5.8절까지 만들어 놓은 LCD 관련 함수들을 별도의 파일에 모아 두고 필요할 때 #include 문을 통해 프로그램으로 불러들여 컴파일하면 대단히 효율적으로 프로그램 개발 작업을 관리 할 수 있다.

○ 여기서는 이 파일 이름을 lcd.c라고 하였다.

○ 다음은 lcd.c 파일의 내용인데 앞에서 개발했던 각종 LCD 관련 함수들 및 그 함수들에서 사용되는 모든 라벨들에 대한 정의문들을 포함하고 있다.

○ 본 실습에서는 MCU 포트 C에 LCD 모듈의 데이터 버스를 연결시키고 MCU 포트 B의 비트 5, 6, 7에 LCD 모듈의 E, RW, RS 핀들을 연결시켜서 실습을 진행하려고 한다.

- 따라서 이섬을 염두에 두고 다음 정의 문들을 이해하면 편할 것이다.

○ 이제 다음의 lcd.c 파일을 작성하여 inc 폴더에 저장하도록 하자.

lcd.c 파일

```
#define   F_CPU   16000000UL// MCU의 클럭 주파수 정의

#include<avr/io.h>
#include<util/delay.h>     // delay 라이브러리 함수 정의

// LCD 관련 각종 라벨 정의
#define   LCD_DATA_PORT            PORTC
#define   LCD_DATA_PORT_DDR        DDRC
#define   LCD_CONTROL_PORT         PORTB
#define   LCD_CONTROL_PORT_DDR     DDRB
#define   LCD_E                    7 // E 단자: MCU의 PB7 핀에 연결됨
#define   LCD_RW                   6 // RW 단자: MCU의 PB6 핀에 연결됨
#define   LCD_RS                   5 // RS 단자: MCU의 PB5 핀에 연결됨
#define   BACK_LIGHT               4 // Back light Control, PB4 핀에 연결

// LCD 모듈에 이네이블 펄스를 공급하는 함수
void EnablePulse(void)  {

  LCD_CONTROL_PORT &= ~(1<<LCD_E);   // E 단자에 '0' 인가
  LCD_CONTROL_PORT |= 1<<LCD_E;     // E 단자에 '1' 인가
  _delay_us(40);        // 1uS 딜레이 동안 '1' 유지
  LCD_CONTROL_PORT &= ~(1<<LCD_E);   // E 단자에 다시 '0' 인가
}

// LCD 모듈의 하드웨어 기능 설정 함수
void FunctionSet(void)  {

  // 명령어 쓰기 모드로 설정
  LCD_CONTROL_PORT &= ~((1<<LCD_RW) | (1<<LCD_RS));

  LCD_DATA_PORT = 0x38; // 8 비트, 2 라인 5 x 8 폰트
  EnablePulse();

}

// LCD 디스플레이 클리어 함수
void ClearLCD(void)  {

  // 명령어 쓰기 모드로 설정
  LCD_CONTROL_PORT &= ~((1<<LCD_RW) | (1<<LCD_RS));

  LCD_DATA_PORT = 0x01;  // 클리어 명령(0x01)
  EnablePulse();
```

```
  _delay_ms(1.5);

}

// 커서 제어 함수
void Cursor(char CursorMode, char BlinkingMode)  {
  unsigned char Tmp;

  // 명령어 쓰기 모드로 설정
  LCD_CONTROL_PORT &= ~((1<<LCD_RW) | (1<<LCD_RS));

  // 커서 모드와 깜박임 모드 인수 결합
  Tmp = (CursorMode<<1) | BlinkingMode;
  LCD_DATA_PORT = Tmp | 0x0C;
  EnablePulse();
  _delay_ms(1.5);

}

// LCD 디스플레이 모듈 초기화 함수
void InitLCD(void)  {

  LCD_DATA_PORT_DDR = 0xFF; // LCD 데이터 포트를 출력으로 설정
  // LCD RS, RW, E를 연결할 포트 핀들을 출력으로 설정
  LCD_CONTROL_PORT_DDR = (1<<LCD_E) | (1<<LCD_RW) | (1<<LCD_RS);

  // 초기 RS = RW = 0로 설정  LCD 모듈에 대한 명령어 쓰기 모드
  LCD_CONTROL_PORT &= ~((1<<LCD_RW) | (1<<LCD_RS));

  _delay_ms(15);   // 15 mS 이상 대기

  LCD_DATA_PORT = 0x30;  // 기능설정(8 비트 인터페이스)
  EnablePulse();

  _delay_ms(5);       // 5.0 mS(>4.1 mS) 대기

  LCD_DATA_PORT = 0x30;  // 기능설정(8 비트 인터페이스)
  EnablePulse();

  _delay_ms(0.1);    // 100 uS 대기

  LCD_DATA_PORT = 0x30;     // 기능설정(8 비트 인터페이스)
  EnablePulse();

  _delay_ms(1.5);
```

```
    LCD_DATA_PORT = 0x38;  // 8 비트, 2 라인 5 X 8 폰트
    EnablePulse();

    LCD_DATA_PORT = 0x08;  // Display OFF
    EnablePulse();

    LCD_DATA_PORT = 0x06;  // Entry mode 설정, 커서 오른쪽으로 이동
    EnablePulse();

    LCD_DATA_PORT = 0x0C;  // Display ON, 커서 안 보임, 깜박임 없음
    EnablePulse();

}

// 커서 좌표 지정 함수
void GotoXY(unsigned char X, unsigned char Y)  {

    // 명령어 쓰기 모드로 설정
    LCD_CONTROL_PORT &= ~((1<<LCD_RW) | (1<<LCD_RS));

    // 메모리 주소 계산하고 주소 설정 명령어로 변환하여 LCD로 출력
    LCD_DATA_PORT = 0x40*Y + X + 0x80;
    EnablePulse();
}

// 한 문자 디스플레이 함수
void PutCharacter(unsigned char Character)  {

    // RS = 1, RW = 0로 설정하여 데이터 쓰기 모드로 설정
    LCD_CONTROL_PORT |= 1<<LCD_RS;
    LCD_CONTROL_PORT &= ~(1<<LCD_RW);

    // LCD 모듈의 데이터 버스로 디스플레이 하고자 하는 문자의 ASCII 코드 전송
    LCD_DATA_PORT = Character;
    EnablePulse();
}

// SRAM에 저장된 문자열 디스플레이 함수
void PutString(unsigned char *StrPtr)  {

    while(*StrPtr)  PutCharacter(*StrPtr++);
}

// const 형으로 FLASH ROM에 저장된 문자열 디스플레이 함수
```

```
void PutString_ROM(unsigned char const *StrPtr)  {

  while(*StrPtr)  PutCharacter(*StrPtr++);
}
```

※ 참고 6-6:

- 위의 lcd.c 파일을 보면 #define LCD_DATA_PORT PORT, ... 하는 식으로 정의해 두고 각각의 LCD 함수들에서는 실제 포트 이름을 사용하는 대신 이 라벨들을 사용하는 것을 볼 수 있을 것이다.
- 여러분들 생각에는 각 함수에서 예를 들면 LCD_DATA_PORT = 0x38 하는 대신 그냥 PORTC = 0x38이라고 하면 될 텐데 무엇 때문에 저렇게 복잡한 방법을 쓸까 하는 의구심이 들 수도 있을 것이다.
- 그런데 만약 어떤 이유로 LCD 모듈의 연결이 현재 포트가 아닌 다른 포트로 옮겨져야 한다면 어떤 일이 생길까 ?
- 당연히 현재 프로그램으로는 새로 연결된 LCD 모듈을 구동할 수가 없고 새로운 연결에 사용된 포트 이름으로 프로그램을 수정해 주어야 한다.
- 이 경우 만약 위와 같은 define문을 사용하지 않았다면 여러분들은 모든 LCD 함수에서 PORTC, DDRC, PORTB, DDRB 하는 식으로 구체적인 포트 명을 사용하여 프로그래밍을 했었을 것이고 새로 연결된 포트 명으로 수정하기 위해서는 그 많은 LCD 함수들을 찾아다니며 일일이 수정해 주어야 하는 불상사가 발생될 것이다.
- 이때 위와 같이 define 문을 사용하게 되면 프로그램의 맨 선두에 있는 define 문내에서 새로운 포트 명을 한번만 수정해주면 나머지는 컴파일러가 알아서 모든 라벨들을 수정된 포트 명으로 치환해주니 얼마나 편리한가 ?
- 이것이 바로 저자가 항상 강조하는 프로그램 개발의 생산성에 직결되는 것이니 독자 여러분들도 최대한 위와 같은 프로그래밍 습관에 익숙해 질 것을 권한다.

○ lcd.c의 내용은 우리가 6.5.1 ~ 6.5.8에 걸쳐 만들었던 LCD 모듈 구동을 위한 기본 함수들을 모아 놓은 것이기 때문에 별 특이점은 없는데 맨 마지막 부분을 보면 참고 6-5에서 언급한 PutString_ROM()이라는 함수가 추가되어 저장되어 있는 것을 알 수 있을 것이다.

○ 따라서 여러분들은 일반 변수로 선언된 문자열을 디스플레이 할 때는 PutString() 함수를 사용하고 const 형으로 선언된 문자열을 디스플레이 할 때는 PutString_ROM() 함수를 사용하면 된다.

6.4 실습 6-1: LCD 화면에 문자열 표시하기(ex6-1)

6.4.1 실습 목표

○ LCD 화면에 그림 6.10과 같은 내용을 디스플레이 해 보자.

Y 좌표 \ X 좌표	0	1	2	3	4	5	6	7	8	9	10	11	12	13	14	15
0					L	C	D		T	e	s	t				
1		I	s		i	t		w	o	r	k	i	n	g	?	

그림 6.10 LCD 디스플레이 예

6.4.2 필요 기술 및 프로그래밍 알고리즘

(1) 필요 기술

○ 6.3절에서 LCD 모듈을 초기화 하는 것부터 지정된 위치에 문자열을 출력하는 함수까지 필요한 모든 함수를 만들면서 설명하였기 때문에 더 이상 설명이 필요한 기능은 없을 것이다.

○ 다만 프로그램 작성 시 6.3절에서 만들어 둔 lcd.c 파일을 #include 명령으로 불러서 포함시켜 주어야 한다는 사실을 명심하기 바란다.

(2) 프로그래밍 알고리즘

○ 일단 LCD 구동에 관한 함수들이 잘 만들어지고 나면 LCD 모듈에 2줄의 텍스트를 쓰는 정도의 프로젝트는 흡사 우리가 3장에서 맨 처음 LED를 켰을 때와 비슷한 정도로 쉬운 일로서 프로그램은 필요한 함수에 대한 몇 개의 호출문들로만 구성된다.

6.4.3 프로그램 소스 리스트

예제 6-1: LCD에 2행의 문자열 디스플레이 하기 ex6-1.c

```
#include  "../../../inc/ex.h"
#include  "../../../inc/lcd.c"

#define     BACK_LIGHT  4

// 전역 변수 선언
const char Message[2][17] = {"LCD TEST", "Is it working?" };

int main(void)  {

  // LCD초기화
  InitLCD();
  LCD_CONTROL_PORT_DDR |= 1<<BACK_LIGHT;
  LCD_CONTROL_PORT |= 1<<BACK_LIGHT;

  GotoXY(4,0);  // LCD의 첫째 줄 5 번째 칸으로 커서 이동
  PutString_ROM(Message[0]);   // LCD TEST 디스플레이
  GotoXY(1,1);  // LCD의 둘째 줄 4 번째 칸으로 커서 이동
  PutString_ROM(Message[1]);   // Can you see? 디스플레이

  while(1);
}
```

6.4.4 프로그램 설명

- Message 변수는 LCD의 디스플레이 크기와 같은 2×16 2차원 배열로 선언되어 있으며 배열의 1 행에는 LCD의 1 행에 써질 "LCD TEST" 라는 문자열이 저장되어 있고 배열의 2 행에는 LCD의 2행에 써질 "Is it working?" 이라는 문자열이 저장되어 있다.
- 그리고 이 문자열 배열 변수 Message는 const 형으로 선언되어 있어서 실행 파일이 만들어 질 때 ATmega128 MCU의 FLASH ROM에 저장된다.
- 따라서 프로그램의 후반에서 이 문자열을 디스플레이 하기 위해 PutString_ROM() 함수를 호출하고 있는 것을 볼 수 있을 것이다.
  - 이미 알고 있겠지만 프로그램에서 Message 배열의 크기가 [2][17]로 선언된 것은 2행 17열의 문자를 취급하겠다는 것인데 한행의 문자 개수가 17로 선언된 이유는

LCD의 한 행에 표시하는 문자 16자와 문자열의 마지막을 나타내는 NULL 문자 ('\0') 한 자를 합친 결과이다.

> **※ 참고 6-7:**
>
> - C 언어에서 문자형 배열 변수 선언 시 " "를 사용하여 초기치를 설정할 수 있는데 이때 예를 들어 "Hello"라고 하면 C 컴파일러가 이 문자열을 메모리에 저장시킬 때 'H', 'e', 'l', 'l', 'o' 의 ASCII 코드를 메모리에 저장한 다음 마지막으로 문자열의 끝을 알리는 NULL 문자 ('₩0')를 저장한다.
> - 따라서 문자열 배열을 선언할 때는 반드시 (취급하는 문자열의 길이 + 1)의 크기를 갖도록 선언해 주어야 함을 명심해야 한다.

○ 프로그램이 워낙 단순하니 더 설명할 것도 없지만 문자열을 디스플레이 하는 PutString_ROM() 함수를 호출하는 방법에 대해 간단하게 설명하면 다음과 같다.

- PutString_ROM() 함수의 호출 인자는 디스플레이 하고자 하는 문자열의 시작 번지 또는 그 번지 값을 갖는 포인터 변수이다.
- 그런 의미에서 첫 행 "LCD Test"를 디스플레이 하기 위해서는 이 문자열의 시작 문자인 'L' 자가 저장된 번지를 인자로 하여 PutString_ROM() 함수를 호출하면 된다.
  - Message 배열에서 'L' 자는 Message[0][0]에 저장되어 있으므로 변수의 번지를 얻는 연산자 &를 사용하여

    ```
    PutString_ROM(&Message[0][0]);
    ```

    라고 하면 "LCD Test"를 디스플레이 할 수 있다.

- 그런데 C 컴파일러는 1차원 배열의 이름에 그 배열이 저장된 시작 번지를 할당한다.
  - 예를 들어 char a[10] = { "Hello" }; 라고 배열 선언을 했다면 이 배열의 이름인 a가 문자열 "Hello"가 저장되는 메모리의 시작 번지를 갖게 되는 것이다.
  - 따라서 이 경우에는 배열 이름 a 또는 &a[0] 모두 문자열의 시작 번지를 갖는다.
- 배열이 2차원 이상이 되면 어떻게 될까 ?
  - 배열이 2차원 이상이 되면 맨 하위 차원에서 생기는 1차원 배열의 이름에 각각의 선형 배열의 시작번지가 할당된다.
  - 예를 들어 위의 ex6-1.c 프로그램에서 선언된 char Message[2][17] = { "LCD TEST", "Is it working?" }; 배열은 2차원 배열이며 이 배열이 메모리에 저장되는 형식은 그림 6.11과 같다.

Message[0][0] Message[0][1] ....

Message[0] 행	4C	43	44	20	54	45	53	54	00
	L	C	D		T	E	S	T	\0

Message[1][0] Message[1][1] ....

Message[1] 행	49	73	20	69	74	20	77	6F	72	6B	69	6E	67	3F	00
	I	s		i	t		w	o	r	k	i	n	g	?	\0

주: 배열의 □ 안에 있는 모든 데이터는 16진수이며 바로 해당 문자의 ASCII 코드이다.

그림 6.11 2차원 배열내의 문자열 데이터 저장

- 그림에서 보듯이 Message[0] 행을 구성하는 1차원 배열에 "LCD TEST"가 저장되어 있고 Message[1] 행을 구성하는 1차원 배열에는 "Is it working?"이 저장되어 있음을 알 수 있다.
- 이때는 Message[0]이 "LCD TEST"가 저장된 1차원 배열의 이름이 되어 이 배열의 시작 번지를 가지며 Message[1]은 "Is it working?"이 저장된 1차원 배열의 이름이 되고 마찬가지로 이 배열의 시작 번지를 갖는다.
- 따라서 PutString_ROM(Message[0]), PutString_ROM(Message[1])과 같이 하여 LCD 화면에 각각의 문자열을 디스플레이 할 수 있는 것이다.

자, 이제 ex6-1.c 프로그램을 편집하고 컴파일한 후 다운로드하여 실행시켜 LCD의 디스플레이를 즐겨 보자.

6.5 실습 6-2: 디지털 시계 구현(ex6-2)

6.5.1 실습 목표

○ LCD 화면에 그림 6.12와 같이 디스플레이 되는 디지털시계를 구현하고자 한다.

X 좌표

Y 좌표	0	1	2	3	4	5	6	7	8	9	10	11	12	13	14	15
0				C	L	O	C	K		V	1	.	0			
1			1	2	:	3	4	:	5	6			P	M		

그림 6.12 디지털시계의 디스플레이 모양

○ 이 예제에서 취급하는 시계는 LCD 디스플레이를 재미있게 응용해 보려고 만드는 것이기 때문에 시계로서의 가장 원시적인 기능만 갖도록 한다.

- 즉, 시계가 작동되는 중 시간 수정 기능도 없으며 초기 시간도 프로그램 수행이 시작될 때 시간, 분, 초 변수에 지정된 시간으로부터 출발한다.

6.5.2 필요 기술 및 프로그래밍 알고리즘

(1) 필요 기술

○ 디지털시계를 만들기 위해서는 1초에 한 번씩 시간이 조정되게 하는 시간신호가 필요하다.

- 여기서는 간단하게 delay.h에 있는 딜레이 함수를 사용하여 시계를 구동하는 시간 신호를 만들고자 한다.

○ 다만 항상 강조하듯이 필요한 함수를 잘 만들어 두면 main() 함수를 아주 편리하게 설계할 수 있고 나중 프로그램의 가독성도 높일 수 있기 때문에 여기서는 시간, 분, 초의 변수 값을 받아서 LCD에 디스플레이 시킬 수 있는 ASCII 문자열로 변환하는 함수를 만들어서 사용하고자 한다.

- 이 문자열은 나중 PutString() 함수를 이용해서 바로 디스플레이 될 수 있다.

○ 이 함수를 설계하기에 앞서 우선 그림 6.12를 보면 LCD에 디스플레이 될 시간 데이터는 다음과 같은 형식의 문자열로 변환될 수 있음을 알 수 있을 것이다.

```
"12:34:56bbPM"
```

- 여기서 b는 blank(공백문자)로서 ASCII 코드는 0x20이다.

○ 새로운 시간이 갱신될 때마다 시간 데이터를 위와 같은 형식의 문자열로 변환하여 LCD_DisplayBuffer라는 배열에 저장하고 PutString(LCD_DisplayBuffer); 명령문을 사용하면 간단하게 현재의 시간을 LCD 모듈에 표시할 수 있다.

○ 우리가 만들고자 하는 함수는 바로 이 시간, 분, 초, 오전/오후 데이터를 입력받아 ASCII 문자열로 변환 한 다음 LCD_DisplayBuffer 배열에 저장하는 역할을 한다.

○ 버퍼 내에서 시간, 분, 초 등의 ASCII 데이터가 저장되어야 할 위치를 쉽게 알아보기 위해 그림 6.13에 LCD_DisplayBuffer 배열의 구조를 보여준다.

0	1	2	3	4	5	6	7	8	9	10	11	12
0x31	0x32	0x3A	0x33	0x34	0x3A	0x35	0x36	0x20	0x20	0x50	0x4D	0x00
시간		:	분		:	초		공백 2개		오전/오후		NULL

그림 6.13 LCD_DisplayBuffer 배열의 구조

- 그림 6.13을 보면 LCD_DisplayBuffer 배열은 시간 표시 문자열 12 바이트와 문자열의 끝을 알리는 NULL코드('\0')를 합쳐 총 13 바이트로 구성됨을 알 수 있다.
- 그림 6.13에서 굵은 선으로 표시된 부분은 시간이 변함에 따라 계속 새로운 데이터로 갱신되어야 하는 부분이며 가는 선으로 된 부분은 한번 그 값이 주어지면 이후로는 불변인 부분이다. (시간 사이의 경계자 ':', 공백문자, AM/PM의 'M'문자 등)

○ 따라서 우리가 만들고자 하는 변환함수는 시간, 분, 초, 오전/오후 변수 값을 받아 각각 ASCII 코드로 변환한 뒤 시간 데이터는 LCD_DisplayBuffer[0]과 [1]에, 분 데이터는 LCD_DisplayBuffer[3]과 [4]에, 초 데이터는 LCD_DisplayBuffer[6]과 [7]에 저장하면 되고 마지막 오전/오후 데이터는 'A' 또는 'P'의 ASCII 코드를 LCD_DisplayBuffer[10]에 저장하는 기능을 수행하면 된다.

○ 이상의 설명을 근거로 작성된 변환 함수의 소스 리스트를 다음에 보인다. 여기서 변환 함수의 이름은 MakeData()라고 하였다.

```
// 시, 분, 초, AM/PM 값을 받아서 LCD에 디스플레이 될 수 있는 데이터
// 형태로 변환 후 LCD_DisplayBuffer에 저장 하는 함수
void MakeData(char Hour, char Min, char Sec, char AmPm)  {

  // 시간은 ASCII로 변환 후 LCD_DisplayBuffer[0] 및 [1]에 저장
  DecimalToASCII(Hour, 0);

  // 분을 ASCII로 변환 후 LCD_DisplayBuffer[3] 및 [4]에 저장
  DecimalToASCII(Min, 3);

  // 초를 ASCII로 변환 후 LCD_DisplayBuffer[6] 및 [7]에 저장
  DecimalToASCII(Sec, 6);

  // AM, PM 갱신
```

```
    if(AmPm==AM)  LCD_DisplayBuffer[10] = 'A';
    else  LCD_DisplayBuffer[10] = 'P';
}
```

- 보다시피 이 함수는 시간(Hour), 분(Min), 초(Sec), 오전오후(AmPm) 변수들의 값을 입력받아 다시 하위 함수인 DecimalToASCII() 함수를 3번 반복 호출하고 마지막으로 AmPm 변수의 값에 따라 LCD_DisplayBuffer[10]의 위치에 'A' 또는 'P'를 써 넣는 것으로 구성되어 있다.

○ 여기서 DecimalToASCII() 함수는 시간, 분, 초 변수의 값을 입력받아 각각 2자리의 ASCII 코드로 변환한 다음 LCD_DisplayBuffer 내의 지정된 장소에 저장하는 역할을 하는데 그 소스 리스트는 다음과 같다.

```
// 2자리 10진수를 받아 2 바이트의 ASCII 코드로 바꾼 후
// LCD_DisplayBuffer 내에 Index 변수가 가리키는 위치에 저장하는 함수
void DecimalToASCII(unsigned char Decimal, unsigned char Index)  {

    // 2 자리 10진수를 10으로 나누었을 때의 몫, 즉 10의 자리 수를 ASCII로
    // 변환한 뒤 LCD_DisplayBuffer 내의 Index 번째 위치에 저장하고
    // Index를 1 증가시켜 LCD_DisplayBuffer 내의 다음 위치로 이동
    LCD_DisplayBuffer[Index++] = Decimal/10 + 0x30;

    // 2 자리 10진수를 10으로 나누었을 때의 나머지, 즉 1의 자리 수를 ASCII로
    // 변환한 뒤 DisplayBuffer 내의 Index 번째 위치에 저장
    LCD_DisplayBuffer[Index] = Decimal%10 + 0x30;
}
```

- 이 함수도 단순한 구조로 되어 있어 이해가 어렵지 않을 것인데 동작은 다음과 같다.
  - ASCII 코드로 변환하고자 하는 2자리 수치를 갖는 변수 Decimal과 변환된 ASCII 코드를 저장하고자 하는 버퍼 내의 위치 번호(Index)를 인수로 받는다.
  - Decimal 변수가 가지고 있는 정수 데이터에 대해 /, % 연산으로 10의 자리와 1의 자리 수치들을 추출한 후 0x30을 더하여 ASCII 코드로 변환하여 각각 버퍼내의 Index, Index+1 위치에 저장한다.

(2) 프로그밍 알고리즘

○ 시계 알고리즘은 아주 간단하며 직선적이다.

- 1초가 지날 때마다 초 변수를 1씩 증가시키면서 디스플레이 하다가 60초가 되면 초 변수를 0으로 리셋하고 분 변수를 1 증가시키고 디스플레이 한다. 이런 식으로 시간까지 변경시키면서 12 시간씩 경과될 때마다 AM/PM을 변환시켜 주면 된다.

○ 그림 6.14에 시계 프로그램의 전체적인 플로차트를 보인다.

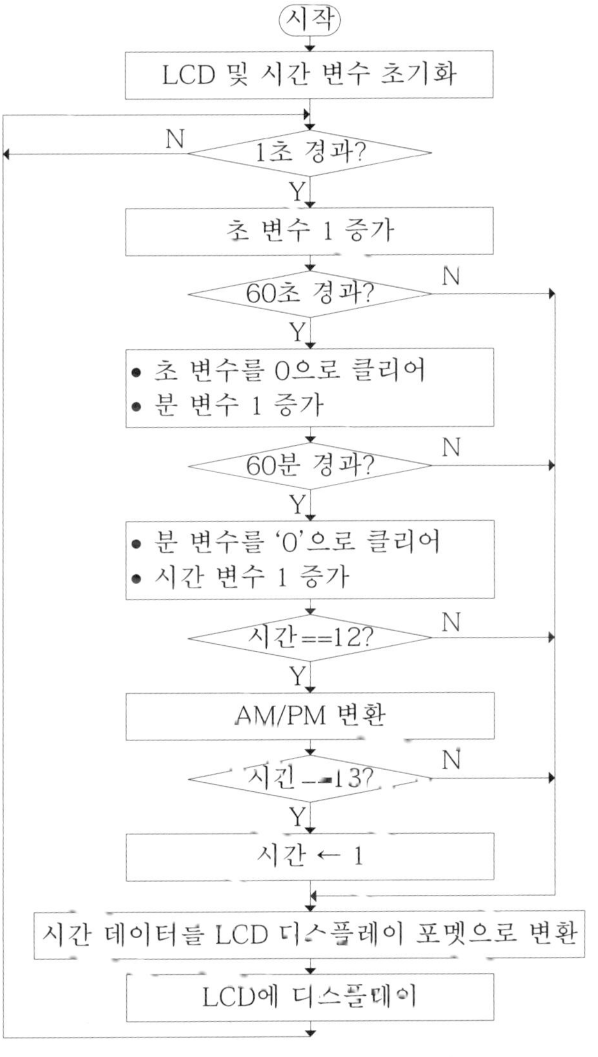

그림 6.14 디지털 클럭 순서도

6.5.3 프로그램 소스 리스트

실습 6-2: LCD 디지털 시계 ex6-2.c

```
#include  "../../../inc/ex.h"
#include  "../../../inc/lcd.c"

#define   ONE_SECOND     1000   // ms
#define   BACK_LIGHT     4

#define   AM             0
#define   PM             1
#define   SECOND_INIT    55
#define   MINUTE_INIT    59
#define   HOUR_INIT      11
#define   AMPM_INIT      AM

unsigned char LCD_DisplayBuffer[13] = {"00:00:00  AM"};
unsigned char Title[11] = {"Clock V1.0"};

// 2자리 10진수를 받아 2자리의 ASCII 코드로 바꾼 후
// LCD_DisplayBuffer내에 Index 변수가 가리키는 위치에 저장하는 함수
void DecimalToASCII(unsigned char Decimal, unsigned char Index)  {

  // 2 자리 10진수를 10으로 나누었을 때의 몫, 즉 10의 자리 수를 ASCII로
  // 변환한 뒤 LCD_DisplayBuffer 내의 Index 번째 위치에 저장하고
  // Index를 1 증가시켜 LCD_DisplayBuffer 내의 다음 위치로 이동
  LCD_DisplayBuffer[Index++] = Decimal/10 + 0x30;

  // 2 자리 10진수를 10으로 나누었을 때의 나머지, 즉 1의 자리 수를 ASCII로
  // 변환한 뒤 DisplayBuffer 내의 Index 번째 위치에 저장
  LCD_DisplayBuffer[Index] = Decimal%10 + 0x30;
}

// 시, 분, 초, AM/PM 값을 받아서 LCD에 디스플레이 될 수 있는 데이터
// 형태로 변환 후 LCD_DisplayBuffer에 저장 하는 함수
void MakeData(char Hour, char Min, char Sec, char AmPm)  {

  // 시간을 ASCII로 변환 후 LCD_DisplayBuffer[0] 및 [1]에 저장
  DecimalToASCII(Hour, 0);

  // 분을 ASCII로 변환 후 LCD_DisplayBuffer[3] 및 [4]에 저장
  DecimalToASCII(Min, 3);

  // 초를 ASCII로 변환 후 LCD_DisplayBuffer[6] 및 [7]에 저장
```

```
  DecimalToASCII(Sec, 6);

  // AM, PM 갱신
  if(AmPm==AM)  LCD_DisplayBuffer[10] = 'A';
  else  LCD_DisplayBuffer[10] = 'P';
}

int main(void)  {

  char Sec, Min, Hour, AMPM;


  // LCD 백라이트 ON
  LCD_CONTROL_PORT_DDR |= 1<<BACK_LIGHT;
  LCD_CONTROL_PORT |= 1<<BACK_LIGHT;

  // LCD초기화
  InitLCD();


  // 시간 변수 초기화
  Sec = SECOND_INIT;   // 초의 초기치 설정
  Min = MINUTE_INIT;   // 분의 초기치 설정
  Hour = HOUR_INIT;    // 시의 초기치 설정
  AMPM = AMPM_INIT;    // AM, PM의 초기치 설정

  // 시간의 초기 치에 대한 디스플레이 문자열 구성
  MakeData(Hour, Min, Sec, AMPM);  // ASCII로 변환

  // LCD 첫째 줄에 시계 프로그램의 제목 표시
  GotoXY(3,0);// 커서를 LCD 첫째 줄 넷째 칸으로 이동
  PutString(Title);
  GotoXY(2,1);// 커서를 LCD 두 번째 줄 셋째 칸으로 이동
  PutString(LCD_DisplayBuffer);    // 시간의 초기 값 표시

  while(1)  {
    Delay_ms(ONE_SECOND);    // 1 초 대기
    Sec++;  // 1초 증가
    if(Sec==60)  {
      Sec = 0;  // 60초가 되면 초 변수 값은 0으로 하고
      Min++;    // 분 변수 값을 1 증가
      if(Min==60)  {
        Min = 0;  // 60분이 되면 분 변수 값은 0으로 하고
        Hour++;  // 시 변수 값을 1 증가
        if(Hour==12)  {
```

```
            if(AMPM==AM)  AMPM = PM;  // 12시가 되면
            else   AMPM = AM;    // AM, PM 변환
          }
          if(Hour==13)  Hour = 1;   // 13시가 되면 1시로 정정
        }
      }

      // LCD에 현재의 시간을 디스플레이
      MakeData(Hour,Min, Sec, AMPM);
      GotoXY(2,1);// LCD의 두 번째 줄의 시간 디스플레이 자리로 이동
      PutString(LCD_DisplayBuffer);
    }
  }
```

6.5.4 프로그램 설명

○ 그림 6.14의 플로차트와 ex6-2.c 메인 프로그램은 거의 1:1 대응이 되는 수준이기 때문에 부연 설명이 필요 없을 것이다.

○ 실제 시계를 구현하는 부분은 while 루프 안에 있는 것이 전부이다. 얼마나 간단한가?

○ 이것은 LCD 구동과 디스플레이 데이터 변환에 필요한 기능들을 모듈화 하여 함수로 미리 구현해 놓았기 때문에 가능한 것이며 이 사실로부터 적절한 서브루틴 함수들을 잘 구비해 놓는 것이 프로그램을 효율적으로 작성하는데 얼마나 중요한가를 다시 한 번 실감할 수 있을 것이다.

연습문제

E6.1 이 장에서 소개된 LCD 모듈에서는 1행에 16자 보다 긴 문자열을 출력시키면 17번째 문자가 2행의 첫 번째 자리에 디스플레이 되지 않는다. 그 이유를 설명하라. (힌트: LCD 모듈의 사용자 매뉴얼에서 디스플레이 메모리 맵을 참조)

E6.2 ASCII 코드 테이블을 참조하여 “ATmega128 MCU” 문자열의 ASCII 코드 열을 구해 보라. (단 “ ” 내부dml ATmega128 MCU 문자열에 대해서만 실시할 것)

E6.3 LCD 문자디스플레이의 사용자 매뉴얼을 참고하여 다음의 명령어에 대해 학습하고 그 기능을 요약하여 정리해보라.

① 홈 복귀 명령(Home Command)
② 엔트리 모드(Entry Mode) 설정 명령
③ 커서 또는 화면 시프트 명령(Cursor or Display Shift Command)

연습과제

T6.1 ex6-1.c 프로그램을 수정하여 일정한 주기로 메시지 전체를 깜박이게 하고자 한다. 여기서 메시지가 깜박인다는 것은 메시지가 디스플레이 되었다가 일정 시간 후 전체 디스플레이가 지워지고 다시 일정 시간 후 메시지가 디스플레이 되는 ... 식을 무한 반복하는 것을 말한다. ex6-1.c 프로그램을 다음에 제시하는 3가지 각각의 방법으로 수정하여 실행시켜 보고 차이점을 비교해 보라.

① LCD의 두 줄 모두에 공백문자(blank)를 써 넣는 것으로 LCD 화면을 지움으로써 디스플레이가 깜박이도록 하여 보라.
② 6.3.3절의 LCD 클리어 함수를 사용하여 LCD 화면을 지움으로써 디스플레이가 깜박이도록 하여 보라.
③ 6.3절에 소개된 여러 명령 코드들 중 적절한 명령 코드를 사용하여 LCD 디스플레이가 깜박이도록 하여 보라.

T6.2 c 프로그램을 수정해서 LCD 백라이트를 끈 채로 디스플레이 한 뒤 수정 이전 원래 프로그램으로 디스플레이 했을 때와의 밝기 차이를 비교해 보라?

프로젝트

P6.1 3장에서 사용했던 푸시 버튼을 이용하여 스톱워치(Stop watch)를 구현하고자 한다. 시간은 분:초:1/100초 의 식으로 표시되며 프로그램이 시작되면 LCD 화면상에 00:00:00 이 디스플레이 되고 푸시버튼이 눌려지면 1/100 초 간격으로 디스플레이가 변하도록 한다. 시간이 변하는 중 다시 푸시 버튼이 눌려지면 디스플레이가 정지하여 버튼이 눌려진 순간의 경과 시간이 표시되도록 한다.

다시 푸시 버튼이 눌려지면 시간 표시가 00:00:00 하는 식으로 리셋 되며 다시 버튼이 눌려 지면 시간 측정이 개시된다.

즉, 푸시 버튼 하나로 Stop watch의 Start/Stop 기능은 물론 시계 리셋 기능까지 모두를 순서적으로 제어하도록 하는 프로그램을 개발하여 보라.

CHAPTER

07

인터럽트(Interrupt) 응용 - 외부 인터럽트

인터럽트는 CPU가 내장된 모든 시스템, 즉 범용 컴퓨터는 물론 임베디드 시스템 등에서 활용되는 가장 중요한 기능으로서 시스템의 하드웨어 자원(resource)을 가장 효율적으로 사용할 수 있게 하는 기법이다.

C 프로그래밍을 학습할 때 포인터 변수라는 걸 배웠으며 이 포인터가 고수준 언어인 C를 사용하여 거의 기계어 수준으로 시스템 자원을 효율적으로 취급할 수 있게 한다는 것도 배웠을 것이다. 그래서 혹자는 포인터의 사용이 어렵다고 느끼기도 했을 텐데 그렇지만 이 포인터를 사용하지 못하면 고난이도의 효율적인 프로그래밍을 할 수가 없다.

하드웨어 시스템에서 인터럽트라는 것이 바로 C 언어에서의 포인터와 같은 것으로서 올바로 이해하고 사용하면 하드웨어적으로나 소프트웨어적으로 아주 효율적이고 수준 높은 시스템의 설계와 프로그래밍이 가능해진다.

다음은 이 장에서 학습하고자 하는 내용을 구체적으로 정리한 것이며 본문의 내용도 이 순서에 따라 전개해 나갈 것이다.

- 인터럽트의 개념 이해
- 인터럽트의 종류
- 인터럽트 처리 절차 이해
- ATmega128 MCU의 인터럽트
- 외부 인터럽트 실습

7.1 인터럽트란?

○ 책상에 앉아 어떤 업무를 보고 있는데 갑자기 옆에 둔 휴대폰의 벨이 울리면 어떻게 하는가? 대부분의 경우 현재의 업무를 잠시 멈추고 휴대폰을 확인하게 될 것이다.

○ 컴퓨터시스템의 CPU도 이와 같이 어떤 프로세스 수행 중 갑자기 다른 프로세스가 끼어들 수 있게 하는 수단이 있는데 이것을 "인터럽트"라고 한다.

○ 인터럽트의 사전적인 의미는 "가로막다", "중단시키다", "방해하다" 등으로 별로 좋지 않은 의미인데 컴퓨터시스템에서는 "가로채기 하다"라는 의미로 해석된다.

○ 그러면 "가로채기 하다"라는 것은 무슨 의미일까?

- 모든 컴퓨터 프로그램은 별다른 지시가 없는 한 소위 top-down 방식이라고 해서 여러분들이 작성한 소스 프로그램(source program)의 맨 윗줄부터 아래로 내려가면서 한 줄 한 줄 명령문을 수행하게 된다.
- 정상적인 top-down 상태에서 벗어나 프로그램 수행의 흐름이 바뀌는 것은 while, for 문에 의한 루프나 if 문에 의한 건너뛰기(jump) 또는 다른 함수(일반적으로는 서브루틴이라 함)에 대한 호출문이 수행될 때뿐이다.
- 그런데 프로그램이 정상적으로 수행되던 중 어떤 비정상상태(흔히 컴퓨터 용어로는 이를 "예외상황(Exception)"이라 한다)가 발생되면 급히 이 사실을 CPU에게 알려서 수행 중이던 프로그램을 멈추고 예외상황을 처리하는 루틴으로 점프하여 상황을 수습한 후 다시 원래의 프로그램으로 되돌아와서 수행을 계속 이어가야 할 때가 있다.
- 바로 이 상황을 "가로채기"라고 하며 이때 이 예외상황을 처리해 주는 루틴이 있어야 하는데 이것을 인터럽트 서비스 루틴(ISR: Interrupt Service Routine)이라고 한다.

○ 그림 7.1에 프로그램의 흐름에 변화가 생기는 몇 가지 예를 도식적으로 보여준다.

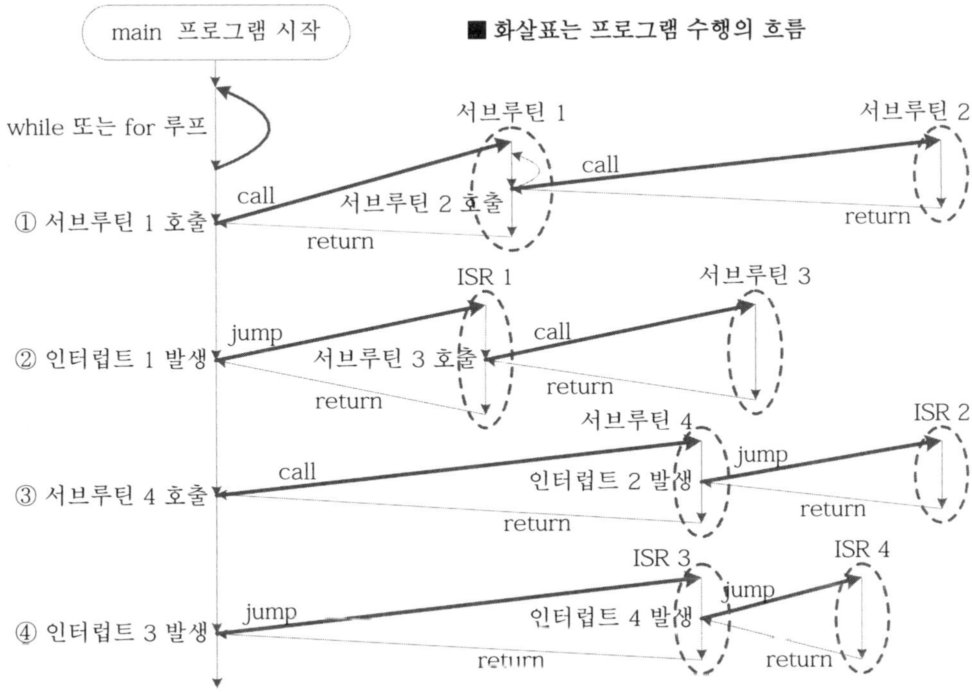

그림 7.1 프로그램 실행 흐름의 변화

○ 그림 7.1에서 가는 선으로 된 '→'는 정상적인 프로그램 흐름의 방향을 나타내며 프로그램 수행 중 여러 가지 흐름 변화가 발생된 경우는 굵은 선으로 된 '→'로 강조해서 보여주고 있다.

- ①의 경우: Nested Call (함수 중복호출)
  - 주프로그램의 호출에 의해 서브루틴 1이 수행되는 중 다른 서브루틴 2에 대한 호출이 가능함을 보여주고 있다.
  - 당연히 프로그램 흐름은 서브루틴 2 수행완료 후 호출함수인 서브루틴1로 복귀하여 (return 이라 한다) 서브루틴1의 나머지 부분에 대한 수행을 완료하고 서브루틴1을 호출하였던 주프로그램으로 다시 복귀하여 주프로그램의 나머지 부분에 대한 수행을 이어간다.
- ②의 경우:
  - 주프로그램 수행 중 인터럽트1이 발생되어 인터럽트 서비스 루틴(ISR1)으로 점프하여 서비스 중 다른 서브루틴 3에 대한 호출이 가능함을 보여주고 있다.
- ③의 경우:
  - 서브루틴4 수행 중 인터럽트 발생 및 서비스가 가능함을 보여주는데 주프로그램 수

행 중 서브루틴4가 호출되어 수행되고 이 서브루틴 수행 중 인터럽트2가 발생되어 ISR2가 수행되는 것을 보여주고 있다.

- ④의 경우:
  - 인터럽트 서비스 루틴 수행 중 새로운 인터럽트 발생 및 서비스가 가능함을 보여주는데 주프로그램 수행 중 인터럽트3이 발생되어 ISR3이 수행되고 있는 중 다시 인터럽트4가 발생되어 ISR4가 수행되는 것을 보여주고 있다.
  - 이 경우에는 당연히 인터럽트4가 인터럽트3 보다 또 더 급히 처리되어야 하는 일이어야 하고 이때 인터럽트4가 인터럽트3보다 우선순위가 높다고 하는데 이 우선순위에 대해서는 뒤에 다시 자세하게 설명될 것이다.

※ 참고 7-1:

- 그림 7.1을 보면 서브루틴 호출이나 인터럽트 서비스 루틴으로의 점프 모두 어떤 프로그램으로 흐름이 넘어 갔다가 그 실행이 끝나면 다시 원래의 프로그램으로 복귀한다는 점에서는 양상이 똑 같음을 알 수 있다.
- 그러나 서브루틴 호출과 인터럽트 서비스는 발생 원인이 완전히 다르며 그 차이점은 다음과 같다.
  ① 서브루틴은 사용자의 필요에 의해 호출되는 것이기 때문에 항상 프로그램의 같은 자리에서 호출이 일어난다. 즉, 프로그램을 실행시킬 때마다 항상 같은 지점에서 동일 서브루틴 호출이 발생한다는 것이다. 반면 인터럽트는 프로그램 외부의 사정에 의해 발생되는 것이기 때문에 발생 시점을 예측할 수가 없다. 이런 점에서 서브루틴은 프로그램과 동기되었다고 하고 인터럽트는 비동기라고 한다. (예외로 소프트웨어 인터럽트는 사용자가 의도적으로 명령을 통해 발생시키는 인터럽트이기 때문에 프로그램과 동기이다)
  ② ①과 같은 이유로 서브루틴은 의도적으로 호출하는 것이기 때문에 호출 시 서브루틴 수행에 필요한 데이터를 인수로 넘겨줄 수도 있고 또 실행결과를 되돌려 받을 수도 있다. 반면 인터럽트는 예측 불가능한 시점에 발생되기 때문에 인수를 넘겨줄 수도 없고 결과적으로 되돌려 받는 값도 없다.
- 그런데 어떤 응용 프로그램에서 인터럽트 서비스 루틴으로 데이터를 넘겨주고 처리된 결과를 되돌려 받아야 하는 경우가 있다면 어떻게 하면 될까?
  - 이 경우에는 처리하고자 하는 데이터와 되돌려 받고자 하는 데이터를 모두 전역변수(global variable)로 선언하여 사용하면 된다.

○ 이제 이 정도의 사전 지식을 가지고 인터럽트의 개념과 인터럽트를 서비스 하는데 수반되는 몇 가지 중요한 사항을 이해하기 위해 사람의 일상생활에서 인터럽트와 유사한 상황을 살펴보자.

- 예를 들어 내가 내 방에서 책을 읽고 있다고 하자. 여기서 책을 읽는다는 것은 현재 내가 수행하는 작업, 즉 컴퓨터에서의 주프로그램에 해당하는 것이다. 그런데 책을 읽고 있던 중 안방에 계시던 아버지께서 갑자기 나를 불러 물을 떠오라는 심부름을 시키시면 어떻게 해야 할까?
  - 이때 아버지께 물을 떠다 드리는 작업은 책을 읽는 현재 작업에 대한 인터럽트가 되고 당연히 인터럽트로 들어 온 아버지의 명령은 내가 책을 읽는 것보다 더 급히 받들어야 할 작업이기 때문에 나는 얼른 물을 떠서 아버지께 갔다 드리고 (이것을 "**인터럽트를 서비스** 한다"고 한다) 다시 나의 방으로 되돌아와 아까 읽던 그 다음 지점부터 책을 읽기 시작할 것이다.
  - 이것이 인터럽트의 기본 개념이다.
- 위의 인터럽트를 서비스하기 위해서, 즉 물을 떠다 드리기 위해서 나는 이 인터럽트를 처리하는데 필요한 장소인 부엌에 갔다 와야 했다. 그런데 만약 아버지가 물이 아니라 약을 사오라고 시키셨으면 나는 약국을 다녀와야 하고 담배를 사 달라고 시키셨으면 가까운 담배 가게를 다녀와야 한다.
- 이와 같이 인터럽트를 서비스하기 위해서는 인터럽트를 발생시키는 발생원과 요구사항에 따라 다녀와야 하는 곳이 부엌, 약국, 담배 가게와 같이 달라지는데 이런 다녀와야 하는 곳을 **ISR(Interrupt Service Routine)**이라 한다.
- 그러면 아버지의 물심부름을 하고 있는 중에 건넌방에 있던 형이 나도 물 좀 떠 달라고 하면 어떻게 해야 할까?
  - 나보다 위인 형이 시키는 일이기 때문에 심부름을 안 해 줄 수는 없겠지만 현재 형보다 더 웃어른이신 아버지의 심부름을 수행하고 있는 중이기 때문에 당연히 형의 명령은 무시되고 아버지의 심부름 수행을 계속하게 될 것이다. 일단 아버지의 심부름이 끝나면 그 때에야 형의 심부름을 하든지 또는 그 사이 성격 급한 형이 스스로 물을 가져다 마셨으면 심부름 없이 다시 내 방으로 돌아와서 아까 읽던 내용을 이어가든지 하면 된다.
- 역으로 책을 읽는 중, 형이 미리 물을 가져다 달라는 심부름을 요구해서 서비스하고 있는데 아버지께서도 물을 가져다 달라고 하면 어떻게 해야 할까?
  - 이 경우 형의 심부름과 아버지의 심부름은 모두 인터럽트이고 형이 미리 요구를 했지만 아버지가 더 웃어른이시기 때문에 형에 대한 서비스를 잠시 미루고 지금 떠가던 물을 아버지께 먼저 가져다 드려야 할 것이다. 이것이 인터럽트의 더 고급 개념인 **우선순위(Priority)**라는 것이다. 일반적으로 한 시스템에는 여러 개의 인터럽트 발생원

(예에서는 아버지와 형)이 있고 각각의 인터럽트 발생원은 그들에게 부여된 우선순위를 갖는다.

- 이제 마지막으로 여러분들이 아주 중요한 내용을 읽고 있어서 이 부분을 다 읽을 때까지는 아버지든 형이든 그 누구의 심부름도 하고 싶지 않을 때는 어떻게 하면 될까?
  - 앞에서 예로든 물심부름의 경우에는 아버지나 형의 인터럽트가 "소리"로 인식되기 때문에 이를 인식하지 않기 위해서는 귀마개로 귀를 막아 소리를 차단하면 된다.
  - 그리고 중요한 부분을 다 읽고 난 뒤 귀마개를 빼면 다시 외부로부터의 소리를 들을 수 있어서 인터럽트를 받아들일 수 있는 정상상태로 되돌아 올 수 있다. 이것이 인터럽트의 동작을 이해하는 마지막 개념으로서 인터럽트를 차단(disable) 또는 가능(enable)하게 하는 **인터럽트 마스크(interrupt mask)**라는 것이다.

○ 자, 이제 인터럽트에는 어떤 종류가 있으며 어떤 장치에 의해 발생되는지에 대해 알아보자.

7.2 인터럽트의 종류

○ 모든 CPU(일반적인 프로세서, 마이크로컨트롤러 포함)는 인터럽트를 취급하는 기능이 구비되어 있으며 이 인터럽트는 발생원이 CPU 내부에 있느냐 외부에 있느냐에 따라 내부 인터럽트(Internal Interrupt)와 외부 인터럽트(External Interrupt)로 구분되고 또한 인터럽트의 발생원이 하드웨어냐 소프트웨어냐에 따라 하드웨어 인터럽트(Hardware Interrupt)와 소프트웨어 인터럽트(Software Interrupt)로 구분된다.

○ 그림 7.2에 대표적인 인터럽트의 종류 및 인터럽트 발생원을 보여 준다.

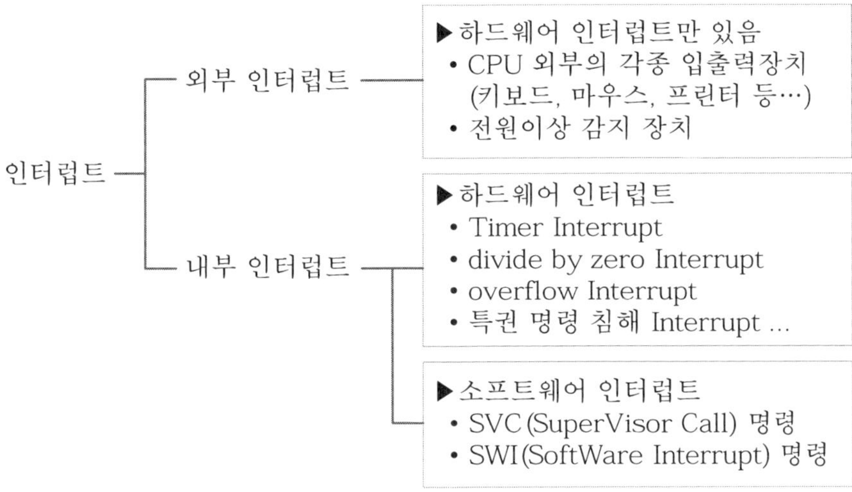

그림 7.2 인터럽트의 종류

7.2.1 내부 인터럽트

○ 내부 인터럽트는 인터럽트 발생 원인이 CPU 내부에 있는 것으로서 주된 원인으로는 타이머의 동작, 보호 모드로 동작할 때의 특권명령어 침해, 나눗셈 연산 시 분모가 0인 경우, 계산된 수치가 표현 범위를 벗어나는 오버플로(overflow) 등이 있는데 사람으로 비유하면 몸의 내부에서 일어나는 배고픔, 졸림, 아픔, 심장발작 등과 같은 비상상태가 여기에 해당된다.

- 당연히 이중에서 심장발작이 최우선 순위를 갖는 것처럼 CPU의 내부 인터럽트에도 우선순위가 있다.

○ 내부 인터럽트는 발생 원인에 따라 다시 하드웨어 인터럽트와 소프트웨어 인터럽트로 나누어진다.

- 내부 하드웨어 인터럽트는 CPU의 어떤 연산 또는 동작 결과에 의해 발생되는 인터럽트로서 앞에서 언급한 타이머 동작, 특권명령어 침해, 나눗셈 연산 시 분모가 0인 경우, 계산된 수치가 표현 범위를 벗어나는 오버플로(overflow) 등이 여기에 속한다.
- 내부 소프트웨어 인터럽트는 프로그래머가 필요에 의해 프로그램 수행 중 의도적으로 발생시키는 인터럽트이다.
  - 이 인터럽트는 인터럽트를 발생시키는 명령어를 실행시키면 발생된다.
  - 이런 명령의 주된 용도는 보호모드(Protection Mode)가 작동 중인 운영체제(OS:

Operating System) 상에서 실행되는 사용자 프로그램이 상위계층의 시스템 함수를 호출하고자 할 때 사용된다.

– 이 명령들은 본 교재의 범위를 벗어나기 때문에 여기서는 더 이상 다루지 않는다.

7.2.2 외부 인터럽트

○ 외부 인터럽트는 그림 7.2에 보인 것과 같이 하드웨어 인터럽트만 있으며 CPU의 외부에 연결된 하드웨어 장치로부터 발생되는 인터럽트로서 실제 우리가 사용하고 있는 컴퓨터의 경우 마우스, 키보드, 프린터, 외장 하드드라이브 등 모든 입출력장치들이 외부 인터럽트에 기반하여 운영되고 있다.

○ 외부에서 발생된 인터럽트가 CPU에 의해 받아들여지기 위해서는 CPU 칩에 그 신호를 받아들일 수 있는 핀이 있어야 한다.

○ 외부 장치로부터 공급되는 인터럽트 신호는 당연히 디지털 신호이며 이 신호가 어떤 상태일 때 CPU에 의해 인터럽트로 인식되는가에 따라 레벨 트리거(level trigger) 형과 에지 트리거(edge trigger) 형으로 나누어진다.

- 레벨 트리거는 CPU의 인터럽트 핀에 '0' 또는 '1'의 레벨을 인가하고 있을 때 인터럽트로 인식되는 것을 말하는데 예를 들어 '0' 레벨을 인터럽트로 인식하는 CPU인 경우 외부 장치는 평상 시 CPU의 인터럽트 핀에 '1'을 공급하고 있다가 인터럽트를 발생시키고자 할 때 이 핀에 '0'을 공급하여 유지하고 있으면 된다.
  – 그러나 레벨 트리거는 인터럽트 서비스가 끝나기 전 인터럽트 핀의 상태가 원래의 상태로 복귀해 있지 않으면 인터럽트 서비스 루틴을 수행하고 주프로그램으로 돌아가자마자 또다시 인터럽트 발생 조건이 유지되고 있어서 반복적으로 같은 인터럽트가 걸리는 문제가 발생될 수 있기 때문에 잘 사용되지 않는다.
- 에지 트리거는 CPU 인터럽트 핀에 '1' → '0' 또는 '0' → '1'과 같은 논리 상태 천이(transition)가 발생되는 순간 인터럽트가 인식되며 전자를 네거티브 에지 트리거(negative edge trigger) 또는 하강에지 트리거(falling edge trigger)라고 하고 후자를 포지티브 에지 트리거(positive edge trigger) 또는 상승에지 트리거(rising edge trigger)라고 한다.
  – 에지 트리거형은 아주 짧은 천이 구간에 의해 인터럽트가 발생되고 인식되기 때문에 레벨 트리거에서 언급했던 것과 같은 타이밍 문제로부터 자유로워서 널리 사용되는 방식이다.

○ 거의 대부분 외부 인터럽트는 에지 트리거형을 사용하고 있지만 상용 마이크로컨트롤러들은 모든 형태의 인터럽트 발생원에 대응할 수 있도록 사용자가 적절한 설정을 통해 인식 가능한 인터럽트 트리거의 형태를 선택할 수 있게 하고 있다.

○ 외부에서 인터럽트를 발생시킬 수 있는 발생원은 무수히 많고 CPU의 핀 개수는 제한적이기 때문에 상용 CPU는 단지 몇 개의 핀을 인터럽트용으로 할당하고 있다.

○ 따라서 인터럽트 핀의 개수보다 많은 외부 인터럽트 발생원을 사용하고자 할 때는 인터럽트 발생원들끼리 핀을 공유하여 사용하도록 회로를 구성하여 주면 된다.

7.3 인터럽트 서비스

○ 어떤 원인에 의해 인터럽트가 발생되면 CPU는 우선 인터럽트가 발생되었다는 사실을 인식해야 하고 다음은 인터럽트 발생원을 찾아서 해당 ISR을 수행함으로써 인터럽트 발생 원인에 대한 적절한 조치를 취해 줄 수 있게 된다.

○ 물론 이 과정 중에는 앞에서 언급했던 인터럽트 마스크, 인터럽트 우선순위 등과 같은 기능과 개념들도 함께 동작하게 된다

○ 이 절에서는 바로 이와 같이 어떤 인터럽트가 발생되었을 때 그 인터럽트가 CPU에 의해 어떻게 인식되어 서비스 될 수 있는지에 대한 구조를 설명하고자 한다.

7.3.1 인터럽트 인식(Interrupt Recognition)

○ 인터럽트 인식이라는 것은 인터럽트 발생원이 발생시킨 인터럽트 신호(에지 또는 레벨)가 최종적으로 CPU에게 알려지는 것을 의미한다.

○ 컴퓨터 구조를 공부하는 학생이 아니면 여기서 소개되는 하드웨어에 대한 자세한 이해는 필요 없을 수도 모르지만 7.1절에서 소개했던 인터럽트 마스크, 인터럽트 우선순위, 인터럽트 벡터와 같은 중요한 개념을 이해하기 위해서는 한번쯤은 세심하게 읽고 넘어가는 것이 좋을 것이다.

○ 그림 7.3에 2개의 외부 인터럽트 발생원과 3개의 내부 인터럽트 발생원을 가지는 CPU의 예를 들어 인터럽트와 관련된 하드웨어 블록 다이어그램을 보인다.

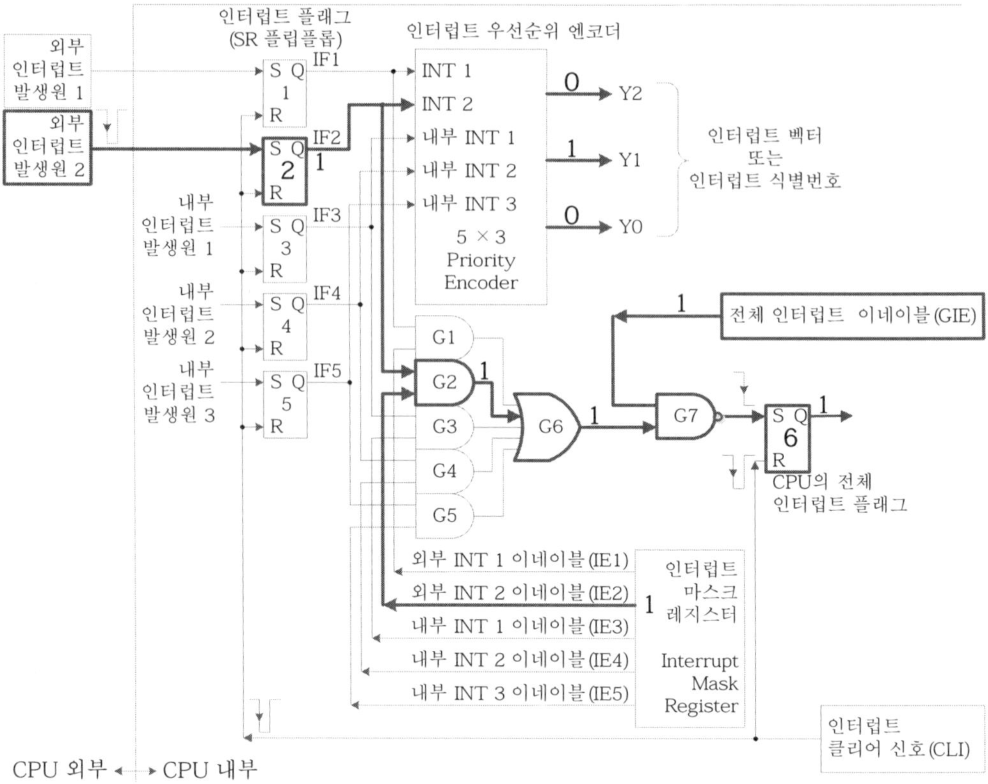

그림 7.3 CPU 내부의 인터럽트 관련 기능 블록도

○ 이제 그림 7.3을 보면서 외부장치에서 발생된 인터럽트가 어떤 경로를 거쳐 CPU에 의해 인식되는지를 알아보자.

- 그림에서는 외부 인터럽트 발생원2가 인터럽트를 발생시켰다는 가정 하에 그 처리와 관계되는 신호의 흐름을 쉽게 인식할 수 있도록 굵은 실선으로 표시하고 있다.
  ① 그림 7.3에서 좌측 상단에 있는 외부 인터럽트 발생원2가 인터럽트를 요구하기 위해 하강 에지 트리거 신호를 발생시킨다.
  ② 이에 따라 SR 플립플롭으로 구성되는 인터럽트 플래그 비트 IF2의 출력이 '1'로 세트된다.
  ③ 이 IF2 비트는 인터럽트 우선순위 엔코더에 가해져서 Y2Y1Y0 출력 핀으로 외부 인터럽트2에 해당하는 인터럽트 벡터 "010"을 발생시킴과 동시에 밑에 있는 AND 게이트 G2에 인가된다.
  ④ AND 게이트 G2의 다른 한쪽의 입력은 인터럽트 마스크 레지스터의 외부 인터럽트2 이네이블 비트인 IE2로부터 공급되는데 현재 IE2 비트 값에 따라 AND 게이트 G2의

출력이 결정된다.

– IE2 = '1': 외부 인터럽트2는 이네이블 되었다고 하고 이에 따라 외부 인터럽트2의 인터럽트 플래그 비트 IF2의 '1'이 G2, G6 게이트를 거쳐 NAND 게이트 G7의 한 입력으로 인가되어 ⑤번으로 진행한다.

– IE2 = '0': 외부 인터럽트2는 디스에이블 되었다고 하고 이때는 IF2 비트가 '1'이드라도 AND 게이트 G2의 출력이 '0'이 되어 외부 인터럽트2의 발생 사실이 CPU에 전달되지 못하고 상황은 종료된다.

⑤ NAND 게이트 G7의 다른 한쪽 입력은 전체 인터럽트 이네이블 비트 GIE(Global Interrupt Enable)로부터 공급되는데 현재 이 비트는 '1'이기 때문에 NAND 게이트 G7의 출력에 '1' → '0'로의 천이(transition)가 발생된다.

– 위의 ④번 단계에서 언급되었던 인터럽트 마스크 레지스터는 본 예에서 취급되는 5개의 인터럽트 각각에 대해 개별적으로 이네이블, 디스에이블을 제어하는 역할을 하고 GIE 비트는 전체 인터럽트에 대해 이네이블, 디스에이블을 제어하는 역할을 한다.

– 따라서 GIE 비트가 '0'이면 개별 인터럽트의 이네이블, 디스에이블 상태에 관계없이 그 어떤 인터럽트도 CPU에게 전달되지 못한다.

⑥ 마지막으로 NAND 게이트 G7의 출력에 의해 SR 플립플롭 6이 세트('1') 되면서 전체 인터럽트 플래그가 '1'이 되어 CPU에게 인터럽트 발생 사실이 전해지게 된다.

○ 인터럽트 발생 사실을 인지하는 이 과정에는 "인터럽트 마스크"라는 인터럽트에 있어서 아주 중요한 개념이 사용되었다.

- 거의 대부분의 인터럽트는 사용자의 프로그램 명령으로 인터럽트 마스크 비트를 '0' 또는 '1'로 설정함으로써 해당 인터럽트를 디스에이블 또는 이네이블 시킬 수 있는데 이런 인터럽트를 maskable interrupt라고 한다.

  – 이것은 앞의 설명에서 아버지, 형의 호출을 차단하기 위해 사용했던 귀마개의 기능에 해당한다.

- 반면 컴퓨터 전원 장치의 이상이라든지, 메모리의 패리티 체크 에러(parity check error)와 같이 컴퓨터의 정상적인 동작에 치명적인 결함을 초래할 수 있는 긴박한 상황 역시 인터럽트를 발생시켜 이 사실을 CPU에 알리는데 이런 인터럽트는 그 심각성 때문에 절대 디스에이블 시킬 수 없도록 하고 있으며 이런 인터럽트를 non-maskable interrupt(NMI)라고 한다.

○ 대부분의 CPU들은 사용자의 편의를 위해 여러 개의 인터럽트 마스크 비트들을 모아

하나의 레지스터로 구성하여 제어하는데 이를 인터럽트 마스크 레지스터(Interrupt Mask Register)라고 하며 ATmega128 MCU 내부에도 역시 인터럽트 마스크 레지스터가 있다.

7.3.2 인터럽트 발생원 식별

○ 7.3.1 절에서 설명한 절차에 의해 인터럽트가 발생되었다는 사실을 인식하게 되면 CPU는 다음 단계로 내부, 외부 인터럽트 발생원 5개 중 어느 것이 인터럽트를 요구했는지를 식별해야 한다. (그래야 여러 개의 서비스 루틴 중 해당 서비스 루틴으로 점프하여 요구를 서비스 할 수 있다)

- 이 식별과정에는 인터럽트의 **우선순위(Priority)**와 **벡터(Vector)**라는 2가지 중요한 개념이 사용된다.

○ CPU가 인터럽트 발생원을 식별하는 기법에는 여러 가지가 있지만 여기서는 혼란을 피하기 위해 그림 7.3을 모델로 하는 기법만 설명하고자 한다. (실제 ATmega128 MCU도 그림 7.3과 같은 기법을 사용한다)

○ 그림 7.3을 보면 인터럽트 플래그 비트들의 출력은 인터럽트 우선순위 엔코더(priority encoder)에 인가되고 엔코더는 3비트의 출력 $Y_2Y_1Y_0$를 생성하고 있다.

- 이때 $Y_2Y_1Y_0$에 출력되는 3비트의 값을 인터럽트 식별번호 또는 벡터라고 한다.
- 이 예에서는 5 종류의 인터럽트 발생원만 구별하여 주면 되기 때문에 식별번호(또는 벡터) 구성에 3비트만 사용하면 된다.

○ 인터럽트 우선순위 엔코더의 동작을 이해하기 위해 다음 표 7.1을 보자.

○ 표 7.1에서 인터럽트 플래그(IF)의 값이 '0'이면 해당 인터럽트가 발생하지 않은 것이며 '1'이면 발생한 것이다.

○ 또 'X'는 don't care 조건으로서 '0' 또는 '1', 즉, 인터럽트가 발생하든 안하든 관계없다라는 의미로 해석된다.

○ 표의 설명 칸에 설명이 다 되어 있어서 대충 짐작하겠지만 이 표에서는 인터럽트 1(INT1)의 우선순위가 제일 높고 인터럽트2, 3, ...로 갈수록 우선순위가 낮아진다.

- 인터럽트1이 발생되어 IF1 플래그가 '1'로 세트되면 다른 플래그들의 상태에 관계없이('X') $Y_2Y_1Y_0$ 출력에는 인터럽트1의 식별번호(벡터)인 "001"이 출력된다.
- 인터럽트2의 식별번호인 "010"이 출력되기 위해서는 반드시 인터럽트1이 발생되

지 않은 상태(IF1 = '0')에서 인터럽트2가 발생되어야 하며 이때 하위 우선순위를 갖는 인터럽트 플래그 IF3, IF4, IF5 들의 상태는 상관없다(IF3 = IF4 = IF5 = 'X').

○ 따라서 CPU는 인터럽트 발생이 인지되면 바로 우선순위 엔코더의 출력 값으로부터 어느 인터럽트 발생원이 인터럽트를 요구했는지 식별할 수 있게 되고 해당 서비스 루틴으로 점프하여 요구사항을 처리할 수 있게 되는 것이다.

표 7.1 우선순위 인코더(Priority Encoder)의 진리치표

IF1	IF2	IF3	IF4	IF5	Y2	Y1	Y0	설명
0	0	0	0	0	0	0	0	아무런 인터럽트도 발생하지 않은 상태
1	X	X	X	X	0	0	1	INT 1 발생. 다른 INT 발생여부에 관계없이 외부 INT 1의 벡터 번호 출력
0	1	X	X	X	0	1	0	INT 1 발생 안함. 이 상태에서 INT 2 발생. 하위 INT 들의 발생여부에 관계없이 외부 INT 2의 벡터 번호 출력
0	0	1	X	X	0	1	1	INT 1, 2 발생 안함. 이 상태에서 INT 3 발생. 하위 INT 4, 5들의 발생여부에 관계없이 외부 INT 3의 벡터 번호 출력
0	0	0	1	X	1	0	0	INT 1, 2, 3 발생 안함. 이 상태에서 INT 4 발생. 하위 INT 5의 발생여부에 관계없이 외부 INT 4의 벡터 번호 출력
0	0	0	0	1	1	0	1	INT 1 - 4 발생 안함. 이 상태에서 INT 5 발생. 외부 INT 5의 벡터 번호 출력

그 외에 인터럽트와 관계되는 사항들이 많이 남아 있지만 컴퓨터구조에 대한 이해가 없을 수도 있는 독자들에게 더 이상의 자세한 설명은 오히려 혼란을 초래할 수 있기 때문에 여기서는 이 정도로 일반적인 인터럽트 시스템에 대한 이해를 마무리 하려 한다.

이제 CPU에서의 인터럽트에 관한 전반적인 개념을 이해하였으므로 다음 절에서는 ATmega128 MCU에서 취급하는 인터럽트에 대해 간단하게 알아보자.

이 장에서는 외부 인터럽트를 사용하여 인터럽트 서비스와 우선순위 개념 등을 체험하고 8장에서는 타이머 인터럽트를 응용하는 실습을 수행하게 될 것인데 인터럽트를 운용하는데 더 필요한 세부적인 사항들은 실습 과제를 해결하면서 필요할 때 설명하도록 하겠다.

7.4 ATmega128의 인터럽트

- ATmega128 MCU에는 8개의 외부 인터럽트(INT7 ~ INT0), 26개의 내부 인터럽트와 1개의 리셋(Reset, CPU를 초기 상태로 돌리는 신호로서 이것도 NMI의 일종으로 취급)을 합쳐서 모두 35개의 인터럽트를 취급하고 있다.
- 표 7.2에 ATmega128 MCU의 35개 인터럽트 종류를 보여 주며 이 장에서는 외부 인터럽트 0을 사용하여 인터럽트를 발생시키고 서비스하는 기법을 체험하게 될 것이다.
- 참고로 8장에서는 타이머0의 비교일치 인터럽트로 다른 실습을 하게 될 것인데 이를 강조하기 위해 표 7.2에는 INT0, TIMER0_COMP 인터럽트 항목들을 굵은 선으로 표시하여 보여주고 있다.

표 7.2 ATmega128의 인터럽트 리스트

인터럽트 벡터 번호	프로그램 시작번지	인터럽트 발생원	인터럽트 정의
1	0x0000	RESET	외부 핀, POR(Power On Reset), Brown-out Reset, Watchdog Reset, JTAGAVR Reset
2	0x0002	INT0	외부 인터럽트 0 (PD0 핀으로 입력)
3	0x0004	INT1	외부 인터럽트 1 (PD1 핀으로 입력)
4	0x0006	INT2	외부 인터럽트 2 (PD2 핀으로 입력)
5	0x0008	INT3	외부 인터럽트 3 (PD3 핀으로 입력)
6	0x000A	INT4	외부 인터럽트 4 (PE4 핀으로 입력)
7	0x000C	INT5	외부 인터럽트 5 (PE5 핀으로 입력)
8	0x000E	INT6	외부 인터럽트 6 (PE6 핀으로 입력)
9	0x0010	INT7	외부 인터럽트 7 (PE7 핀으로 입력)
10	0x0012	TIMER2 COMP	타이머/카운터 2 비교일치
11	0x0014	TIMER2 OVF	타이머/카운터 2 오버플로
12	0x0016	TIMER1 CAPT	타이머/카운터 1 캡쳐 이벤트(Capture Event)
13	0x0018	TIMER1 COMPA	타이머/카운터 1 비교일치 A
14	0x001A	TIMER1 COMPB	타이머/카운터 1 비교일치 B
15	0x001C	TIMER1 OVF	타이머/카운터 1 오버플로
16	0x001E	TIMER0 COMP	타이머/카운터 0 비교일치
17	0x0020	TIMER0 OVF	타이머/카운터 0 오버 플로

18	0x0022	SPI, STC	시리얼 전송 완료
19	0x0024	USART0, RX	USART0의 Rx(수신) 완료
20	0x0026	USART0, UDRE	USART0의 데이터 레지스터 빔
21	0x0028	USART0, TX	USART0의 Tx(송신) 완료
22	0x002A	ADC	ADC 변환 완료
23	0x002C	EE READY	EEPROM 준비 상태
24	0x002E	ANALOG COMP	아날로그 비교기
25	0x0030	TIMER1 COMPC	타이머/카운터 1 비교일치 C
26	0x0032	TIMER3 CAPT	타이머/카운터 3 캡쳐 이벤트(Capture Event)
27	0x0034	TIMER3 COMPA	타이머/카운터 3 비교일치 A
28	0x0036	TIMER3 COMPB	타이머/카운터 3 비교일치 B
29	0x0038	TIMER3 COMPC	타이머/카운터 3 비교일치 C
30	0x003A	TIMER3 OVF	타이머/카운터 3 오버 플로
31	0x003C	USART1, RX	USART1의 Rx(수신) 완료
32	0x003E	USART1, UDRE	USART1의 데이터 레지스터 빔
33	0x0040	USART1, TX	USART1의 Tx(송신) 완료
34	0x0042	TWI	2선 시리얼 인터페이스
35	0x0044	SPM READY	Store Program Memory Ready

○ 표는 인터럽트 벡터 번호, 프로그램(ISR) 시작번지, 인터럽트 발생원, 인터럽트 정의의 4개 열로 구성되어 있는데 인터럽트 정의는 각 인터럽트를 간략히 설명하고 있는 열이기 때문에 생략하고 나머지 열들의 의미를 요약하면 다음과 같다.

- 인터럽트 벡터 번호
  - 인터럽트 식별번호로서 그림 7.3의 우선순위 엔코더에서 생성되는 번호인데 ATmega128 MCU에서는 낮은 번호일수록 우선순위가 높다. 따라서 표 7.2를 보면 RESET이 우선순위가 가장 높고 그 다음 INT0, ... 하는 순서로 순위가 결정된다.
  - ATmega128 MCU는 이 번호를 보고 어떤 장치가 인터럽트를 발생시켰는지를 알게 되고 표의 다음 열에 있는 프로그램 시작번지를 찾아 가게 된다.
- 프로그램 시작번지
  - 각 인터럽트의 인터럽트 서비스 루틴(ISR)이 시작되는 번지를 말한다.
  - 인터럽트 서비스 루틴 역시 하나의 함수인데 인터럽트 발생원이 요구하는 일을 처리해 주는 프로그램이며 당연히 사용자가 만들어 주어야 하는 프로그램이다.
  - 예를 들어 외부 인터럽트0(INT0) 핀에 마우스 장치가 연결되어 있다면 마우스가 움직일 때 이 핀을 통해 인터럽트가 발생될 것이고 MCU는 발생된 인터럽트 벡터 번호가

2라는 걸 알고 0x0002번지로 가서 마우스 움직임을 처리해 주는 ISR 프로그램으로 점프하여 실행한다.

- 이때 ISR의 기능은 예를 들면 화면상에 마우스의 포인터 위치를 옮겨서 다시 그려 주는 것이 될 것이다.

• 인터럽트 발생원

- 이 열은 인터럽트 벡터 번호와 동등한 의미를 갖는데 인터럽트 ISR을 프로그래밍 할 때 기억하기 어려운 인터럽트 벡터 번호 대신 사용자가 쉽게 기억하고 사용할 수 있도록 붙여놓은 인터럽트 발생원 이름이다.

○ 표 7.2에 의하면 우리가 사용하고자 하는 외부 인터럽트 0의 이름은 INT0으로 정의되어 있음을 볼 수 있다.

7.5 외부 인터럽트 구동 회로

○ 이제 인터럽트의 개념에 대해 어느 정도 이해가 되었으니 ATmega128 MCU가 가지고 있는 외부 인터럽트 핀을 이용하여 간단한 실습을 수행함으로써 앞으로 여러분들의 응용 시스템에서 인터럽트를 구성하고 ISR을 생성시킬 수 있도록 하자.

○ 실제 응용 시스템에서 대부분 외부 인터럽트는 입출력장치들에 의해 발생되는데 입출력 장치들의 인터럽트 신호 핀을 MCU의 외부 인터럽트 핀에 연결하는 것만으로 회로가 구성되기 때문에 설계라는 것이 별도로 필요 없다.

○ 그러나 여기서는 실습을 위해 간단한 외부 인터럽트0(INT0)의 발생원을 만들어야 하기 때문에 그림 7.4와 같은 회로를 구성하였다.

○ 그림 7.4에서는 스위치 SW0이 인터럽트 발생원 역할을 하며 이 스위치는 MCU의 외부 인터럽트 핀 INT0 핀(PD0 핀)에 연결된다.

○ 이 스위치는 평상시는 열려 있어서 10㏀ 풀업 저항에 의해 인터럽트 핀에 논리 ‘1’이 인가되다가 인터럽트를 발생시키고자 할 때 스위치를 누르면 인터럽트 핀의 논리 값이 ‘0’이 되면서 MCU의 외부 인터럽트 핀에 ‘1’ → ‘0’의 하강 에지 신호가 인가되어 인터럽트가 발생되게 된다.

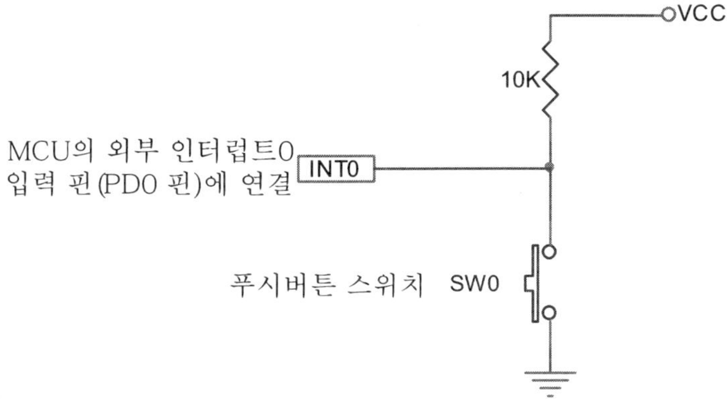

그림 7.4 외부 인터럽트 실습 회로

○ 즉, SW0 스위치를 누르면 MCU의 INT0 핀에 '1' → '0'의 하강 에지 신호가 발생되어 MCU에 외부 인터럽트0(INT0)이 발생되는 것이다.

○ 따라서 이 회로는 하강 에지 트리거를 사용하는 인터럽트이다.

7.6 하드웨어 조립

○ 이제 회로의 구조 및 설계에 대한 이해를 하였으니 실습을 위해 회로를 브레드보드에 조립하도록 한다.

7.6.1 필요 부품

○ 그림 7.4의 회로를 브레드보드에 조립하기 위해서는 저항 10kΩ 1개와 푸시버튼 스위치 1개 그리고 점퍼선 몇 개만 있으면 된다.

○ 그렇지만 이것만 가지고는 INT0이 발생되어서 MCU에 의해 인식되고 ISR이 실행되고 있다는 사실을 확인할 수가 없다.

○ 따라서 본 실습에서는 3장의 그림 3.8 회로(8개의 LED 회로)를 포트 A에 연결시켜 INT0이 발생했을 때 LED 점등의 형태를 변화시킴으로써 인터럽트가 인식되어 수행되는 결과를 눈으로 확인할 수 있도록 하고자 한다.

○ 따라서 3장의 LED 회로부까지 합하면 필요한 부품들은 다음과 같다.

- 10kΩ 저항 1개
- 푸시버튼 스위치 1개(브레드보드에 단자 삽입이 가능한 형태, FSM2JART)
- DIP 형 Bar Array LED 모듈 HDSP-4850 1개
- SIP 형 Array 저항 9X221J 1개
- 점퍼선

○ 그림 7.5에 본 실습회로에 사용되는 부품을 보인다.

그림 7.5 외부 인터럽트 실습회로에 사용되는 부품들

7.6.2 조립

○ 그림 7.6에 그림 7.4의 회로와 8개의 LED까지를 포함하는 회로의 완성된 조립도를 보인다.

○ 회로가 워낙 간단하기 때문에 그림 7.6을 보면서 조립하면 크게 어렵지 않을 것이다.

○ LED 회로부의 조립은 3장에서 다루었기 때문에 여기서는 더 이상 설명을 하지 않도록 하겠다.

※ 참고 7-2:

- 여기서 조립한 하드웨어 중 LED 부분은 8장에서 그대로 사용될 것이기 때문에 7장 실습이 끝났다고 해서 해체하지 말 것을 권한다.
- 나머지 부분, 푸시버튼 스위치와 저항은 이장의 실습이 끝난 후 브레드보드에서 제거해도 좋다.

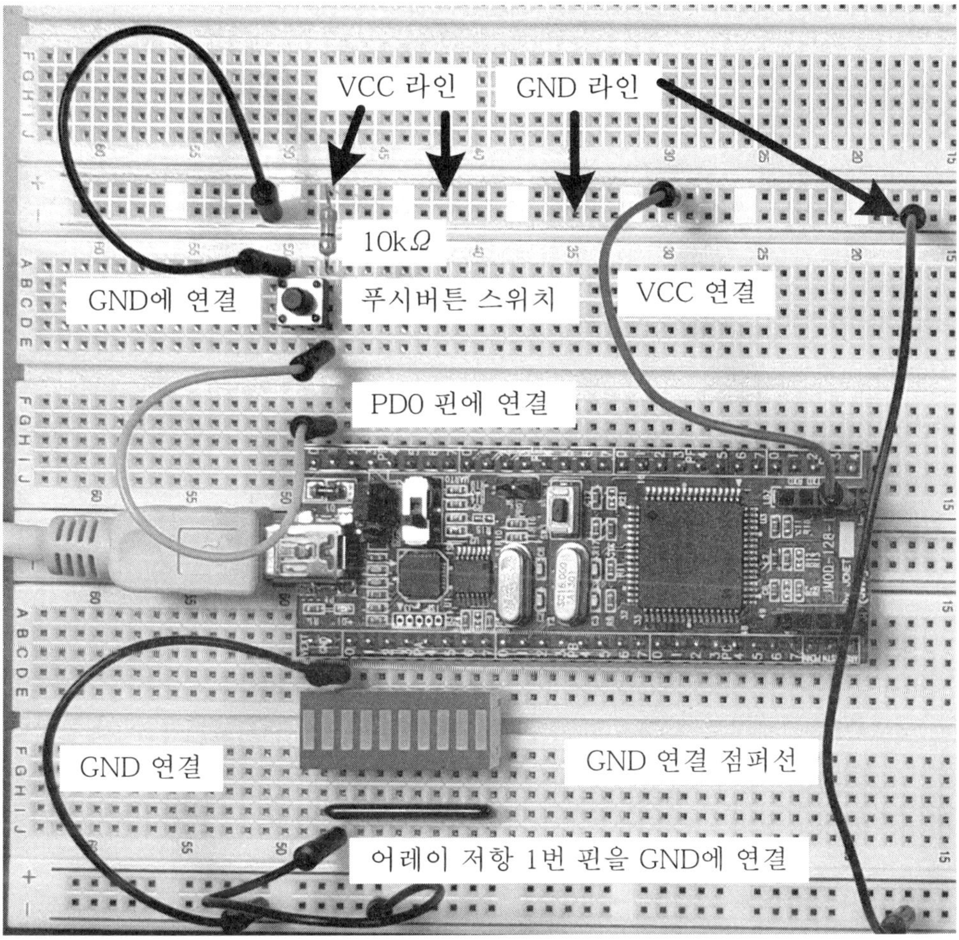

그림 7.6 외부 인터럽트 실습회로를 브레드보드에 조립한 모습

7.7 실습 7: 외부 인터럽트 발생 및 서비스(ex7)

7.7.1 실습 목표

○ 외부 인디럽트 INT0에 대응하는 ISR을 만들어 두고 SW0으로 INT0를 발생시키면서 해당 ISR이 구동되는 것을 확인한다.

7.7.2 필요 기술 및 프로그래밍 알고리즘

(1) 필요 기술

○ 본 실습의 하드웨어는 너무나 단순하기 때문에 하드웨어에 관한 특별한 기술은 전혀 필요하지 않다.

○ 따라서 여기에서는 프로그래밍 시 인터럽트를 사용하기 위해 필요한 사항들과 인터럽트의 결과를 눈으로 확인할 수 있게 하는 ISR을 어떻게 구성할 것인가에 대해서 설명하도록 하겠다.

○ 우선 외부 인터럽트를 사용하기 위해서는 다음과 같은 3단계의 준비 과정이 필요하다.

① EICR(External Interrupt Control Register)을 통해 외부 인터럽트 신호의 형태를 설정해 주어야 한다.

- 외부 인터럽트의 형태를 설정하는데 각 인터럽트 당 2비트씩을 사용하기 때문에 ATmega128 MCU가 취급하는 8개의 외부 인터럽트 전체를 위해서는 총 16비트가 필요하고 따라서 EICR은 2개의 8비트 레지스터 EICRA와 EICRB로 구성되는데 우리가 사용하고자 하는 외부 인터럽트 0을 설정하는 비트는 EICRA 레지스터에 포함되어 있다.
- EICRA 레지스터의 구성은 다음과 같으며 각 비트들의 초기 값은 모두 '0'이다.

어드레스카운터에 번지를 로드하는 명령어 코드

7	6	5	4	3	2	1	0
ISC31	ISC30	ISC21	ISC20	ISC11	ISC10	ISC01	ISC00
0	0	0	0	0	0	0	0

- 여기서 비트 이름 ISC는 Interrupt Sense Control의 약자이며 인터럽트 트리거를 어떤 신호로 할 것이냐를 설정하는 비트로서 각 인터럽트 당 2비트씩 할당되어 있는데 비트 조합에 따른 트리거 형태는 표 7.3과 같다.

표 7.3 외부 인터럽트 트리거 형태 설정

ISCn1	ISCn0	정의
0	0	INTn 핀에 low level('0')이 인가되면 인터럽트 발생
0	1	사용 안함(Reserved)
1	0	INTn 핀에 하강 에지 펄스가 인가되면 인터럽트 발생
1	1	INTn 핀에 상승 에지 펄스가 인가되면 인터럽트 발생

- 표에서 n은 외부 인터럽트의 번호로서 0 ~ 8까지의 값을 가지며 EICRA 레지스터가 외부 인터럽트 0 ~ 3을 위해 사용되고 EICRB 레지스터가 외부 인터럽트 4 ~ 7을 위해 사용된다.
- 우리의 실습 하드웨어는 INT0을 하강 에지에서 트리거 인터럽트로 설정하고자 하기 때문에 표 7.3에 의해 EICRA 레지스터를 다음과 같이 설정하면 된다.

EICRA 레지스터

7	6	5	4	3	2	1	0
ISC31	ISC30	ISC21	ISC20	ISC11	ISC10	ISC01	ISC00
0	0	0	0	0	0	1	0

```
EICRA &= 0xFC;
EICRA |= 0x02;
```

- 그냥 EICRA = 0x02;로 해도 될 것을 위와 같이 두 개의 명령문을 사용한 이유는 ISC01, ISC00 비트 조합만 "10"으로 설정하고 나머지 비트들은 이전 상태를 보존하겠다는 것을 의미한다.

② 인터럽트 마스크 레지스터를 통해 외부 인터럽트 0을 이네이블 시킨다.

- 외부 인터럽트 마스크 레지스터는 EIMSK(External Interrupt MaSK) 레지스터로서 그 구성은 다음과 같다.

EIMSK 레지스터

7	6	5	4	3	2	1	0
INT7	INT6	INT5	INT4	INT3	INT2	INT1	INT0
0	0	0	0	0	0	0	0

- EIMSK 레지스터의 초기치는 모든 비트들이 '0'으로 되어 있기 때문에 외부 인터럽트 0을 이네이블 시키기 위해서는 다음과 같이 설정하여 주어야 한다.

EIMSK 레지스터

7	6	5	4	3	2	1	0
INT7	INT6	INT5	INT4	INT3	INT2	INT1	INT0
X	X	X	X	X	X	X	1

```
EIMSK |= 0x01;   또는   EIMSK |= 1<<0;
```

- 여기서 '|' 연산을 사용하고 EIMSK 레지스터 값에 don't care 'X'가 있는 이유는 마스크 온 기능으로 INT0만 이네이블 시키고 다른 외부 인터럽트들은 이전 상태를 보존하겠다는 것을 의미한다.

③ 마지막으로 전체 인터럽트를 이네이블 시킨다.

- 앞의 그림 7.3에서 보았듯이 인터럽트들이 개별적으로 이네이블 되어 있더라도 전체 인터럽트를 이네이블 시키는 GIE(Global Interrupr Enable) 비트가 '0'으로 되어 있으면 모든 인터럽트가 디스에이블 된다.
- ATmega128 MCU도 이와 같은 기능을 가지는 비트가 있는데 SREG(Status REGister)의 비트 7 위치에 있는 I 비트가 바로 전체 인터럽트를 이네이블/디스에이블 하는 비트이다.
- 이 비트의 초기치는 '0' 인데 이때에는 개별 인터럽트가 이네이블 되어 있어도 전체 인터럽트가 디스에이블 되어 있어 MCU에 인터럽트 발생 사실이 알려지지 않는다.
- 전체 인터럽트를 이네이블 시켜 주기 위해서는 다음과 같은 명령문으로 이 비트의 값을 '1'로 설정해 주어야 한다.

```
SREG |= 1<<7;
```

○ 이제 외부 인터럽트를 사용할 하드웨어 준비가 끝났으므로 다음은 인터럽트의 결과를 LED로 확인할 수 있도록 메인 프로그램과 외부 인터럽트 INT0의 ISR을 구성해 보자.

- 메인 프로그램
  - 맨 좌측 LED가 켜져서 오른쪽으로 시프트 되다가 맨 우측에 도달하면 방향을 바꿔 왼쪽으로 시프트 되고 다시 맨 좌측에 도달하면 방향을 바꿔 우측으로 시프트 되게 하는 동작을 무한히 반복한다.
- 외부 인터럽트0(INT0) ISR
  - 8개의 LED가 0.4초 주기로 10회 점멸한다.
  - 즉, 0.2초 동안 8개의 LED가 모두 켜지고 0.2초 동안 모두 꺼지는 동작을 10회 반복하고 인터럽트 발생 이전의 프로그램으로 복귀한다는 것이다.

○ 다음은 avr-gcc 컴파일러에서 사용하는 인터럽트 서비스 루틴 ISR 프로그램의 일반적인 형식을 보여 준다.

```
ISR(인터럽트 발생원_vect) {
  인터럽트가 걸렸을 때 처리해야 할 일들
           ⋮
           ⋮
}
```

- 여기서 인터럽트 발생원은 처리하고자 하는 인터럽트 이름을 써 주면 되는데 그 이름은 표 7.2의 세 번째 열에 주어져 있다.
- 우리가 실습에 사용하고자 하는 외부 인터럽트 0의 이름은 각각 INT0으로 주어져 있기 때문에 이들을 위한 ISR은 다음과 같이 정의 된다.

```
ISR(INT0_vect) {                              // 외부 인터럽트0의 ISR
           ⋮
           ⋮
}
```

○ 그리고 마지막으로 응용 프로그램에서 인터럽트를 사용하기 위해서는 프로그램의 선두에서 다음과 같이 인터럽트 기능을 사용한다는 것을 컴파일러에게 알려 주어야 한다.

```
#include  <avr/interrupt.h>
```

(2) 프로그래밍 알고리즘

○ 본 실습 프로그램은 앞에서 설명한 데로 main 함수, 외부 인터럽트 0의 ISR 로 구성되는데 각각의 기능을 플로차트로 정리하면 그림 7.7과 같다.

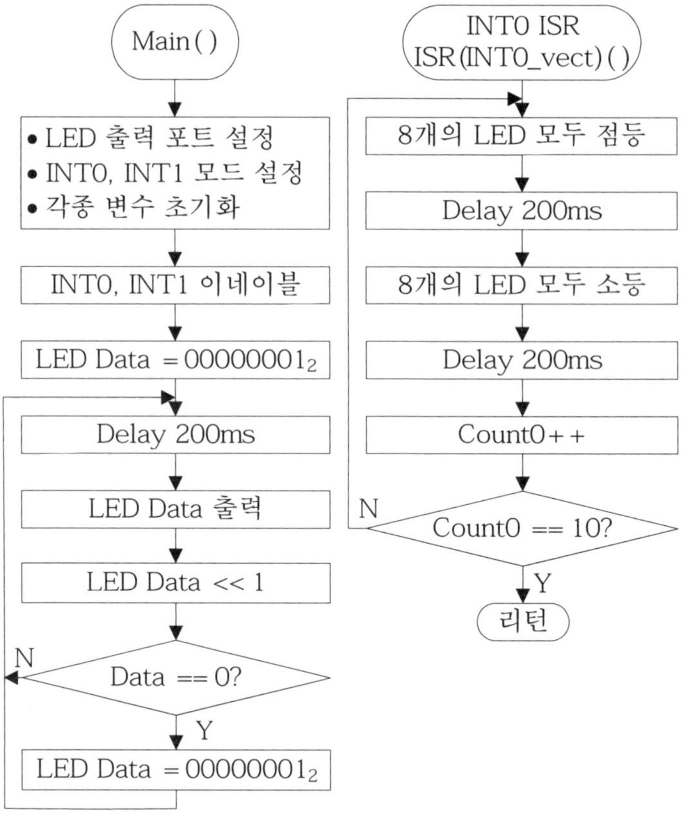

그림 7.7 외부 인터럽트 실습의 플로차트

7.7.3 프로그램 소스 리스트

실습 7: 외부 인터럽트 0, 1 실습 ex7.c

```
#include  "../../../inc/ex.h"
#include  <avr/interrupt.h>

#define   PERIOD        400    // ms

// 전역 변수 선언
unsigned char Count0, Count1;

int main(void)  {

  unsigned char LED_Data;

  // ####### 포트 설정
```

```
    // 8개의 LED가 연결된  포트 A를 출력으로 설정
    DDRA = 0xFF;

    // ####### 외부 인터럽트 설정
    // INT0를 하강 에지 트리거 인터럽트로 설정
    EICRA &= 0xFC;
    EICRA |= 0x02;

    // INT0 Interrupt Enable
    EIMSK |= 1<<0;

    // Global Interrupt Enable
    SREG |= 1<<7;

    LED_Data = 0x01;

    while(1)  {
      Delay_ms(PERIOD/2);
      PORTA = LED_Data;
      LED_Data <<= 1;
      if(!LED_Data) LED_Data = 0x01;
    }
}    // END of main


ISR(INT0_vect)  {    // 외부 인터럽트0의 ISR

    do  {
      PORTA = 0xFF;  // 8개의 LED를 모두 점등
      Delay_ms(PERIOD/2);  // 반주기 유지
      PORTA = 0x00; // 8개의 LED를 모두 소등
      Delay_ms(PERIOD/2); // 반주기 유지
    } while(++Count0<10); // 10회 반복했는가?
    Count0 = 0;
}    // END of ISR for INT0
```

7.7.4 프로그램 설명

○ 프로그램이 3개의 함수로 구성되어 있는데도 각각의 함수가 하는 일이 너무 단순해서 전체 프로그램의 크기는 보는 바와 같이 아주 작다.

○ 메인 함수, INT0의 ISR 함수 모두 그림 7.6과 1:1 대응이 될 정도로 프로그래밍이 되어

있으며 주석이 자세히 되어 있어서 프로그램 내용을 이해하는 데는 전혀 문제가 없을 것이다.

○ 그런데 프로그램에서 한 가지 특이한 것은 ISR(INT0_vect)()라는 함수가 있음에도 불구하고 main() 함수 어디를 찾아 봐도 이 함수를 호출하는 명령문이 없다는 것을 발견할 수 있을 것이다.

- 그러면 이 함수를 왜 만들었으며 어떻게 호출 될 수 있을까?
- 이것이 바로 인터럽트 서비스 함수(ISR)라는 것으로 일반 함수와 달리 프로그램 전체를 찾아봐도 호출문이 없어서 전혀 쓸모없는 함수처럼 보이지만 프로그램 실행 중 인터럽트가 발생하면 바로 기동되어 그 역할을 하는 아주 중요한 함수인 것이다.

7.7.5 프로그램 실행 테스트

○ 이 장에서는 지금까지 없었던 프로그램 실행 테스트라는 절이 하나 추가 되었다.

○ 그 이유는 본 인터럽트 체험실습은 프로그램을 실행시키면서 테스트를 해 볼 일이 있다는 것을 의미한다.

○ 그러면 지금부터 테스트를 하면서 인터럽트의 동작을 이해하도록 하자.

(1) 프로그램 기동

○ ex7.c를 컴파일하고 다운로드 하면 프로그램은 자동으로 기동되어 메인 함수가 구동되고 한 개의 LED가 켜져서 오른쪽에서 왼쪽으로 한 자리씩 이동하는 것을 무한히 반복하고 있을 것이다.

○ 이런 상태에서는 아무리 기다려도 아무런 변화도 생기지 않고 LED의 이동 디스플레이만 무한히 반복될 뿐이다.

(2) 외부 인터럽트 테스트

○ 메인 프로그램이 실행 중인 상황에서 이제 외부 인터럽트 0을 테스트해보자.

○ 외부 인터럽트0을 발생시키려면 스위치 SW0을 잠시 눌렀다 떼면 된다. 그러면 MCU의 INT0 핀에 하강 에지의 인터럽트 신호가 인가되고 현재 이 인터럽트가 이네이블되어 있는 상태이므로 외부 인터럽트 INT0의 서비스 루틴이 실행된다.

○ 결과는 예상대로 8개의 LED 모두가 10회 점멸되고 다시 메인 함수로 복귀하여 인터럽트가 발생하기 이전의 작업인 LED의 시프트 디스플레이가 계속되는 것을 볼 수 있을 것이다.

○ 바로 이것이 인터럽트이며 위에서 언급했듯이 main 함수의 어디에도 ISR(INT0_vect)라는 인터럽트 서비스 함수를 호출하는 명령문이 없고 또한 PD0(INT0) 핀에 연결된 SW0 스위치의 입력상태를 조사하는 명령문이 없는데도 SW0 스위치가 눌러지는 순간 외부 하드웨어 인터럽트가 발생이 되면서 ISR(INT0_vect) 함수가 수행되는 것이다.

여기서 우리가 수행한 실습은 아주 초보적인 것이지만 외부 하드웨어 인터럽트의 동작 구조를 이해하는 데는 충분하며 나중 다른 응용 시스템에서 외부 하드웨어 인터럽트를 사용해야 하는 경우 참고할 수 있는 소중한 자료가 될 것이다.

인터럽트의 응용 분야는 무궁무진 하지만 가장 간단한 예를 들면 PD0 핀에 연결된 외부 스위치 입력 상태에 따라 이떤 동작을 하고자 하는 경우 3장에서처럼 프로그램으로 스위치가 눌러졌는지 아닌지를 조사해서 할 수도 있고 이장에서 배운 것과 같이 인터럽트를 이용해서 할 수도 있다.

인터럽트를 사용하는 기법은 CPU가 다른 작업을 하고 있는 중에 스위치가 눌러지면 바로 응답할 수 있기 때문에 CPU 시간을 아주 효율성적으로 사용할 수 있는 장점이 있다.

연습문제

E7.1 앞 페이지에 마지막에서 언급했듯이 MCU의 외부 입력 상태에 따라 어떤 일을 하고자 하는 경우 그 외부 입력의 상태를 조사하는 방식으로 폴링(polling) 기법과 인터럽트 기법이 있다. 각각 어떤 기법인지 설명하라.

E7.2 예제 7의 프로그램을 실행시키고 푸시버튼 스위치를 누르면 인터럽트가 발생될 것이다. 인터럽트가 발생되면 LED가 10회 점멸되고 원래의 프로그램으로 복귀해야 한다. 그러면, 실제 푸시버튼을 눌렀다 떼면서 인터럽트를 발생시키고 점멸 회수를 세어보라. 10회 만에 복귀하는가? 이 실험을 몇 번 반복해 보라. 어떤 경우는 20회정도 점멸 후 복귀하는 것을 볼 수 있을 텐데 그 이유는 무엇이라고 할 수 있는가?

E7.3 역시 예제 7의 프로그램을 실행시키고 푸시버튼 스위치를 눌러 인터럽트를 발생시킨다. 이번에는 스위치 누름을 금방 떼지 말고 LED의 10회 점멸이 끝나 ISR 수행이 끝나고 주 프로그램으로 복귀한 뒤 푸시버튼 누름을 해제해 보라. 스위치를 해제할 때 인터럽트가 발생될 때까지 이 실험을 반복해 보라. 그러면 언젠가는 스위치 누름을 해제할 때 인터럽트가 발생될 때가 있을텐데 이 이유는 또 무엇이라고 생각 하는가?

연습과제

T7.1 ex7.c 프로그램에서 EIMSK |= 1<<0; 명령문 앞에 //를 넣어 주석문으로 처리 한 후 컴파일 하여 실행시키고 SW0 스위치를 눌러 인터럽트를 발생시켜 보라. 어떤 변화가 있는가?

T7.2 EIMSK |= 1<<0; 명령문 앞의 //를 지워 원래의 명령문으로 되돌려 놓고 이번에는 SREG |= 1<<7; 명령문을 주석문으로 처리 한 후 컴파일 하여 실행시키고 SW0 스위치를 눌러 인터럽트를 발생시켜 보라. 어떤 변화가 있는가?

CHAPTER

08

인터럽트 응용 – 타이머 인터럽트

마이크로컨트롤러를 이용하여 임베디드 시스템을 설계하다 보면 일정한 시간 간격으로 어떤 일을 반복해야 하는 경우가 있고 또, 외부에서 발생되는 어떤 이벤트(event)의 횟수를 계수해야 하는 경우가 있을 수도 있다.
이때 일정한 시간 간격을 발생시키는 기능을 타이머(timer) 기능이라 하고 이벤트의 회수를 계수하는 기능을 카운터(counter) 기능이라 하는데 이 두 기능은 근본적으로 카운터라고 하는 디지털 하드웨어를 이용하여 구현된다.
이중 타이머 기능과 7장에서 학습한 인터럽트 기능을 합쳐서 잘 활용하면 임베디드 시스템의 기능을 한층 더 강화시킬 수 있게 된다.
이 장에서는 타이머/카운터 및 관련 인터럽트를 이해하고 ATmega128 MCU가 가지고 있는 타이머/카운터를 사용하여 타임 베이스를 발생시키는 실습을 수행해 보고자 한다.
다음은 이 장에서 학습하고자 하는 내용을 구체적으로 정리한 것이며 본문의 내용도 이 순서에 따라 전개해 나갈 것이다.

- ○ 타이머에 의한 주기적인 인터럽트(time base tick) 발생원리 이해
- ○ ATmega128 MCU의 타이머/카운터 이해
- ○ ATmega128 MCU의 8비트 타이머/카운터0에 대한 상세한 이해
- ○ ATmega128 MCU의 타이머0 인터럽트를 이용한 타임 베이스 틱 발생 및 응용 실습

8.1 타임 베이스 틱(Time Base Tick) 발생

8.1.1 타임 베이스 틱이란?

○ 디지털 시스템, 특히 컴퓨터 시스템을 운용하기 위해서는 순차적으로 처리되어야 할 작업들의 타이밍을 결정해 주는 타이밍 펄스(또는 클럭 펄스)가 절대적으로 필요하다.

○ 또한 이 타이밍 펄스는 시스템의 시간 관리를 위한 시계를 구동하는데도 사용되는 경우가 많으므로 그 정밀도는 상당히 중요하다.

○ 이와 같이 순차적인 일들을 처리하는데 기준이 되는 타이밍 신호를 타임 베이스 틱이라 하며 시스템 내의 많은 장치들은 이 타임 베이스 틱에 동기 되어 동작한다.

○ 대표적인 타임 베이스 틱으로는 다음과 같은 것들을 들 수 있다.

- 여러분들이 사용하는 PC는 하나의 프로세서를 가지고 있지만 모니터에는 보통 2개 이상의 화면이 열려서 한 쪽에서는 워드프로세서가, 다른 쪽에서는 동영상이, ... 하는 식으로 동시에 여러 작업들이 진행된다.
- 이것을 컴퓨터 용어로 멀티태스킹(multi-tasking) 또는 멀티프로세싱(multi-processing)이라고 하는데 한순간 하나의 명령어만 실행할 수 있는 하나의 프로세서로 어떻게 이런 다중 작업 수행이 가능할까?
  - 이것은 시간을 아주 짧은 구간으로 쪼개서 여러 작업을 시분할(Time Division) 방식으로 처리하면 되는데, 예를 들면 1ms 간격으로 시간을 쪼개서 매 1ms 구간마다 워드프로세서 프로그램, 동영상 프로그램, 워드프로세서 프로그램, 동영상 프로그램, ... 하는 식으로 교대로 실행시켜 주면 사람에게는 2개의 작업이 동시에 실행되는 것처럼 느껴지게 되는 것이다.
  - 1ms 시간 구간은 사람의 입장에서는 너무나 짧은 순간이지만 CPU의 입장에서는 아주 많은 일을 할 수 있는 긴 시간이기 때문에 멀티태스킹이 가능한 것이며 이때 CPU에게 매 1ms 시간이 경과되어 다음 작업으로 실행 순서를 이동해야 한다는 것을 알려주기 위해 바로 타임 베이스 틱이 필요하다.

○ 이와 같이 디지털 시스템, 특히 컴퓨터 시스템의 운용에는 타임 베이스가 필수적인 요소임을 알게 되었을 것이다.

○ 보통 이 타임 베이스 틱은 지정된 시간 간격으로 CPU에게 인터럽트를 발생시키는 식으로 만들어 진다.

○ 그러면 여기서 핵심적인 기능은 바로 지정된 간격의 시간이 경과했음을 어떻게 아느냐 하는 것인데 바로 이런 기능을 위해서 모든 마이크로컨트롤러들의 내부에는 타이머/카운터라는 하드웨어가 내장되어 있는 것이다.

8.1.2 타임 베이스 틱의 발생 원리

○ 자, 그러면 타이머/카운터라는 것이 구체적으로 어떻게 구성되어 있으며 어떻게 원하는 시간 간격의 타임 베이스 틱을 발생시킬 수 있는지에 대해 알아보자.

○ 예를 들어 여러분들에게 "시작! 이라는 명령과 동시에 눈을 감았다가 10초 지난 후 눈을 뜨라"는 과제가 주어진다면 여러분들은 어떻게 할 것인가?

- 아마 여러분들은 시작! 이라는 명령과 동시에 눈을 감을 것이고 마음속으로 1초라고 생각되는 시간마다 일, 이, 삼, ... 하면서 수를 세다가 십이라는 수치에 다다르면 눈을 뜰 것이다.

○ 바로 이것이 타이머 기능인데 이번에는 명령을 바꾸어서 "시작! 이라는 명령이 주어지면 10초 동안 눈을 감았다가 10초 동안 눈을 뜨고 다시 10초 동안 눈을 감는 식으로 반복하라"라고 하면 어떻게 할까 ?

- 역시 여러분들은 마음속의 10초 타이머를 구동하여 매 10초마다 눈을 감게 하고 뜨게 하는 지령신호를 발생시켜 눈을 깜박이게 될 것이다.
- 이때 매 10초마다 발생되는 지령신호가 바로 여기서 다루고자 하는 타임 베이스 틱에 해당하는 것이다.

○ 위의 두 가지 예를 수행하기 위해 여러분들은 의식하였든 못하였든 간에 1초라는 시간 구간을 가늠하는 어떤 시계(Clock)와 일, 이, 삼, ... 하면서 1초 구간이 몇 번 경과되었는지의 회수를 계수하는 카운터(Counter)라는 2개의 장치를 마음속으로 사용하였을 텐데 바로 이 2개의 장치가 타이머를 구성하고 반복적인 타임 베이스 틱을 만들어 내는 필수적인 하드웨어 구성요소이다.

○ 그러면 실제 디지털 하드웨어에서는 어떻게 위와 같은 반복적인 틱을 만들어 낼 수 있을까?

- 디지털 하드웨어 타이머에서는 정확한 시간 경과를 구현하기 위해 주기가 정확한 클럭 펄스를 사용하며 이 클럭 펄스를 입력받아 일, 이, 삼, ... 하며 클럭의 개수를 헤아리기 위해 카운터라는 것을 사용한다.

- 앞에서 언급했듯이 타임 베이스 틱은 임베디드 시스템을 구성하는데 없어서는 안 될 아주 필요한 기능이기 때문에 오늘날 대부분의 마이크로컨트롤러에는 이런 타이머/카운터 하드웨어가 내장되어 있으며 일정 시간 구간의 타이머를 구현하기 위해 대개 다음 (1), (2)절에 소개하는 것과 같은 2가지 기법을 사용한다.

○ 여기서는 설명의 편의를 위해서 사용하는 타이머/카운터는 8비트이며 타이머에 공급되는 클럭 주파수는 100KHz라 하고 1mS의 주기의 타임 베이스 틱을 만든다는 가정하에서 정량적으로 설명을 하고자 한다.

> **※ 참고 8-1:**
>
> • 대부분의 마이크로컨트롤러는 타이머/카운터로 발생시키는 타임 베이스 틱을 내부 인터럽트 형태로 발생시킨다.
>
> • 그러나 타임 베이스 틱이 발생되는 순간 그 상황을 '0', '1' 또는 toggle의 형태로 포트 핀을 통해 출력할 수도 있으며 ATmega128 MCU의 타이머는 여기서 언급한 모든 기능을 다 갖추고 있다.

(1) 카운터 오버플로(Overflow)를 이용하는 기법

○ 일반적인 업 카운터(up counter)는 클럭이 공급될 때마다 값이 1씩 증가되다가 그 카운터가 가질 수 있는 최대치에 이르렀을 때 클럭이 하나 더 공급되면 다시 최소치인 0이 되며 상위 비트로의 자리 올림이 발생되는데 이 상황을 카운터 오버플로라고 한다.

○ 8비트 카운터는 최소치인 0x00부터 카운트를 시작하여 매번 클럭이 공급될 때마다 0x01, 0x02, ...로 증가하다가 255번째의 클럭이 공급되면 최대치인 0xFF(=255)가 되고 이때 256번째 클럭이 공급되면 카운터의 값이 다시 0x00으로 변하면서 오버플로 플래그가 세트되고 오버플로 인터럽트가 발생된다.

○ 이와 같이 카운터의 초기치를 0으로 하면 카운터는 매 256번째 클럭이 공급될 때마다 0xFF → 0x00으로의 오버플로(인터럽트)가 발생되기 때문에 카운터에 공급되는 클럭 주파수가 100KHz 일 때는

$$256 \times 100\text{KHz의 주기} = 256 \times \frac{1}{100 \times 10^3} = 0,00256\text{s} = 2.56\text{ms}$$

의 시간간격으로 타임 베이스 틱에 해당하는 타이머 오버플로 인터럽트가 발생된다.

- 이 경우 2.56ms가 100KHz 클럭 입력을 사용하는 8비트 타이머/카운터로 얻을 수 있는 최대 길이의 구간이다.

○ 그렇다면 만약 카운터의 초기치가 0xFF 였다면 어떨까?

- 이때는 단 하나의 클럭이 인가되면 오버플로가 발생되고 카운터의 값이 0이 됨과 동시에 다시 0xFF로 설정해 주면 반복적으로 하나의 클럭 입력에 대해 인터럽트가 발생되어 100KHz 클럭의 경우 클럭의 한 주기인 10uS의 주기를 갖는 타임 베이스를 발생시킬 수 있다.
  - 따라서 이 10us가 100KHz 클럭 입력을 사용하는 8비트 타이머/카운터로 얻을 수 있는 최소 길이의 시간 구간이다.

※ 참고 8-2:

- 여기서 우리는 타이머의 분해능(Resolution)의 개념을 알아 둘 필요가 있다.
- 위의 예에서 얻을 수 있는 타임 베이스 인터럽트의 주기는 최소 10us에서 최대 2.56ms(2560us) 이다.
- 그런데 이 타이머로 얻을 수 있는 주기는 10us, 20us, 30us, ... 등으로 10의 배수이며 예를 들어 15us의 주기는 얻을 수 없다.
- 그 이유는 무엇일까?
  - 타임 베이스의 주기는 타이머/카운터에 공급되는 클럭의 주기와 개수에 의해 결정되는데 예제에서는 10us의 주기를 갖는 100KHz 주파수의 클럭을 사용하기 때문이다.
- 그러면 분해능을 1us로 더 높이려면 어떻게 하면 될까?
  - 타이머/카운터에 공급되는 클럭의 주파수를 1MHz로 높이면 타임 베이스의 주기를 1us 단위로 설정할 수 있다.
  - 이때 8비트 타이머/카운터로 얻을 수 있는 타임 베이스 주기의 범위는 1us ~ 256us로 100KHz를 사용할 때보다 1/10로 줄어든다.
  - 이와 같이 타이머/카운터에 공급되는 클럭의 주파수를 높이면 얻을 수 있는 타임 베이스의 분해능을 높일 수 있는 반면 최대로 길게 얻을 수 있는 타임 베이스의 주기는 짧아진다.
- 그러면 분해능도 높이고 최대 타임 베이스 주기도 크게 하려면 어떻게 하면 될까?
  - 타이머/카운터의 비트 수를 늘리면 된다.
  - 예를 들어 클럭 주파수가 1MHz이고 16비트 타이머/카운터를 사용할 경우 최대로 얻을 수 있는 타임 베이스의 주기는 65535us, 즉 65.355ms로 길어진다.

✓ 이런 이유로 상용의 대부분 마이크로컨트롤러에는 8비트, 16비트, 32비트 등과 같이 다양한 비트 폭의 타이머/카운터를 준비해 두고 있는 것이다.

○ 이제 위와 같은 방법으로 어떤 임의의 주기를 갖는 타임 베이스 틱을 발생시키기 위해 이 8비트 카운터에 로드해야 할 값은 다음과 같이 계산될 수 있을 것이다.

- 일반화 된 공식의 유도를 위해 원하는 타임 베이스 틱의 주기를 T초라고 하고 타이머/카운터에 공급되는 클럭의 주파수를 fHz라고 하자.
- 그러면 타임 베이스 틱의 주기 T초를 얻기 위해 타이머에게 공급해야 할 클럭의 개수는 다음과 같이 계산된다.

필요한 클럭의 개수 = Tf 개(f의 단위는 Hz, T의 단위는 초)

- 따라서 8비트 타이머/카운터에 다음과 같이 초기치를 할당하면 T초 후 오버플로가 발생되어 타임 베이스 틱 인터럽트가 발생된다.

타이머/카운터의 초기치 = 256 - 필요한 클럭의 개수 = 256 - Tf

○ 이제 본래의 예로 돌아가서 1ms의 주기를 갖는 타임 베이스를 발생시키고자 하는 경우 타이머/카운터에 로드해야 할 값을 구해보자. 이때도 역시 타이머/카운터 입력 클럭의 주파수는 100KHz라고 가정한다.

- 이때 타임 베이스의 주기 T는 1×10^{-3}초 이고 클럭 주파수 f는 100×10^{3}Hz 이므로 타이머/카운터의 초기치는 다음과 같이 계산된다.

타이머/카운터의 초기치 = 256 - 클럭의 개수 = 256 - Tf
= 256 - $100\times10^{3}\times1\times10^{-3}$ = 256 - 100 = 156

- 즉, 8비트 카운터에 156을 로드하고 클럭을 인가하면 100번째 클럭이 입력되는 순간 카운터 값이 다시 0이 되면서 오버플로 인터럽트가 발생되는데 100KHz 클럭을 사용하는 경우 100개의 클럭이 입력되는데 걸리는 시간이 100 × 10us = 1000us = 1ms가 된다.
- 그리고 카운터 값이 0이 되면 ISR에서 다시 초기치 156을 로드하여 주면 계속적으로 1ms 간격의 인터럽트를 발생시킬 수가 있게 되는 것이다.

○ 이 모드는 타이머/카운터의 가장 기본적인 모드를 사용하는 것이기 때문에 프리셋(preset) 기능을 갖고 있는 모든 타이머/카운터에 적용할 수 있는 장점이 있으나 오버플로가 발생될 때마다 사용자 프로그램(주로 인터럽트 서비스 루틴)에서 타이머/카운터의 값을 다시 초기화 시켜주어야 한다는 불편한 점이 있다.

(2) 비교일치 리셋 기능을 이용하는 기법

○ 앞의 (1)에서 소개한 방식의 결점은 반복적으로 일정한 주기를 얻기 위해서 오버플로가 발생될 때마다 프로그램의 명령문으로 카운터의 값을 다시 초기화 해 주어야 한다는 것이었다.

○ 이런 결점을 해결하기 위해 카운터의 초기치를 한번만 로드해 두면 그 뒤 사용자 프로그램의 별도 개입 없이 반복적으로 초기치에 해당하는 주기의 인터럽트를 발생하도록 하는 기법이 있다.

○ 그림 8.1을 보자.

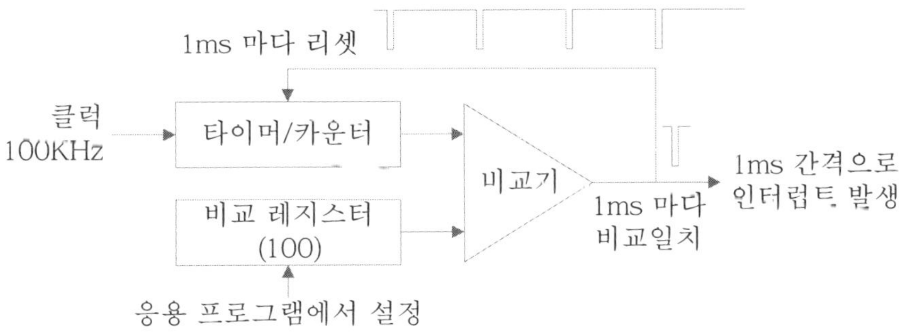

그림 8.1 비교일치 리셋 기능을 갖는 타이머/카운터 구조 및 동작

○ 그림 8.1의 타이머/카운터 구조는 일반 카운터에 비교 레지스터와 비교기가 추가되어 있는데 이 타이머/카운터의 동작원리는 다음과 같다.

- 타이머/카운터는 클럭 입력을 받아 쉬지 않고 계속 1, 2, 3, 4, ... 로 카운트 동작을 수행한다.(이를 free running 모드라고 한다)
- 타이머/카운터의 값과 비교 레지스터의 값은 비교기에 의해 계속 비교되는데 이 두 개의 값이 일치하는 순간 비교기 출력에서 하나의 펄스가 발생되어 타임 베이스 틱을 발생시킴과 동시에 타이머/카운터를 리셋시켜 0부터 다시 계수를 시작하도록 한다.
- 이런 구조에서는 사용자의 프로그램에서 비교 레지스터에 100을 한번만 로드하여 두면 타이머/카운터의 값이 100이 되는 순간 비교가 일치하여 틱이 발생되고 타이머/카운터가 0으로 리셋되어 다시 100개의 클럭 펄스 인가 후 비교가 일치되는 식으로 반복하면서 주기 1ms의 인터럽트를 무한히 반복 발생하게 되는 것이다.
- 이제 임의의 T초 구간의 틱을 발생시키기 위해서 비교 레지스터에 로드해야 할

초기치를 구해보면 다음과 같다.

$$\text{비교 레지스터에 로드해야 할 값} = \text{필요한 클럭의 개수} = Tf$$

– 여기서도 앞의 (1)에서와 마찬가지로 T는 발생시키고자 하는 타임 베이스 틱의 주기 [초]이고 f는 타이머/카운터에 공급되는 클럭의 주파수[Hz] 이다.

○ 이 모드는 원하는 주기의 타임 베이스 틱을 발생시키는데 필요한 값을 한 번만 비교 레지스터에 로드하여 두면 그 뒤 사용자 프로그램의 추가적인 개입이 없이 자동적으로 정해진 시간간격으로 타임 베이스 틱을 발생시키면서 카운터를 리셋 시켜주기 때문에 가장 편리하고 널리 사용되는 기법이다.

> **※ 참고 8-3:**
>
> • ATmega128 MCU에는 위에서 설명한 (1), (2)의 모드를 모두 가지고 있으며 (1)의 모드를 normal mode, (2)의 모드를 CTC(Clear Timer on Compare match) 모드라고 한다.
> • 이에 대해서는 실습 예제 8-1에서 자세히 설명할 것이다.

○ 이제 타이머/카운터가 왜 필요하며 이것을 이용하여 타임 베이스 틱을 발생시키는 기본 원리를 이해하였으니 실제 ATmega128 MCU 내부의 타이머/카운터에는 어떤 것이 있는지에 대해서 알아보도록 하자.

8.2 ATmega128 MCU의 타이머/카운터

○ ATmega128에는 0, 1, 2, 3으로 구분되는 4개의 타이머/카운터가 있는데 이 절에서는 각 타이머/카운터들의 기능 및 특징을 간략히 설명하고 이장의 실습에서 사용하고자 하는 타이머/카운터0의 활용에 필요한 주변 하드웨어 장치들에 대해 자세히 알아 보고자 한다.

8.2.1 ATmega128 MCU 타이머/카운터의 종류 및 기능

(1) 타이머/카운터0

- 이 타이머/카운터는 8비트 길이를 갖는다.
- 단일 채널 카운터
- 비교일치(Compare Match) 시 타이머/카운터를 클리어(auto reload)하는 기능
- 글리치가 없는(glitch free) 정위상(Phase correct)의 PWM(Pulse Width Modulator) 펄스 발생 기능
- 주파수 발생 기능
- 10 비트 프리스케일러(prescaler)를 가짐
- 오버플로(overflow)와 비교일치 때 인터럽트 발생 기능(TOV0, OCF0)
- I/O 클럭과 무관하게 외부의 32 KHz 워치 크리스탈로부터 클럭을 공급받을 수 있음

(2) 타이머/카운터2

- 이 타이머/카운터는 8비트 길이를 갖는다.
- 단일 채널 카운터
- 비교일치(Compare Match) 시 타이머를 클리어(auto reload)하는 기능
- 글리치가 없는(glitch free) 정위상의 PWM(Pulse Width Modulator) 펄스 발생 기능
- 주파수 발생 기능
- 외부 이벤트 카운트 기능
- 10 비트 프리스케일러(prescaler)를 가짐
- 오버플로(overflow)와 비교일치 때 인터럽트 발생 기능(TOV0, OCF0)

(3) 타이머/카운터1, 3

- 이 타이머/카운터는 16비트 길이를 갖는다.
- 진정한 16 비트 설계(16 비트 PWM 가능)
- 3개의 독립적인 출력 비교 유니트를 가짐(3 채널)
- 이중 버퍼를 갖는 출력 비교 레지스터들을 가짐
- 1개의 입력 캡쳐(capture) 유니트
- 입력 캡쳐 노이즈 제거기를 가짐
- 비교일치 시 타이머 클리어 기능(Auto Reload)

- 글리치가 없는 정위상 PWM 파형 발생 기능
- 가변 PWM 주기
- 주파수 발생 기능
- 외부 이벤트 카운트 기능
- 10개의 독립적인 인터럽트 발생원(TOV1, OCF1A, OCF1B, OCF1C, ICF1, TOV3, OCF3A, OCF3B, OCF3C, and ICF3)

○ 아마 지금은 위에 요약된 대부분 기능들의 의미가 무엇인지 몰라 당황스러울 것이다. 그러나 매 장마다 반복하는 얘기지만 본 장을 공부하다가 보면 저절로 그 의미들이 상당 부분 이해가 될 것이기 때문에 절대 미리 위축될 필요가 없음을 명심하라.

○ 위에서 보다시피 4개의 타이머/카운터는 8비트 2개, 16비트 2개로 나누어지는데 이 4개 타이머의 기본적인 기능은 거의 같으며 단지 비트 수와 약간의 고유기능에서만 조금씩 차이가 있을 뿐이다.

○ 어떤 프로세서를 공부할 때 그 프로세서의 사용자 매뉴얼을 처음부터 끝까지 모두 읽으려 하면 지루하기도 하고 당장 필요하지도 않은 어려운 내용들 때문에 성취도가 떨어지고 급기야는 중도에 포기하게 되기도 한다.

○ 그래서 이들 타이머들의 기능을 처음부터 끝까지 서술적으로 설명하는 대신 이 장과 다음 장에서는 이 타이머들을 이용하는 재미있는(?) 실습 몇 가지를 정해놓고 ATmega128 MCU의 사용자 매뉴얼에서 언급되고 있는 많은 타이머 기능들 중 실습수행에 필요한 부분만 발췌하여 설명함으로써 이해도를 높이고자 한다.

○ 비록 필요 부분만 발췌하였다고 하지만 이장과 다음 장에서 언급하는 정도의 내용을 숙지하는 것만으로도 여러분은 상당히 실용적인 수준으로 타이머/카운터를 응용 할 수 있게 될 것이다.

○ 우선 이 장에서는 8비트 타이머/카운터0을 이용하여 실용적인 마이크로컨트롤러 응용 시스템을 구성하는데 아주 중요한 기능인 정밀 타임 베이스를 만드는 기술을 학습하고자 하기 때문에 다음절에서는 타이머/카운터0의 응용과 관계되는 레지스터들 및 그 기능들을 소개하고자 한다.

8.2.2 타이머/카운터0 관련 레지스터들

○ 타이머/카운터0을 사용하기 위해서는 다음의 레지스터들의 의미와 기능을 이해하고 용도에 맞게 적절히 설정할 줄 알아야 한다.

- TCNT0(Timer/Counter 0)
- OCR0(Output Compare Register 0)
- TCCR0(Timer/Conter Control Register 0)
- TIFR(Timer Interrupt Flag Register)
- TIMSK(Timer Interrupt MaSK Register)
- ASSR(Asynchronous Status Register)
- SFIOR(Special Function IO Register)

(1) TCNT0(Timer/Counter 0)

○ 실제 카운트 동작을 수행하는 8비트 타이머/카운터0의 본체이다.

○ 최소치 0부터 최대치 0xFF(= 255_{10})까지 카운트하며 카운트 수치가 0xFF를 넘어서 256_{10}이 되면 카운터 값은 다시 0이 되면서 오버플로 플래그가 세트 된다.

○ 사용자 프로그램에서 TCNT0라는 이름으로 현재 카운터의 값을 바로 읽을 수도 있으며 다음과 같은 명령문으로 카운트 시작 값을 새로운 값으로 로드할 수도 있다.

```
TCNT0 = 0x45;
```

(2) OCR0(Output Compare Register 0)

○ 타이머/카운터0의 출력비교 레지스터이며 원하는 카운트 주기를 얻는데 필요한 값을 설정하는 레지스터로서 그림 8.1의 비교 레지스터에 해당한다.

○ 이 레지스터에 로드 되는 값을 TOP이라고 하며 1 ~ 0xFF 사이의 값이 사용된다.

○ OCR0 레지스터에 로드된 TOP 값은 타이머/카운터0의 카운터 TCNT0의 값과 계속 비교되며 비교가 일치되는 순간 인터럽트를 발생시키거나 MCU의 OC0 핀(PB4 핀)으로 디지털 논리 값을 출력할 수도 있다.

(3) TCCR0(Timer/Counter Control Register 0)

○ 타이머/카운터0의 사용에 필요한 여러 가지 기능들을 설정하는 레지스터이다.

○ 이 레지스터의 각 비트 구성 및 의미는 다음과 같다.

비트	7	6	5	4	3	2	1	0
	FOC0	WGM00	COM01	COM00	WGM01	CS02	CS01	CS00
읽기/쓰기	R/W	R/W	R/W	R/W	R/W	R/W	R/W	R/W
초기치	0	0	0	0	0	0	0	0

- 비트 7 - FOC0(Force Output Compare)
  - 이 비트에 '1'을 써 넣으면 강제적으로 비교 일치를 유발시킨다.
  - 이때 OC0 핀(PB4 핀)의 출력 값은 COM01:0 비트 조합에 의해 결정된다.
  - 이 모드는 PWM 모드가 아닐 때만 유효하다.
  - 이 비트는 우리의 교재에서는 사용되지 않는다.
- 비트 6, 3 - WGM01:0(파형발생 모드 선택: Waveform Generation Mode)
  - 비트 6, 비트 3의 조합인 WGM01:0 2비트 조합에 의해 카운터의 카운트 순서, 카운터 값의 최대치(TOP)로 어떤 것을 사용할지 등에 관한 동작 모드를 설정한다.
  - 표 8.1에 이 비트들 조합에 의한 모드 설정을 정리하였다.

표 8.1 타이머/카운터0의 파형 발생 모드 설정

모드	WGM01 (비트 3)	WGM00 (비트 6)	타이머/카운터 동작 모드	TOP	OCR0 갱신	TOV0 플래그
0	0	0	보통의 8비트 카운터	0xFF	즉시	0xFF
1	0	1	PWM, Phase Correct	0xFF	TOP	0x00
2	1	0	CTC	OCR0	즉시	0xFF
3	1	1	Fast PWM	0XFF	TOP	0xFF

- 여기서 모드 1과 3은 PWM 펄스를 발생시키는 모드인데 다음 장에서 이 기능을 이용하여 모터의 속도제어를 실습할 때 자세히 언급하기로 하고 여기서는 모드 0과 2에 대해서만 설명하도록 하겠다.

[모드 0]

○ 앞의 8.1.2절에서 설명했던 것과 같이 타이머/카운터 TCNT0의 값이 0xFF → 0x00으로 변할 때의 오버플로를 이용하는 모드인데 일정 주기를 갖는 타임 베이스 틱

을 발생시키기 위해서는 오버플로가 생길 때마다 프로그램에서 타이머/카운터 TCNT0의 초기치를 다시 로드해 주어야 한다는 단점이 있다.

[모드 2]

○ 타이머/카운터 TCNT0의 값이 출력비교 레지스터인 OCR0 레지스터에 저장되어 있는 TOP 값과 일치하는 순간 비교일치 인터럽트 플래그가 세트되며 TCNT0의 값은 자동적으로 0으로 클리어 된다.

○ 따라서 이 모드를 CTC(Clear Timer on Compare, 비교일치 시 타이머 클리어) 모드라고 하며 다른 말로는 자동 재로드(auto reload)라고 한다.

– 다음 8.3절에서 타이머를 이용한 타임 베이스 틱을 발생 시키는 실습에서는 바로 이 모드 2(CTC 모드)를 사용할 것이고 이를 위해서는 WGM01:0의 비트 조합을 “10”으로 설정하면 된다.

- 비트 5,4 - COM01:0(Compare Match Output Mode)
  - 타이머/카운터0의 출력비교 핀(OC0 핀, PB4 핀)의 동작을 결정한다.
  - 이 기능은 PWM 모드로 동작할 때와 타이머 모드로 동작할 때에 따라 설정이 다른데 본 장에서는 타이머/카운터0이 타이머 모드로만 사용될 것이기 때문에 타이머 모드(모드0, 2)일 때의 설정만 표 8.2에 보인다.

표 8.2 타이머 모드(모드 0, 2)일 때 OC0 핀의 동작 모드 설정

COM01	COM00	동작
0	0	OC0 핀(PB4 핀)은 통상의 입출력 포트 핀으로 사용. MCU 내부 OC0 신호가 외부의 OC0 핀에 나타나지 않는다.
0	1	비교일치 때 OC0 핀(PB4 핀)의 출력이 토글 함
1	0	비교일치 때 OC0 핀(PB4 핀)의 출력이 ‘0’이 됨
1	1	비교일치 때 OC0 핀(PB4 핀)의 출력이 ‘1’이 됨

– 타이머에 의한 내부 인터럽트만 사용하는 이장의 타임베이스 틱 발생 실습에서는 OC0 신호를 MCU 밖의 핀으로 출력시킬 필요가 없기 때문에 COM01, COM00 비트 조합은 “00”으로 설정할 것이다. (표 8.2의 굵은 칸)

> **※ 참고 8-4:**
>
> • 앞으로는 설명의 편의를 위해 타이머/카운터라는 용어와 그냥 타이머라는 용어를 같은 의미로 혼용하도록 하겠다.

- 비트 2:0 - CS22:0(Clock Select)
  - 표 8.3과 같이 타이머에 인가되는 클럭 주파수를 결정하는 분주비를 선택한다.
  - 여기서 분주비라 함은 MCU의 시스템 클럭을 몇 분의 1로 낮추어서 타이머에게 공급할 것인가를 결정하는 비율을 의미한다.

표 8.3 타이머/카운터0의 클럭 주파수 선택

CS02	CS01	CS00	클럭 주파수 선택
0	0	0	클럭 선택 안함(타이머/카운터는 정지 상태)
0	0	1	$clk_{TOS}/1$: MCU 클럭을 그대로 사용
0	1	0	$clk_{TOS}/8$: MCU 클럭을 8로 나누어서 사용
0	1	1	$clk_{TOS}/32$: MCU 클럭을 32로 나누어서 사용
1	0	0	$clk_{TOS}/64$: MCU 클럭을 64로 나누어서 사용
1	0	1	$clk_{TOS}/128$: MCU 클럭을 128로 나누어서 사용
1	1	0	$clk_{TOS}/256$: MCU 클럭을 256으로 나누어서 사용
1	1	1	$clk_{TOS}/1024$: MCU 클럭을 1024로 나누어서 사용

(4) TIFR(Timer Interrupt Flag Register)

○ 각 타이머/카운터의 인터럽트 플래그들을 모아 놓은 레지스터이다.

○ 이 플래그 들은 타이머의 오버플로가 발생했는지, 비교 레지스터와의 비교가 일치했는지 등에 관한 정보를 나타내며 주로 MCU 내부의 하드웨어에 의해 사용된다. 즉, 아주 필요한 경우를 제외하고는 사용자가 직접 이 플래그 레지스터를 액세스할 일은 거의 없다는 의미이다.

○ 따라서 여기서는 별도의 설명 없이 다음과 같은 TIFR의 비트 중 타이머/카운터0과 관계있는 비트의 구성과 이름 정도만 보이는 것으로 하겠다.

비트	7	6	5	4	3	2	1	0
	OCF2	TOV2	ICF1	OCF1A	OCF1B	TOV1	OCF0	TOV0
읽기/쓰기	R/W	R/W	R/W	R/W	R/W	R/W	R/W	R/W
초기치	0	0	0	0	0	0	0	0

- 비트 1 - OCF0(Output Compare Flag 0)
  - 타이머/카운터0의 값이 OCR0 레지스터에 로드되어 있는 TOP 값과 일치하는 순간

이 플래그가 세트된다.

- 비트 0 - TOV0(Timer/Counter 0 OVerflow Flag)
  - 타이머/카운터0의 값이 최대치(0xFF) 일 때 하나의 클럭이 더 인가되면 카운터의 값이 0이 되면서 TOV0 플래그가 세트 된다.

(5) TIMSK(Timer Interrupt MaSK Register)

○ 각 타이머/카운터의 인터럽트 마스크 비트들을 모아 놓은 레지스터이다.

○ TIMSK 레지스터의 비트 구성 및 의미는 다음과 같다.

비트	7	6	5	4	3	2	1	0
	OCIE2	TOIE2	TICIE1	OCIE1A	OCIE1B	TOIE1	OCIE0	TOIE0
읽기/쓰기	R/W	R/W	R/W	R/W	R/W	R/W	R/W	R/W
초기치	0	0	0	0	0	0	0	0

○ 위의 그림에서 타이머/카운터0에 관계되는 것은 비트 1과 0이며 나머지 비트들은 회색으로 처리되어 있다.

○ 여기서는 타이머/카운터0에 관계되는 비트에 대해서만 설명하고자 한다.

- 비트 1 - OCIE0(Output Compare Interrupt Enable 0)
  - 이 비트가 '1'로 설정되어 있고 SREG의 I 비트도 '1'로 설정되어 있으면 타이머/카운터0의 비교일치 인터럽트가 이네이블 된다.
  - 타임베이스 틱을 발생시키는 실습에서는 타이머의 비교일치 인터럽트를 사용할 것이기 때문에 이 비트를 '1'로 설정할 것이다.
- 비트 0 - TOIE0(Timer Overflow Interrupt Enable 0)
  - 이 비트가 '1'로 설정되어 있고 SREG의 I 비트도 '1'로 설정되어 있으면 타이머/카운터0의 오버플로 인터럽트가 이네이블 된다.
  - 이때 타이머/카운터 TCNT0의 값에 오버플로가 발생하여 TIFR 레지스터의 TOV0 비트가 '1'로 세트되면 타이머/카운터0의 오버플로 인터럽트가 실행된다.

이제 ATmega128 MCU의 타이머/카운터0 인터럽트를 이용하여 타임 베이스 틱을 발생하는데 필요한 모든 기술을 이해하였으니 실제 실습을 통해 구체적인 기술들을 학습하도록 하자.

8.3 하드웨어 조립 1

○ 이 장에서는 MCU 내부의 타이머 인터럽트를 실습하는 것이기 때문에 MCU 외부의 특별한 하드웨어는 필요 없다.

○ 그런데 타이머 인터럽트가 발생되어 해당 ISR이 수행되고 있다는 것을 뭔가를 통해 독자들에게 알려 주어야 하기 때문에 여기서는 7장의 외부 인터럽트 실습에서 사용했던 8개의 LED를 그대로 사용하고자 한다. (7.6절 및 참고 7-2 참조)

○ 따라서 본 실습에서는 7장에서 조립했던 하드웨어를 그대로 사용해도 되지만 푸시버튼 스위치와 10kΩ 저항 및 관련 점퍼선들이 거추장스럽다고 생각되면 참고 7-2에서 언급한 것처럼 이것들은 브레드보드로부터 제거해도 된다.

○ 그림 8.2에 저항과 점퍼선 들이 제거되고 LED 회로 부분만 조립된 모양을 보여준다.
  - 그러면 이 부분은 3장 실습을 위한 하드웨어 조립과 완전히 같은 모습이 된다.

그림 8.2 타이머 인터럽트 실습을 위한 하드웨어 조립 모양

8.4 실습 8-1: 타이머/카운터0 인터럽트를 이용한 LED 점멸(ex8-1)

8.4.1 실습 목표

○ 타이머/카운터0의 인터럽트를 사용하여 1ms의 주기를 갖는 타임 베이스 틱을 발생시키고 이를 이용하여 8개의 LED를 1초 주기로 점멸하게 하고자 한다.

- 1초 주기라 함은 0.5초간 켜지고 0.5초간 꺼지는 것을 반복하는 것을 말한다.

○ 이 실습은 타이머0 인터럽트를 체험해 보기 위한 과제로서 소프트웨어 딜레이를 사용하지 않고 타임 베이스 틱을 이용하여 임의의 길이를 갖는 더 정밀한 딜레이 시간을 만들 수 있음을 보여 준다.

8.4.2 필요 기술 및 프로그래밍 알고리즘

(1) 필요 기술

○ 이 과제를 수행하기 위해서는 1ms 주기의 타이머 인터럽트를 발생시키기 위한 타이머 레지스터들의 설정과 인터럽트 서비스 루틴(함수) 작성 방법에 대해 알아야 한다.

[1ms 주기의 타이머 인터럽트를 발생시키기 위한 절차]

① TCCR0 레지스터를 통해 타이머/카운터0의 동작 모드를 설정한다.

- WGM01:0 비트 조합으로 타이머/카운터0의 동작 모드를 선택한다.
  - 본 실습에서는 OCR0 레지스터에 저장된 TOP값과 TCNT0 카운터의 값을 이용한 비교일치 인터럽트를 발생시키고자하기 때문에 모드 2인 CTC(Clear Timer on Compare match) 모드를 사용해야 한다.
  - 따라서 WGM01:0를 "10"으로 설정해야 하고 이렇게 하기 위해서는 다음 그림과 같이 TCCR0 레지스터의 비트 3과 6에 각각 '1'과 '0'을 써주면 된다. (표 8.1 참조)

TCCR0 레지스터 설정(모드 설정)

7	6	5	4	3	2	1	0
FOC0	WGM00	COM01	COM00	WGM01	CS02	CS01	CS00
	0			1			

- COM01:0 조합으로 OC0 핀(PB4 핀)의 기능을 설정한다.
  - 본 예제와 같이 타임 베이스 틱을 위한 인터럽트를 사용하고자 하는 경우는 단순히 MCU 내부에서 인터럽트만 발생시키면 되며 MCU 외부 핀으로 디지털 출력을 내보낼 필요가 없기 때문에 OC0 핀은 그냥 일반적인 디지털 입출력 포트 핀으로 사용되도록 설정한다.
  - 이를 위해서는 COM01:0 조합을 "00"으로 설정해주어야 하며 다음 그림과 같이 TCCR0 레지스터의 비트 4, 5 모두에 '0'을 써주면 된다. (표 8.2 참조)

TCCR0 레지스터 설정(비교일치 출력 핀, OC0 핀 설정)

7	6	5	4	3	2	1	0
FOC0	WGM00	COM01	COM00	WGM01	CS02	CS01	CS00
	0	0	0	1			

- CS02:0 비트 조합으로 타이머/카운터에 공급할 클럭 펄스의 분주비를 설정한다.
  - 분주비는 높은 주파수를 낮은 주파수로 나누는 비율을 의미하는데 우선 분주비가 필요한 이유와 얼마의 분주비가 필요한지를 설명하고자 한다.
  - 여기서는 여러분들의 이해를 쉽게 하기 위해 1ms의 주기, 즉 1KHz의 주파수를 갖는 타임 베이스 틱을 발생시키는 경우로 설명하고자 한다.
  - 먼저 분주비가 필요한 이유를 설명하면 다음과 같다.
    - ○ 그림 8.3을 보자.

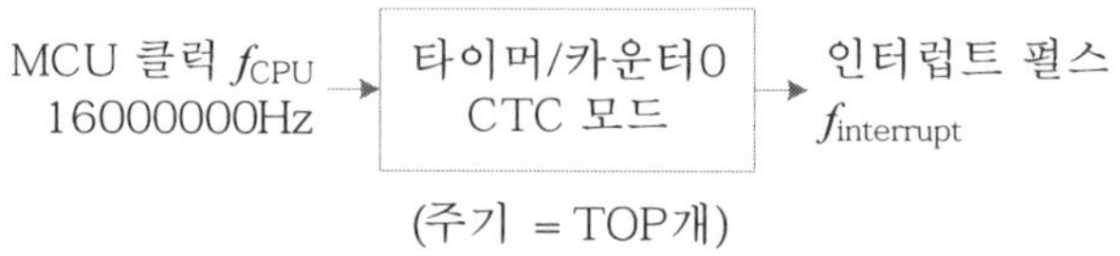

그림 8.3 프리스케일러가 없는 경우의 인터럽트 주파수

- ○ 그림 8.3을 보면 타이머0는 MCU의 클럭인 16MHz의 클럭을 입력으로 받고 있고 CTC 모드로 동작하고 있다.
- ○ 타이머0이 CTC모드로 동작하면 MCU 클럭이 TOP개 입력될 때마다 비교일치가 성립되어 하나의 인터럽트 펄스가 발생된다.
- ○ 이것은 MCU 클럭 주파수와 인터럽트 펄스의 주파수 사이에 다음과 같은 관계가 성립한다는 것을 의미한다.

$$f_{\text{interrupt}} = \frac{f_{\text{CPU}}}{\text{TOP}}$$

- 그런데 이 TOP 값은 8비트 레지스터인 OCR0에 저장되어 있기 때문에 최대치가 255이고 이때 발생되는 인터럽트 펄스의 주파수가 최저가 되는데 그 주파수는 다음과 같다.

$$f_{\text{interrupt}} = \frac{f_{\text{CPU}}}{\text{TOP}} = \frac{16000000}{255} = 62745\text{Hz} = 62.745\text{KHz}$$

- 위의 식은 MCU 주파수가 16000000Hz일 때 그림 8.3과 같은 구조로는 8비트 타이머0로 얻을 수 있는 최저의 인터럽트 주파수가 62.745KHz라는 것으로서 1KHz의 인터럽트 주파수는 절대 못 얻는다는 것을 의미한다.
- 따라서 62.745KHz 보다 훨씬 낮은 주파수인 1KHz의 인터럽트를 발생시키기 위해서는 16000000Hz인 MCU 주파수를 적절한 낮은 주파수로 낮추어서 타이머0에 공급해야함을 알 수 있다.
- 이때 주파수를 낮추는 것을 분주라고 하며 적절하게 얼마나 낮출 것인가를 결정하는 것이 분주비이다.

– 이제 분주가 필요한 이유는 설명되었으니 주파수를 얼마나 낮추어야 할지의 분주비를 결정해 보도록 하자.

- ATmega128에서는 이 분주기를 프리스케일러라고 하는데 그림 8.4에 분주기가 포함된 구조를 보인다.

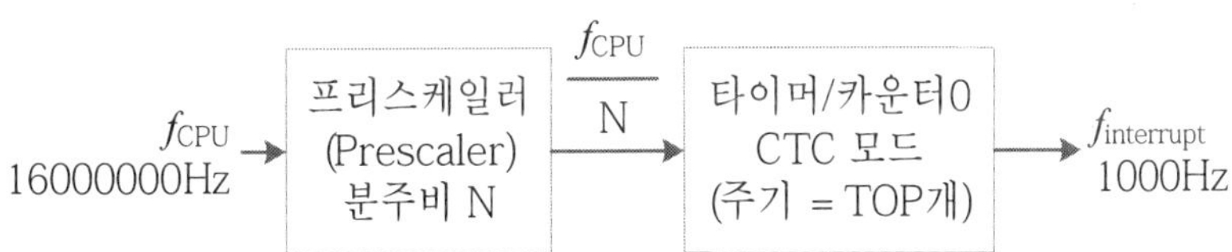

그림 8.4 프리스케일러가 있는 경우의 인터럽트 주파수

- 그림 8.4에서는 다음과 같은 관계가 성립된다.

$$f_{\text{interrupt}} = \frac{\frac{f_{\text{CPU}}}{\text{N}}}{\text{TOP}} = \frac{f_{\text{CPU}}}{\text{N} \times \text{TOP}}$$

- 위의 식을 TOP 값에 대해 풀면

$$\text{TOP} = \frac{f_{\text{CPU}}}{\text{N} \times f_{\text{interrupt}}}$$

○ TOP이라는 값이 8비트인 OCR0 레지스터에 로드되는 값으로서 255 이하여야 한다는 사실로부터 다음과 같이 분주비 N의 범위를 구할 수 있다.

$$\mathrm{TOP} = \frac{f_{\mathrm{CPU}}}{\mathrm{N} \times f_{\mathrm{interrupt}}} < 256 \quad \rightarrow \quad \mathrm{N} > \frac{f_{\mathrm{CPU}}}{256 \times f_{\mathrm{interrupt}}}$$

○ 위의 식에 f_{CPU}=16000000, $f_{\mathrm{interrupt}}$=1000을 대입하면

$$\mathrm{N} > \frac{16000000}{256 \times 1000} = 62.5$$

○ 위의 식은 16MHz 클럭을 사용하는 MCU에서 8비트 타이머0으로 1KHz의 타임베이스 인터럽트를 발생시키기 위해서는 프리스케일러(분주기)를 반드시 사용해야 하고 그 분주비를 62.5 이상의 값으로 해야 한다는 것을 의미한다.

○ 그런데 분주비는 정수여야 하기 때문에 62.5 이상의 정수 값을 사용하면 되는데 표 8.3을 보면 그 후보로 64, 128, 256, 1024가 있음을 알 수 있다.

○ 이제 분주비 설정의 마지막 단계로 이 4개의 후보 중에서 최종적으로 사용가능한 것을 고르는 테스트를 과정을 거쳐야 한다.

○ 64를 분주비로 사용하는 경우

$$\mathrm{TOP} = \frac{f_{\mathrm{CPU}}}{\mathrm{N} \times f_{\mathrm{interrupt}}} = \frac{16000000}{64 \times 1000} = 250$$

으로서 N = 64는 본 예제에서 사용가능한 분주비이다.

○ 128을 분주비로 사용하는 경우

$$\mathrm{TOP} = \frac{f_{\mathrm{CPU}}}{\mathrm{N} \times f_{\mathrm{interrupt}}} = \frac{16000000}{128 \times 1000} = 125$$

로서 N = 128 역시 본 예제에서 사용가능한 분주비이다.

○ 256을 분주비로 사용하는 경우

$$\mathrm{TOP} = \frac{f_{\mathrm{CPU}}}{\mathrm{N} \times f_{\mathrm{interrupt}}} = \frac{16000000}{256 \times 1000} = 62.5$$

로서 OCR0 레지스터에 로드되어야 할 TOP 값이 정수가 아니기 때문에 N = 256은 본 예제에서 사용할 수 없는 분주비이다.

○ 1024를 분주비로 사용하는 경우

$$\mathrm{TOP} = \frac{f_{\mathrm{CPU}}}{\mathrm{N} \times f_{\mathrm{interrupt}}} = \frac{16000000}{1024 \times 1000} = 15.625$$

로서 OCR0 레지스터에 로드되어야 할 TOP 값이 정수가 아니기 때문에 N = 1024 역시 본 예제에서 사용할 수 없는 분주비이다.

– 따라서 표 8.3의 분주 비 중 최종적으로 사용될 수 있는 것은 CS02:0 조합이 "100"일 때 선택되는 64와 "101"일 때 선택되는 128이다.

– 이중 아무거나 사용하면 되는데 여기서는 64를 사용하기로 하고 다음과 같이 TCCR0 레지스터의 비트 2, 1, 0에 각각 '1', '0', '0'을 써 주면 된다. (표 8.3 참조)

TCCR0 레지스터 설정(프리스케일러 분주 비 설정)

7	6	5	4	3	2	1	0
FOC0	WGM00	COM01	COM00	WGM01	CS02	CS01	CS00
	0	0	0	1	1	0	0

- 마지막으로 TCCR0의 비트 7에 있는 FOC0 비트는 본 예제와 무관하기 때문에 초기치인 '0'을 써 주면 다음과 같이 TCCR0에 대한 설정치가 0x0C가 된다.

TCCR0 레지스터 설정 완료

7	6	5	4	3	2	1	0
FOC2	WGM20	COM21	COM20	WGM21	CS22	CS21	CS20
0	0	0	0	1	1	0	0

- 따라서 TCCR0에 대한 최종적인 설정은 다음 명령문으로 수행된다.

```
TCCR0 = 0x0C;
```

② 원하는 타임 베이스 틱 인터럽트 주기를 얻기 위한 TOP 값을 계산하여 OCR0 레지스터에 써 넣는다.

- OCR0 레지스터가 가져야 할 TOP 값은 원하는 인터럽트 주기를 얻기 위해 타이머/카운터가 가져야 할 카운드 주기 값을 말하며 우리의 예제에서는 ①번 단계에서 프리스케일러의 분주 비를 64로 정할 때 동시에 TOP 값이 250으로 정해졌다.
- OCR0 레지스터 설정 명령문은 다음과 같다.

```
OCR0 = 250;
```

③ 인터럽트가 필요할 경우 TIMSK의 타이머/카운터 0 인터럽트를 이네이블 시킨다.

- 본 예제에서는 타이머/카운터0의 비교일치 인터럽트를 사용할 것이기 때문에 다음

명령문으로 TIMSK 레지스터의 비트 1에 있는 OCIE0 마스크를 '1'로 세트 한다.

```
TIMSK |= 0x02;
```

④ SREG를 통해 전체 인터럽트를 이네이블 시킨다.

- ATmega128에는 전체 인터럽트 이네이블 마스크 비트 I가 '1'로 세트되어 있어야 최종적인 인터럽트 사용이 가능하다.
- I 비트는 SREG라는 레지스터의 비트 7에 있기 때문에 다음 명령문으로 이네이블 시켜 주어야 한다.

```
SREG |= 0x80;
```

[타이머/카운터0의 비교일치 인터럽트 서비스 함수(ISR)]

○ 이제 타이머0의 인터럽트를 사용하여 타임 베이스 틱을 발생시키는데 필요한 기술은 정리가 되었다.

○ 인터럽트 서비스 함수의 구성에 대해서는 7장에서 학습하였기 때문에 여기에서는 타이머/카운터0의 비교일치 인터럽트 이름이 무엇인지와 ISR에서 해야 할 일이 무엇인지만 알면 된다.

○ 우선 타이머/카운터0의 인터럽트 이름은 7장에 소개된 표 7.2의 굵은 선 안에 TIMER0_COPM로 주어져 있다.

○ 다음은 타이머0의 비교일치 인터럽트가 발생되었을 때 서비스 함수에서 해야 할 일을 이해해야 하는데 본 실습의 경우 그 일은 다음과 같이 아주 단순하다.

- 매 인터럽트가 걸려서 ISR에 진입하면 시간이 0.5초(=500ms)가 지났는지 검사하여 0.5초가 지났으면 현재 LED의 점등 상태를 토글(toggle) 시켜주고 리턴하면 끝이다.
  - 즉, 현재 LED가 켜진 상태이면 꺼주고 꺼진 상태이면 켜주면 되는 것이다.
- 0.5초가 지났는지는 인터럽트가 매 1ms 간격으로 발생하기 때문에 인터럽트가 발생될 때마다 ISR에서 이 회수를 카운트하여 그 값이 500이 되었는지를 검사하면 된다.

○ 타이머/카운터0의 비교일치 인터럽트 ISR의 prototype은 다음과 같다.

```
ISR(TIMER0_COMP_vect) {

  - ISR에서 해야 할 일들 프로그래밍
}
```

(2) 프로그래밍 알고리즘

○ 이 예제 프로그램은 2개의 부분으로 구성되어 있다.

- 하나는 main() 함수이고 다른 하나는 타이머0의 ISR() 함수이다.

○ 타이머 인터럽트를 이용한다는 것 외에는 프로그램을 통해 실행하고자 하는 업무자체가 너무 단순하여 프로그램 역시 알고리즘이랄 것 없이 쉽게 작성하고 이해될 수 있을 것이지만 여러분들의 이해를 돕기 위해 그림 8.5에 본 프로젝트를 구성하는 main() 함수 및 ISR() 함수의 플로차트를 보인다.

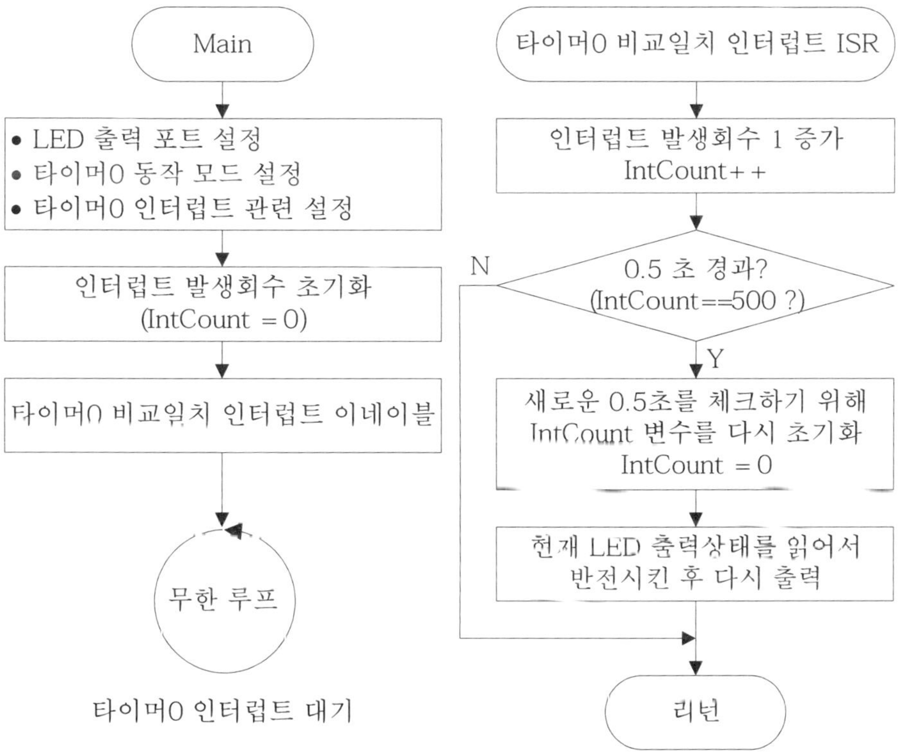

그림 8.5 예제 8-1의 플로 차트

○ 그림 8.5를 보면 main() 함수는 LED 출력 포트와 타이머0에 관한 설정만 하고 타이머0 인터럽트를 이네이블 시킨 후 그냥 무한 루프를 돌고 있음을 알 수 있다.

○ 타이머0 인터럽트는 MCU가 이 무한 루프를 실행하고 있는 중 매 1ms 간격으로 발생되며 ISR에서는 인터럽트가 발생될 때마다 인터럽트 발생회수 카운터 IntCount 변수를 1 증가시키고 500번의 인터럽트가 발생되어 0.5초가 지났는지 체크하는데 0.5초가 안 지났으면 그냥 리턴하고 0.5초가 지났으면 현재 LED의 출력상태를 읽어서 반전시킨 후 출력시킴으로써 LED가 점멸하도록 하고 IntCount 변수를 0으로 리셋 시켜 다음 0.5초 시간 경과를 체크하도록 하고 있다.

○ 여기서 여러분들이 이해해야 할 중요한 사실은 무한 루프를 돌고 있는 중 인터럽트가 걸리면 프로그램의 실행은 ISR로 점프하여 인터럽트 서비스 프로그램을 수행하고 return 명령을 만나면 다시 main 함수의 무한 루프로 되돌아 와서 다음 인터럽트 발생 때까지 이 루프를 반복 수행하며 기다린다는 사실이다.

8.4.3 프로그램 소스 리스트

실습 8-1: 타이머0 비교일치 인터럽트를 이용한 LED 점멸 ex8-1.c

```
#include  <avr/io.h>
#include  <avr/interrupt.h>

#define   BLINKING_INTERVAL      500   // LED를 깜박이는 시간 구간 ms

// 전역 변수 선언
unsigned int IntCount;

int main(void)  {

  // 포트 A의 모든 핀을 출력으로 설정하고 모두 '1'을 출력해서 LED 8개 ON
  DDRA = 0xFF;
  PORTA = 0xFF;

  // ####### 타이머0 설정 (1mS 주기의 인터럽트 발생) #######
  // OC0 핀 분리, MCU 클럭 64 분주, 모드2(CTC) 모드 사용
  TCCR0 = 0x0C;
  // 1mS 주기 발생을 위한 TOP 값 로드
  OCR0 = 250;
  // 인터럽트 발생회수 카운터 초기화
```

```
    IntCount = 0;

    // ####### 타이머0 인터럽트 설정
    // 타이머0의 출력 비교일치 인터럽트 이네이블
    // TIMSK 레지스터의 비트 1(OCIE0)을 '1'로 설정
    TIMSK |= 1<<1;
    // 전체 인터럽트 이네이블, SREG의 비트 7(I)을 1로 설정
    SREG |= 1<<7;

    // 인터럽트 대기
    while(1);
}


// 타이머 0 비교일치 인터럽트 서비스 루틴(ISR)
ISR(TIMER0_COMP_vect) {

    // 인터럽트 카운터 1 증가
    IntCount++;

    // 0.5초(1mS 간격 인터럽트 500회 발생) 경과 되었는지 검사
    if(IntCount< BLINKING_INTERVAL)  return;  // 안 되었으면 그냥 return

    // 0.5초 경과 되었으면 인터럽트 발생회수 카운터를 0으로 다시 초기화하고
    // LED를 토글
    IntCount = 0;
    PORTA = ~PORTA;  // 이전 출력 값의 보수를 출력하여 LED가 점멸하게 함
}
```

8.4.4 프로그램 설명

- 이 프로그램에서는 우리가 이제까지 사용했던 ex.h 헤더 파일에 대한 #include 명령문이 없다.
  - 그 이유는 이 프로그램에서는 ex.h 파일에 저장된 딜레이 함수나 LCD 구동함수와 같은 추가 기능들을 사용할 필요가 없기 때문이다.
- 8.4.2절에서 이 예제 프로그램 작성을 위해 필요한 모든 기술에 대해 자세히 설명하였고 위의 프로그램 역시 복잡한 논리 없이 그림 8.5를 기반으로 직선적인 탑-다운(top-down) 방식으로 작성되어 있기 때문에 별 다른 설명이 필요 없을 것이다.
- 단, 프로그램은 0.5초가 지날 때마다 LED를 점멸하는데 이를 위한 2가지 사실만 간단

히 설명하겠다.

- 첫째 시간 0.5초의 경과는 ISR(TIMER0_COMP_vect) 함수에서 인터럽트 발생회수를 카운트하여 500번의 인터럽트가 발생했는지를 조사하는 것으로 판단한다.
- 둘째 LED의 점멸은 다음과 같이 C 언어가 가지고 있는 반전(complement) 연산자 "~"를 사용하여 구현하고 있다.

```
PORTA = ~PORTA;
```

– 이 명령문은 현재 포트 A에 출력되어 있는 상태를 읽어서 그 반전을 취한 다음 다시 포트 A로 출력시킴으로써 LED 8개 전체를 점멸 시키게 된다.

이제 이 프로그램을 컴파일하고 다운로드하여 실행시켜 보라. 포트 A에 연결된 8개의 LED가 0.5초 간격으로 깜빡거리면 성공이다.

※ 참고 8-4:

- 그림 8.5의 플로차트와 위의 프로그램 소스 리스트를 보면 실제 LED를 깜빡이게 하는 부분은 타이머0의 인터럽트 서비스 루틴(ISR)인 ISR(TIMER0_COMP_vect) 함수 내에서 실행되게 되어 있다.
- 인터럽트라는 개념을 모르는 사람이 이 프로그램을 눈으로 읽으면서 해석하려 하면 도저히 그 동작이 이해되지 않을 것이다.
- 왜냐하면 인터럽트가 소개되기 이전의 모든 함수들은 반드시 그 함수를 프로그램의 어디선가 호출해 주어야만 실행이 될 수 있었던데 반해 이 프로그램에서는 main() 함수의 그 어디를 찾아봐도 ISR(); 하는 식으로 인터럽트 서비스 루틴을 호출하는 명령문이 없기 때문이다.
- 그럼에도 불구하고 매 1ms 마다 MCU 내부에서 발생되는 타이머0 인터럽트에 의해 이 함수가 실행되고 LED가 정확히 0.5초 간격으로 깜박이니 신기하지 않은가?
- 이것이 바로 인터럽트 서비스 루틴과 일반 호출 함수와의 가장 큰 차이점인 것이다.
- 또한 프로그램 어디에도 0.5초(= 500ms) 타임 딜레이를 위한 딜레이 함수 호출이 없음에도 불구하고 정확한 0.5초 주기를 만들어 내니 이 또한 인터럽트를 사용하는 재미(?)라고 할 수 있을 것이다.
- 이와 같이 인터럽트를 이해하고 사용할 수 있게 되면 명실 공히 다양한 임베디드 시스템 응용과제를 설계하고 프로그래밍 할 수 있는 기본을 갖추었다고 할 수 있다.
- 뒤의 연습문제에서 다루게 될 과제에서는 이 타이머 인터럽트를 이용하여 5장에서 취급했던 4자리 7 세그먼트 LED의 동적 구동에 대해 MCU의 시간을 최대한 활용하는 훨씬 효율적인 방법으로 고품위의 디스플레이 결과를 얻을 수 있음을 체험하게 될 것이다.

8.5 실습 8-2: 타이머/카운터0 인터럽트를 이용한 디지털 클럭(ex8-2)

8.5.1 실습 목표

○ 이 절에서는 타이머/카운터0으로 발생시킨 타임 베이스 틱을 이용하여 디지털시계를 구현하고자 한다.

○ 6장에서 우리는 소프트웨어 시간 지연 루틴을 이용하여 디지털시계를 구현하여 보았다.

- 그러나 소프트웨어 타임 딜레이 함수로는 정밀한 1초 간격의 타임 베이스를 얻기가 힘들어 정확한 시계를 구현할 수가 없다.

○ 본 실습에서는 수정 발진기(Crystal Oscillator)에 의해 비교적 정밀한 주파수로 발진되는 시스템 클럭과 타이머/카운터0을 이용하여 하드웨어적으로 타임 베이스 틱을 발생시킴으로써 훨씬 정확도가 개선된 디지털시계를 구현하고자 하는 것이다.

○ 그러나 본 예제에서의 시계 역시 6장에서의 시계와 마찬가지로 완전한 시계가 아니라서 작동되는 중에 시간을 조정하는 기능은 없다

- 즉, 이 시계는 프로그램의 변수 초기화 시에 주어진 고정된 시간으로부터 시작되기 때문에 정확한 현재의 시간보다는 타이머 인터럽트를 사용하여 소프트웨어 딜레이 함수로 구현한 시계보다 훨씬 더 정확한 시계를 구현할 수 있음을 확인하는 정도로 이해하면 될 것이다.

○ 시간은 6장에서와 마찬가지로 LCD에 그림 8.6과 같은 모양으로 표시하도록 한다.

X

Y \ X	0	1	2	3	4	5	6	7	8	9	10	11	12	13	14	15
0				C	L	O	C	K		V	2	.	0			
1			1	2	:	3	4	:	5	6			P	M		

그림 8.6 디지털시계의 시간 표시 형식

8.5.2 하드웨이 조립 2

○ 이 실습에서는 타이머0의 인터럽트를 이용하여 디지털시계를 구현하고 그 시간을 LCD 디스플레이 모듈에 표시하려고 하기 때문에 LCD 모듈 하드웨어를 브레드보드

에 조립하여야 한다.

- 따라서 6.3절의 그림 6.7과 같이 LCD 모듈 하드웨어를 다시 조립하면 되고 본 실습만을 위해서는 다른 추가 부분은 필요 없다.

8.5.3 필요 기술 및 프로그래밍 알고리즘

(1) 필요 기술

- 이 예제를 수행하기 위해서는 LCD 모듈 사용법, 타이머 인터럽트를 사용하여 1ms 주기의 타임 베이스 틱을 발생시키는 기법에 대한 이해가 필요한데 LCD 모듈 사용법에 대해서는 6장에서, 타이머 인터럽트에 대해서는 이장의 앞부분에서 학습하였기 때문에 더 설명이 필요하지 않으리라 생각한다.
- 마지막으로 효율적인 프로그래밍을 위해서 필요한 함수들을 만들어야 하는데 이 역시 6장에서 시간, 분, 초 값을 갖는 변수를 받아서 ASCII 문자열로 변환하는 MakeData() 및 DecimalToASCII() 함수들을 만들어 두었기 때문에 그냥 그 함수들을 복사하여 이용만 하면 된다.
- 따라서 본 예제에서는 더 이상의 새로운 기술이 필요하지 않기 때문에 바로 다음 단계로 넘어가도록 하겠다.

(2) 프로그래밍 알고리즘

- 본 예제는 8비트 타이머/카운터0을 사용하여 만들어진 1ms의 타임 베이스 인터럽트를 이용하여 정밀한 디지털시계를 구현하는 실습이다.
- 우리는 이미 6장에서 소프트웨어 시간 베이스로 디지털시계를 만들어 보았기 때문에 시계를 구현하는 전반적인 알고리즘에 대해서는 잘 알고 있으리라 생각한다.
- 타임 베이스 인터럽트를 사용하여 시계를 구현할 때의 접근 방법은 크게 2 가지로 생각해 볼 수 있다.
- 이 2 가지 접근 방법은 초, 분, 시간 등의 변수 값들을 갱신하고 LCD에 디스플레이 하는 작업들을 인터럽트 서비스 루틴 내에서 하느냐 main() 프로그램 내에서 하느냐에 따라 구분된다.
- 첫 번째 방법은 시간을 갱신하고 디스플레이 하는 모든 부분이 타이머 인터럽트 서비

스 루틴 내에서 이루어지게 하는 방법으로 main() 함수에서는 기본적인 초기화를 수행하고 그냥 무한 루프를 돌면서 타이머 인터럽트가 발생되기만을 기다리면 된다.

- 이 상태에서 타이머/카운터0에 의한 시간 베이스 인터럽트가 발생되면 그 때마다 인터럽트 서비스 루틴으로 점프하여 시간 값 갱신 및 디스플레이가 수행된다.
- 이때는 시계 프로그램의 대부분이 타이머 인터럽트 내에서 수행되는데 이 경우에는 이 모든 작업이 인터럽트 주기인 1ms 내에 처리될 수 있는지를 면밀히 검토해 보아야 한다. 그렇지 않으면 ISR 내에서 현재 시각을 갱신하여 처리하고 있는 중에 다음 1ms 인터럽트가 걸려 올 수 있고 이 인터럽트는 무시되기 때문에 1ms 인터럽트의 발생회수를 정확하게 계수할 수가 없게 된다.
- 특히 본 시계 프로그램의 경우 갱신된 시간 값을 LCD 모듈에 디스플레이 해야 하는데 LCD의 응답속도가 늦어 1ms 구간 내에 모든 디스플레이를 완료할 수 없을 가능성이 매우 높다.
- 따라서 이 접근방법은 본 예제에서는 거의 사용이 불가능하다.

※ 참고 8-5:

- 그러면 애초에 타이머 인터럽트를 1초 주기로 발생시키면 굳이 1초가 경과되었는지를 판단하기 위해 1ms 인터럽트가 1000번 발생했는지를 검사할 필요도 없고, 또한 1초라는 시간이 충분히 길기 때문에 인터럽트 서비스 루틴 내에서 시간 데이터 갱신 및 LCD 모듈에 대한 디스플레이를 모두 수행할 수 있으니 프로그래밍이 훨씬 간결하지 않을까?
- 물론 맞는 얘기다.
- 그런데 앞에서 언급했듯이 MCU의 클럭 주파수가 16MHz일 때 8비트 타이머/카운터로는 1초와 같은 긴 구간의 인터럽트를 발생시킬 수 없다. (여기에 대한 해석은 연습문제로 남겨두겠다)
- 그러나 16비트 타이머를 사용하면 16MHz의 MCU 클럭으로부터 1초 간격의 타이머 인터럽트를 발생시키는 것이 아주 쉽게 가능하다. (이에 대한 검토 역시 연습문제로 남겨둔다)

○ 두 번째 방법은 인터럽트 서비스 루틴에서는 그냥 1초가 경과되었는지 아닌지의 여부만 검사하도록 하고 시간이 많이 걸리는 실제 디스플레이는 main() 함수에서 수행하게 하는 것이다.

- 이 경우 main() 함수는 기본적인 초기화 작업 이후 무한 루프를 돌면서 시간 변경이 있는 경우 새로운 시간을 LCD에 디스플레이 하면 된다.

- 인터럽트 서비스 프로그램에서는 타임 베이스 틱 변수 값 갱신과 같은 최소한의 작업만 수행하게 하여 실행시간을 최대한 단축시키고 타임 베이스 틱 변수 값에 근거하여 새로운 시간을 계산하고 디스플레이 하는 등의 시간이 길게 소요되는 부분은 main() 함수 내에서 실행되도록 한다.

○ 본 실습에서 구현하려는 디지털시계는 바로 이 두 번째 접근 방법을 사용하기로 한다.

- 즉, 1초 경과 여부를 판단하는 것은 인터럽트 서비스 루틴 내에서 실행시키고 시간 데이터 가공 및 LCD 모듈에 디스플레이 하는 일은 main() 함수 내에서 실행시키도록 하는 것이다.

○ 그림 8.7에 본 예제의 알고리즘을 정리한 플로 차트를 보인다.

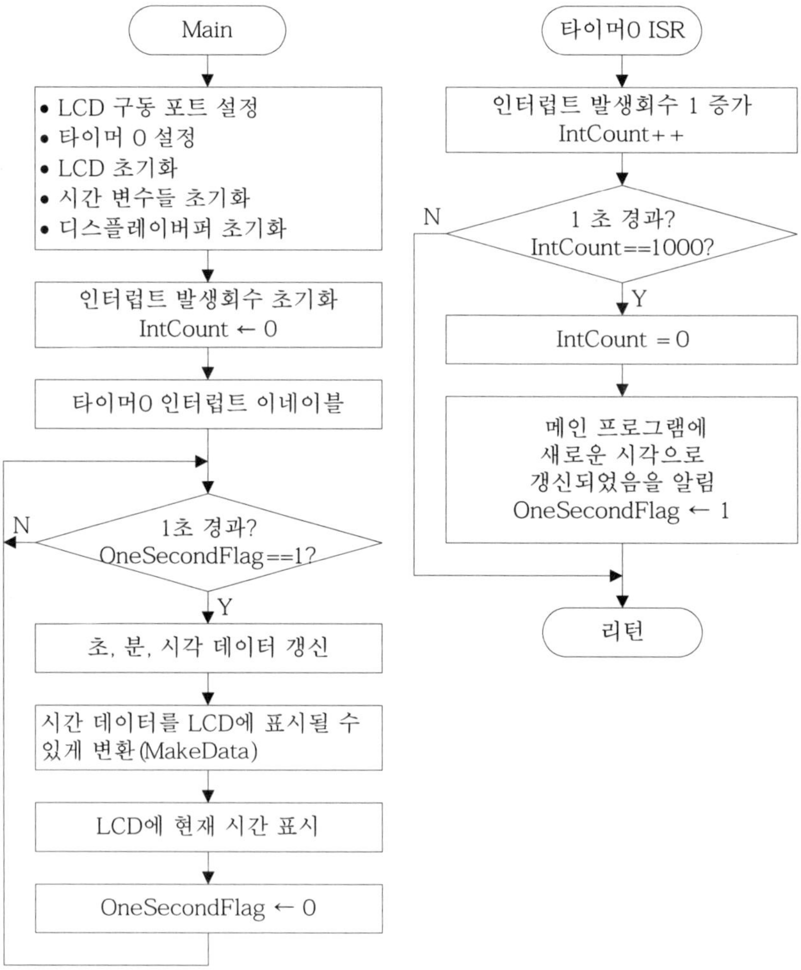

그림 8.7 타이머0 인터럽트를 이용한 디지털시계 플로 차트

8.5.4 프로그램 소스 리스트

실습 8-2: 타이머 0 인터럽트를 사용한 디지털시계 실습 ex8-2.c

```
#include   "../../../inc/ex.h"
#include   "../../../inc/lcd.c"
#include   <avr/interrupt.h>

#define    BACK_LIGHT     4

#define    AM             0
#define    PM             1
#define    SECOND_INIT    52
#define    MINUTE_INIT    59
#define    HOUR_INIT      11
#define    AMPM_INIT      AM

// 전역 변수 선언
unsigned char LCD_DisplayBuffer[13] = {"00:00:00  AM"};
unsigned char Title[11] = {"Clock V2.0"};
char Sec, Min, Hour, AMPM;
int IntCount;
volatile char OneSecondFlag;

void DecimaltoASCII(unsigned char Decimal, unsigned char Index)  {

  // 2 자리 10진수를 10으로 나누었을 때의 몫, 즉 10자리 수를 ASCII로
  // 변환한 뒤 DisplayBuffer 내의 Index 번째 위치에 저장하고
  // Index를 1 증가시켜 DisplayBuffer 내의 다음 위치로 이동
  LCD_DisplayBuffer[Index++] = Decimal/10 + 0x30;
  // 2 자리 10진수를 10으로 나누었을 때의 나머지, 즉 1 자리 수를 ASCII로
  // 변환한 뒤 DisplayBuffer 내의 Index 번째 위치에 저장
  LCD_DisplayBuffer[Index] = Decimal%10 + 0x30;
}

void MakeData(unsigned char Hour, unsigned char Min, unsigned char
Sec, unsigned char AMPM)  {

  // 시간을 ASCII로 변환 후 DisplayBuffer[0], 즉 맨 처음 위치에 저장
  DecimaltoASCII(Hour, 0);
  // 분을 ASCII로 변환 후 DisplayBuffer[3] 위치에 저장
  DecimaltoASCII(Min, 3);
  // 초를 ASCII로 변환 후 DisplayBuffer[6] 위치에 저장
  DecimaltoASCII(Sec, 6);

  // AM, PM 갱신
```

```
    if(AMPM==AM)  LCD_DisplayBuffer[10] = 'A';
    else  LCD_DisplayBuffer[10] = 'P';
}

int main(void)  {

    // LCD Back Light Control
    LCD_CONTROL_PORT_DDR |= 1<<BACK_LIGHT;
    LCD_CONTROL_PORT |= 1<<BACK_LIGHT;

    // LCD초기화
    InitLCD();
    ClearLCD();

    // ####### 타이머0 설정
    // OC0 핀 분리, MCU 클럭 64 분주, 모드2(CTC) 모드 사용
    TCCR0 = 0x0C;
    // 1mS 주기 발생을 위한 TOP 값 로드
    OCR0 = 250;

    // 시간 변수 초기화
    Sec = SECOND_INIT;
    Min = MINUTE_INIT;
    Hour = HOUR_INIT;
    AMPM = AMPM_INIT;

    // 시간의 초기 치에 대한 디스플레이 문자열 구성
    MakeData(Hour, Min, Sec, AMPM);  // ASCII로 변환

    // LCD 첫째 줄에 시계 프로그램의 제목 표시
    GotoXY(3,0);// 커서를 LCD 첫째 줄 넷째 칸으로 이동
    PutString(Title);
    GotoXY(2,1);// 커서를 LCD 두 번째 줄 셋째 칸으로 이동
    PutString(LCD_DisplayBuffer);    // 시간의 초기 값 표시


    // 인터럽트 카운터, 시간 update flag 초기화
    IntCount = 0;
    OneSecondFlag = 0;

    // ####### 타이머0 인터럽트 설정
    // 타이머0의 출력 비교일치 인터럽트 이네이블
    // TIMSK 레지스터의 비트 1(OCIE0)을 '1'로 설정
    TIMSK |= 1<<1;
    // 전체 인터럽트 이네이블, SREG의 비트 7(I)을 1로 설정
    SREG |= 1<<7;
```

```
  // 타임 베이스 인터럽트를 기다리며 루프
  while(1) {
    if(!OneSecondFlag) continue; // 시간 변경이 없는 경우 계속 그냥 루핑
    // 시간 변경이 있는 경우
    // 시간 변수들 값 갱신: 새로운 시간 계산
    Sec++;
    if(Sec==60) {
      Sec = 0;
      Min++;
      if(Min==60) {
        Min = 0;
        Hour++;
        if(Hour==12) {
          if(AMPM==AM) AMPM = PM;
          else AMPM = AM;
        }
        if(Hour==13) Hour = 1;
      }
    }
    // 시간 변수들의 값을 디스플레이 데이터로 변환해서
    // LCD의 2번째 줄에 새로운 시간 디스플레이
    MakeData(Hour,Min, Sec, AMPM);
    GotoXY(2,1);
    PutString(LCD_DisplayBuffer);
    OneSecondFlag = 0;
  } // END of while
} // END of main


ISR(TIMER0_COMP_vect) {

  // 인터럽트 카운터 1 증가
  IntCount++;

  // 1 초가 경과되었는지 검사
  // 1mS 주기의 인터럽트가 1000번 발생되어야 1 초 경과
  if(IntCount<1000) return; // 1000번 미만이면 그냥 리턴

  // 인터럽트가 1000번 발생되어 1 초가 경과 되었음
  IntCount = 0; // 인터럽트 카운터 초기화

  // 1초가 경과되어 새로 계산하고 디스플레이 해야할 시간이 있음을 알림
  OneSecondFlag = 1;
}
```

8.5.5 프로그램 설명

○ 프로그램은 그림 8.7의 플로차트를 그대로 따라 가면서 작성되었기 때문에 크게 어렵지 않게 이해할 수 있을 것이다.

○ main() 함수에서는 모든 초기화가 끝난 후 while 루프를 무한히 반복 수행하면서 1초가 경과되었는지를 조사하여 1초가 경과 되었으면 새로운 시간을 계산하고 MakeData() 함수를 호출하여 현재 시간 변수들의 값을 LCD에 디스플레이 하는 문자열형식으로 변환 하여 DisplayBuffer에 저장한 다음 PutString() 함수를 호출하여 새로운 시각을 디스플레이 한다.

- 이때 1초가 경과되었는지의 여부는 OneSecondFlag의 값을 조사하는 것으로 판단하는데 이 값이 '1'이면 1초가 경과 되어서 새로운 시간의 계산 및 디스플레이가 필요하다는 것을 의미한다.
- 이 OneSecondFlag 변수는 1ms 간격의 인터럽트가 1000번째 발생되는 순간 ISR에서 '1'로 세트 되어 main() 함수에게 1초가 경과되었음을 알린다.
- 그러면 main() 함수는 새로운 시간을 계산하고 디스플레이 한 뒤 OneSecondFlag 변수를 다시 '0'으로 리셋 시켜 새로운 시간에 대한 디스플레이가 끝났고 다시 1초의 경과를 기다리고 있는 상태임을 알려 준다.

이제 이 프로그램을 컴파일 하여 다운로드한 뒤 실행시켜 보라. 시간이 진행되는 겉모습은 예제 6-2와 전혀 다를 바가 없지만 오랜 시간 비교했을 때 시간의 정확도는 비교가 되지 않을 정도로 본 예제의 시계가 정확할 것이다.

※ 참고 8-6:

- 위의 ex8-2.c 소스 리스트 중 전역 변수 선언부를 보면 이탤릭체로 쓰인 volatile이라는 변수형 변경자를 볼 수 있을 것이다.
- 그러면 이 volatile을 지우고 컴파일하여 실행시켜 보라.
- 어떤 결과를 얻었는가?
- 아마 시간이 진행되지 않고 초기 값으로 정지해 있을 것이다.
- 왜일까?
- 이유는 OneSecondFlag 변수에 있다. 이 변수는 ISR() 함수에서 '1'로 셋 되고 main() 함수에서 새로운 디스플레이를 해야 할지 말아야 할지를 판단하는데 사용된다.
- 즉, 이 변수는 프로그램 실행 도중 main()과 ISR()에서 빈번하게 사용되는 전역변수라는 것이다.
- 3장에서 우리는 avr-gcc 라이브러리에서 제공하는 delay 함수를 사용했었고 이때 더 정확한 지연시간을 얻기 위해서 컴파일러의 최적화 기능을 활성화 시켰던 기억이 있을 것이다.
- 이와 같이 컴파일러 최적화 기능을 사용할 때 바로 위에서와 같은 문제가 발생될 수 있는데 이에 대한 자세한 설명은 본 주제의 범위를 벗어나고 자칫 설명이 너무 길어질 수 있기 때문에 생략하도록 하겠다.
- 이런 문제의 해결책은 프로그램에 있듯이 해당 변수를 volatile 형으로 변경해 주는 것인데 독자 여러분들 스스로 volatile 변수형의 의미와 그 용도를 학습해 보기 바란다.

연습문제

E8.1 MCU의 클럭이 16MHz일 경우 8비트 타이머/카운터0를 이용해서 얻을 수 있는 타이머 인터럽트의 최소 주기와 최대 주기를 구하여 보라.

E8.2 MCU의 클럭 주파수가 16MHz 일 때 8비트 타이머로는 ATmega128 MCU가 갖고 있는 프리스케일러를 사용하더라도 1초 간격의 인터럽트를 발생시킬 수 없는 이유를 설명하라.

E8.3 연습문제 E8.2와 같은 경우 타이머의 비트 수를 16비트로 늘리면 16MHz의 클럭을 사용하는 MCU로 1초 간격의 인터럽트를 발생시킬 수 있을까?

연습과제

T8.1 실습 8-1의 프로그램을 수정하여 500us 간격의 타임 베이스 틱을 발생시키고 이를 이용해서 역시 1초 주기로 8개의 LED가 깜빡이도록 하여 보라.

프로젝트

P8.1 5장에서 우리는 4자리 7 세그먼트 LED의 동적 구동에 대해서 공부하였다. 그러나 LED의 동작 구동에 소프트웨어 딜레이를 사용하는 5장의 방식에서는 키패드 입력을 받을 경우 디바운싱을 위한 딜레이 동안 동적 구동을 할 수 없어서 키가 눌러지고 처리되는 동안 전체적인 디스플레이에 떨림이 심하게 발생되는데 아마 프로젝트 P5.1을 수행하면서 이런 경험을 했을 것이다.
이런 문제는 이 장에서 배운 타이머 인터럽트를 응용하면 깨끗하게 해결되는데 프로젝트 P5.1의 프로그램을 수정하여 7 세그먼트에 디스플레이 된 값을 증감시키기 위하여 '←' 키나 '→'가 눌러지더라도 전혀 떨림이 없는 깨끗한 동적 구동의 디스플레이를 구현하여 보라.
[힌트] 타이머의 인터럽트 서비스 함수에서 동적 구동을 수행하게 하면 된다.

CHAPTER

09

PWM(Pulse Width Modulation) 응용

이 장에서는 ATmega128 MCU의 타이머가 가지고 있는 PWM 펄스 발생 기능을 이용하여 간단한 전력 제어와 음향을 발생시키는 실습을 수행해 보고자 한다.

전력 제어의 대상으로는 소형 DC 모터를 사용하여 PWM 펄스로 모터의 회전 속도를 제어하는 실습을 하고자 하며 음향 발생은 4장에서 사용했던 소형 스피커를 사용하여 PWM 펄스로 좀 더 개선된 음향을 발생시키는 기법에 대해 실습하고자 한다.

다음은 이 장에서 학습하고자 하는 내용을 구체적으로 정리한 것이며 본문의 내용도 이 순서에 따라 전개해 나갈 것이다.

- PWM 펄스에 의한 전력 제어의 개념 이해
- ATmega128 MCU의 타이머/카운터를 이용한 PWM 펄스 발생 기법 이해
- PWM 펄스에 의한 모터 회전 속도 제어 실습
- PWM 펄스에 의한 음향 발생 실습

9.1 PWM(Pulse Width Modulation)의 이해

9.1.1 PWM의 개념 및 전력제어 원리

○ PWM은 펄스 폭 변조라고 하는데 전달하고자 하는 정보에 따라 펄스의 폭을 가변시키는 변조방식을 말한다.

- 참고로 여러분들이 이름을 들어 본 변조방식에 AM(Amplitude Modulation, 진폭변조), FM(Frequency Modulation, 주파수변조) 방식이 있고 전달하고자 하는 정보(음의 크기)에 따라 AM은 반송파(Carrier)의 진폭이 변하고 FM은 반송파의 주파수가 변한다는 것을 알고 있을 것이다.

○ 그러면 PWM 파의 펄스폭을 통해서 전달하고자 하는 정보는 무엇일까?

- 이것은 PWM 파형을 어디에 적용하느냐에 따라 달라지는데 DC 모터 속도제어의 경우에는 전원으로부터 DC 모터로 전달하고자 하는 전력량이 정보가 된다.

○ PWM에 의한 DC 모터의 회전속도제어 개념을 설명하기 위해 그림 9.1을 보자.

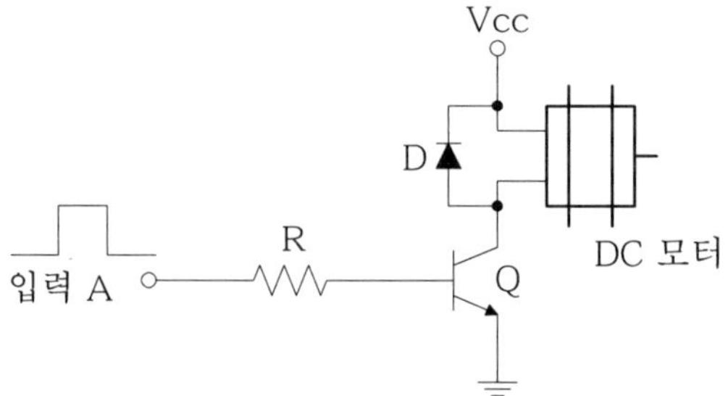

그림 9.1 트랜지스터 스위치에 의한 DC 모터 구동회로

○ 그림 9.1에서

- 입력 A에 0V(논리 '0')를 인가하면
  - 트랜지스터 스위치는 오프 되고 따라서 트랜지스터의 콜렉터-에미터 간이 전기적으로 차단되어 전류가 흐르지 못하므로 모터는 정지하게 된다.
- 입력 A에 어떤 전압, 예를 들어 5V(논리 '1')를 인가하면
  - 트랜지스터 Q는 온 되고 트랜지스터의 콜렉터와 에미터 간의 스위치가 합선상태로 되어 전원 Vcc로부터 모터를 거쳐 접지로 전류가 흐름으로써 모터가 회전한다.

○ 그림 9.1과 같이 트랜지스터를 온/오프 스위치로 사용해서 모터를 구동하는 장치를 디지털 드라이버라고 하는데 위와 같이 단순히 논리 '0'과 '1'을 인가하는 것으로는 모터를 정지시키거나 최대 속도로 운전하는 것만 가능하다.

○ 그러면 그림 9.1과 같이 단순한 온/오프의 구조를 갖는 디지털 드라이버에서 어떻게 하면 아날로그 제어와 같이 부드럽게 연속적으로 모터의 회전속도를 제어할 수 있을까?

○ 바로 PWM 방식이 이를 가능하게 하는데 그 개념을 그림 9.2에 보인다.

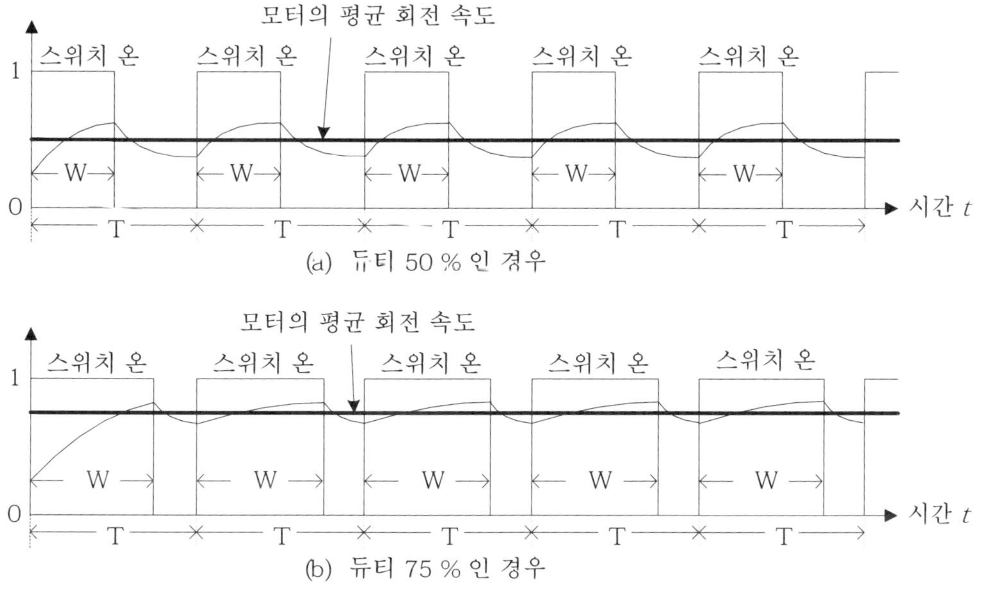

그림 9.2 PWM 전력제어의 개념(모터 회전속도 제어의 경우)

○ 그림 9.2의 펄스 파를 그림 9.1의 입력 A에 인가하면 어떻게 될까?

- 펄스의 논리 값이 '1'인 W의 구간 동안에는 트랜지스터 Q가 온이 되어 모터에 전력이 공급되고 논리 값이 '0'인 나머지 구간 동안에는 Q가 오프 되어 모터로의 전력공급은 차단된다.
- 이때 온/오프를 반복하는 주기 T가 아주 길면 모터는 실제 회전, 정지를 반복하겠지만 주기 T가 아주 짧아지면 모터는 기계적인 관성 때문에 빠른 속도로 회전/정지를 반복할 수가 없고 전체 주기 T 동안 스위치가 온 되는 시간 W의 비율에 의해 결정되는 평균속도로 회전하게 된다.

○ 이것이 바로 PWM에 의한 전력제어의 개념이며 펄스의 주기 T 동안 실제 전력이 공

급되는 펄스폭 W의 비율이 모터의 회전속도를 결정하는 요인으로서 이를 듀티 비(duty ratio 또는 duty cycle)라 하고 다음과 같은 식으로 정의된다.

$$\text{듀티 비} = \frac{W}{T} \times 100 \ [\%]$$

○ 듀티 비의 단위는 %로서 최소 0%부터 최대 100%까지의 값을 가질 수 있는데 그림 9.2(a)는 50%, (b)는 75%의 듀티 비를 보여 주고 있다.

○ PWM 방식에 의한 전력제어는 효율이 아주 높아서 거의 대부분의 디지털 전력 드라이버에는 이 PWM 방식이 사용되고 있다.

※ 참고 9-1:

- PWM의 개념은 5장의 4자리 7 세그먼트 LED 동적구동에서 이미 소개되었다.
- 4자리 LED를 리프레시 하는 전체 주기 T 안에서 각 자리는 (1/4)T 동안 불이 켜지게 됨으로써 듀티 비가 25%였고 따라서 듀티 비 100%인 정적 디스플레이 때의 밝기에 비해 1/4의 밝기가 됨을 볼 수 있었다.
- PWM은 모든 전력제어에 적용될 수 있으며 그림 9.1에서 모터 대신 전열 기구를 달면 온도를 제어하고 램프를 달면 조명을 제어하게 되는 것이다.

9.1.2 디지털 PWM 펄스 발생 원리

(1) PWM 발생 기법 1 – 주파수 고정형

○ 그림 9.3에 N 비트 디지털 PWM 펄스 발생기의 가장 기본적인 구조를 보인다.

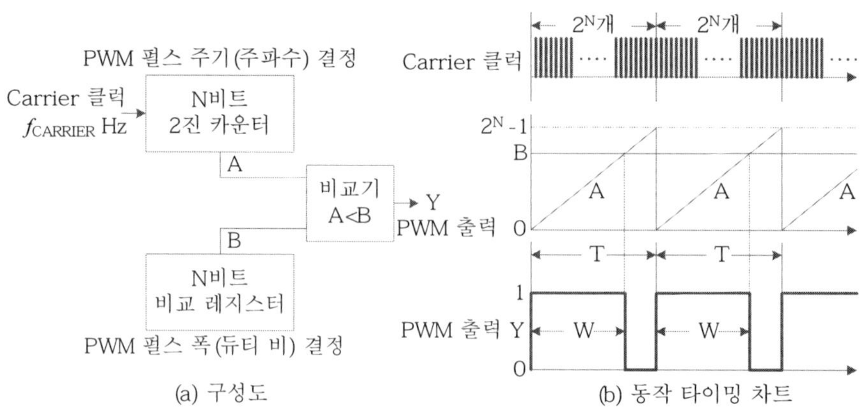

그림 9.3 디지털 PWM 펄스 발생기의 기본형

○ 그림 9.3(a)를 보면 PWM 펄스의 발생 원리를 쉽게 이해할 수 있을 것이다.

- N 비트 카운터에 $f_{CARRIER}$의 주파수를 갖는 캐리어(Carrier) 클럭이 공급되면 카운터의 값 A는 $0 \rightarrow 1 \rightarrow 2 \rightarrow 3 \rightarrow ... \rightarrow 2^N - 1 \rightarrow 0 \rightarrow 1 \rightarrow 2 \rightarrow ... \rightarrow 2^N - 1 \rightarrow 0 \rightarrow 1, \rightarrow ...$ 식으로 반복되면서 (b)에 보이는 삼각파와 같은 파형을 만들어 낸다.
- 이 카운터의 값 A는 N 비트 비교 레지스터의 값 B와 비교되어 출력 Y를 발생시키는데 B≤A 이면 Y가 '0'이 되고 B>A 이면 Y가 '1'이 되게 함으로써 출력 Y가 '1'이 되는 폭 W가 비교 레지스터의 값 B의 크기에 비례하는 PWM 펄스가 만들어지는 것이다.

○ 이때 PWM 펄스의 주파수는 $f_{PWM} = \dfrac{f_{CARRIER}}{2^N}$ [Hz]로 계산되는데 카운터의 비트 수 N과 캐리어 클럭의 주파수 $f_{CARRIER}$의 값에 의해 결정되는 값을 갖게 된다.

○ 즉, 그림 9.3과 같은 구조는 간단하게 PWM 파형을 발생시킬 수는 있지만 프로그램 명령문을 통해 PWM 파형의 주파수를 임의로 설정할 수 없다는 단점이 있다.

(2) PWM 발생 기법 2 – 주파수 가변형

○ 그러면 PWM 파형의 주파수를 가변시킬 수 있기 위해서는 어떻게 하면 될까?

- 이를 위해서는 8장에서 타임 베이스 인터럽트 발생 실습 때와 같이 타이머의 CTC 모드를 사용하면 된다.
- CTC 모드가 가능하기 위해서는 그림 9.3의 구조에 카운터의 주기를 결정하는 TOP레지스터를 하나 더 추가하여 이 TOP 값과 타이머/카운터의 값이 비교일치 될 때 타이머/카운터가 자동적으로 0으로 리셋 되도록 주변 하드웨어를 구성해 주면 된다.

○ 그림 9.4에 TOP 값으로 주파수를 조정할 수 있는 PWM 발생기의 구성과 동작 타이밍 차드를 보여 준다.

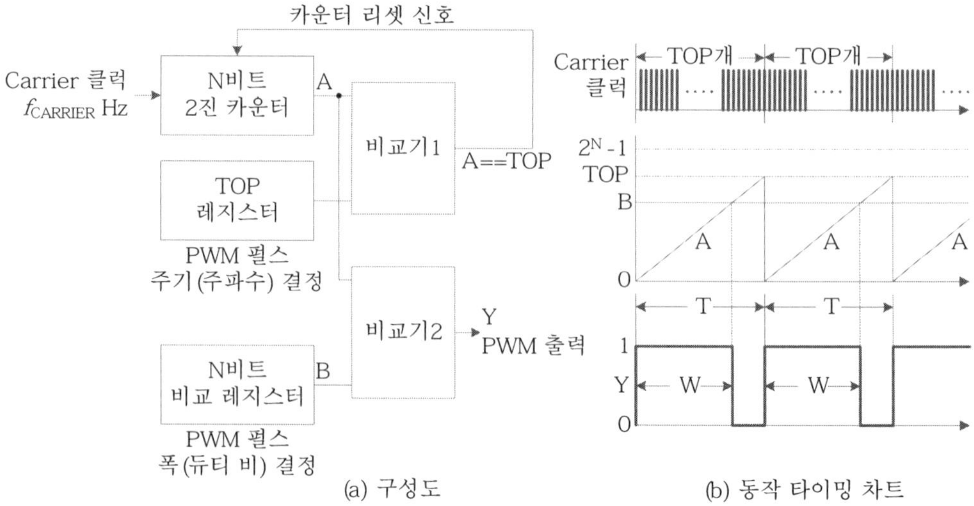

그림 9.4 주파수 조정이 가능한 **PWM** 펄스 발생기

○ 그림 9.4의 동작 원리는 그림 9.3과 완전히 같은데 N 비트 카운터의 주기가 그림 9.3에서는 2^N개의 펄스였으나 그림 9.4에서는 TOP개인 것만 다르다.

○ 따라서 그림 9.4의 PWM 펄스 주파수는 다음과 같다.

$$f_{PWM} = \frac{f_{CARRIER}}{TOP} \quad [Hz]$$

○ 위의 식에서 TOP 값은 TOP 레지스터가 갖는 값으로서 사용자의 프로그램으로 변경시킬 수가 있기 때문에 PWM 펄스의 주파수를 임의로 설정할 수 있게 되는 것이다.

○ 당연히 그림 9.4에서 TOP값으로 가능한 범위는 $1 \le TOP \le 2^N-1$ 이며 펄스 폭(듀티 비)를 결정하는 B 값의 범위는 $0 \le B \le TOP$ 이다.

※ 참고 9-2:

- 이상 (1), (2)에서 설명한 PWM 발생기는 단순히 원리를 보여주는 것에 그치지 않고 실제 하드웨어로 구성하여 동작이 가능한 구조이며 ATmega128 MCU도 이런 형태의 PWM 파형을 발생시키는 기능을 가지고 있는데 이를 ATmega128의 매뉴얼에서는 FAST PWM 모드라고 부르고 있다.

(3) PWM 발생 기법 3 – 이중 기울기(Dual Slope) 형

○ ATmega128 MCU는 업 카운터(up counter) 만을 사용하는 FAST PWM 모드 외에도 업-다운 카운터(up-down counter)를 사용하는 이중 기울기형 PWM 펄스도 발생시킬 수 있다.

○ 이중 기울기형 PWM 펄스 파는 하나의 기울기만 이용하는 FAST PWM에 비해 안정적인 파형을 발생시키기 때문에 모터 제어 등에 적용하기에 아주 적합하다.

○ 그림 9.5에 이중 기울기형 PWM 파형 발생기의 구조 및 동작 타이밍 도를 보인다.

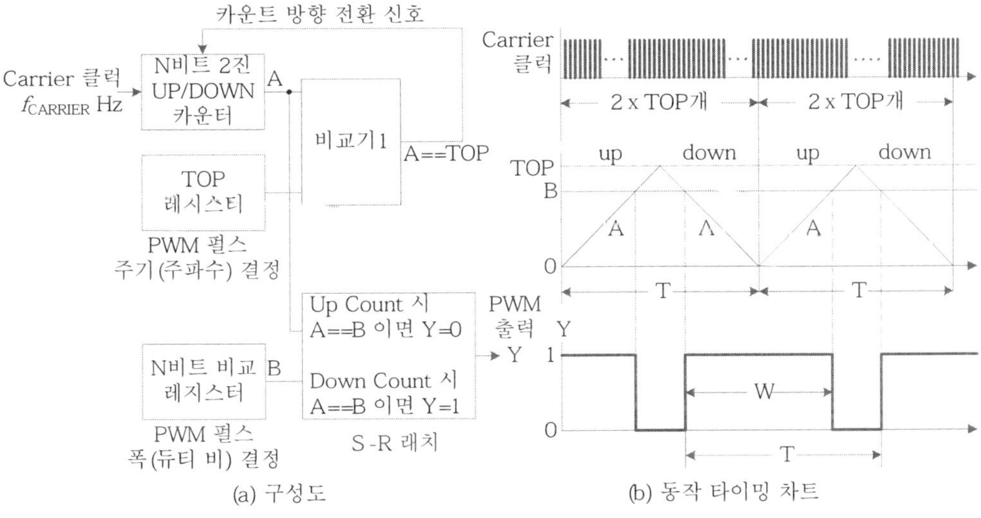

그림 9.5 이중 기울기형 PWM 펄스 발생기

○ 동작 원리는 그림 9.4의 주파수 조정이 가능한 PWM 발생기와 같다.

○ 단지 이중 기울기형은 up/down 카운터를 사용해서 0부터 업 카운트를 하다가 TOP 값에 이르면 카운트 방향을 전환하여 0까지 다운 카운트 하는 동작을 반복함으로써 그림 9.5(b)에서 A로 이름 붙여진 대칭형 삼각파형의 값을 생성한다.

○ PWM 펄스 출력은 그림 9.3, 9.4와 마찬가지로 카운터의 값 A와 비교레지스터의 값 B의 비교결과로 만들어지는데 S-R 래치를 사용하여 업 카운트 시 카운터 값 A와 비교레지스터 값 B가 일치하면 PWM 출력 Y는 '0'으로 클리어 되고 다운 카운트 시 카운터 값 A와 비교레지스터 값 B가 일치하면 PWM 출력 Y는 '1'로 셋 된다.

○ 그림 9.5(b)의 맨 아래쪽 굵은 실선으로 표현된 구형파가 바로 이렇게 만들어진 PWM

펄스로서 그 값이 '1'이 되는 펄스 폭 W는 비교레지스터의 값 B의 크기에 비례한다는 것을 알 수 있을 것이다.

○ 이 경우 비교레지스터의 값 B는 $0 \leq B \leq TOP$의 범위내의 값을 가져야 하며 B = 0 이면 W 역시 0이 되어 듀티 비는 0%가 되며, B = TOP 이면 W는 T가 되어 듀티 비는 100%가 된다.

○ 그림 9.5의 이중 기울기형 PWM 펄스 발생기는 캐리어 클럭이 (2×TOP)개가 투입되어야 PWM 펄스 한 개가 만들어지기 때문에 결과적으로 발생되는 PWM 펄스의 주파수는 그림 9.4의 FAST PWM 펄스 발생기 때의 1/2이 된다.

○ 즉 그림 9.5에서의 PWM 펄스 주파수는 다음식과 같이 계산된다.

$$f_{\mathrm{PWM}} = \frac{f_{\mathrm{CARRIER}}}{2 \times \mathrm{TOP}} \quad [\mathrm{Hz}]$$

○ 이상 언급한 3가지 PWM 펄스 발생기법 외에도 SPWM(Sinusoidal PWM)등 여러 가지 기법이 있으나 이 정도면 기본적인 PWM 펄스 발생 원리에 대해서는 충분히 이해가 되었을 것이다.

○ 그러면 이제 위에서 언급한 일반적인 내용을 바탕으로 ATmega128 MCU를 이용한 PWM 펄스 발생기법에 대해 알아보도록 하자.

9.2 ATmega128 MCU의 16비트 타이머를 이용한 PWM 펄스 발생 기법

○ 8장에서 언급했듯이 ATmega128 MCU는 0, 1, 2, 3으로 구분되는 4개의 타이머/카운터를 가지고 있으며 모두 PWM 펄스를 발생시키는 기능을 갖추고 있다.

○ 이미 아는 바와 같이 4개의 타이머 중 0과 2는 8비트, 1과 3은 16비트의 폭을 갖는데 이 장에서는 16비트의 타이머를 사용하고자 하며 그 이유는 8비트에 비해 PWM 듀티 비의 분해능을 아주 높게 할 수 있고 또한 모터 드라이버에 적합한 2중 기울기형 PWM 펄스를 발생시킬 수 있기 때문이다.

○ ATmega128 MCU의 16비트 타이머1, 3과 조금이라도 연관성이 있는 레지스터들을 모두 열거하면 다음과 같다.

- TCNTn(Timer/Counter n)
- OCRnA(Output Compare Register nA)
- OCRnB(Output Compare Register nB)
- OCRnC(Output Compare Register nC)
- ICRn(Input Capture Register n)
- TCCRnA(Timer/Counter n Control Register A)
- TCCRnB(Timer/Counter n Control Register B)
- TCCRnC(Timer/Counter n Control Register C)
- TIMSK(Timer/Counter Interrupt MaSK Register)
- ETIMSK(Extended Timer/Counter Interrupt MaSK Register)
- TIFR(Timer/Counter Interrupt Flag Register)
- ETIFR(Extended Timer/Counter Interrupt Flag Register)

※ 참고 9-3:

- 얼른 보면 PWM 펄스를 발생시키기 위해 공부해야 할 레지스터가 아주 많아 보이지만 위에 열거한 레지스터들은 16비트 타이머와 조금이라도 관계되는 것들을 모두 열거한 것이며 실제 PWM 펄스를 발생시키는데 관여하는 레지스터는 그 중 일부이기 때문에 걱정할 필요는 전혀 없음을 미리 밝혀둔다.
- 실제 PWM 펄스 발생에 직접적인 연관이 있는 레지스터들은 TCCRnA, TCCRnB, OCRnA, ICRn 이다.

○ 이 절에서는 16비트 타이머를 사용해서 이중 기울기형 PWM 펄스를 발생시키는데 필요한 레지스터 설정에 대해 설명하려고 하는데 우선 PWM 펄스를 발생시키기 위해 고려해야할 사항들을 살펴보면 다음과 같다.

- PWM 펄스 발생에 몇 비트를 사용할 것인가?
- PWM 펄스 발생 채널이 여러 개 있을 경우 어느 채널을 사용할 것인가?
- PWM 펄스의 주파수 설정은 어떻게 할 것인가?
- PWM 듀티 비의 분해능은 어떻게 세어할 것인가?

○ 이제 이 각각의 고려 사항을 해결하고 원하는 PWM 파형을 발생시키는 기법에 대해 알아보도록 하자.

9.2.1 PWM 펄스 발생에 몇 비트를 사용할 것인가?

- 우리는 이미 9.2.1절의 시작 부분에서 16비트 타이머의 이중 기울기형 PWM 펄스를 발생시키는 걸 가정했다.
- 따라서 이 문제는 더 언급할 필요가 없다.
  - 앞에서도 언급했듯이 16비트 PWM을 사용하려는 이유는 듀티 비와 분해능을 아주 세밀하게 조정할 수 있고 PWM 주파수의 가변 범위도 크게 할 수 있기 때문이다.

9.2.2 PWM 펄스 발생에 어느 채널을 사용할 것인가?

- 이 문제는 실제 마이크로컨트롤러 외부의 하드웨어 설계와 관계가 있는 부분이다.
- ATmega128 MCU의 타이머1, 3은 16비트 타이머이며 각각 A, B, C로 이름 붙은 3개의 채널을 가지고 있어서 총 6개의 PWM 펄스 발생 채널을 가지고 있는데 당연히 발생된 PWM 펄스를 MCU 외부의 하드웨어로 공급하기 위한 6개의 출력 핀이 있다.
  - 이 6개의 핀들은 타이머1의 3개 PWM 출력 채널인 OC1A, OC1B, OC1C 핀들 및 타이머3의 3개 PWM 출력 채널인 OC3A, OC3B, OC3C 핀들로 구성되어 있다.
- 그림 9.6에 ATmega128의 타이머들과 관련된 포트 핀들을 보여 준다.
- 그림 9.6을 보면 알겠지만 타이머1으로 발생되는 PWM 펄스는 PB5 ~ PB7 핀들을 통해 출력되고 타이머3으로 발생되는 PWM 펄스는 PE3 ~ PE5 핀들을 통해 출력된다.
- 우리의 실습에서는 나중 브레드보드에 모터 드라이버나 스피커 회로를 조립할 때 MCU 모듈과의 배치를 고려하여 포트 B나 포트 E 중 점퍼선 연결에 편리한 핀을 골라서 사용하면 되는데 이와 같이 PWM 펄스가 출력될 포트 핀이 결정되면 거기에 따라 나중 프로그래밍과 관련되는 몇 가지 사항들이 따라서 결정되는데 그들을 정리하면 다음과 같다.
  - 첫째, PWM 발생에 사용될 타이머와 채널이 결정된다.
    - 예를 들어 그림 9.6에서 PWM 출력 핀으로 PE3 핀을 선택했다면 이것은 곧 PWM 펄스 발생은 타이머3의 채널 A를 사용해야 한다는 것을 의미한다.
  - 둘째, PWM의 주기(주파수)를 결정하는 TOP 레지스터와 PWM의 듀티 비를 결정하는 비교 레지스터가 결정된다. (그림 9.5 참조)
    - 여러분들은 8장에서 인터럽트 발생의 주기를 임의로 조정하기 위해 타이머0의 CTC 모드를 사용하면서 TOP 값을 저장하는 OCR0라는 비교 레지스터를 사용한 기억이

있을 것이다.

- 이와 같이 타이머1과 타이머3에도 채널 A, B, C에 따라 각각 OCR1A, OCR1B, OCR1C 및 OCR3A, OCR3B, OCR3C로 이름 붙은 비교 레지스터가 있다.
- 그런데 그림 9.5를 보면 PWM 펄스 발생을 위해서는 듀티 비를 결정하는 B값 레지스터 외에 PWM 펄스의 주파수를 결정하는 TOP값 레지스터가 하나 더 있어야 함을 알 수 있다.
- 각 채널 OCR 레지스터들의 기본 기능은 해당 채널의 듀티 비 결정용 B값 레지스터로 사용되는 것인데 타이머1의 OCR1A와 타이머3의 OCR3A 레지스터는 TOP값 레지스터로도 사용되는 약간 복잡한 구조를 갖고 있다.
- 이 개념을 간단명료하게 설명하기 위해 표 9.1에 각 레지스터의 용도를 정리하였다. (표에서는 타이머3만 취급하고 있지만 타이머1이 필요한 경우는 모든 3을 1로 치환하면 그대로 적용가능하다.)

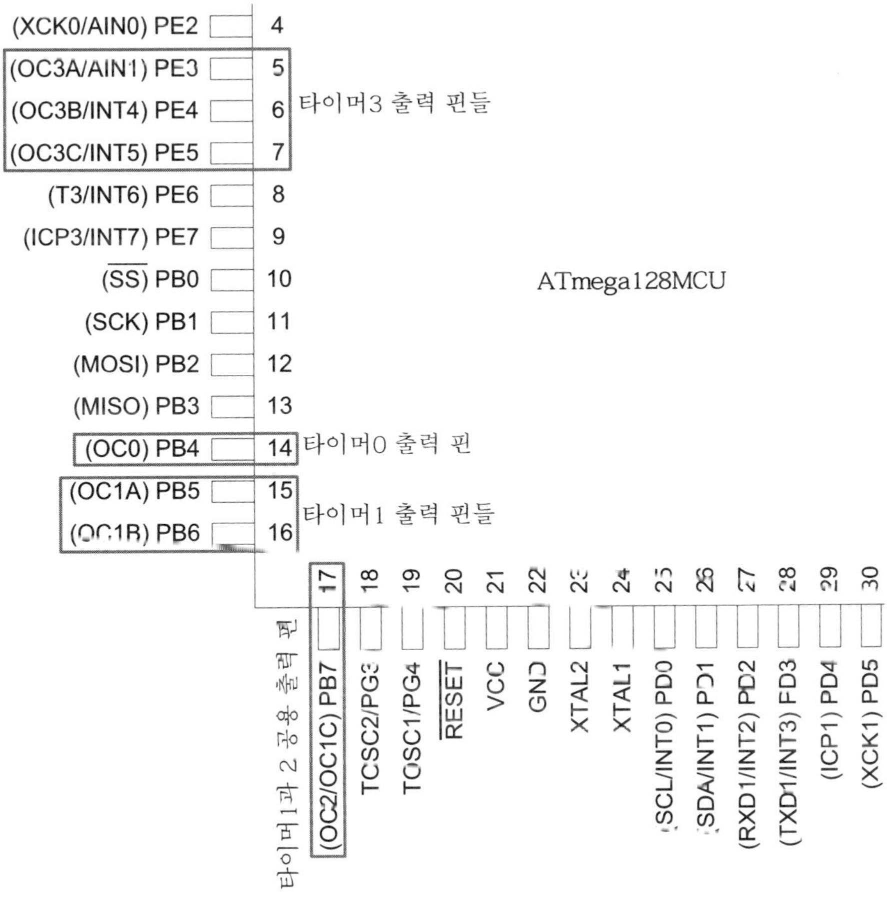

그림 9.6 ATmega128 MCU의 타이머들과 관련된 출력 포트 핀들

표 9.1 PWM 발생 채널에 따른 레지스터 할당

항목 \ 채널	PWM 발생 채널		
	A	B	C
주파수 결정 값(TOP)	ICR3	OCR3A	OCR3A
듀티 비 결정 값(B)	OCR3A	OCR3B	OCR3C

- 표를 보면 명확히 알겠지만 타이머3의 채널 A, B, C의 듀티 비 레지스터로는 OCR3A, OCR3B, OCR3C가 기본으로 사용되어야 하고 주기 결정의 TOP값 레지스터로는 OCR3A 레지스터가 기본으로 사용되어야 하는데 PWM 펄스 발생에 채널 A가 사용되는 경우에는 OCR3A가 듀티 비 레지스터로 사용되어야 하기 때문에 이 경우에만 ICR3 레지스터가 TOP값 레지스터로 사용되도록 하고 있다.
- 따라서 우리 실습에서는 타이머3의 채널 A를 사용하기 때문에 듀티 비 레지스터로는 OCR3A를, TOP값 레지스터로는 ICR3을 사용해야 한다.

• 셋째, 위의 사실들에 의해 타이머3의 동작 모드가 결정된다.
  - 16비트 타이머1, 3은 표 9.2에 보이는 것과 같이 총 16개의 동작 모드가 있으며 이 동작 모드는 WGMn3, WGMn2, WGMn1, WGMn0의 4비트 조합에 의해 선택되는데 표에서는 이 4비트를 줄여서 WGMn3:0으로 표시하고 있다.
  - 참고로 WGM은 Waveform Generation Mode의 머리글자이다.
  - WGMn3:0의 4비트는 나중 소개될 타이머1 또는 3의 제어 레지스터 TCCRnA, TCCRnB 레지스터에 분산 저장되어 있다.
  - 당연히 여기서 n은 타이머의 번호로서 1 또는 3을 대입하면 되며 우리의 모터 제어 실습에서는 n = 3이 된다.

표 9.2 파형발생 모드 비트 설정에 의한 16비트 타이머/카운터의 동작 모드

모드	파형발생 모드 비트 WGMn3:0				타이머/카운터의 동작 모드	TOP	TOVn* 플래그 셋 조건
0	0	0	0	0	Normal	0xFFFF	MAX
1	0	0	0	1	PWM, Phase Correct, 8-bit	0x00FF	BOTTOM
2	0	0	1	0	PWM, Phase Correct, 9-bit	0x01FF	BOTTOM
3	0	0	1	1	PWM, Phase Correct, 10-bit	0x03FF	BOTTOM
4	0	1	0	0	CTC	OCRnA	MAX
5	0	1	0	1	Fast PWM, 8-bit	0x00FF	TOP
6	0	1	1	0	Fast PWM, 9-bit	0x01FF	TOP

7	0	1	1	1	Fast PWM, 10-bit	0x03FF	TOP
8	1	0	0	0	Phase and Frequency Correct PWM	ICRn	BOTTOM
9	1	0	0	1	Phase and Frequency Correct PWM	OCRnA	BOTTOM
10	1	0	1	0	PWM, Phase Correct	ICRn	BOTTOM
11	1	0	1	1	PWM, Phase Correct	OCRnA	BOTTOM
12	1	1	0	0	CTC	ICRn	MAX
13	1	1	0	1	(Reserved)	- -	- -
14	1	1	1	0	Fast PWM	ICRn	TOP
15	1	1	1	1	Fast PWM	OCRnA	TOP

– 우리는 이중 기울기형인 Phase and Frequency Correct PWM 모드를 사용하기로 했기 때문에 모드 8, 9 중 하나를 사용해야 하는데 우리 실습에서는 채널 A를 사용하기로 했기 때문에 표 9.1에 의해 ICR3이 TOP 레지스터가 되는 모드 8을 사용해야 함을 알 수 있을 것이다.

※ 참고 9-4:

- 지금까지 설명한 내용을 정리하면 16비트 타이머를 이용하여 PWM 펄스를 발생시키기 위해서 사용되는 레지스터들은 다음과 같다.
  - 이 사실은 ATmega128 MCU의 16비트 타이머로 PWM 펄스를 발생시키고자 할 경우 적용해야 할 필수사항이므로 꼭 기억하기 바란다.
- TCCR3A, TCCR3B 레지스터
  - WGMn3:0 비트 조합으로 PWM 펄스 발생 모드를 설정하는 레지스터이다.
- ICRn 레지스터
  - 타이머의 채널 A를 사용하여 PWM을 발생하는 경우 PWM 펄스의 주기(주파수)를 결정하는 TOP 값 레지스터로 사용된다.
- OCRnA 레지스터
  - 타이머의 채널 A를 사용하여 PWM을 발생하는 경우 PWM 펄스의 듀티 비를 결정하는 비교 레지스터로 사용된다.

    타이머의 채널 B 또는 C를 사용하여 PWM을 발생하는 경우에는 PWM 펄스의 주기(주파수)를 결정하는 TOP 레지스터로 사용된다.
- OCRnB, OCRnC 레지스터
  - 타이머의 채널 B 또는 C를 사용하여 PWM을 발생하는 경우 PWM 펄스의 듀티 비를 결정하는 비교 레지스터로 사용된다.

9.2.3 PWM 펄스의 주파수 설정

- 모터 제어의 경우, 모터 드라이버에 인가하는 PWM 펄스의 주파수는 빠를수록 좋지만 드라이버를 구성하는 소자들의 스위칭 속도 등에 의해 주파수가 제한된다.
- 이 절에서는 우선 ATmega128 MCU의 16비트 타이머로 일반적인 f_{PWM}[Hz]의 PWM 펄스를 만들어 내는 기법에 대해 설명하고 실습예제에서는 실제 원하는 PWM 주파수를 대입하여 관련 레지스터들을 설정하는 기법에 대해 구체적으로 설명하고자 한다.
- ATmega128 MCU의 이중 기울기형(모드 8, 9) PWM 펄스 발생 하드웨어는 그림 9.5와 똑 같은 개념으로 설계되어 있으나 PWM 주파수 설정에 좀 더 유연성을 부여하기 위해 프리스케일러(prescaler)를 통해 시스템 클럭(CPU 클럭)을 분주하여 타이머/카운터에 대한 캐리어 클럭으로 사용하고 있으며 프리스케일러의 분주비 N도 프로그램으로 선택할 수 있도록 하고 있다.
- 그림 9.7에 이와 같은 PWM 펄스 발생기의 동작 원리도를 보여준다.

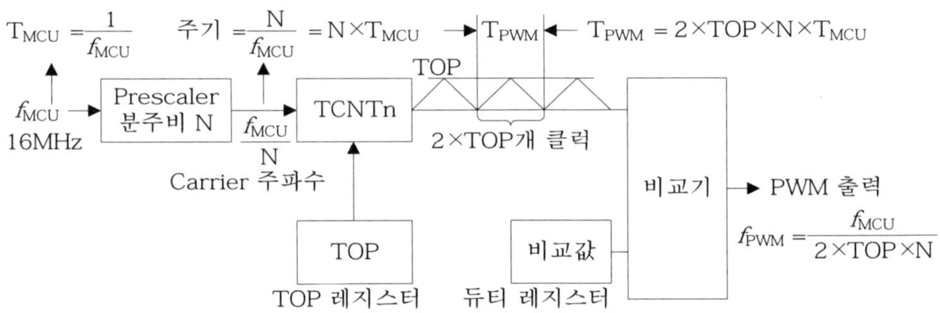

그림 9.7 프리스케일러를 갖는 2중 기울기형 PWM 펄스 발생기 블록도

- 그림 9.7에서 TCNTn은 타이머/카운터1 또는 3을 의미하며 주파수 $\frac{f_{MCU}}{N}$[Hz]의 캐리어 클럭을 TOP개 동안 업 카운트를 하고 다시 TOP개 동안 다운 카운트하여 1개의 PWM 펄스를 생성해 낸다.
- 따라서 PWM 펄스의 주파수는 (캐리어 주파수)/(2×TOP)가 되어 다음과 같은 관계식이 성립된다.

$$f_{PWM} = \frac{\frac{f_{MCU}}{N}}{2\times TOP} = \frac{f_{MCU}}{2\times TOP\times N} \text{ [Hz]}$$

○ 여기서 f_{MCU}는 ATmega128의 클럭 주파수로서 우리의 경우는 16000000Hz 이다.

○ 위의 식을 보면 원하는 PWM 펄스의 주파수 f_{MCU}가 주어지면 TOP 레지스터의 값과 분주비 N을 구할 수 있고 역으로 TOP 값과 분주비 N이 주어지면 PWM 펄스의 주파수를 계산할 수 있음을 알 수 있다.

○ 이제 ATmega128 MCU의 16비트 타이머를 이용한 PWM 펄스 발생기법에 대해 이해를 하였으니 이 PWM 펄스를 이용하는 과제를 수행해 보자.

- 이 장에서는 PWM 펄스를 이용한 DC 모터의 간단한 제어와 스피커를 이용한 음향 발생에 관한 과제를 수행하고자 한다.

9.3 실습 9-1: PWM 펄스에 의한 DC 모터의 회전속도 제어(ex9-1)

9.3.1 실습 목표

○ 간단한 DC 모터 구동회로를 조립하여 ATmega128 MCU의 포트 핀에 연결하고 키패드의 스위치 조작으로 모터의 회전속도를 제어하는 실습을 수행하고자 한다.

○ 모터는 프로그램 기동 초기 정지 상태로 있으며 키패드의 SW_1 스위치를 한 번씩 누를 때마다 PWM의 듀티 비가 20%씩 감소하고 SW_3 스위치를 한 번씩 누를 때마다 듀티 비가 20%씩 증가하게 하여 모터의 회전속도를 정지 상태부터 최고속도까지 총 6단계로 제어하고자 한다.

○ PWM 펄스는 16비트 타이머/카운터3의 채널 A를 이용하여 이중기울기 방법으로 발생시키고 그 주파수는 2KHz가 되도록 하고자 한다.

9.3.2 필요 기술 및 프로그래밍 알고리즘

(1) 필요 기술

(a) 모터 드라이버 설계

○ 본 실습에 사용될 모터 드라이버는 PWM의 개념을 설명하기 위해 사용했던 그림 9.1의 회로를 그대로 사용한다.

○ 이 드라이버는 가장 간단한 형태로서 DC 모터에 대해 한 방향으로만 회전제어를 할 수 있다.

○ 본 교재가 모터 드라이버를 전문적으로 취급하는 교재가 아니기 때문에 PWM 펄스로 전력제어를 하는 기본적인 개념을 학습하고 실습하기에는 이 정도의 회로이면 충분하며 개인적으로 모터 제어에 좀 더 관심이 있는 독자들을 위해서 정회전/역회전 속도제어가 가능한 드라이버에 대해서는 이장의 연습과제로 남겨 놓았다.

○ 설명의 편의를 위해 그림 9.1의 드라이버 회로를 그림 9.8에 다시 보인다.

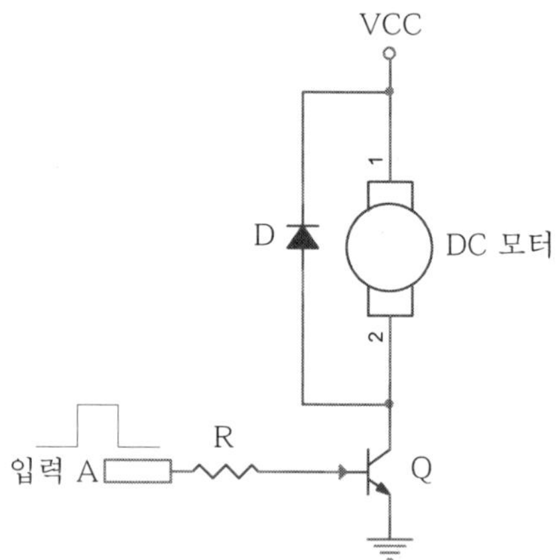

그림 9.8 단방향 회전만 가능한 DC 모터 드라이버의 기본 회로

○ 보다시피 회로가 너무 간단하여 설계라고 할 것도 없고 모터를 어떤 걸 사용할지, 트랜지스터는 어떤 걸 사용할지와 적당한 저항 값을 계산하고 다이오드는 왜 필요한지, 어떤 것을 사용해야 하는지 등만 결정해 주면 된다.

○ 그러면 하나하나에 대해 간단히 설명하도록 하겠다.

① 모터 선택

- 여기서 우리가 사용하고자 하는 모터는 실제 어떤 큰 부하를 구동해서 뭔가를 하고자 하는 것이 아니고 단순히 PWM 펄스를 이용하여 회전 제어를 해 보고자 하는 것이 목적이므로 소형이면서 우리의 실습 회로에 사용되는 컴퓨터의 USB 전원으로도 동작할 수 있도록 전원전압이 5V 이하이고 소비 전류가 500mA 보다 훨씬 적은 DC 모터이면 어떤 모터도 사용가능 하다.
- 단 모터 단자는 브레드보드에 삽입이 가능한 형태로 되어 있거나 아니면 2개의 점퍼선을 미리 모터 단자에 납땜을 해두면 편리할 것이다.

- 참고로 저자는 KELONG이라는 제조사의 RC-260B를 사용하였으며 미리 모터의 단자에 점퍼 선을 납땜으로 연결해 두었다.

② 트랜지스터 선택

- 그림 9.8의 DC 모터 드라이버에 사용될 트랜지스터가 갖추어야 할 조건으로는 5V 이상의 내압 특성을 가질 것, 허용 최대 전류가 모터의 전류 500mA 보다 클 것과 가능한 한 DC 전류증폭률이 클 것 등이 있는데 저자는 TIP31이라는 트랜지스터를 사용하였다.
- 이 트랜지스터는 내압도 80V 정도이고 연속 콜렉터 전류도 3A 정도로서 본 실습에 사용하기에는 규격이 다소간 넘치지만 이런 트랜지스터가 있다는 사실도 여러분들에게 알려주고 혹시 순간적으로 모터에 과부하가 걸리더라도 트랜지스터가 쉽게 손상되지 않는 정도의 용량이기 때문에 사용하기로 하였다.
- 이 트랜지스터는 전력용 트랜지스터로서 표준 DC 전류증폭률이 50이하로 좀 적고 $V_{CE,SAT}$ 값이 3A일 때 약 1.2V 정도로 크지만 우리의 모터에 흐르는 정도의 저전류(약 200mA 정도)에서서는 $V_{CE,SAT}$ 값도 0.5V 이하로 적기 때문에 본 실습에 사용하는 데는 전혀 지장이 없다.

③ 베이스 저항 R의 저항치 계산

- 이 문제는 콜렉터의 전류가 결정되면 베이스 전류가 결정되고 베이스 전류가 결정되면 저항 R 값이 결정되는 순서로 풀면 된다.
- 콜렉터 전류는 모터에 흐르는 전류인데 모터 전류가 무부하 시 140mA 이지만 부하가 걸리면 전류가 증가하기 때문에 트랜지스터의 허용 전류 범위 내에서 적당히 큰 값으로 설정하면 된다.
- 여기서는 최대 모터 전류, 즉 콜렉터 전류를 500mA로 설정하자.
- 그러면 500mA의 콜렉터 전류를 흘려주기 위해 필요한 베이스 전류는 TIP31의 통상 전류증폭률을 30 정도로 가정하면 500mA/40 = 12.5mA가 된다.
- 이제 저항 R의 값은 다음과 같이 계산된다. 이때 입력 A에 인가되는 논리 '1'의 전압은 5V, 트랜지스터가 포화될 때의 베이스-에미터 간 전위장벽은 0.7V라고 하자.

$$R = \frac{5-0.7}{12.5\times10^{-3}} = 344\,[\Omega]$$

- 실제 회로 제작 시 저항 값은 340Ω 부근의 값이면 되는데 베이스 저항이 340Ω 보다 커지면 모터에 공급할 수 있는 최대전류가 설계치인 500mA 보다 줄어들고 베이스 저항이 340Ω 보다 적어지면 최대전류가 500mA 보다 커진다.
- 우리의 회로에서는 R 값으로 330Ω을 사용하고자 한다.

④ 다이오드 D의 필요성

- 모터는 유도성 부하이기 때문에 반드시 freewheeling 다이오드를 사용해서 트랜지스터 스위치를 보호해 줘야 하는데 그림 9.8 회로의 다이오드 D가 바로 freewheeling 다이오드이다.
- 이 다이오드는 스위칭 속도가 빠른 쇼트키 다이오드를 사용하면 되는데 본 실습에서 사용하는 모터가 소전력이기 때문에 수 A 정도의 전류용량이 있는 다이오드이면 어떤 다이오드라도 사용할 수 있다.

(b) 조립

○ 본 실습은 키패드의 어떤 스위치로 모터의 동작을 제어하고자 하는 것이기 때문에 브레드보드에 그림 9.8의 회로와 3장, 5장에서 사용하였던 4×4 키패드를 조립하여야 한다.

○ 따라서 본 실습 회로를 조립하는데 소요되는 부품은 다음과 같다.

- 5V 이하, 전류 500mA 이하의 소형 DC 모터, RC-260B 1개
- 트랜지스터 TIP31 1개
- 다이오드 STPS3L60Q 1개(일반 정류용 다이오드도 가능)
- 4×4 키패드 EL-MK-3 1개
- 330Ω 저항 1개 : 트랜지스터 베이스 저항

○ 그림 9.9에 모터구동 회로의 조립에 필요한 부품들을 보인다.

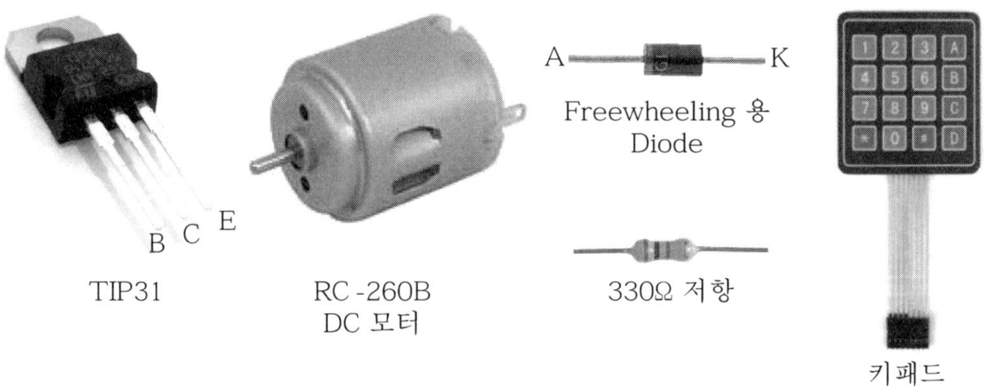

그림 9.9 모터구동 회로의 조립에 필요한 부품들

○ 본 실습에서는 16비트 타이머/카운터3의 채널 A를 사용하여 PWM 펄스를 발생시키기로 했기 때문에 PWM 펄스는 ATmega128 MCU의 OC3A 핀인 PE3 핀(MCU의 5번 핀)

을 통해 출력된다.

○ 따라서 그림 9.8의 모터 드라이버 입력 A 단자는 PE3 핀에 연결하여야 한다.

○ 키패드는 3장에서와 마찬가지로 포트 C에 연결하도록 한다.

○ 그림 9.8에서 VCC는 컴퓨터의 USB 포트를 통해 MCU 모듈로 공급된 5V 전원이며 MCU 모듈의 Bluetooth 확장 커넥터로부터 브레드보드의 회로로 연결시켜 주면 된다.

- 이런 경우를 대비해서 우리는 1장에서 MCU 뒷면의 전원 선택 단자와 Bluetooth 확장 커넥터 중 사용되지 않는 핀을 점퍼선 납땜으로 연결시켜 두었었다. (1장의 그림 1.5 참조)

○ 그림 9.10에 브레드보드에 조립된 모터 드라이버 회로를 보인다.

- 이 그림에서는 GND(접지)를 블루투스 확장 커넥터의 1번 핀에서 취하고 있다.

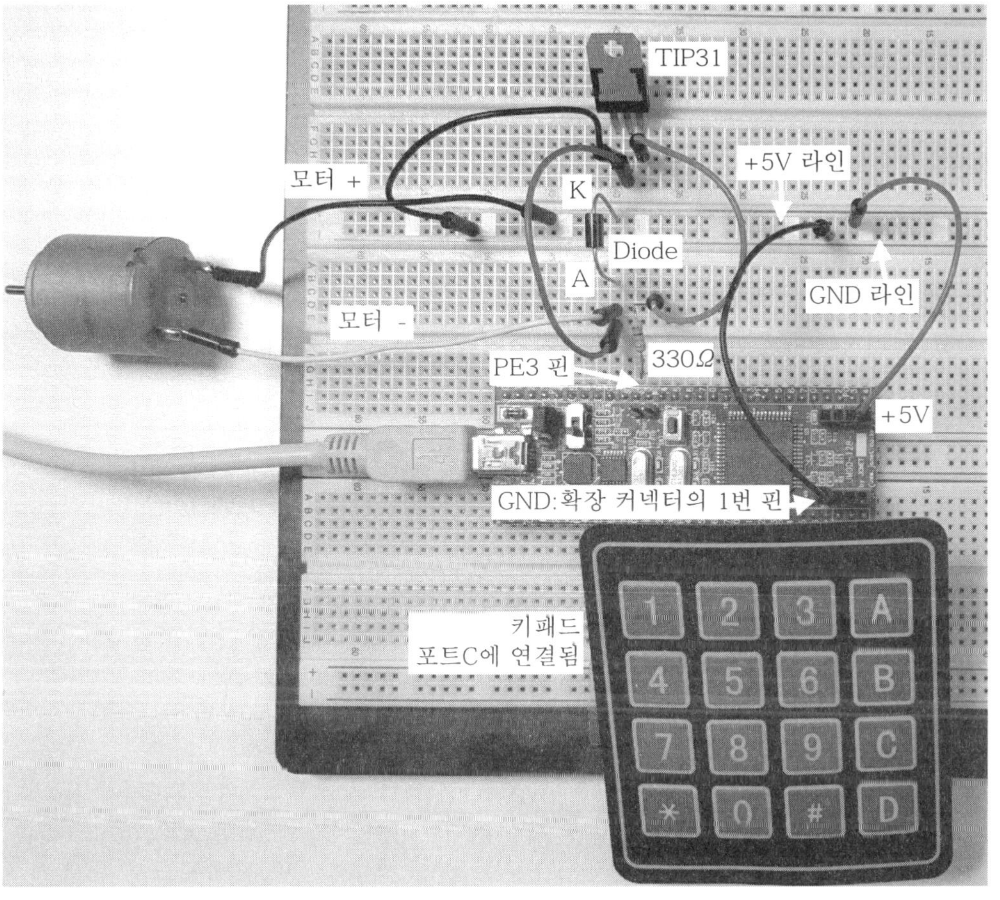

그림 9.10 모터 드라이버와 키패드를 브레드보드에 조립한 모습

(c) 타이머/카운터3의 제어 레지스터 설정

○ 본 실습에서는 타이머3 채널 A에 Phase and frequency correct PWM 모드를 적용하여 2KHz의 PWM 펄스를 발생시켜야 하는데 앞에서 우리는 표 9.2에 있는 2개의 Phase and frequency correct PWM 모드 중 모드 8을 사용해야 하는 이유를 이해했다.

○ 따라서 타이머3의 모드 설정 비트 WGM33:0을 "1000"으로 설정해 주어야 하는데 이 비트들은 TCCR3A, TCCR3B 레지스터에 분산 저장되어 있어서 다음과 같이 2개의 레지스터를 설정해 주면 된다.

TCCR3A

7	6	5	4	3	2	1	0
COM3A1	COM3A0	COM3B1	COM3B0	COM3C1	COM3C0	WGM31	WGM30
						0	0

TCCR3B

7	6	5	4	3	2	1	0
ICNC3	ICES3	—	WGM33	WGM32	CS32	CS31	CS30
-	-		1	0			

○ 다음은 타이머3 채널 A PWM 출력 핀인 OC3A핀(PE3 핀, MCU의 5번 핀)의 동작 모드를 지정하여 주어야 하는데 이것은 위의 그림에서 보이는 TCCR3A 레지스터의 COM3A1, COM3A0 비트 조합에 의해 표 9.3과 같이 지정된다.

표 9.3 Phase Correct and Phase and Frequency Correct PWM 모드일 때 비교출력 핀들의 동작

COMnA1COMnB1 COMnC1	COMnA0COMnB0 COMnC0	OCnA, OCnB, OCnC 핀들의 기능
0	0	• 일반적인 디지털 입출력 포트 핀으로 동작
0	1	• 모드 9 또는 14(WGMn3:0 = 9 또는 14) 일 때 : - 비교일치 시 OCnA 핀 출력 토글 - OCnB, OCnC 핀은 보통의 포트 핀으로 사용 • 이외의 모든 모드 - OCnA, OCnB, OCnC 모두 보통의 포트 핀으로 사용됨
1	0	• 업 카운트 시 비교일치가 발생하면 OCnA, OCnB, OCnC 핀들을 클리어 시킴(즉, '0' 출력) • 다운 카운트 시 비교일치가 발생하면 OCnA, OCnB, OCnC 핀들을 셋 시킴(즉, '1' 출력)

1	1	• 업 카운트 시 비교일치가 발생하면 OCnA, OCnB, OCnC 핀들을 셋 시킴 • 다운 카운트 시 비교일치가 발생하면 CnA, OCnB, OCnC 핀들을 클리어 시킴

- 그림 9.5와 같은 이중기울기에 의한 PWM 펄스를 발생시키기 위해서는 up count 동안 비교일치가 발생하면 OC3A 핀에 '0'을 출력하고 down count 동안 비교일치가 발생하면 OC3A 핀에 '1'을 출력해야 하는데 이를 위해서는 표 9.3을 보면 COM3A1:0 비트를 "10" 으로 설정해야 함을 알 수 있다.
- 이때 나머지 채널 B와 채널 C는 PWM 발생에 사용되지 않기 때문에 COM3B1:0와 COM3C1:0 비트들을 모두 "00"으로 설정하여 OC3B 핀(PE4 핀 MCU의 6번 핀)과 OC3C 핀(PE5 핀, MCU의 7번 핀)들은 일반 디지털 입출력 포트 핀으로 사용할 수 있도록 해 준다.
- 그러면 여기까지 설정된 TCCR3A, TCCR3B 레지스터들의 값은 다음과 같다.

TCCR3A

7	6	5	4	3	2	1	0
COM3A1	COM3A0	COM3B1	COM3B0	COM3C1	COM3C0	WGM31	WGM30
1	0	0	0	0	0	0	0

TCCR3B

7	6	5	4	3	2	1	0
ICNC3	ICES3	--	WGM33	WGM32	CS32	CS31	CS30
-	-		1	0			

○ 위의 그림을 보면 이제 TCCR3A 레지스터의 설정은 완료되었고 TCCR3B 레지스터의 남은 비트 7, 6, 2, 1, 0에 대해서만 설정해 주면 된다.

- 비트 7의 ICNC3와 6의 ICES3 비트들은 PWM 발생과는 무관한 비트들이기 때문에 고려할 필요가 없으며 비트 2, 1, 0로 구성되는 3개의 비트들은 PWM 발생기에 공급될 캐리어 클럭 선택(Clock Selction) 비트들로서 그림 9.7이 프리스케일러 분주비 N을 선택하는 비트이다.
- ATmega128의 16비트 타이머를 위한 프리스케일러 분주 값 N은 표 9.4에 보이는 것처럼 1, 8, 64, 256, 1024 중 하나를 선택할 수 있다.

표 9.4 타이머/카운터 구동 클럭 선택

CSn2	CSn1	CSn0	클럭 선택
0	0	0	클럭 없음(타이머/카운터 정지)
0	0	1	$clk_{I/O}$/1(프리스케일링 없음)
0	1	0	$clk_{I/O}$/8
0	1	1	$clk_{I/O}$/64
1	0	0	$clk_{I/O}$/256
1	0	1	$clk_{I/O}$/1024
1	1	0	Tn 핀에 주어지는 외부 클럭의 하강 에지
1	1	1	Tn 핀에 주어지는 외부 클럭의 상승 에지

– 그림 9.7에서 우리는 PWM 주파수 f_{PWM}과 TOP 값, N 값 및 MCU의 클럭 주파수 f_{MCU} 사이에 다음 관계식이 성립함을 알았다.

$$f_{PWM} = \frac{f_{MCU}}{2 \times TOP \times N} \text{ [Hz]}$$

– 이 식에 f_{PWM}=2000[Hz], f_{MCU}=16000000[Hz]를 대입하고 TOP 값에 대해 풀면

$$TOP = \frac{16000000}{2 \times N \times 2000} = \frac{4000}{N}$$

이 됨을 알 수 있고 여기에 N 값으로 선택 가능한 1, 8, 64, 256, 1024를 대입해서 4000/N이 정수가 되는 N을 구하면 1, 8 두 가지가 가능함을 알 수 있다.

– N = 1로 하면 TOP값은 4000이 되고 N = 8로 하면 TOP값은 500이 되는데 두 수치 모두 TOP값 레지스터로 사용되는 16비트 ICR3 레지스터에 저장될 수 있는 값이기 때문에 N = 1 이나 8중 어떤 것을 사용해도 된다.

– 우리는 분주비 N으로 8을 사용하고자 하며 이를 위해서는 표 9.4에서 보는 것처럼 CS32:0 비트 조합을 "010"으로 설정해 주면 된다.

– 그러면 TCCR3A, TCCR3B 레지스터들의 설정은 다음과 같이 완료된다.

TCCR3A

7	6	5	4	3	2	1	0
COM3A1	COM3A0	COM3B1	COM3B0	COM3C1	COM3C0	WGM31	WGM30
1	0	0	0	0	0	0	0

TCCR3B

7	6	5	4	3	2	1	0
ICNC3	ICES3	--	WGM33	WGM32	CS32	CS31	CS30
X	X		1	0	0	1	0

○ 이제 타이머3을 사용하여 2KHz의 PWM 펄스를 발생시키기 위한 제어 레지스터의 설정이 완료되었기 때문에 관련 레지스터들에 대한 종합적인 설정을 명령문으로 정리하면 다음과 같다.

```
TCCR3A = 0x80;
TCCR3B &= 0xC0; // TCCR3B 레지스터의 비트 7, 6을 이전 값으로
TCCR3B |= 0x12;  // 보존한 채 나머지 비트들 설정
ICR3 = 500; // 분주비 N을 8로 했을 때의 TOP 값을 ICR3 레지스터에 로드
OCR3A = 0; // 듀티 비 레지스터를 0으로 하여 초기 듀티 비를 0%로 설정
```

○ 마지막으로 다음의 명령문으로 PWM 펄스를 출력시키는 OC3A 핀(PE3 핀)을 출력으로 설정해 주면 발생시킨 2KHz의 PWM 펄스가 모터 드라이버에 인가된다.

```
DDRE |= 1<<3;  // 포트 E의 비트 3 핀(OC3A 핀)을 출력으로 설정
```

○ 앞 절에서 PWM의 개념부터 ATmega128의 타이머/카운터3을 이용한 PWM 펄스 발생 기법까지 꽤 긴 분량으로 설명하였는데 막상 레지스터 설정은 단 몇 줄로 끝나니 얼마나 간단한가!

○ 마이크로컨트롤러를 활용하는 거의 모든 문제가 이와 비슷해서 동작원리 또는 개념만 제대로 이해를 하면 실제 프로그램 코딩은 아주 간단하게 이루어지는 경우가 많다.

※ 참고 9-5:

• 우리의 실습처럼 모터 제어만 하는 난순한 프로그램이라면 굳이 위에서처럼

TCCR3B &= 0xC0;

TCCR3B |= 0x12;

로 해서 TCCR3B 레지스터 비트 7, 6의 이전 값을 보존할 필요 없이 그냥

TCCR3B = 0x12;

로 해도 관계없다.

(d) 키패드 입력 처리

○ 본 실습은 키패드의 SW_1과 SW_3을 이용하여 모터를 가감속 운전하는 것이다.

○ 따라서 키패드의 입력을 조사하기 위한 다음과 같은 마크로(Macro)를 정의하여 사용하면 프로그램 작성의 효율성과 가독성을 크게 높일 수 있다.

○ 본 실습에서 키패드는 3장에서와 똑같은 구조로 포트 C에 연결되어 있어서 PC0 ~ PC3 핀들은 4개의 행에 연결되고 PC4 ~ PC7 핀들은 4개의 열에 연결된다.

○ 3장의 그림 3.18에 보이는 키패드가 포트 C에 연결되었다고 가정하면(플랫케이블 1번이 PC0에 연결됨) 다음 마크로 정의문들을 이해할 수 있을 것이다.

```
#define KEY_INPUT  (PINC | 0x0F) // 키패드로부터의 입력 읽기
#define SW_1_KEY    0xEF // SW_1 스위치가 눌러졌을 때 읽혀지는 코드
#define SW_3_KEY    0xBF // SW_3 스위치가 눌러졌을 때 읽혀지는 코드
#define NO_KEY      0xFF // 아무런 스위치도 눌러지지 않았을 때의 코드
```

○ KEY_INPUT 마크로는 포트 C의 입력을 읽은 다음 0x0F와 OR 연산을 하고 있다.

○ 이렇게 하면 상위 4비트에 연결된 4개의 스위치(SW_1, SW_2, SW_3, SW_A) 입력 상태는 보존되면서 하위 4비트는 “1111”이 되는데 스위치 입력 상태에 따라 OR 연산의 결과는 다음과 같은 3가지의 값을 갖게 된다.

- 스위치가 아무것도 눌러지지 않으면(NO_KEY) 결과 값은 0xFF가 되며
- SW_1 스위치만 눌러졌으면(SW1_KEY) 결과 값은 0xEF가 되고
- SW_3 스위치만 눌러졌으면(SW3_KEY) 결과 값은 0xBF가 된다.

○ 위 4개의 define 문들이 바로 이 사실을 정의하는 명령문들이다.

(2) 프로그래밍 알고리즘

○ 본 예제는 키패드의 SW_1이 눌러질 때마다 회전속도가 20%씩 감소하고 SW_3이 눌러질 때마다 회전속도가 20%씩 증가하게 하여 모터의 가감속 운전을 제어하는 것이다.

○ 그림 9.11에 본 예제 수행의 플로차트를 보인다.

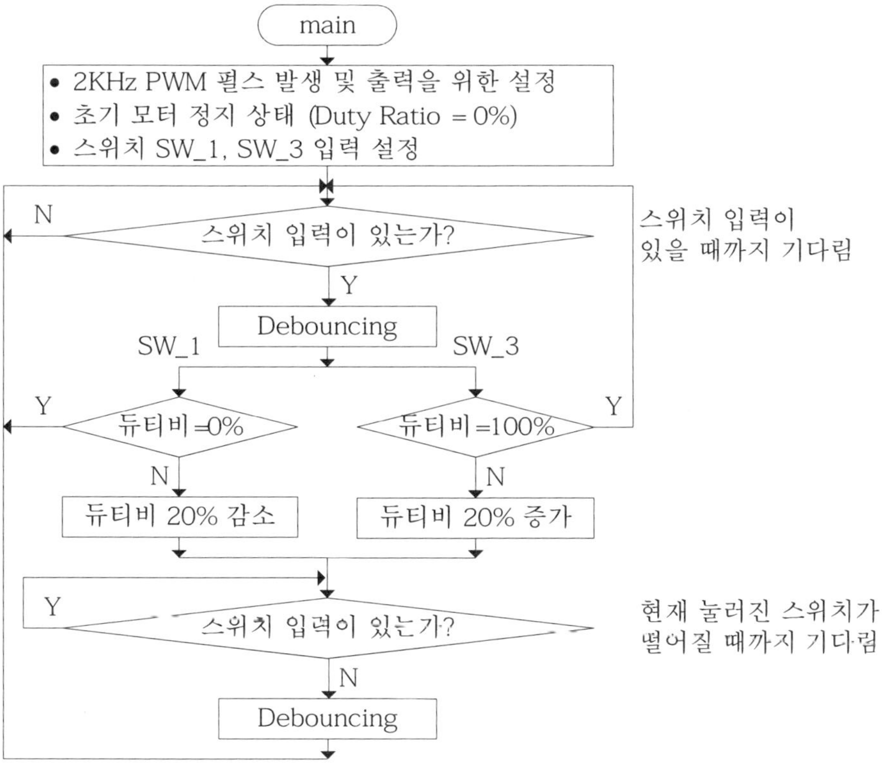

그림 9.11 모터 운전/정지 제어 프로그램의 순서도

○ 그림 9.11의 플로차트는 쉽게 이해가 될 것인데 이 플로차트에서도 3장에서와 마찬가지로 SW_1, SW_3 스위치 누름을 한 번씩 올바로 인식하기 위해서 현재 눌러진 스위치 입력을 처리하고 다음으로 넘어가기 전 현재의 스위치 누름이 해제되는 것을 기다리는 루프가 있음을 유념하라.

9.3.4 프로그램 소스 리스트

실습 9-1: PWM 펄스와 SW2 스위치를 이용한 모터의 운전/정지 제어 실습 ex9-1.c

```
#include   "../../../inc/ex.h"

#define    DEBOUNCING_TIME    20// 디바운싱 시간 20ms
#define    TOP                500

#define    KEY_INPUT      (PINC | 0x0F) // 키패드로부터의 입력 읽기
#define    SW_1_KEY        0xEF // SW_1 스위치가 눌러졌을 때 읽혀지는 코드
```

```
#define   SW_3_KEY     0xBF // SW_3 스위치가 눌러졌을 때 읽혀지는 코드
#define   NO_KEY       0xFF // 아무런 스위치도 눌러지지 않았을 때의 코드

int main(void) {
  unsigned char Key, Duty_Ratio;

  // 타이머3 설정
  TCCR3A = 0x80;
  TCCR3B &= 0xC0; // TCCR3B 레지스터의 비트 7, 6을 이전 값으로
  TCCR3B |= 0x12;  // 보존한 채 나머지 비트들 설정
  ICR3 = 500; // 분주비 N을 8로 했을 때의 TOP 값을 ICR3 레지스터에 로드
  OCR3A = 0; // 듀티 비 레지스터를 0으로 하여 초기 듀티 비를 0%로 설정

  Duty_Ratio = 100*OCR3A/TOP;

  // PWM 출력 핀 데이터 방향 설정
  DDRE |= 1<<3;  // 포트 E의 비트 3 핀(OC3A 핀)을 출력으로 설정

  // 키패드 첫 행 스위치들의 공통 단자들을 접지로 설정
  // 포트 C의 비트 0 핀(PC0)를 출력으로 설정
  DDRC |= 1<<0;
  // PC0 핀에 '0'을 출력시켜 첫 행 스위치들의 공통 단자들을 접지에 연결시킨다.
  PORTC &= ~(1<<0);

  // 첫 행 스위치들의 나머지 핀들이 연결된 PC4 ~ PC7 핀들을 입력으로 설정
  DDRC &= 0x0F;  // 포트 C의 상위 4비트(PC4 ~ PC7)을 입력으로 설정
  // 포트 C의 상위 4비트 핀들에 대한 내부 풀업 저항 활성화
  PORTC |= 0xF0;

  while(1)  {
    while((Key = KEY_INPUT)==NO_KEY);
    Delay_ms(DEBOUNCING_TIME);
    if((Key = KEY_INPUT)==NO_KEY) continue;
    switch(Key)  {
      case SW_1_KEY:
      if (Duty_Ratio==0)  break;
      Duty_Ratio -= 20;
      OCR3A = TOP*Duty_Ratio/100;
      break;
      case SW_3_KEY:
      if (Duty_Ratio==100)  break;
      Duty_Ratio += 20;
      OCR3A = TOP*Duty_Ratio/100;
      break;
    }
```

```
      while(1) {
        while(KEY_INPUT!=NO_KEY);
        Delay_ms(DEBOUNCING_TIME);
        if(KEY_INPUT==NO_KEY) break;
      }
    }
  }
```

9.3.5 프로그램 설명

- 프로그램은 2KHz PWM 펄스를 발생시키기 위한 타이머3 설정 부분, PWM 출력을 위한 포트 E 설정 부분, 키패드 입력을 위한 포트 C 설정 부분 및 스위치의 입력 상태를 체크하여 모터 속도를 가감하는 while 루프 부분의 4부분으로 구성되어 있다.
- 이 프로그램의 핵심 부분은 while 루프로서 키패드의 첫째 줄 입력 상태를 읽어서 SW_1 키가 눌러졌으면 PWM 펄스의 듀티 비를 20% 감소시키고 SW_3 키가 눌러졌으면 듀티 비를 20% 증가시켜 모터의 회전속도를 가감속 제어하도록 하고 있다.
- 듀티 비는 20%씩 증가 또는 감소되며 이에 따른 새로운 OCR3A 레지스터의 값은 TOP*Duty_Ratio/100으로 계산된다.
- 그 외 특이한 것은 없으며 메인 while 루프의 앞뒤에 있는 while 명령문은 각각 스위치 누름과 스위치 누름 해제를 기다리는 명령문이다.

자, 이제 위의 프로그램을 컴파일하고 다운로드 한 뒤 SW_1, SW_3 키를 번갈아 눌렀다 떼었다 하면서 모터의 동작을 관찰하여 보라.

SW_1을 한 번씩 누를 때마다 모터의 회전속도가 감소하고 SW_3 키를 누를 때마다 회전 속도가 증가 할 것이다.

당연히 모터 정지 시 SW_1 키 입력은 무효이며 모터가 최대 속도로 회전 시 SW_3 키 입력도 무효로 처리된다.

9.4 실습 9-2: PWM 펄스를 이용한 음향 발생 실습 2(ex9-2)

9.4.1 실습 목표

○ 이 예제에서는 PWM 펄스로 스피커를 구동하여 간단한 악보를 연주하는 실습을 수행하고자 한다.

○ 이 실습에서도 앞의 실습에서와 마찬가지로 Phase and Frequency Correct 모드를 사용할 것이며 PWM 펄스 발생에는 16비트 타이머1의 채널 B를 사용하고자 한다.

○ 스피커 구동회로는 4장의 그림 4.4 회로와 달리 트랜지스터를 사용하지 않고 ATmega128 MCU의 PWM 출력 핀에 스피커를 바로 연결하여 간단하게 구성하고자 한다.

- 이렇게 하면 스피커에 흐르는 전류가 ATmega128의 최대 포트 전류인 40mA로 제한되기는 하지만 이 정도로도 혼자서 즐기기에는 충분한 음량이 얻어진다.

○ 연주하고자 하는 악보는 단순히 "도레미파솔라시도"의 한 옥타브를 처음부터 끝까지, 끝부터 처음까지, 다시 처음부터 끝까지, ... 하는 식으로 반복연주 하는 걸로 한다.

- 각 음계의 주파수는 4장의 표 4.1을 참조하기 바란다.

9.4.2 필요 기술 및 프로그래밍 알고리즘

(1) 필요 기술

(a) 음향 발생 회로

○ 여기서는 ATmega128의 타이머1 채널 B의 PWM 출력 핀인 OC1B 핀(PB6 핀 = 포트 B의 비트 6 핀 = MCU의 16번 핀)에 스피커를 바로 연결하여 사용할 것이기 때문에 회로는 그림 9.12와 같이 아주 간단하다.

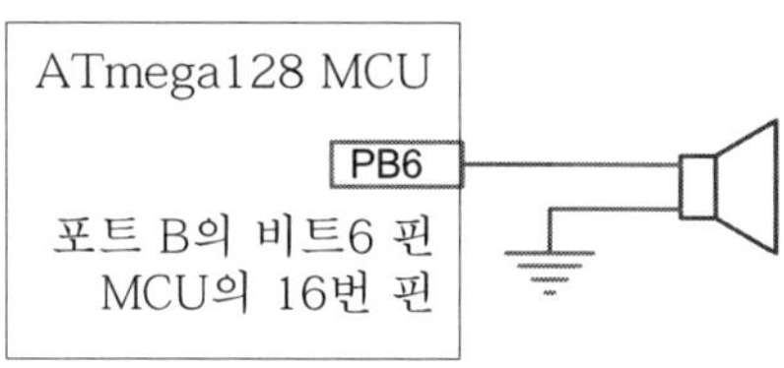

그림 9.12 PWM을 이용한 음향발생 회로

(b) 조립

○ 그림 9.12에서 보듯이 스피커 하나만 MCU 모듈에 연결하면 되기 때문에 브레드보드의 적당한 자리에 스피커를 삽입하고 두 개의 점퍼 선을 사용하여 하나는 PB6 핀에 연결하고 나머지 하나는 접지에 연결시켜주면 회로 조립은 끝이다.

○ 그림 9.13에 조립된 모습을 보인다.

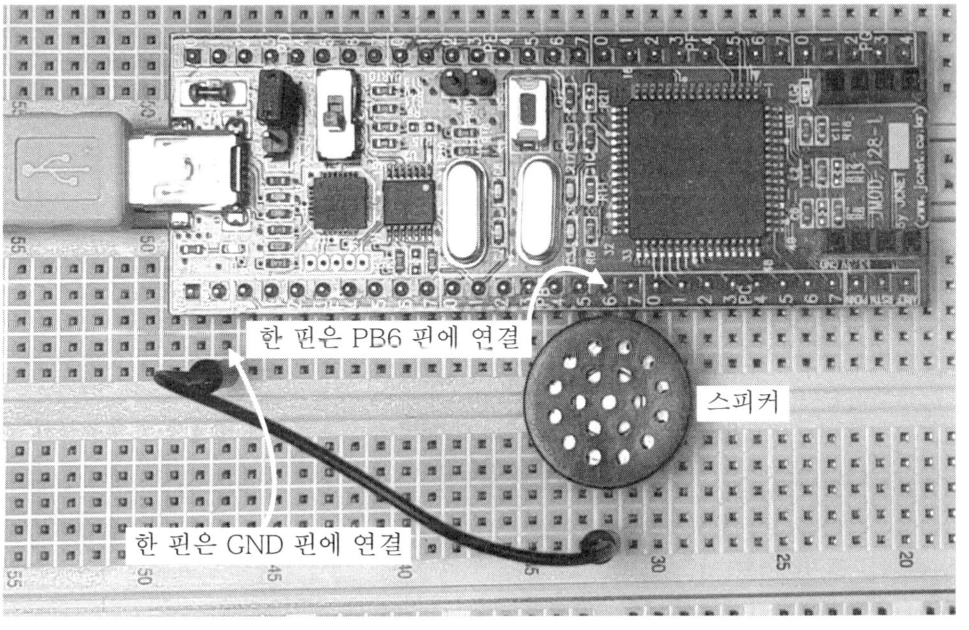

그림 9.13 브레드보드에 조립된 스피커 구동 회로

(c) 타이머/카운터1의 제어 레지스터 설정

○ 타이머1이나 타이머3의 사용법은 완전히 같기 때문에 PWM 펄스 발생을 위한 레지스터 설정은 앞의 모터 제어 실습에서 학습했던 기술이 그대로 적용될 수 있다.

- 즉, 앞에서 설정했던 모든 레지스터들의 이름에서 타이머3을 위한 숫자 "3"을 타이머1을 위한 숫자 "1" 치환하면 그대로 적용 가능할 정도로 같다는 말이다.

○ 단지 모터제어 실습과 본 실습의 다른 점은 다음과 같으며 여기서는 이 다른 점을 처리하기 위한 기술에 대해 설명하고자 한다.

- 첫째, 모터제어 실습에서 PWM 주파수는 고정되어 있었고 듀티 비만 변하였다. 그러나 본 실습에서는 반대로 듀티 비는 고정되고 연주하고자 하는 음계에 따라 주파수가 변하여야 한다.

– 이를 위해서는 PWM 펄스의 주기를 결정하는 TOP 값이 변해야 한다.

- 둘째, 모터제어에서는 PWM 펄스 발생에 채널 A를 사용했기 때문에 ICR3 레지스터가 TOP 레지스터로 사용되었지만 이번에는 채널 B를 사용하기 때문에 OCR1A 레지스터가 TOP 레지스터로 사용되고 OCR1B 레지스터가 듀티 비 레지스터로 사용되어야 한다. (표 9.1 참조)
  - 따라서 타이머1은 모드 9로 설정되어야 하며(표 9.2 참조) 이를 위해서는 모드 설정 비트 WGM13:0을 "1001"로 설정해 주어야 한다.
  - 참고로 모터 제어에서는 타이머3의 모드 8을 사용해야 했기 때문에 WGM33:0의 값을 "1000"으로 설정했었음을 상기하라.
  - 바로 여기에 본 실습에서 굳이 채널 B를 사용하는 이유가 있는데 독자 여러분들은 이미 채널 A를 이용한 PWM 펄스 발생 기법에 대해 연습했기 때문에 다른 채널을 사용할 때는 모드 번호와 TOP값 레지스터가 바뀌어야 한다는 사실을 알려주기 위해서이다.
- 셋째, PWM 주파수가 $f_{\mathrm{PWM}} = \dfrac{f_{\mathrm{MCU}}}{2 \times \mathrm{TOP} \times \mathrm{N}}$ [Hz]로 변하기 때문에 주파수의 가변 범위와 정밀도를 넓히기 위해 프리스케일러의 분주비 N 값을 1로 설정한다.
  - 이를 위해서는 클럭 선택 비트 CS12:0의 조합을 "001"로 설정해 주어야 한다.
  - 참고로 모터 제어에서는 분주비 N을 8로 선택하기 위해 CS32:0의 조합을 "010"으로 설정했었음을 상기하라.
- 넷째, 모터제어 때와는 달리 이번에는 채널 B를 사용하기 때문에 COM1B1, COM1B0 비트를 "10"으로 설정하여 PB6 핀으로 PWM 펄스의 모양이 출력되도록 해주어야 한다는 것이다.

○ 이제 본 실습을 위해 수정해야할 내용이 모두 설명되었으며 이들을 반영하여 설정된 타이머1의 제어레지스터 TCCR1A, TCCR1B는 다음과 같이 될 것이다.

- 모터 제어 때와 달라진 환경 때문에 수정된 비트들은 굵은 네모로 강조하여 보여주고 있다.

TCCR1A

7	6	5	4	3	2	1	0
COM1A1	COM1A0	COM1B1	COM1B0	COM1C1	COM1C0	WGM11	WGM10
0	0	1	0	0	0	0	1

TCCR1B

7	6	5	4	3	2	1	0
ICNC1	ICES1	--	WGM13	WGM12	CS12	CS11	CS10
X	X		1	0	0	0	1

○ 이제 타이머1의 채널 B를 이용하여 PWM 펄스를 발생시키기 위한 명령들을 정리하면 다음과 같다.

```
TCCR1A = 0x21;
TCCR1B &= 0xC0; // TCCR1B 레지스터의 비트 7, 6을 이전 값으로
TCCR1B |= 0x11;  // 보존한 채 나머지 비트들 설정
DDRB |= 1<<6; // PWM 펄스가 출력되는 PB6 핀을 출력으로 설정
```

○ 그런데 위의 명령들에는 PWM 펄스의 주기(주파수)를 결정하는 TOP값 레시스터인 OCR1A와 듀티 비 레지스터인 OCR1B의 값을 설정하는 명령문들은 빠져있다.

- 그 이유는 음향을 발생시키는 이번 과제에서는 TOP 값이 발생시키고자 하는 음계의 주파수에 따라 변하는 변수이기 때문이며 프로그램 수행 중에 필요한 음계의 주파수가 주어지면 다음 식으로 계산된다.

  TOP = F_CPU/(2*F_PWM); // 분주비 N=1일 때 TOP 값과 f_{PWM}과의 관계식

- 여기서 F_CPU는 MCU의 클럭 주파수로서 16000000Hz이고 F_PWM은 발생시키고자 하는 PWM 펄스의 주파수이다.
  - 이 F_CPU는 3장에서 딜레이 함수를 사용할 때 이미 정의되어 ex.h 파일에 저장되어 있다.
  - 예를 들어 주파수 261.6256Hz인 계명 "도"를 연주하기 위한 TOP 값을 위의 식으로 계산하면 30,534가 된다.
  - 이 계산에서 주파수 261.6256은 정수 값 262로 변환되어 F_PWM에 인가되었으며 모든 연산은 정수 연산으로 이루어졌다.
  - 정수 연산을 하면 약간의 오차는 피할 수 없지만 TOP 값이 결국 OCR1A 레지스터에 로드되는 정수여야 하기 때문에 어쩔 수 없다.
  - 조금 더 정확성을 기하는 방법으로는 F_PWM을 float형 변수로 선언하고 주파수를 소수 그대로 써서 실수 연산을 수행한 다음 그 결과를 정수로 변환하여 OCR1A 레지스터에 인가할 수는 있으나 실수 연산에 시간이 많이 걸려서 효율적이지 못하다.

○ TOP 값이 계산되면 다음 2개의 명령문에 의해 실제 스피커에 해당 주파수의 음이 발생되게 된다.

```
OCR1A = TOP;
OCR1B = TOP/2;
```

- 첫 번째 명령문은 원하는 주파수의 PWM 펄스를 발생시키는 것이고 두 번째 명령문은 PWM 펄스의 듀티 비를 50%로 해서 스피커에게 공급하는 것이다.

(2) 프로그래밍 알고리즘

○ 본 예제는 계명이 주어지면 그 음의 주파수에 해당하는 PWM 펄스를 발생시켜 스피커를 통해 연주하는 간단한 과제이다.

○ 당연히 어떤 계명의 주파수를 발생시키기 위해서는 그 주파수에 해당하는 TOP 값을 OCR1A 레지스터에 로드해 주어야 하는데 본 예제와 같이 짧은 악보를 연주할 때는 악보 전체의 TOP 값을 미리 계산해서 배열에 저장해 두고 필요할 때 읽어서 OCR1A 레지스터에 바로 로드하는 방법과 연주할 계명의 주파수가 주어질 때 실시간으로 TOP 값을 계산해서 OCR1A 레지스터에 로드하는 방법이 있다.

○ 전자는 배열 값을 읽어서 레지스터에 로드만 하면 되기 때문에 실행 시간이 아주 짧고 후자는 TOP 값 계산에 약간의 시간이 소요되지만 좀 더 일반화 된 프로그램 작성이 가능하다.

○ 앞에서도 언급했듯이 TOP 값을 정수연산으로 계산하면 실시간 연주에 지장을 줄 정도로 시간이 걸리지 않기 때문에 본 예제에서는 계명을 읽어 TOP 값을 실시간으로 계산하여 PWM 펄스의 주파수를 발생시키는 방법을 사용하고자 한다.

○ 그림 9.14에 본 예제 프로그램의 플로차트를 보인다.

○ 프로그램의 구조는 배열에 저장된 계명을 처음부터 끝까지 차례로 읽으면서 TOP 값을 계산하여 연주하고 악보의 끝에 이르면 다시 배열을 끝부터 처음까지 역순으로 읽으면서 TOP 값을 계산하여 연주하다가 악보의 처음에 이르면 다시 처음부터 끝까지 가면서 연주를 되풀이 하는 형식으로 무한 반복하는 단순한 형태이다.

○ 이때 악보 데이터를 처음부터 끝까지 정방향으로 연주할 때 악보 데이터 배열의 끝을 판단하는 데는 4장에서 사용했던 기법과 마찬가지로 음수의 주파수를 사용하고 있으며 악보 데이터를 끝부터 처음까지 역방향으로 연주할 때 악보 데이터의 끝을 판단하

는 데는 배열 인덱스 값을 사용하고 있다.

- 즉, 악보 데이터를 끝부터 처음까지 역방향으로 연주할 때 배열 인덱스의 값이 음수가 되면 악보의 처음까지 연주가 완료되었다는 것을 의미한다.

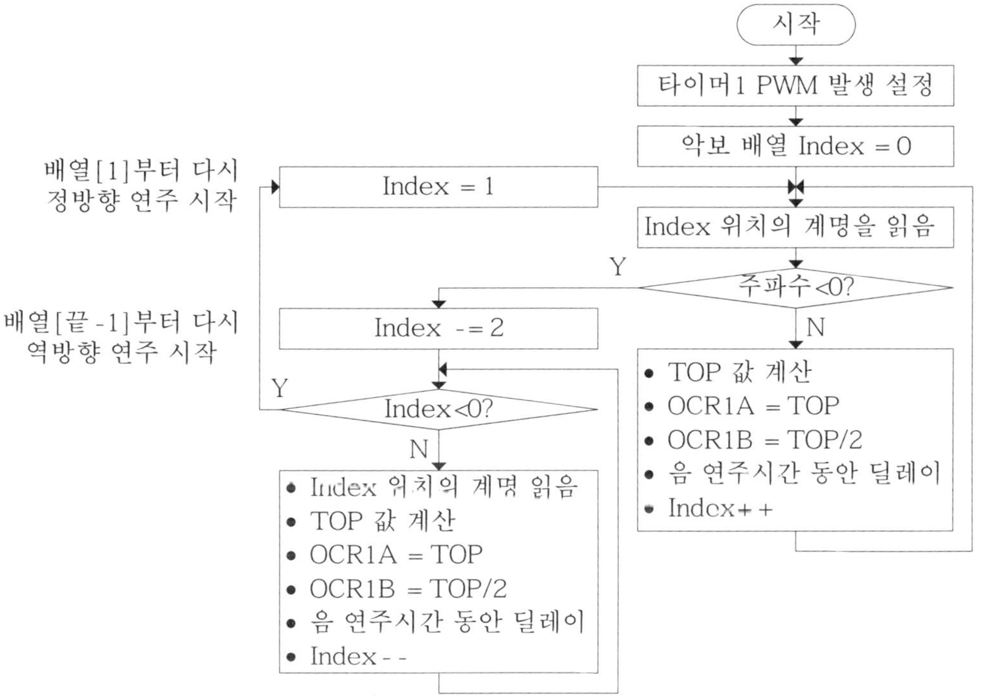

그림 9.14 PWM 펄스 발생에 의한 악보 연주 플로차트

9.4.4 프로그램 소스 리스트

실습 9-2: PWM 펄스를 이용한 음향 발생 실습 ex9-2.c

```
#include   "../../../inc/cx.h"

// 계名 주파수 정의
#define    DO_1      (int)523
#define    RE_1      (int)587
#define    MI_1      (int)659
#define    FA_1      (int)698
#define    SOL_1     (int)783
#define    LA_1      (int)880
#define    SI_1      (int)988
#define    DO_2      (int)1047
#define    END_OF_SONG    (int)-1       // 주파수가 음수이면 악보의 끝
```

```
#define    PLAY_INTERVAL 400      // 한 음을 연주하는 시간(ms)

// 악보 배열 정의
const int SongData[] = {
  DO_1, RE_1, MI_1, FA_1, SOL_1, LA_1, SI_1, DO_2, END_OF_SONG
};

int main(void)  {
  int Index, F_PWM;
  unsigned int TOP;

  // 타이머1 PWM 발생 설정
  TCCR1A = 0x21;
  TCCR1B &= 0xC0;  // TCCR1B 레지스터의 비트 7, 6을 이전 값으로 보존한 채
  TCCR1B |= 0x11;  // 나머지 비트들 설정

  // PWM 펄스가 출력되는 PB6 핀을 출력으로 설정
  DDRB |= 1<<6;

  Index = 0; // 배열 인덱스 초기화

  while(1)  {
    while(1) {  // 순방향 연주 루프
      F_PWM = SongData[Index]; // 연주할 계명의 주파수를 읽는다
      if(F_PWM<0) break;   // 주파수가 음수이면 순방향 연주 종료하고
                           // 정방향 연주 루틴으로 이동
      TOP = F_CPU/(2*F_PWM);  // 주파수가 양수이면 순방향 연주
      OCR1A = TOP;
      OCR1B = TOP/2;
      Delay_ms(PLAY_INTERVAL); // 연주하는 음의 길이 동안 딜레이
      Index++;
    } // 순방향 연주 루프 끝

    Index -= 2;  // 악보 배열의 맨 끝 데이터 바로 앞의 데이터 위치로 인덱스 이동

    while(1) {  // 역방향 연주 루프
      if(Index<0) break;   // 악보 데이터의 맨 처음이면 역방향 연주 종료하고
                           // 정방향 연주 루틴으로
      F_PWM = SongData[Index]; // 연주할 계명의 주파수를 읽는다
      TOP = F_CPU/(2*F_PWM);  // 주파수가 양수이면 순방향 연주
      OCR1A = TOP;
      OCR1B = TOP/2;
      Delay_ms(PLAY_INTERVAL); // 연주하는 음의 길이 동안 딜레이
      Index--;
```

```
      } // 역방향 연주 루프 끝

      Index = 1;  // 악보 배열의 맨 처음 테이터 바로 다음 데이터의 위치로 인덱스 ,
이동
    }
}
```

9.4.5 프로그램 설명

○ 프로그램은 그림 9.14의 플로차트를 그대로 따라 가면서 작성되었기 때문에 집중해서 읽어 보면 쉽게 이해할 수 있을 것이다.

○ main 프로그램의 앞부분에서는 타이머1을 이용한 PWM 펄스 발생을 위한 설정부분이 있고 그 뒤 전체 while 루프 안에 2개의 while 루프가 있는데 그 중 앞의 while 루프는 배열 Index 값을 1씩 증가시키면서 악보 데이터를 처음부터 끝까지 정방향으로 연주하는 루프이며 뒤의 while 루프는 배열 Index 값을 1씩 감소시키면서 악보 데이터를 끝부터 처음까지 역방향으로 연주하는 루프이다.

○ ex9-2 프로젝트를 생성시켜서 프로그램을 작성하고 컴파일 한 후 실습회로로 다운로드 하면 "도레미파솔라시도시라솔파미레도레미파..." 하는 식으로 끊임없이 반복되는 연주음을 들을 수 있을 것이다.

연습문제

E9.1 ATmega128 MCU의 타이머3을 사용하여 주파수가 20KHz인 PWM 펄스를 발생시키려고 한다. MCU의 클럭 주파수가 16MHz일 때 표 9.4에서 가능한 프리스케일러의 값 N은 어떤 것들이 있으며 이때 각각의 해당 TOP 값은 얼마인가?
단 PWM 모드는 Phase and Frequency Correct Mode를 사용한다고 한다.

E9.2 연습문제 E9.1의 경우 가능한 TOP 값은 400과 50임을 알게 되었을 것이다.
이 두 값은 모두 20KHz의 PWM을 발생시키는 TOP 값이라는 면에서는 그 역할이 같다.
즉, 0 ~ TOP 사이의 값으로 듀티 비 0% ~ 100%를 제어할 수 있다는 말이다. 그러면 이때 TOP 값으로 400을 사용할 경우와 50을 사용할 경우의 차이점은 무엇인가 ?

- 힌트
  - 듀티 비 조절에서의 분해능이라는 관점으로 접근할 것

E9.3 타이머3의 PWM 채널 A 대신 채널 C를 사용하는 경우 다음 물음에 답하라.

(1) 이때 Phase and Frequency Correct Mode를 사용한다면 사용할 수 있는 모드는 무엇인가?
(2) 이때 TOP 값을 가져야 하는 레지스터는 무엇인가?
(3) 이때 듀티 비를 결정하는 레지스터는 무엇인가?
(4) 타이머3 채널 C로 Phase and Frequency Correct Mode의 100Hz PWM 펄스를 출력시키기 위해 필요한 레지스터 설정 명령문들을 만들어 보라. (모드 설정, COM 출력 설정, 프리스케일러 설정, TOP 설정, PWM 출력 포트 핀 설정 등...)

연습과제

T9.1 예제 9-2와 같이 PWM을 이용하여 소리를 발생시키는 경우 어떻게 하면 소리의 크기 (Sound Volume)를 변화시킬 수 있을지 연구해보라.

- 그리고 그 연구 결과를 확인하기 위해 키패드를 포트 C에 연결시켜서 SW_1 스위치는 소리를 감소시키고 SW_3 스위치는 소리를 증가시키도록 프로그래밍하여 보라.
- 단, 문제는 간단하게 하기 위해 발생시키는 소리의 주파수는 고정하고 볼륨만 변하도록 프로그래밍하여 테스트 해보라.

프로젝트

P9.1 그림 9.15는 정/역방향 회전이 가능한 모터 드라이버 회로이다. 이 회로의 이름은 Full Bridge 또는 H Bridge 드라이버라고 하기도 하고 단상 인버터(Inverter)라고도 한다. 이 회로를 브레드보드에 조립하고 다음의 기능을 갖도록 프로그래밍 하여 동작을 테스트 하여 보라.

- PWM 신호는 PE3 핀으로부터 취하도록 한다.(이것으로부터 PWM 펄스 발생에 사용해야할 타이머와 채널을 알아내야 한다.)
- 모터의 회전방향(정회전 또는 역회전) 제어는 PE2 핀으로 하도록 한다.
- 이상의 사실을 이해하고 다음 기능을 구현해 보라.
  - SW_1, SW_3 스위치 단독 입력은 회전 방향 제어에 사용되는데 SW_1 스위치만 눌러지면 회전방향은 CCW(반시계 방향), SW_3 스위치만 눌러지면 회전 방향은 CW(시계 방향)가 되도록 한다. 이때 회진 속도는 현재의 속도 설정에 의해 결정되도록 한다.
  - SW_2 스위치를 누르면 속도 설정 모드로 들어가며 SW_2 스위치가 눌러져 있는 상태에서 SW_1 스위치를 누르면 누를 때마다 속도 레벨이 한 레벨씩 낮아지도록 하고 역시 SW_2 스위치가 눌러진 상태에서 SW_3 스위치를 누르면 누를 때마다 속도 레벨이 한 레벨씩 높아지도록 한다.
  - 속도 레벨은 0(정지) ~ 5(최대 속도)까지 총 6단계를 갖도록 하고 프로그램이 기동될 때 초기 레벨은 0으로 설정한다.
  - 회전 방향의 초기치는 CW(시계방향)로 한다.

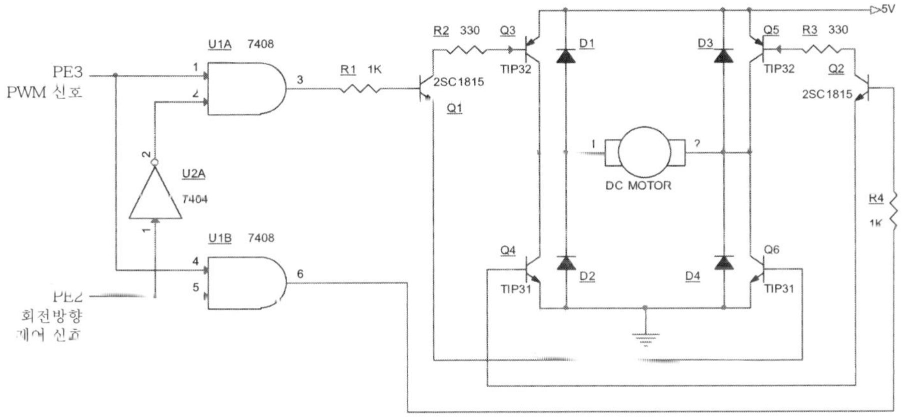

그림 9.15 정/역회전 제어가 가능한 모터 드라이버 회로

P9.2 이장에서 배운 PWM 기법을 적용하여 4장의 프로젝트 P4.1에 주어졌던 그림 4.15의 악보를 연주해 보라

CHAPTER

10

AD(Analog to Digital) 변환기 응용

자연 상태로 존재하는 거의 모든 물리적인 현상이나 신호는 아날로그 량이지만 요즘은 대부분의 신호처리과정이 디지털 하드웨어에 의해 수행되기 때문에 아날로그 량을 디지털 수치로 변환하는 것은 필수적인 기술이 되었다.

이런 추세에 대응하여 요즘 상용 마이크로컨트롤러들은 기본적으로 ADC(Analog to Digital Converter: AD 변환기)를 적어도 한 개 이상 내장하고 있으며 그 비트 수도 8 비트로부터 10 비트, 12 비트, 16 비트까지 다양하게 구비되어 있다.

ATmega128 MCU도 10 비트의 데이터 폭을 갖는 ADC를 가지고 있고 이 ADC는 총 8 채널의 아날로그 입력을 가지고 있으며 포트 F의 PF0 ~ PF7 핀들이 각 채널의 아날로그 입력 핀 ADC0 ~ ADC7으로 사용된다.

마이크로컨트롤러에 내장된 ADC는 보통 어떤 장치를 제어할 때 아날로그 량으로 측정되는 각종 피드백 데이터들을 디지털로 변환한 후 그 값에 근거하여 다음 제어 동작을 결정을 하는 용도로 주로 사용 된다.

예를 들면 히터의 온도 제어 시 온도센서로 부터 출력되는 아날로그 전압을 마이크로컨트롤러가 인식하고 취급할 수 있는 디지털 수치로 변환하는 것 등이다.

이 장에서는 아날로그 입력 채널7(ADC7)인 PF7 핀에 10kΩ 포텐시오메터를 연결하여 입력 전압을 가변시키면서 AD 변환을 이용한 간단한 실습을 수행해 보고자 한다.

비록 이 장에서 취급하는 실습은 간단하지만 이장의 내용은 ADC를 이해하고 임의의 응용을 개발하기 위한 기초지식을 습득하는 데는 전혀 부족함이 없을 것이다.

다음은 이 장에서 학습하고자 하는 내용을 구체적으로 정리한 것이며 본문의 내용도 이 순서에 따라 전개해 나갈 것이다.

- ㅇ AD 변환의 개념 이해
- ㅇ ATmega128 MCU의 ADC 사용법 이해
- ㅇ ADC 응용 실습
  - DVM(Digital Volt Meter) 구현 실습

10.1 AD 변환의 개념

○ AD 변환이란 문자 그대로 아날로그 량(여기서는 전압)을 그 크기에 비례하는 디지털 수치로 변환하는 것이기 때문에 우선 변환할 아날로그 전압의 범위가 결정되어야 하고 그 다음 몇 비트의 디지털 수치로 변환할 것인가가 결정되어야 한다.

○ 예를 들어 0 ~ 5V 사이의 값을 갖는 아날로그 전압을 10 비트 디지털 수치로 변환하는 경우 아날로그 전압이 0V 이면 변환 후 디지털 값은 0000000000_2가 되고 아날로그 전압이 최대치인 5V이면 변환 후 디지털 값도 10비트의 최대치인 1111111111_2가 되게 하면 된다.

- 10비트 디지털 값은 0000000000_2부터 1111111111_2까지 총 1024(= 2^{10}) 개의 값으로 구성되기 때문에 이 경우 이 ADC의 분해능(resolution)은 $5V/2^{10}$ = $5000mV/2^{10}$, 즉 약 4.88mV(≒ 5mV)가 된다. 이 분해능이란 ADC의 출력 디지털 값을 1만큼 변하게 하는 아날로그 전압의 최소치로서 이 예의 경우는 아날로그 전압이 약 5mV 변하면 디지털 값이 1 변하게 된다는 것을 의미한다.

○ 이와 같이 아날로그 전압을 디지털 값으로 변환하기 위해서는 디지털 최대값(모든 비트가 '1'이 되는 값)이 되게 하는 아날로그 전압, 즉 아날로그 전압의 최대치를 얼마로 할 것인가를 결정해야 하는데 이 아날로그 전압의 최대치를 기준전압(Reference Voltage)이라 한다.

○ 입력되는 아날로그 전압은 이 기준전압과 비교되어 그 크기에 비례하는 디지털 값을 생성하게 된다.

- 예를 들어 기준전압 5V를 사용하는 10비트 ADC의 경우 입력된 아날로그 전압이 5V이면 변환된 디지털 값은 1111111111_2가 될 것이며 입력된 아날로그 전압이 2V 이면 기준전압의 2/5에 해당하는 전압이 입력되었으므로 디지털 최대치인 1111111111_2(=1023_{10})의 2/5인 $1023\times2/5$ = 409_{10}(=0110011001_2)로 변환된다.
- 다른 예로는 만약 기준전압이 2.56V인 경우에는 2V의 아날로그 전압은 $1023\times2/2.56$ = 799_{10}(=1100011111_2)로 변환될 것이다.

○ 기준전압과 입력되는 아날로그 전압을 비교하여 디지털 출력을 만들어 내는 ADC 기법에는 대표적으로 램프 기법(ramp method), 단계적 근사법(Successive Approximation

Method), 병렬비교법(Parallel Comparison Method) 등이 있는데 램프 기법은 AD 변환 개념을 이해하는 데는 적당하지만 변환시간이 오래 걸리고 아날로그 전압의 크기에 따라 변환시간이 변한다는 단점이 있어 거의 사용되지 않고 있으며 병렬 비교법은 변환시간이 아주 짧아 고속 변환이 가능하지만 많은 개수의 비교기를 사용하여야하기 때문에 가격이 비싸서 절대적으로 고속 변환이 필요한 곳 이외에는 자주 사용되지 않는다.

○ 반면 Successive Approximation 기법은 비교적 빠른 변환속도를 가지면서도 하드웨어가 크게 복잡하지 않고 변환 시간이 일정하여 가장 널리 사용되는 변환 기법으로 ATmega128의 ADC도 역시 이 기법을 사용하고 있기 때문에 여기서는 그 원리를 간단하게 설명하고자 한다.

○ 그림 10.1에 Successive Approximation 기법의 10비트 ADC 구성도를 보인다.

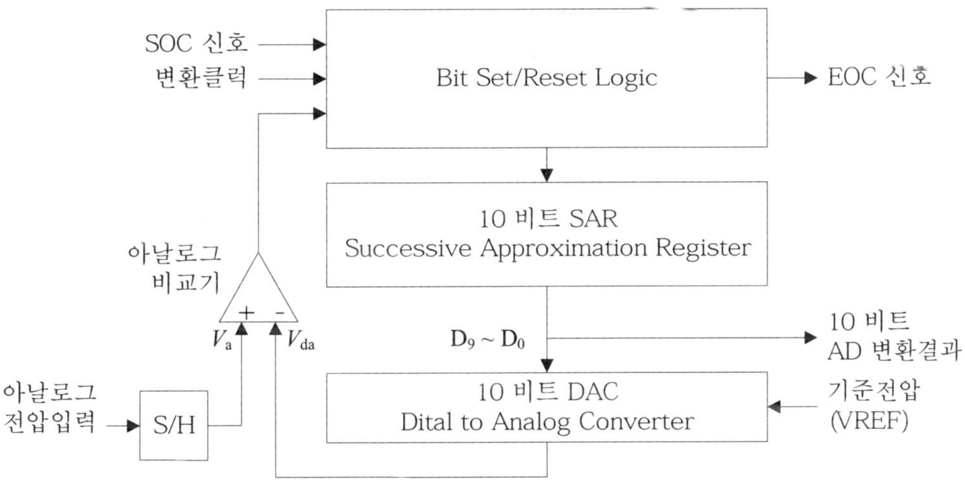

그림 10.1 Successive Approximation 기법에 의한 10비트 ADC의 구조

○ 그림 10.1에서 ADC와 관련된 몇 가지 용어를 설명하면 다음과 같다.

- S/H(Sample and Hold)
  - 아날로그 입력 전압을 샘플링하여 AD 변환이 끝날 때까지 그 값이 변하지 않게 유지시키는 역할을 한다.
- SOC(Start Of Conversion)
  - 외부에서 ADC로 인가되는 트리거 신호로서 이 신호가 주어지면 아날로그 전압이 샘플링 되고 AD 변환이 개시된다.

- EOC(End Of Conversion)
  - AD 변환이 끝났음을 알리는 신호로서 이 신호가 발생되면 ADC의 출력에는 유효한 변환 결과가 나타나며 외부의 하드웨어에 의해 읽혀지고 사용될 수 있다.
- SAR(Successive Approximation Register)
  - AD 변환의 결과가 저장되는 레지스터로서 이 값이 다시 DA 변환(디지털 값을 아날로그 값으로 변환) 되어 현재 변환되고 있는 아날로그 전압과 비교되게 된다.
  - SAR 레지스터의 출력으로 만들어지는 아날로그 전압 V_{da}와 입력된 아날로그 전압 V_a를 비교하여 SAR 레지스터 각 자리의 비트 값이 결정된다.

○ Successive Approximation 기법의 ADC 변환동작은 다음과 같다.

- SAR 레지스터의 초기치는 최상위 비트만 '1'이고 나머지 비트들은 모두 '0'으로 클리어 되어 있다.
  - 즉, 10비트의 경우 1000000000_2로 초기화되고 이 값이 10비트 DAC를 거쳐 아날로그 전압 V_{da}로 변환된 후 아날로그 전압 비교기의 한쪽 입력에 인가된다.
- 이 상태에서 AD 변환하고자 하는 아날로그 전압이 인가되고 SOC 트리거 신호가 가해지면 샘플링 된 입력 아날로그 입력전압 V_a와 SAR 레지스터의 출력이 DA 변환되어 만들어진 아날로그 전압 V_{da}가 서로 비교 된다,
- 비교결과 $V_a > V_{da}$이면 SAR의 최상위 비트가 '1'로 셋 된 채로 다음 하위 비트 결정 단계로 넘어가며 $V_a < V_{da}$ 이면 SAR 레지스터의 최상위 비트를 '0'으로 클리어 하고 다음 하위 비트 결정 단계로 넘어 간다.
- 다음 하위 비트 역시 초기치를 '1'로 설정하여 V_a와 V_{da}를 비교한 후 그 결과에 따라 이 비트를 '0'으로 클리어 하든지 '1'로 유지하든지 하며 다시 다음 하위 비트 결정 단계로 이동한다.
- 이 과정을 맨 하위 비트 값이 결정될 때까지 반복하면 되는데 매 비트 값이 결정되기 위해서는 클럭 펄스가 하나씩 필요하다.
  - 따라서 이 기법에 의한 ADC의 변환 시간은 (비트 수 × 변환 클럭의 주기)초로 계산되며 변환 시간이 입력 아날로그 전압의 크기에 무관하게 일정하고 변환속도 역시 빠름을 알 수 있다.
- 앞에서 설명한 과정을 플로차트로 정리하면 그림 10.2와 같다.
  - 물론 이 플로차트는 ADC 내부의 하드웨어가 동작하는 양상을 설명하기 위한 것이며 프로그래밍을 위한 플로차트는 아니라는 사실을 이해하기 바란다.

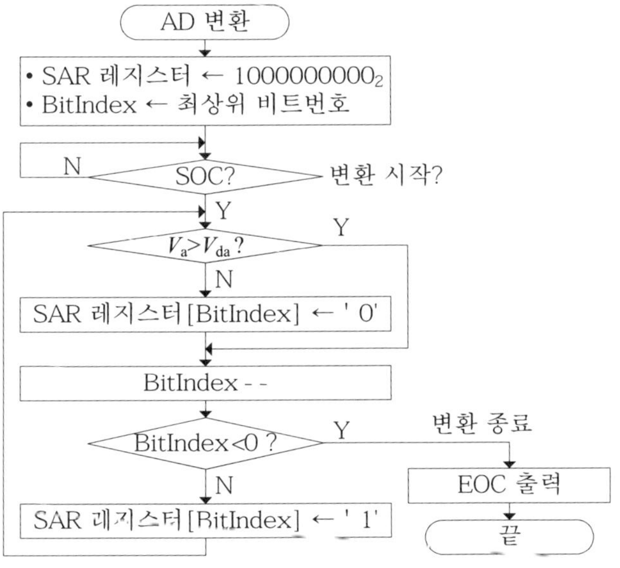

그림 10.2 Successive Approximation 방법에 의한 AD 변환 알고리즘

- 지금까지 AD 변환의 개념과 원리에 대해 설명하였는데, 짐작하였겠지만 아날로그 전압을 디지털 값으로 변환할 경우에는 피할 수 없이 오차가 수반된다.
- 예를 들면 ATmega128처럼 0 ~ 5V를 10비트로 AD 변환을 할 경우 분해능이 약 5mV가 되는데 이것은 절대치가 5mV 보다 적은 아날로그 입력은 디지털 출력 값에 이무런 영향을 주지 않는다는 것으로 이것이 바로 오차 범위가 되는 것이다.
- 이런 오차를 양자화 오차(Quantization Error)라고 하는데 이런 오차가 있음에도 불구하고 요즘 모든 기기들이 디지털 변환을 하는 이유는 디지털 신호가 노이즈에 아주 강하며 일단 디지털 값으로 변환된 아날로그 신호는 프로그램의 알고리즘에 의해 다양하게 처리될 수 있기 때문이다.
- 또한 충분한 비트를 사용하면 양자화 오차는 시스템의 성능을 해치지 않을 정도로 적게 할 수 있기 때문에 별 문제가 되지 않는다
- 이제 본론으로 들어가서 ATmega128의 ADC를 사용하는 방법에 대해 알아보자.

10.2 ATmega128 MCU의 ADC

○ ATmega128 MCU의 ADC는 다음과 같은 특징을 자지고 있다.

- 10 비트 분해능
- 13 ~ 260 uS의 변환 시간
- 최대 분해능에서 15 KSPS(Kilo Samples Per Second)의 속도까지 변환 가능
- 8 개의 Single Ended 입력 채널
- 7 개의 차동 입력 채널
- 10배, 200배의 이득을 선택할 수 있는 2 개의 차동 입력 채널
- 허용 아날로그 입력 전압의 범위는 0 ~ Vcc 전압까지
- 내장된 2.56V ADC 기준 전압 선택 가능
- 연속 변환 모드 또는 단발 변환 모드
- ADC 변환 종료 시 인터럽트 발생 가능
- 슬립 모드 노이즈 제거기

○ AD 변환기도 타이머와 마찬가지로 몇몇 레지스터들을 사용하는데 ATmega128 MCU의 ADC 변환에 관련되는 레지스터들은 다음과 같다.

- ADMUX(ADC Multiplexer Selection Register)
- ADCSRA(ADC Control and Status Register A)
- ADCH, ADCL(The ADC Data Register)

○ 이 절에서는 이들 레지스터들에 대해 의미와 가능 및 설정에 대해 설명하고자 한다.

10.2.1 ADMUX(ADC Multiplexer Selection Register)

○ 이 레지스터는 ADC의 기준전압 선택, 변환결과 저장형식 지정, 아날로그 입력 채널 선택 등을 설정한다.

○ 각 비트의 구성 및 의미는 다음과 같다.

비트	7	6	5	4	3	2	1	0
	REFS1	REFS0	ADLAR	MUX4	MUX3	MUX2	MUX1	MUX0
읽기/쓰기	R/W	R/W	R/W	R/W	R/W	R/W	R/W	R/W
초기치	0	0	0	0	0	0	0	0

- 비트 7:6 REFS1:0(Reference Selection)
  - ATmega128 ADC는 3종류의 기준전압을 선택적으로 사용할 수 있는데 표 10.1에 기준전압을 선택하기 위한 비트 조합을 보인다.

표 10.1 ADC의 기준전압 설정

REFS1	REFS0	기준전압으로 사용되는 전압 원
0	0	AREF 핀에 인가된 전압, 이때 내부 Vref는 오프됨
0	1	AVCC 핀에 인가된 전압, 이때 AREF 핀과 GND 사이에는 커패시터를 부착해야 함
1	0	사용 않음
1	1	내부의 Vref(2.56V) 기준전압 사용, 이때 AREF 핀과 GND 사이에는 커패시터를 부착해야 함

- 비트 5 ADLAR(ADC Left Adjust Result)
  - ATmega128은 AD 변환된 데이터가 10 비트의 폭을 갖기 때문에 2개의 8 비트 레지스터 ADCH와 ADCL에 분산저장 된다. 여기서 H는 상위 바이트를, L은 하위 바이트를 의미한다.
  - ADLAR 비트는 10비트 데이터가 저장되는 형식을 결정하는데 이 비트에 '1'을 써 넣으면 결과는 그림 10.3(a)와 같이 2 바이트에 걸쳐 좌측으로 정렬되고 '0'을 써 넣으면 그림 10.3(b)와 같이 우측으로 정렬된다.(그림에서는 AD 변환된 결과 값이 1011010101_2일 때의 예를 보여준다)
- 비트 4:0 MUX4:0(Analog Channel and Gain Selection Bits)
  - 이 비트들의 조합에 의해 ADC로 연결될 아날로그 입력 채널이 선택된다.
  - 5비트를 사용하기 때문에 총 32개의 조합이 가능하지만 우리 실습에서는 8개의 단일 입력 아날로그 채널을 사용할 것이기 때문에 표 10.2와 같은 조합을 사용한다.
  - 나머지 조합들에 대해서는 ATmega128의 매뉴얼을 참고하기 바란다.

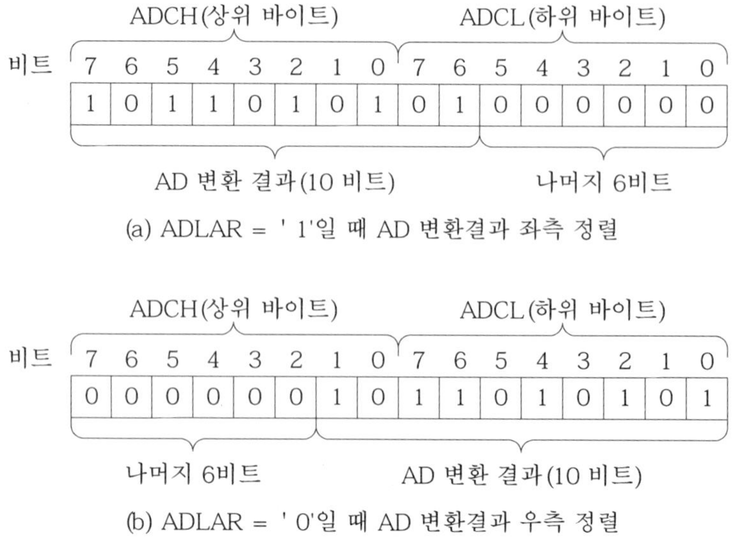

그림 10.3 AD 변환 결과 저장 형식

표 10.2 ADMUX 비트 조합에 의한 아날로그 입력 채널 선택

MUX4:0	채널 선택
00000	ADC0
00001	ADC1
00010	ADC2
00011	ADC3
00100	ADC4
00101	ADC5
00110	ADC6
00111	ADC7

10.2.2 ADCSRA(ADC Control and Status Register A)

○ 이 레지스터는 ADC 모듈의 변환 동작을 제어하는 레지스터이다.

○ 각 비트의 구성 및 의미는 다음과 같다.

비트	7	6	5	4	3	2	1	0
	ADEN	ADSC	ADFR	ADIF	ADIE	ADPS2	ADPS1	ADPS0
읽기/쓰기	R/W	R/W	R/W	R/W	R/W	R/W	R/W	R/W
초기치	0	0	0	0	0	0	0	0

- 비트 7 ADEN(ADC Enable)
  - 이 비트가 '1'이면 ADC 모듈이 활성화 되고 '0'면 비활성 된다.
  - 전력소모를 줄이기 위해 ADC를 사용하지 않을 때는 비활성상태로 두도록 한다.
- 비트 6 ADSC(ADC Start Conversion)
  - 단발 변환 모드에서는 이 비트에 '1'을 써 넣으면 변환이 시작된다.
  - 연속 변환 모드에서는 이 비트에 '1'을 써 넣으면 첫 번째 변환이 시작되고 그 다음부터는 자동적으로 AD 변환이 계속되게 된다.
  - ADSC 비트는 변환이 진행되는 동안 '1' 상태를 유지하다가 변환이 종료되면 자동적으로 '0'으로 떨어진다. 따라서 이 ADSC 비트는 ADC의 SOC(변환 시작)와 EOC(변환 종료) 신호를 겸하고 있다.
- 비트 5 ADFR(ADC Free Running Select)
  - 이 비트에 '1'이 써 지면 ADC는 연속변환 모드로 동작하며 연속변환 모드에서는 연속적으로 아날로그 값이 샘플링되고 변환을 반복하게 된다.
  - 이 비트에 '0'을 쓰면 연속변환 모드가 해제되고 단발변환 모드로 설정된다.
  - 단발 변환 모드에서는 ADSC 비트에 '1'이 써질 때만 1회 변환을 실시한다.
- 비트 4 ADIF(ADC Interrupt Flag)
  - AD 변환이 끝나면 이 비트가 '1'로 셋 되고 ADIE 비트와 SREG 내의 I 비트에 의해 인터럽트가 활성화 되어 있으면 AD 변환완료 인터럽트가 발생된다.
  - 이 비트는 해당 인터럽트 서비스 루틴이 실행되면 자동적으로 '0'으로 클리어 되며 이 비트에 '1'을 써 넣음으로써 수동적으로도 클리어 시킬 수도 있다.
- 비트 3 ADIE(ADC Interrupt Enable)
  - 이 비트가 '1'이고 SREG 내의 I 비트가 '1'이면 ADC 변환 완료 인터럽트가 활성화 된다.
- 비트 2:0 ADPS2;0(ADC Prescaler Select Bits)
  - 표 10.3과 같이 ADC 모듈에 공급되는 클럭의 분주비를 선택한다.
  - 이 분주비는 AD 변환에 걸리는 시간을 결정하는데 분주비가 클수록 변환속도는 느려진다.

표 10.3 ADC 클럭 분주비 설정

ADPS2	ADPS1	ADPS0	분주비
0	0	0	2
0	0	1	2
0	1	0	4
0	1	1	8
1	0	0	16
1	0	1	32
1	1	0	64
1	1	1	128

10.2.3 ADCH, ADCL(ADC Data Register)

- AD 변환된 데이터를 저장하는 레지스터이다.
- ATmega128 의 ADC는 10비트이기 때문에 AD 변환된 결과는 2개의 8비트 레지스터에 나누어 저장되는데 그 중 상위 바이트가 저장되는 레지스터를 ADCH라 하고 하위 바이트가 저장되는 레지스터를 ADCL이라 한다.
- 데이터는 ADLAR 비트의 설정에 따라 앞에서 보인 그림 10.3과 같이 2 바이트로 구성되는 16 비트 공간 내에서 좌측으로 붙여서 저장될 것인지 우측으로 붙여서 저장될 것인지가 결정된다.

이제 ATmega128 ADC의 하드웨어 구성과 올바른 사용을 위한 레지스터 설정에 대해서 이해를 하게 되었으므로 ADC를 이용한 간단한 실습을 수행해 보자.

10.3 ADC 실습회로 설계

10.3.1 전원 및 입력 회로 설계

- ATmega128 MCU의 ADC를 사용하기 위해서는 세 가지를 염두에 두고 회로를 설계해야 한다.

- 첫째는 전원회로의 설계에 관한 문제이다.
  - ATmega128 MCU는 빠른 클럭을 사용하는 디지털 하드웨어인데 같은 칩 상에 AD 컨버터를 위한 아날로그 회로도 함께 가지고 있어서 문제가 발생한다.
  - 디지털 회로는 많은 스위칭 노이즈를 발생시키며 아날로그 회로는 노이즈에 아주 민감하기 때문에 아날로그 회로와 디지털 회로가 복합적으로 구성된 하이브리드 시스템을 구성해야 하는 경우는 특히 노이즈 감소 대책에 세심한 배려를 해야 한다.
  - 그런데 이 노이즈 대책이 아무나 할 수 없는 고도로 숙련된 경험을 필요로 하는 어려운 작업이라는데 문제가 있다.
  - 그래서 대개 하이브리드 칩의 사용 설명서에는 노이즈 감소를 위해 디지털 전원부와 아날로그 전원부를 격리(디커플링: Decoupling) 시키는 기법을 설명하고 있는데 ATmega128 MCU의 사용지침서에도 이 기법을 소개하고 있다.
- 둘째는 실제 AD 변환을 하고자 하는 아날로그 전압원을 아날로그 입력 채널에 인터페이스 시켜 주는 문제이다.
  - 그런데 우리의 실습은 potentiometer만 연결하면 되기 때문에 더 설명이 필요없다.
- 셋째는 외부 기준전압 핀을 어떻게 처리하느냐의 문제이다.
  - AD 변환에 사용되는 기준전압은 외부에서도 공급해 줄 수 있는데 ATmega128은 이를 위한 AREF(61번 핀)라는 핀을 가지고 있다
  - ATmega128은 선택적으로 사용할 수 있는 3가지 기준전압을 가지는데 AREF 핀을 통해 공급되는 외부전압도 3가지 사용가능한 기준전압 중 하나이다.
  - ATmega128의 매뉴얼에 의하면 외부 기준전압을 사용하지 않는 경우에는 AREF 핀과 접지 사이에 0.1uF의 커패시터를 달도록 권하고 있다.

○ 그림 10.4에 ATmega128 MCU의 사용자 매뉴얼에서 제시하는 ADC 부의 전원회로와 실습에 사용 될 potentiometer를 이용한 가변 아날로그 전압원을 연결한 회로를 보인다.

○ 그림 10.4에서 굵은 점선으로 된 작은 사각형 내부의 3개 핀(AVCC, AGND, AREF)이 ADC부의 전원과 관계되는 핀들이다.

○ 그 이름으로부터 짐작하겠지만 AVCC는 아날로그 회로 전원의 +단자이고 AGND는 아날로그 회로 전원의 접지단자이다.

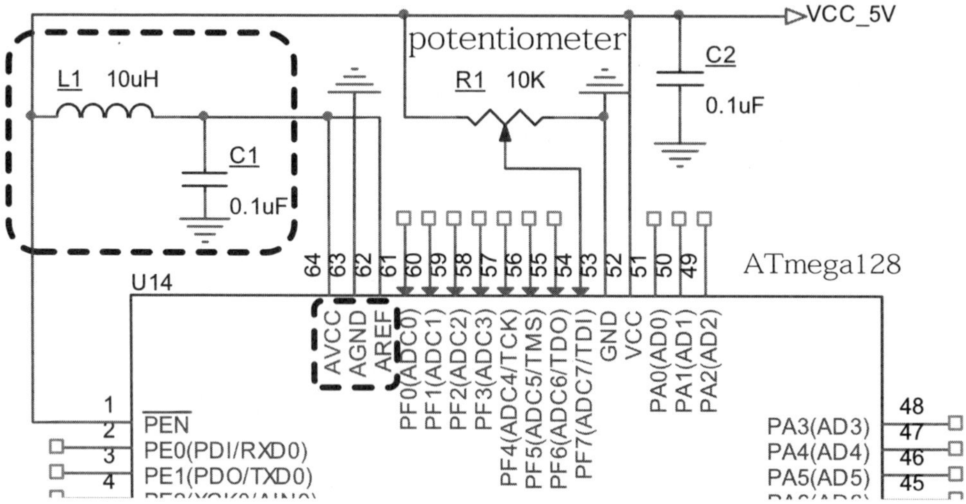

그림 10.4 ADC 부의 전원회로 예

○ 그림의 굵은 점선으로 된 큰 사각형 안을 보면 아날로그 주전원 AVCC 핀은 디지털 주전원 VCC_5V로부터 10uH의 인덕터 L1을 통해 연결되어 있고 또한 이 AVCC 전원 핀은 0.1uF 커패시터 C1을 통해 접지에 연결되어 있음을 알 수 있는데 이것이 가장 단순한 형태의 전원 노이즈 제거용 LC 필터회로이다.(현장에서는 보통 라인 노이즈 필터라고 한다)

- 참고로 이 LC 필터는 일종의 저역통과필터(LPF: Low Pass Filter)로서 디지털 전원 라인인 VCC_5V 라인에서 발생되는 고주파 성분의 노이즈는 차단하고 주전원인 DC 성분만 AVCC 핀으로 공급하는 역할을 한다.
- 전원의 접지는 디지털 접지인 GND(53번 핀)와 아날로그 접지인 AGND(63번 핀)를 공통으로 묶어 사용한다.

○ 마지막으로 ADC부의 AREF 핀은 AD 변환의 기준전압으로 사용하고자 하는 외부 전원을 연결하는 핀인데 본 회로에서는 AVCC에 연결되어 있다.

- 이것은 우리의 실습에서는 외부의 기준전압으로 AVCC에 연결된 전압(회로의 전원전압인 5V)을 사용하겠다는 의미이다.

○ 회로의 0.1uF C1, C4 커패시터는 보통 디지털회로에서 전원 노이즈의 바이패스용으로 달아주는 것이다.

※ 참고 10-1:

- ATmega128 MCU의 AD 변환부에서는 사용자의 설정에 따라 3 종류의 기준전압을 사용할 수 있도록 하고 있다.
- 첫 번째는 별도의 외부 전원 전압을 사용하는 것으로서 이 경우에는 AREF 핀에 사용하고자 하는 전원을 직접 연결시켜 주면 되는데 그림 10.4의 회로가 그 예이다.
- 두 번째는 AD 변환부의 주전원으로 사용되는 AVCC 전압을 사용하는 것이고
- 마지막 세 번째는 ATmega128 MCU 내부에 내장된 2.56V의 전압을 사용하는 것이다.
- 두 번째와 세 번째의 경우 AREF 핀에는 별도의 외부 전원을 연결시켜 줄 필요가 없기 때문에 노이즈 저감 대책의 일환으로 0.1uF 커패시터를 통해 이 핀을 접지시켜 준다.
- 우리의 실습에서는 첫 번째 방법을 사용하며 따라서 AD 변환부의 기준전압으로는 AVCC 전압(5V) 또는 내부의 2.56V를 선택적으로 사용할 수 있다.

10.3.2 조립

○ 본 실습을 위해 조립해야 할 하드웨어는 그림 10.4의 ADC 회로와 측정된 전압 값을 디스플레이 하기 위한 LCD 회로이다.

○ LCD 회로는 6장의 그림 6.7과 같이 포트 C와 B의 일부를 사용하여 조립하면 된다.

○ ADC 회로를 조립하기 위해 그림 10.4의 회로를 보면 조립해야할 소자가 몇 개 있는데 이미 대부분의 회로는 우리가 사용하는 MCU 모듈에 조립이 되어 있다.

- 우리가 ATmega128 MCU 칩을 사용하여 회로를 구성한다면 그림 10.4의 소자들을 모두 직접 결선해 주어야 하지만 여러분들도 알다시피 우리는 MCU를 중심으로 필요한 기본 하드웨어가 갖추어져 있는 모듈을 사용하고 있기 때문에 그림 10.4의 회로가 이미 MCU 모듈 내에 조립되어 있는 것이다.
- 우리의 실습을 위해서 특지 여러분들이 조립해야 할 것은 R1으로 표시된 10kΩ potentiometer 하나뿐이다.

○ 그림 10.5에 LCD 모듈과 potentiometer가 조립된 실습회로의 모습을 보인다.

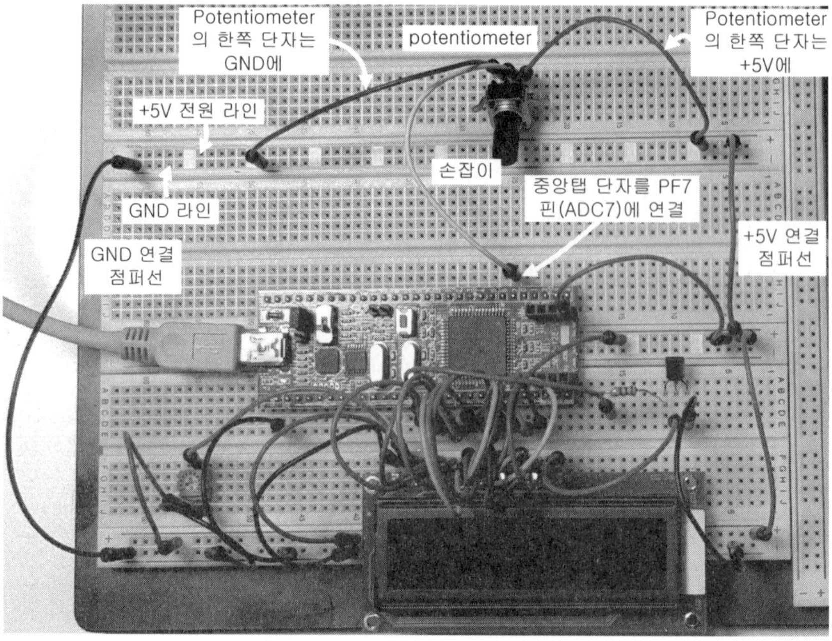

그림 10.5 ADC 실습을 위한 회로 조립

10.4 실습 10-1: ATmega128 ADC를 이용한 디지털 전압계 실습(ex10-1)

10.4.1 실습 목표

○ 본 실습에서는 ATmega128 MCU의 AD 변환기를 이용하여 10kΩ potentiometer로 발생되는 0 ~ 5V 사이의 가변전압을 측정하고 LCD 화면에 디스플레이 하는 초보적인 DVM(Digital Volt Meter)을 구현하고자 한다.

○ 그림 10.4의 회로에서 potentiometer에 의해 발생된 가변전압은 아날로그 입력 채널 7(ADC7, PF7 핀)을 통해 입력받도록 연결되어 있다,

○ 측정된 전압은 그림 10.6과 같은 형식으로 LCD에 디스플레이 하고자 한다.

				D	V	M		V	1	.	0				
					3	.	2	6		V					

그림 10.6 실습 10-1의 LCD 화면

10.4.2 필요 기술 및 프로그래밍 알고리즘

(1) 필요 기술

○ 본 실습회로의 설계에 대한 내용은 그림 10.3절에서 보았듯이 너무 간단해서 더 이상의 부연설명이 필요하지 않을 것으로 생각한다.

○ 이제 ATmega128 MCU를 프로그래밍하여 AD 변환기의 사용법을 실습해야 하는데 타이머 때와 마찬가지로 ADC를 사용하기 위해서도 본 예제의 용도에 맞게 관련 레지스터들을 미리 설정해야 한다.

○ 10.2절에서 소개했듯이 ATmega128MCU의 ADC를 사용하기 위해서는 ADMUX 및 ADCSRA 레지스터에 대한 설정이 필요하다.

① ADMUX 레지스터 설정

- ADMUX 레지스터는 앞에서 설명한 바와 같이 기준전압 선택, ADC 결과 정렬 방식 선택 및 사용 아날로그 채널 선택을 담당한다.
- ADMUX 레지스터의 비트 구성과 초기치는 다음과 같다.

ADMUX

7	6	5	4	3	2	1	0
REFS1	REFS0	ADLAR	MUX4	MUX3	MUX2	MUX1	MUX0
0	0	0	0	0	0	0	0

- 우선 REFS1:0 비트 조합으로 ADC의 기준 전압을 설정한다.
  - 본 예제에서는 AVCC 핀에 공급되는 아날로그 전원 전압을 기준전압으로 사용하고자 한다. 따라서 표 10.1에 따라 REFS1:0 = "01"로 설정하면 된다.
- AD 변환된 결과는 일반 수치를 저장할 때와 같이 오른 쪽으로 붙여서 정렬하고자 한다. 따라서 ADLAR 비트는 '0'으로 설정한다.
- MUX4:0 비트 조합으로 아날로그 입력 채널을 선택한다. 본 예제에서는 아날로그 채널7(PF7 핀)에 연결된 가변저항 입력을 사용하고자하기 때문에 표 10.2에 따라 MUX4:0 비트 조합을 "00111"로 설정하면 된다.
- 이상과 같은 설정 값들로 ADMUX 레지스터의 각 비트들을 채우면 다음과 같이 된다.

ADMUX

7	6	5	4	3	2	1	0
REFS1	REFS0	ADLAR	MUX4	MUX3	MUX2	MUX1	MUX0
0	1	0	0	0	1	1	1

- 따라서 본 예제를 위한 ADMUX 레지스터의 설정을 위한 명령문은 다음과 같이 될 것이다.

```
ADMUX = 0x47;
```

② ADCSRA 레지스터를 설정한다.

- ADCSRA 레지스터의 비트 구성과 초기치는 다음과 같다.

ADCSRA

7	6	5	4	3	2	1	0
ADEN	ADSC	ADFR	ADIF	ADIE	ADPS2	ADPS1	ADPS0
0	0	0	0	0	0	0	0

- 우선 ADEN을 '1'로 설정하여 ADC 모듈을 활성화 시켜야 한다.
- 아직은 AD 변환을 시작할 필요가 없기 때문에 ADSC 비트는 '0'으로 둔다.
  - ADC 모듈이 활성화 되고 난 뒤 맨 처음 AD 변환에는 25 클럭이 필요하며 그 뒤의 변환은 모두 13 클럭으로 균일하다.
  - 보통의 경우는 별 문제가 되지 않으나 모든 AD 변환 시간을 균일하게 해야 할 응용이 있을 경우 ADEN으로 ADC 모듈을 활성화시킴과 동시에 ADSC를 '1'로 하여 의미 없이 AD 변환을 미리 한번 하게 하는 경우도 있다.
- 본 예제에서는 사용자의 명령이 있을 때만 AD 변환을 하는 단발 변환 모드를 사용하고자 하므로 ADFR 비트를 '0'으로 설정한다.
- ADIF 비트는 상태 비트로서 하드웨어에 의해 자동 설정되기 때문에 사용자가 설정하지 않는다.
- 본 예제의 ADC에서는 인터럽트를 사용하지 않을 것이기 때문에 ADIE 비트는 '0'으로 설정한다.
- 마지막으로 ADPS2:0 비트 조합으로 ADC에 공급될 클럭 분주비를 선택한다.
  - ADC에 공급되는 클럭 주파수는 AD 변환의 속도를 결정짓는 요소인데 본 예제에서 AD 변환의 속도는 전혀 문제가 되지 않기 때문에 ADPS2:0 = "111"로 하여 분주비를 128로 해도 괜찮다.
  - CPU 클럭 주파수가 16MHz로서 128분주를 하면 ADC에 공급되는 클럭의 주파수는 16MHz/128 = 0.125MHz = 125KHz가 되고 한번의 AD 변환에 보통 13 클럭이 필요하므로 이때 AD 변환에 소요되는 시간은 (13/125000)초 = 0.000104초 = 104 uS 정도가 되어 충분히 빠른 속도가 된다.

- 이상의 사실을 종합하여 본 예제를 위한 ADCSRA 레지스터의 각 비트들을 채우면 다음과 같이 된다.

ADCSRA

7	6	5	4	3	2	1	0
ADEN	ADSC	ADFR	ADIF	ADIE	ADPS2	ADPS1	ADPS0
1	0	0	0	0	1	1	1

- 따라서 본 예제를 위한 ADCSRA 레지스터의 설정은 다음 명령문과 같이 될 것이다.
  `ADCSRA = 0x87;` 또는 `ADCSRA = 0xC7;`

  - 명령 코드가 0xC7이 되면 ADC 모듈을 활성화시킴과 동시에 ADSC 비트를 '1'로 해서 맨 첫 번째의 의미 없는 AD 변환이 한번 일어나도록 하는 것이다.
  - 이 행위는 앞에서 간략히 언급했던 것처럼 아날로그회로를 초기화시키는 과정으로서 이렇게 함으로써 그 뒤에 실행되는 모든 AD 변환이 균일하게 13 클럭만에 완료되도록 한다.
  - 그러나 굳이 이렇게 하지 않고 명령 코드로 0x87을 사용하더라도 맨 첫 번째 AD 변환만 초기화 때문에 25 클럭이 소요되고 그 다음 변환부터는 모두 균일하게 13 클럭이 소요되므로 큰 차이가 없다.

(2) 프로그래밍 알고리즘

○ 그림 10.7에 본 예제 프로그램의 플로차트를 보인다.

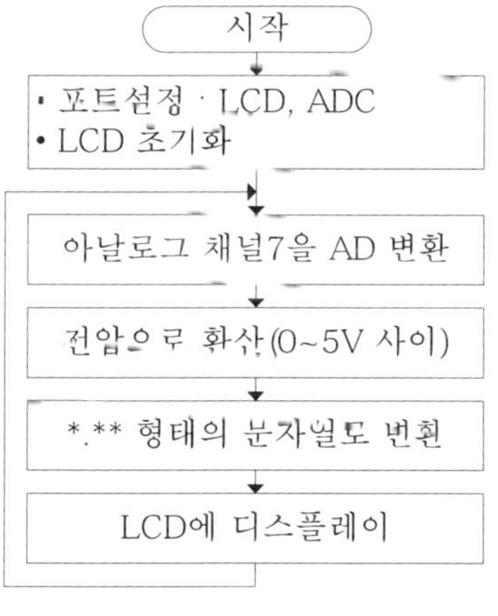

그림 10.7 예제 10-1의 플로차트

○ 그림 10.7의 플로차트를 보면 이 예제에서 처음으로 등장하는 2가지를 제외하고는 특별한 것은 없다.

○ 첫 번째는 AD 변환된 값을 전압으로 환산하는 것으로 다음과 같은 알고리즘으로 수행하면 된다.

- 아날로그 채널0에 입력되는 전압 V_a가 0V이면 AD 변환된 디지털 값 D는 $0000000000_2(=0_{10})$이 되고 V_a가 아날로그 기준전압인 AVCC, 즉 5V이면 AD 변환된 디지털 값 D는 $1111111111_2(=1023_{10})$가 된다.
- 따라서 임의의 아날로그 입력전압 V_a와 AD 변환 값 D 사이에는 다음의 비례관계가 성립된다.

$$V_a : D = 5 : 1023$$

- 따라서 미지의 아날로그 전압 V_a가 입력되어 AD 변환된 값이 D라면 위의 비례관계로부터 입력된 아날로그 전압 V_a는 다음과 같이 계산될 수 있다.

$$V_a = \frac{5 \times D}{1023} \text{ [V]}$$

- 위의 관계를 그래프로 보이면 그림 10.8과 같다.

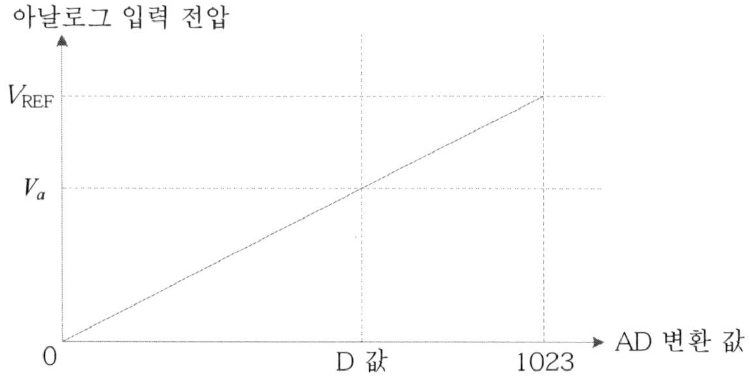

그림 10.8 디지털 변환 값 D와 아날로그 입력전압 V_a와의 비례 관계

- 예를 들어 위의 식에서 AD 변환된 값 D가 10비트의 최고치인 $1111111111_2(=1023_{10})$ 이면 입력전압 V_a는 5V로 계산되고 D가 최고치 $1111111111_2(=1023_{10})$의 1/2인 $1000000000_2(=512_{10})$ 이면 입력전압 V_a는 2.50V로 계산되어 위의 식이 유효함을 알 수 있다.

- 이 AD 변환 값 D는 ATmega128 MCU 내의 ADCH, ADCL 레지스터에 저장되어 있으며 우리가 사용하는 avr-gcc 컴파일러에서는 ADCH, ADCL 레지스터를 합쳐서 ADCW라는 이름의 16비트 레지스터로 취급하는 기능이 있다.
- 따라서 위의 식에서 D 대신 ADCW를 대입하면 된다.

※ 참고 10-3:

- 위의 식을 계산할 때 5, D, 1023이 모두 정수이기 때문에 그 결과도 정수로 계산된다.
- 예를 들어 D가 $1000000000_2(= 512_{10})$인 경우 다음과 같은 C 명령문

  va = 5 * 512/1023;

  가 수행되면 va 변수의 값이 정수 2로 계산 되어 바라는 2.50이 얻어지지 않는다.
- 이 경우 va가 float 형으로 선언되어 있더라도 그 결과는 계산된 정수 2에 소숫점만 붙어 2.0으로 계산된다.
- 따라서 원하는 결과를 얻으려면 위의 계산이 애초에 부동소숫점(floating point)을 사용하는 방식으로 계산되도록 해야 하는데 C 명령문은 연산인수 중 어느 하나라도 float 형이면 그 결과가 float 형이 되므로 다음과 같이 간단하게 수정하면 된다.

  va = 5.0 * 512/1023;
- va 변수가 float로 선언되어 있는 상태에서 위의 연산이 수행되면 그 결과는 2.50이 되고 올바른 결과를 얻을 수 있다.

○ 두 번째는 계산된 전압 값이 소수 아래 3자리에서 반올림되어 *.**의 형태로 LCD에 디스플레이 되도록 해 주어야 한다는 것이다.

- 윈도우즈 환경에서 C 프로그래밍을 해 본 경험이 있는 사람들은 아무런 어려움 없이 다음과 같은 문장으로 화면에 2.50이라는 값을 디스플레이 할 수 있었을 것이다.

```
va = 5.0 * D/1023;
printf("%4.2f\n", va);
```

- 물론 printf() 함수를 사용하려면 #include <stdio.h> 문으로 해당 헤더 파일이 로드되어 있어야 한다.
- 위와 같은 문장을 아무런 생각 없이 사용할 수 있는 이유는 윈도우즈 환경의 C 컴파일러에서는 printf() 함수에 의해 출력되는 데이터의 목지지가 표준 모니터라고 기본적으로 정해져 있기 때문이다.
- 그러나 우리의 실습회로처럼 별도로 정의된 표준 모니터가 없고 예를 들면 LCD

문자표시장치와 같이 설계자가 임의로 출력장치를 구성하는 환경에서는 표준 출력 함수인 printf() 함수를 그대로 사용할 수가 없다.

- 따라서 이를 해결하기 위해서는 2 가지의 접근법이 있는데 그 하나는 프로그래머가 직접 자기 환경에 맞는 출력함수를 만들어서 사용하는 것이고 다른 하나는 stdio.h가 제공하는 표준 출력함수인 sprintf() 함수를 사용하는 것이다.
- 우선 sprintf() 함수를 사용하는 경우를 보자.
  - sprintf() 함수는 printf() 함수와 모든 형식이 동일한데 다만 데이터가 표준 출력장치로 출력되는 것이 아니라 포인터에 의해 지정되는 메모리 버퍼로 출력된다는 점이 다르다.
  - 따라서 sprintf() 함수로 데이터를 원하는 형식의 문자열로 가공하여 메모리 버퍼에 저장한 다음 최종적으로 이 문자열을 LCD로 출력시키면 된다.
  - 데이터를 출력시키고자 하는 최종 목적지인 LCD 모듈에서 한 줄에 표시할 수 있는 문자열의 최대길이가 16자이므로 메모리 버퍼의 길이는 문자열의 끝을 알리는 NULL 문자('\0') 까지 합쳐서 17자의 길이로 선언하면 될 것이다.
  - 이제 다음 명령문을 보자.

```
unsigned char Buffer[17];
.........
.........
① va = 5.0 * D/1023;  // 아날로그 전압 계산
② sprintf(Buffer, "%4.2f\n", va);  // 메모리 버퍼로 출력
③ PutString(Buffer); // LCD 모듈로 출력
```

  - 위의 문장이 수행되면 LCD 화면에 "2.50" 이라는 문자열이 디스플레이 되는데 위의 ①, ②, ③ 번 명령문을 차례로 분석하여 그 동작을 확인해 보자.
  - ①번 명령문이 실행되면(D가 512일 때)

    `va = 2.502443792766373411534701857282 5`

    로 계산된다.
  - ②번 명령문은 va 변수의 값을 정수 1자리, 소수 2자리의 문자열로 포맷하여 Buffer라는 배열에 저장하라는 것으로 그 실행 결과는 다음과 같다.

Buffer 배열

index	0	1	2	3	4	5	· · ·	14	15	16
데이터	0×32	0×2E	0×35	0×30	0	-	· · ·	-	-	-
내용	2	.	5	0	NULL					

  ▫ Buffer에 저장된 0x32, 0x2E, 0x35, 0x30, 0은 "2.50" 문자열의 ASCII 코드이고 index 4의 장소에 있는 0은 문자열의 끝을 알리는 NULL 문자('\0') 이다.

- ③번 명령문은 Buffer 배열에 저장되어 있는 문자열을 LCD 모듈에 출력시키는 함수로서 7장에서 만들었던 LCD 함수 중의 하나이다.
  ▫ 따라서 이 명령문이 수행되면 LCD 화면의 현재 커서 위치로부터 "2.50" 이라는 문자열이 디스플레이 될 것이다.

• 그런데 우리가 사용하는 avr-gcc 컴파일러로 위와 같은 실수 연산결과를 얻으려면 컴파일 하기 전에 다음과 같이 링커 옵션(Linker Option)을 설정해 주어야 한다.

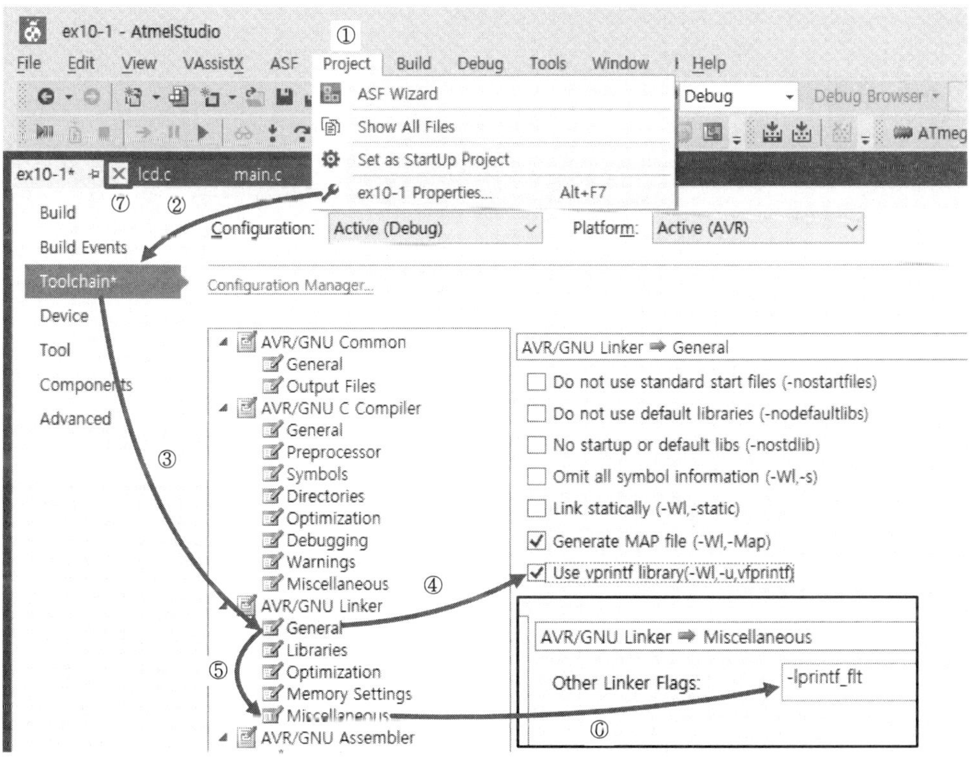

그림 10.9 실수 연산을 위한 링커 옵션 설정

• 옵션 설정 방법은 그림의 ①, ②, ..., ⑥의 순서를 따라 가면 되며 간단히 설명하면 다음과 같다.
- Atmel Studio의 주 메뉴에서 Project 메뉴를 클릭하면(①) 나타나는 서브 메뉴 중 Properties.. 를 클릭한다.(②)
- 그러면 현재 작업 중인 프로젝트의 Properties 화면이 전개되는데 거기서 Toolchain을

클릭하면 오른쪽 창에 여러 가지 선택 항목들이 나타난다.(③)

- 여기서 AVR/GNU Linker 항목 아래 있는 General을 클릭한 다음 나타나는 오른쪽 창의 □ Use vprintf library(-Wl,-u,vfprintf) 체크 박스를 체크한다.(④)
- 다시 AVR/GNU Linker 항목 아래 있는 Miscellaneous를 클릭하여(⑤) 오른쪽에 나타나는 다일로그 박스에 -lprintf_flt을 써 넣고(⑥) 네모 상자로 표시된 X 표시를 클릭해서 창을 닫으면(⑦) 완료된다.

○ 이제 모든 기능과 알고리즘에 대한 이해가 끝났으니 수행하고자 하는 과제를 실제 C 명령문으로 옮겨 프로그램을 완성하면 다음과 같게 될 것이다.

10.4.4 프로그램 소스 리스트

ADC 모듈을 이용한 디지털 전압계 실습: ex10-1.c

```
#include  "../../../inc/ex.h"
#include  "../../../inc/lcd.c"
#include  <stdio.h>

#define   BACK_LIGHT  4
#define   Vref        5.0 // AD 변환 기준전압 = AVCC = 5.0V

unsigned char TempBuffer[17];

int main(void)  {
  float Va;

  // AD 컨버터 설정
  ADMUX = 0x47;   // 아날로그 채널 7 선택
  ADCSRA = 0x87; // 초기 AD 변환 정지

  // LCD초기화
  InitLCD();
  LCD_CONTROL_PORT_DDR |= 1<<BACK_LIGHT;
  LCD_CONTROL_PORT |= 1<<BACK_LIGHT;

  // Title Display
  GotoXY(4,0);
  PutString("DVM V1.0");

  while(1)  {
```

```
    // AD 변환개시 → ADCSRA 레지스터의 ADSC 비트(비트6)을 1로 하면 됨
    ADCSRA |= 1<<6;
    // AD 변환 종료까지 기다림 → ADSC 비트가 다시 '0'이 될 때까지 기다림
    while(ADCSRA&(1<<6));

    // 아날로그 입력전압 계산
    Va = (Vref * ADC)/1023;

    // 계산 결과 포멧 변환 및 디스플레이
    sprintf(TempBuffer, "%4.2f V", Va);
    GotoXY(5,1);
    PutString(TempBuffer);
  }  // while의 끝
}
```

10.4.5 프로그램 설명

○ 프로그램을 보면 알겠지만 while(1) 루프가 주된 부분인데 상당히 짧고 간단함을 알 수 있다.

○ ADCSRA |= 1<<6; 명령문은 ADCSRA 레지스터의 비트 6, 즉 ADSC 비트에 '1'을 써 넣는 명령으로 AD 변환을 시작하라는 명령이다.

○ while(ADCSRA & (1<<6)); 명령문은 ADSC 비트가 '1'인 동안 계속 루핑을 하라는 것으로 방금 시작된 AD 변환이 완료될 때까지 기다리라는 것이다.

- 여러분들은 앞에서 ADSC 비트에 '1'을 쓰면 AD 변환이 시작되고 변환이 완료될 때까지 '1'을 유지하다가 변환이 완료되면 '0'이 된다는 것을 배웠을 것이다.
- ADCSRA & (1<<6)은 ADCSRA & 0x40과 같고 이 명령의 수행 결과는 0?000000가 되는데 여기서 ?는 ADSC 비트의 값이다.
- AD 변환이 진행되는 동안 ADSC는 '1'이기 때문에 위의 결과가 0이 아니고 따라서 while() 루프의 조건이 참이 되어 계속 루핑을 하다가 변환이 종료되어 ADSC 비트 ?가 '0'이되면 위의 결과가 0이 되고 while() 루프의 조건이 거짓이 되어 루프를 빠져나와 다음 명령으로 이동하게 된다.
- va = 5.0*ADCW/1023에서 ADCW는 AD 변환 된 결과가 저장된 상위 바이트 ADCH와 하위 바이트 ADCL이 결합된 16비트 레지스터의 이름이다.

이제 이 프로그램을 컴파일하고 다운로드하여 실행시켜 보라. LCD 화면에 *.** V 라는 현재의 전압이 표시될 텐데 이때 가변저항의 손잡이를 좌우로 돌리면 LCD 화면의 전압 값이 변하는 것을 볼 수 있을 것이다.

그런데 디스플레이 되는 값을 자세히 관찰해 보면 최하위 자리의 수치가 너무 자주 바뀌어 디스플레이가 명료하지 않음을 발견할 수 있을 텐데 이를 해결하는 과제는 연습문제로 남겨두도록 하겠다.

연습문제

E10.1 AD 변환 기법에는 본 교재에서 설명한 Successive Approximation 기법 외에 ramp 기법과 병렬비교기법(Parallel Comparison method)이 더 있다. 각각의 방법에 대해 구성도, 동작원리, 장단점을 조사하여 간략히 기술하라.

E10.2 AD 변환부의 전원 핀들을 그림 10.4와 같이 연결할 경우 AD 변환의 기준전압으로 아날로그 회로의 전원전압인 AVCC나 내부에 내장된 2.56V 중 하나를 사용할 수 있다. 여기에 대해 다음 물음에 답하라.

(1) AD 변환기에서 기준전압의 역할은 무엇이며 ATmega128 MCU에서 기준전압으로 사용될 수 있는 전압의 최대치는 어떻게 정의 되는가 ? (ATmega128 MCU의 사용자 매뉴얼 참조)

(2) 기준전압으로 내부의 2.56V 전원을 사용하려면 ADCSRA 레지스터의 어느 비트를 어떻게 설정해야 하는가 ?

(3) 기준전압으로 어떤 경우 AVCC(= 5V)를 사용해야 하며 어떤 경우에 2.56V 내부 전원을 사용하는 것이 유리한지에 대해 고찰하여 보라. (힌트: AD 변환하고자 하는 아날로그 전압의 범위가 0 ~ 2.0V 사이일 때를 가정하여 생각해 보라.)

연습과제

T10.1 예제 10-1의 프로그램을 수정하여 가변저항에 변동이 없을 때 디스플레이 되는 값을 관찰하여 보라.

(1) 디스플레이에 어떤 현상이 관찰 되는가 ?

(2) 그 이유는 무엇이라고 생각 되는가 ?

(3) 이 문제를 해결하도록 프로그램을 수정하고 그 방법을 설명하라.

T10.2 예제 10-1의 프로그램에서 printf() 대신 소수 셋째 자리에서 반올림하여 2.54V 식으로 디스플레이 되게 하는 출력 함수를 직접 만들어 실행해 보라.

프로젝트

P10.1 AD 변환기와 9장에서 학습한 PWM에 의한 모터제어를 결합하여 실습키트에 있는 가변저항으로 모터의 회전 속도를 제어하여 보라.

- 즉, 가변저항을 좌측 끝까지 돌리면 모터는 정지하고 가변저항의 회전각도에 비례하여 모터의 회전 속도가 변하도록 하라.
- 가변저항을 우측 끝까지 돌리면 모터는 최고속도로 회전하도록 한다.

CHAPTER

11

USART 응용

USART는 Universal Synchronous/Asynchronous Receiver and Transmitter의 약어로서 범용 동기/비동기 송수신 장치를 말하는데 소위 직렬통신을 하는데 사용되는 송수신 장치를 말한다. ATmega128 MCU도 역시 내부에 0과 1로 번호가 붙여진 2개의 USART 채널을 가지고 있는데 이 장에서는 이를 이용한 간단한 직렬통신 실습을 수행하고자 한다.

데이터 통신에는 용도에 따라 여러 가지 방식이 있는데 그 내용이 너무 방대하고 전문적이기 때문에 모든 것을 다 설명할 순 없고 여기선 USART를 이용한 비동기 직렬 통신 방식에 대해서만 간략하게 설명하고자 한다.

비록 이 비동기 직렬통신이 가장 단순한 형태의 통신 방식 중 하나이지만 과거에 아주 널리 사용되었고 아직까지 산업용 제어 시스템에서 기기 간 통신에 널리 사용되고 있는 아주 실용적인 통신 방식이기 때문에 잘 이해해둘 필요가 있다.

※ 참고 11-1:

- 대개 USART는 비동기 모드로 사용되기 때문에 현장 엔지니어들은 동기를 의미하는 S(Synchronous)자를 떼고 UART라고 부르는 경우가 많다.
- 따라서 여러분들도 다른 교재 또는 현장에서 UART라는 말을 들으면 비동기 직렬 송수신 모듈 또는 칩을 생각하면 된다.

다음은 이 장에서 학습하고자 하는 내용을 구체적으로 정리한 것이며 본문의 내용도 이 순서에 따라 전개해 나갈 것이다.

- 통신의 기초 개념 이해
- ATmega128 MCU의 직렬통신 모듈 사용법 이해
- 직렬 통신 실습

11.1 비동기 직렬 데이터 통신

○ 직렬통신이라 함은 데이터 통신 시 소요되는 전송선의 개수를 줄이기 위해 데이터 선을 한 선만 사용하는 통신 방식을 말한다.

○ 당연히 데이터 선이 하나 밖에 없기 때문에 데이터는 한 순간 한 비트씩 차례로 전송될 수밖에 없다.

○ 이 직렬통신에 대응되는 것으로 병렬통신이 있는데 이것은 8 비트, 즉 한 바이트의 데이터를 한 번에 전송하기 때문에 데이터 선이 8 가닥 필요하게 된다.

○ 당연히 병렬 통신이 직렬통신에 비해 전송속도가 빠르지만 통신선로의 가격이 비싸지는 단점이 있다.

○ 따라서 빠른 데이터 전송속도가 필요하면서 통신 거리가 짧을 때는 보통 병렬통신을 사용하며 데이터 전송속도가 늦어도 되거나 통신 거리가 멀 때는 직렬통신을 사용한다.

○ 여러분들 주위에서 대표적으로 볼 수 있는 것으로는 PC와 프린터 간의 병렬통신과 PC와 마우스간의 직렬통신이 있다.

- 그러나 요즘은 USB(Universal Serial Bus)라는 새로운 통신 프로토콜이 사용되고 있는데 직렬통신이면서도 종래의 병렬포트보다 훨씬 빠른 속도의 통신을 가능케 함으로써 많은 컴퓨터 주변 장치들의 통신이 USB 통신 방식으로 바뀌었다.

○ 대표적인 직렬 통신 규격에 RS-232C라는 것이 있는데 이것은 DTE(데이터 터미널 장치, 컴퓨터)와 DCE(회선 종단 장치, 모뎀이나 프린터등)를 상호 접속하는 물리적 인터페이스를 일컬으며 여러분들의 PC와 주변장치들을 연결시키는데 많이 사용되었던 방식이다.

○ RS-232C용 케이블에는 직렬통신 규약의 조건을 충족시키기 위한 여러 가지 신호 선들이 있고 이 케이블과 기기를 접속하기 위한 커넥터도 25 핀 D형으로부터 9 핀 D형 커넥터까지 다양하게 사용이 되었었다.

○ 하지만 대부분의 단순한 직렬통신에는 데이터 송신선, 데이터 수신선과 접지선의 3 개선만 사용하면 되며 이 3개의 선만으로도 전이중(full duplex) 통신이 가능하다.

※ 참고 11-2:

- 통신 방식의 용어 중 전이중(full duplex), 반이중(half duplex), 단방향(simplex) 통신의 의미는 다음과 같다.
  - 단방향 통신 방식은 송신만 가능하든지 수신만 가능한 방식을 말하며 대표적으로 라디오 방송을 들 수 있다.
  - 반이중 방식은 송수신이 가능하지만 한 순간에는 송신 또는 수신만 가능한 통신 방식을 말하며 대표적으로 무전기(Walky-Talky) 또는 말할 땐 버튼을 누르고 들을 땐 버튼을 해제하는 인터폰 등을 들 수 있다.
  - 전이중 방식은 것은 동시에 송수신이 가능한 통신 방식을 말하며 대표적으로 전화기를 들 수 있다.

○ 그림 11.1에 3선 직렬 통신 케이블로 연결된 A, B 두 개의 시스템을 보인다. 이 두개의 시스템은 RS 232C 규격으로 통신을 할 수 있는 임의의 디지털 시스템으로 예를 들면 시스템 A는 PC이고 시스템 B는 실습 모듈이라고 생각하면 된다.

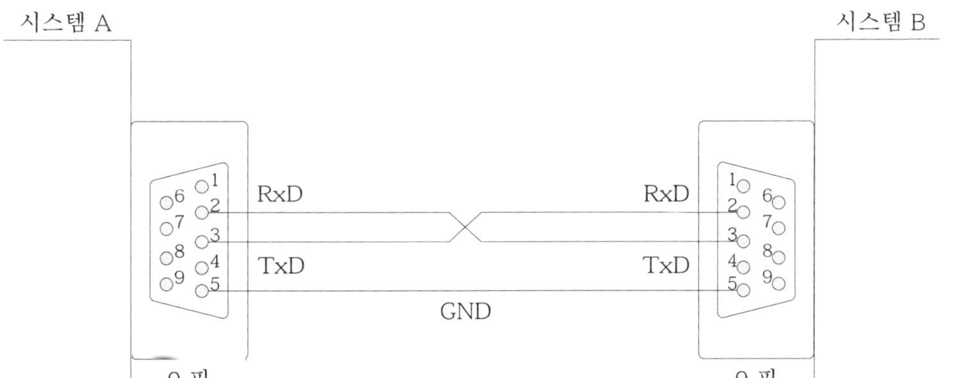

그림 11.1 비동기 3선 직렬통신 연결

○ 그림에서 RxD는 Receive Data로 수신 핀, TxD는 Transmit Data로 송신 핀을 나타내는 이름이며 그림을 보면 한 쪽의 송신 핀은 다른 쪽의 수신 핀으로 연결되고 반대로 수신 핀은 상대방의 송신 핀과 연결되어 있음을 알 수 있다.

○ 직렬 비동기 통신에 대해 설명하기 전에 우선 간단하게 동기 통신과 비동기 통신의 개념에 대해 알아보자.

- 동기 통신이냐 비동기 통신이냐는 송신 단에서 수신 단으로 데이터를 전송할 때 데이터의 전송시점을 알리는 별도의 신호를 사용하느냐 하지 않느냐로 구분된다.
- 동기 통신
  - 시스템 A가 시스템 B로 데이터를 보낼 때 데이터를 읽어 들일 타이밍 신호를 함께 보내는 방법으로 이 타이밍 신호를 보통 스트로브(strobe) 또는 동기 클럭이라 하며 수신 쪽에서는 이 클럭에 맞추어 전송 선 상의 디지털 값을 읽으면 된다.
  - 그림 11.2에 이 개념을 보인다.

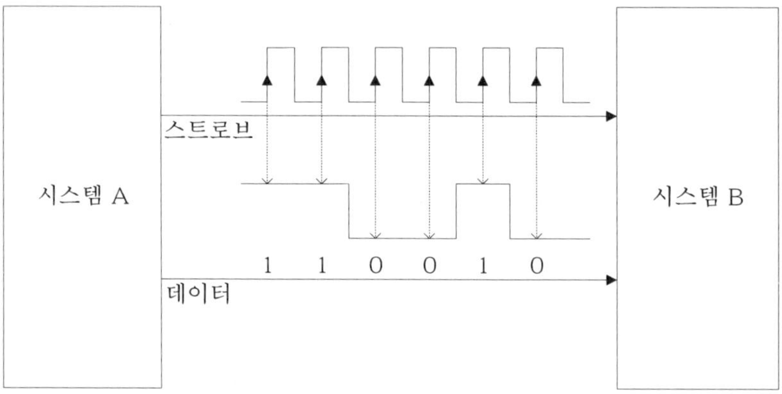

그림 11.2 스트로브에 의한 데이터 전송

  - 그림 11.2를 보면 수신(시스템 B) 쪽에시는 스트로브 클럭이 상승할 때마다 데이터 라인에 나타나는 논리 레벨을 읽고 있음을 알 수 있는데 스트로브 신호(또는 동기 클럭)에 의해 데이터를 읽어야 할 정확한 시점이 주어지기 때문에 그림과 같이 '0'이 2 개 연속되어 데이터 라인의 논리 레벨에 전혀 변화가 없어도 2 개의 '0'으로 정확히 구별하여 읽을 수가 있게 되는 것이다.
  - 이 방법의 장점은 아무리 긴 데이터를 전송하드라도 데이터 판독 시점에 오차가 없다는 것인데 단점은 데이터 선 외에 동기신호를 위한 별도의 선을 하나 더 사용하든지 데이터 신호와 동기 신호를 혼합변조하여 전송하고 수신부에서 다시 복조해야하는 복잡한 과정을 거쳐야 한다는 것이다.
- 비동기 통신
  - 별도의 동기 신호를 사용하는 대신 데이터를 주고받는 시스템 A, B 사이에 데이터 전송시작 신호와 전송속도, 데이터 전송 길이(비트 수) 등을 약속하고 약속한 데로 데이터를 주고받는 방식이 있다.
  - A, B 두 시스템은 서로의 수신 단자를 감시하고 있다가 전송시작 신호가 포착되면

그 때부터 약속된 전송속도에 의해 결정되는 시간 간격으로 데이터 라인의 논리 값을 읽어 데이터를 수신한다.

– 이 방식은 아주 간단하게 구현될 수 있다는 장점이 있지만 서로 독립적인 클럭을 사용하여 비트 전송과 수신의 시간 간격을 판단하기 때문에 데이터 전송 길이가 길어지면 양쪽 클럭의 오차가 누적되어 데이터 판독 시점에 오류가 발생될 가능성이 높다는 단점이 있다.

– 따라서 이 방식은 일반적으로 데이터를 짧은 길이로 끊어서 여러 번에 걸쳐 전송하게 되며 이 기본 데이터 길이를 프레임이라 한다.

○ 이와 같은 비동기 통신 방식을 위에서 언급했던 대표적인 직렬 통신 규격인 RS-232 통신에 적용하면 바로 우리가 이 장에서 다루고자 하는 비동기 직렬통신 방식이 된다.

○ 이런 통신 방식에서는 데이터 전송의 시작을 서로 약속하여야 하는데 이를 시작 비트(start bit)라 하고 보통 '0'(Space라 한다)의 값을 사용한다.

○ RS-232 통신선로는 대기 상태일 때 '1'(Mark라 한다)의 값을 가지기 때문에 데이터의 전송이 시작될 때 시작 비트에 의해 데이터 라인에 '1' → '0'의 하강 에지가 발생된다.

○ 따라서 수신 쪽에서는 데이터 선로에 '1' → '0'의 신호변화가 생기면 데이터 전송 시작 비트가 수신된 걸로 간주하고 그 때부터 서로 약속한 전송속도에 의해 계산된 시간 간격으로 수신 선로의 논리 레벨을 읽어 들이면서 데이터를 받는다.

○ 이때 전송속도를 나타내는 단위를 보 레이트(Baud rate)라고 하며 초당 전송되는 비트 수(bps: Bits Per Seconds)를 의미한다.

○ 이 통신 방식은 비동기이기 때문에 서로 한 번에 전송하는 비트 수를 약속하고 수신 쪽에서는 이 비트 수만큼의 데이터 수신 후 데이터 전송의 끝을 알리는 정지 비트(stop bit)가 수신되기를 기다린다. 정지 비트의 논리 값은 '1'이다.

○ 지정된 시점에 정지 비트가 수신되면 데이터 수신이 정상적으로 이루어 진 것이며 정지 비트 자리에 다른 값이 수신되면 전송 오류로 간주 한다.

○ 시작 비트부터 정지 비트까지 한 번에 전송되는 데이터 단위를 1 프레임(frame)이라 하며 비동기 직렬 통신의 모든 데이터 전송은 프레임 단위로 이루어진다.

○ 그림 11.3에 전형적인 비동기 직렬 통신의 프레임 구조를 보인다

시작 비트	D0	D1	D2	D3	D4	D5	D6	D7	패리티	정지 비트	정지 비트

시작비트: SPACE라 하며 논리 0’을 갖는다
정지비트: MARK라 하며 논리 1’을 갖는다

그림 11.3 비동기 직렬통신의 프레임 구조

○ 그림 11.3을 보면 한 프레임이 12 비트로 되어 있는데 이것은 경우에 따라 다르다.

- 초창기 RS-232 통신은 ASCII 코드로 된 텍스트를 전송하는데 주로 사용되었으며 ASCII 코드는 원래 7 비트였다.
- 따라서 그림 11.3에서 D7이 빠진 11비트가 한 프레임으로 사용 되었지만 요즘은 데이터 길이도 5/6/7/8/9 비트, 패리티 비트도 사용/사용안함, 정지비트도 1/2 비트로 선택해서 사용할 수 있기 때문에 프레임의 길이도 설정에 따라 달라진다.

○ 그림 11.4에 패리티가 없고 정지 비트가 하나인 10 비트 프레임이 100 보의 속도로 시스템 B로부터 시스템 A로 전송될 경우 시스템 A 쪽에서 데이터 비트를 수신하는 타이밍을 보여 준다.(여기서 보이는 전송 속도는 한 예일 뿐이고 실제는 수 백 Kbps의 빠른 속도로 사용되기도 한다.)

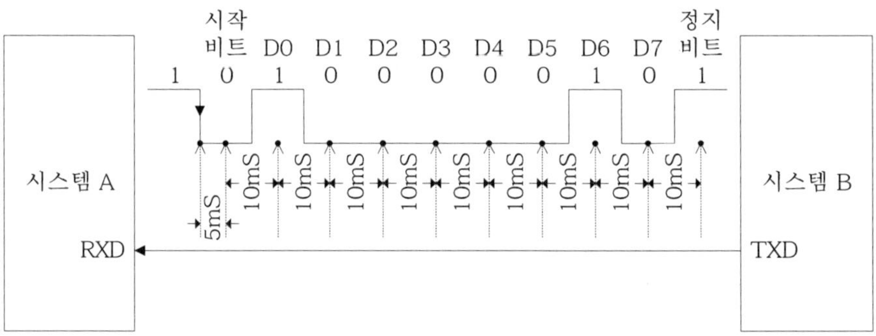

그림 11.4 100 Baud 속도로 전송 시 RS-232의 비트 타이밍

○ 그림 11.4의 예는 알파벳 대문자 A의 ASCII 코드인 0x41을 전송하는 예로 100 보의 전송속도면 한 비트 전송에 1000/100 = 10mS가 소요된다.

○ 따라서 시스템 A는 RxD의 입력 상태에 ‘1’ → ‘0’의 변화가 발생되는 순간부터 5mS 후 ‘0’을 읽어 시작 비트를 확인하고 그 다음부터는 매 10mS 마다 비트 값을 읽어서 데이터를 수신한다.(그림에서는 매 10mS 마다 한 번 데이터를 취하는 것으로 되어 있지만 실제

는 한 비트의 값을 여러 번 읽어 그 값들을 비교함으로써 오류의 가능성을 줄인다)

○ 이 10mS 시간간격은 시스템 A, B가 가지고 있는 자체의 타이머로 만들어 내는 것이기 때문에 전송 비트 수가 많아지면 시스템 B에서 송신에 사용되는 10mS 간격과 시스템 A에서 수신에 사용하는 10mS 간격 사이의 오차가 누적되어 통신 오류를 발생시킬 가능성이 있다.

- 그래서 비동기 직렬 통신은 한 프레임씩 짧게 끊어서 전송하며 수신부에서는 매 시작비트가 감지될 때마다 타이머를 초기화 하여 누적오차를 클리어 시킨다.

11.2 ATmega128 MCU의 USART 특징 및 직렬통신부 회로

(1) ATmega128 MCU의 USART 특징

○ ATmega128에는 USART0, USART1으로 명명된 2개의 직렬통신 채널이 있다.

○ 채널 0이나 1은 완전히 같은 기능을 가지고 있으며 각각 독립적으로 사용할 수 있는데 채널 0의 RxD 핀과 TxD 핀은 MCU의 ISP에 사용되는 PDI 핀 및 PDO 과 기능을 공유하고 있다.

○ 다음에 ATmega128에 내장된 USART의 기능을 요약하였다.

- 전 이중(full duplex) 동작(직렬 송수신이 동시에 가능)
- 비동기 또는 동기 동작
- 마스터(Master) 또는 슬레이브(Slave) 동기 동작
- 고 분해능의 보 레이트 발생기
- 5, 6, 7, 8, 9 비트의 데이터 폭 및 1, 2 비트의 정지(stop) 비트
- 하드웨어에 의한 짝수/홀수 패러티 발생 및 검사 기능
- 데이터 오버런(OverRun) 감지
- 프레임 에러 감지
- 잘 못된 시작 비트 감지 및 디지털 로 패스 필터를 포함하는 노이즈 필터 기능
- Tx 종료, Tx 데이터 레지스터 비어있음(empty), Rx 종료에 의한 인터럽트 발생
- 다중 프로세서(Multi-processor) 통신 모드
- 2 배속 비동기 통신 모드

(2) 일반적인 직렬통신부 회로

○ 그림 11.5에 가장 보편적인 직렬통신부 회로를 보인다.

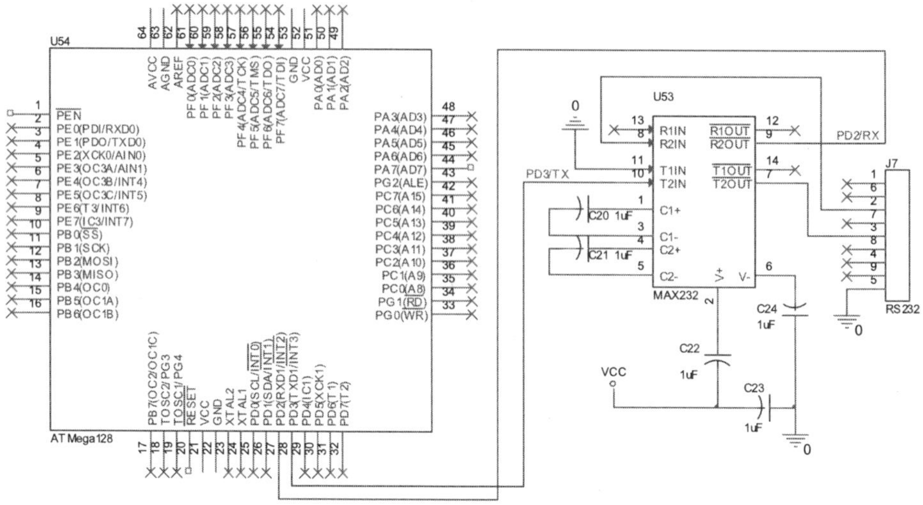

그림 11.5 일반적인 RS-232 비동기 직렬 통신 인터페이스 부 회로

○ 그림을 보면 ATmega128의 RxD, TxD 핀 신호가 MAX232라는 IC를 거쳐 과거 PC의 직렬 포트 연결에 많이 사용되는 9 핀 D형 커넥터로 연결되어 있음을 알 수 있다.

○ RS-232 규격에서는 논리 '1'은 -5V ~ -15V, 논리 '0'은 +5V ~ +15V 사이의 전압으로 변환시켜서 전송하도록 되어 있다.

- 이렇게 하는 이유는 직렬통신 선로의 길이가 길어져서 0 ~ 5V의 논리 레벨을 사용할 경우 심각한 전압강하나 노이즈에 의해 오동작을 할 가능성이 높아지기 때문에 이를 방지하기 위함이다.

○ 그런데 요즘 디지털 시스템에 가장 널리 사용되는 논리 레벨은 논리 '1'이 +5V, '0'이 0V이기 때문에 이 둘 사이의 신호레벨을 변환시켜주는 인터페이스가 필요한데 이것을 라인 드라이버(driver)/리시버(receicer)라 하고 회로 11.5의 MAX232 IC가 바로 그 라인 드라이버/리시버 IC이다.

○ MAX232는 그 이름에서도 유추할 수 있듯이 RS-232용 라인 드라이버/리시버로서 그림 11.5의 MCU에서 PC로 데이터를 전송하고자 할 때 MCU의 TxD 핀에서 0 ~ +5V 논리 레벨로 출발한 신호는 MAX232에 의해 -5V ~ -15V 또는 +5V ~ +15V 레벨로 변환된 후 직렬 통신 케이블을 통해 PC의 직렬포트로 전달된다.

○ 역으로 PC로부터 그림 11.5의 MCU로 데이터를 전송하는 경우는 PC의 직렬 포트를 통해 전송되는 -5V ~ -15V 또는 +5V ~ +15V의 전압 레벨이 MAX232에 의해 0 ~ 5V를 사용하는 논리 '0', '1'로 변환되어 ATmega128 MCU의 RxD 핀으로 전달된다.

○ 그런데 만약 두 개의 MCU가 같은 보드 또는 아주 가까운 거리에 있는데 직렬통신으로 연결하고 싶은 경우는 굳이 MAX232와 같은 레벨 변환 IC를 사용할 필요 없이 두 MCU의 TxD 핀과 RxD 핀을 서로 교차되게 바로 연결하며 사용하면 된다.

(3) 실습에 사용되는 MCU 모듈의 직렬통신 회로부

○ 실습에 사용되는 MCU 모듈은 모듈 내에 USB ↔ Serial 간의 변환기가 내장되어 있어서 USB 케이블을 이용하여 ISP와 직렬통신 두 가지를 가능하게 하고 있다.

○ 따라서 실습에 사용할 직렬통신 회로 부는 이미 USB 드라이버에 의해 MCU 모듈 내에 구현되어 있기 때문에 별도로 회로 설계를 고민할 필요가 없다.

○ 단지 나중 실제 실습을 수행할 때 하나의 USB 케이블로 ISP도 하고 USART 통신도 해야 하기 때문에 MCU 모듈에는 ISP/USART 중 하나의 기능을 선택할 수 있도록 선택 스위치가 있다는 사실만 기억하고 용도에 따라 적절히 설정해 주기만 하면 된다.

11.3 ATmega128 MCU의 USART 설정 및 사용

11.3.1 USART 레지스터 설정

○ 앞장에서 학습했던 타이머나 ADC와 마찬가지로 USART를 올바로 사용하기 위해서도 역시 몇 개의 레지스터들을 적절하게 설정해야 하는데 USART의 사용과 관계가 있는 레지스터들은 다음과 같다.

- UDRn(USARTn I/O Data Register)
- UCSRnA(USARTn Control and Status Register A)
- UCSRnB(USARTn Control and Status Register B)
- UCSRnC(USARTn Control and Status Register C)
- UBRRnL, UBRRnH(USART Baud Rate Registers)
  - 여기서 n은 채널 번호로서 사용하는 채널에 따라 0 또는 1을 대입하면 된다.

○ 이제 각 레지스터들의 의미 및 설정방법을 정리하고자 하는데 다음에 소개되는 내용들을 아무런 목적 없이 그냥 읽어 가는 것은 아주 지루하고 비효율적이지만 앞으로 여러분들이 ATmega128의 직렬통신 기능을 더욱 완벽하게 사용하기 위해서는 필요한 내용들이기 때문에 정리하였다.

○ 그러나 우리의 직렬통신 실습에서는 가장 필수적인 수준으로 이 레지스터들이 기능을 설정할 것이기 때문에 다음 ① ~ ⑤에 소개되는 내용들을 가볍게 읽고 넘어가면 되며 11.3.2절에서 직렬통신용 기본 함수들을 설계할 때 필요한 설정 내용을 선택적으로 다시 설명할 것이니까 그때 구체적인 내용을 이해하면 된다.

① UDRn(USARTn I/O Data Register)

- 직렬 송신 및 수신 데이터가 저장되는 버퍼 레지스터이다.
- 송신 데이터 버퍼 레지스터는 TXBn 이라고 하고 수신 데이터 버퍼 레지스터는 RXBn 이라고 하는데 둘 모두 UDRn 이라는 이름으로 같은 I/O 주소에 할당되어 있으며 프로그램에서도 UDRn이라는 이름으로 사용된다.
- UDRn 레지스터에 데이터를 써 넣으면 TXBn 레지스터로 전송되어 자동적으로 한 비트 씩 송신되고 UDRn 레지스터를 읽어 내면 RXBn 레지스터에 수신되어 있는 수신 데이터를 읽는 것이 된다.
- 데이터 폭으로 5, 6, 7 비트를 사용할 경우 송신 시에 사용되지 않는 비트들은 무시되어 송신되지 않고 수신시에는 자동적으로 '0'으로 채워진다.
- 송신 버퍼에는 USART 제어 레지스터인 UCSRnA의 UDREn 비트가 '1'일 때만 새로운 데이터가 써 질 수 있다.

② UCSRnA(USARTn Control and Status Register A)

- USART의 제어/상태 레지스터로서 비트 구성 및 의미는 다음과 같다.

비트	7	6	5	4	3	2	1	0
	RXCn	TXCn	UDREn	FEn	DORn	UPEn	U2Xn	MPCMn
읽기/쓰기	R/W	R/W	R/W	R/W	R/W	R/W	R/W	R/W
초기치	0	0	0	0	0	0	0	0

– 비트 7 RXCn(USART Receive Complete)

▫ 수신 버퍼에 새로운 데이터가 있으면 '1', 수신 버퍼가 비어 있으면 '0'이 된다.

▫ 수신기가 비활성이 되면 수신 버퍼는 자동적으로 비워지고 RXCn 비트도 따라서 '0'이 된다.

- ▫ RXCn 플래그는 수신완료 인터럽트를 발생시킬 수 있다.(UCSRnB 레지스터 내의 RXCIEn 비트가 '1'일 때)

– 비트 6 TXCn(USART Transmit Complete)

- ▫ 송신 버퍼(UDRn)에 전송되지 않은 데이터가 없으면 '1'로 셋 된다.
- ▫ TXCn 플래그는 송신완료 인터럽트를 발생시킬 수 있다.(UCSRnB TXCIEn 비트가 '1'일 때)
- ▫ TXCn 플래그는 전송완료 인터럽트가 실행되면 자동적으로 클리어 되거나 이 비트에 '1'을 써 넣으면 클리어 된다.

– 비트 5 UDREn(USART Data Register Empty)

- ▫ 송신 버퍼(UDRn)가 비어 있으면 UDREn 비트는 '1'로 셋 되어서 새로운 데이터가 써 질 수 있음을 알린다.
- ▫ UDREn 플래그는 데이터 레지스터 비어있음 인터럽트를 발생 시길 수 있다.(UCSRnB UDRIEn 비트가 '1'일 때)
- ▫ UDREn 비트는 MCU 리셋 직후 송신기가 준비되었다는 사실을 알리기 위해 '1'로 셋 된다.

– 비트 4 FEn(Frame Error)

- ▫ 수신시 프레임 오류가 있으면 '1'로 세트 된다. 프레임 오류는 수신된 데이터의 첫 번째 정지비트가 '1'이 아니고 '0'으로 수신되는 경우를 말한다.
- ▫ 오류 상태는 수신 버퍼(UDRn)가 읽혀 질 때까지 유지된다.
- ▫ UCSRnA 레지스터를 새로 설정하면 이 비트는 항상 '0'이 된다.

– 비트 3 DORn(Data OverRun)

- ▫ 2 바이트로 된 수신 버퍼가 꽉 차있고 수신 시프트레지스터에도 이미 수신 완료된 데이터가 수신버퍼로 옮겨 가길 기다리고 있는 중에 또 새로운 시작 비트가 감지되면 데이터 오버런 오류가 발생한다.
- ▫ 즉 다시 말하면 데이터 오버런 에러는 송신측의 데이터 전송속도가 너무 빨라서 수신측에서 수신된 데이터를 미쳐 다 처리하기 전에 새로운 데이터들이 자꾸 전송되어 올 때 발생된다.
- ▫ 이 비트는 수신 버퍼(UDRn)가 읽혀 질 때까지 유지된다.
- ▫ UCSRnA 레지스터를 새로 설정하면 이 비트는 항상 '0'이 된다.

– 비트 2 UPEn(Parity Error)

- ▫ 패리티 검사 기능이 활성화되어 있는 상태에서(UPMn1='1')수신된 데이터에 패리티 오류가 있으면 '1'로 세트 된다.
- ▫ 이 비트는 수신 버퍼(UDRn)가 읽혀 질 때까지 유지된다.

- UCSRnA 레지스터를 새로 설정하면 이 비트는 항상 '0'이 된다.

– 비트 1 U2Xn(Double the USART Transmission Speed)

- 비동기 통신 모드일 때만 효과가 있다.
- 동기 통신일 경우 이 비트는 '0'으로 설정해야 한다.
- 비동기 통신 모드에서 이 비트가 '1'이면 설정된 보 레이트의 2 배속으로 데이터가 전송된다.

– 비트 0 MPCMn(Multi-Processor Communication Mode)

- 이 모드는 실습에 사용되지 않으므로 설명을 생략한다.

③ UCSRnB(USARTn Control and Status Register B)

- USART의 제어/상태 레지스터로서 비트 구성 및 의미는 다음과 같다.

비트	7	6	5	4	3	2	1	0
	RXCIEn	TXCIEn	UDRIEn	RXENn	TXENn	UCSZn2	RXB8n	TXB8n
읽기/쓰기	R/W	R/W	R/W	R/W	R/W	R/W	R/W	R/W
초기치	0	0	0	0	0	0	0	0

– 비트 7 RXCIE(RX Complete Interrupt Enable)

- 수신완료 인터럽트를 이네이블 시킨다.
- 수신이 완료되면 UCSRnA 레지스터의 RXCn 플래그가 '1'로 세트되고 이때 RXCIEn이 '1', SREG내의 Global Interrupt Flag 비트가 '1'이면 수신완료 인터럽트가 발생된다.

– 비트 6 TXCIE(TX Complete Interrupt Enable)

- 송신완료 인터럽트 이네이블
- 송신이 완료되면 UCSRnA 레지스터의 TXCn 플래그가 '1'로 세트되고 이때 TXCIEn이 '1', SREG내의 Global Interrupt Flag 비트가 '1'이면 송신완료 인터럽트가 발생된다.

– 비트 5 UDRIEn(USART Data Register Empty Interrupt Enable)

- 데이터 레지스터 비어있음 인터럽트를 이네이블/디스에이블 시킨다.
- 데이터 레지스터가 비어 있으면 UCSRnA 레지스터의 UDREn 플래그가 '1'로 세트되고 이때 UDRIEn이 '1', SREG내의 Global Interrupt Flag 비트가 '1'이면 데이터 레지스터 비어있음 인터럽트가 발생된다.

– 비트 4 RXEN(Receiver Enable)

- 이 비트가 '1'이면 USART의 수신부가 활성화 된다.

▫ 수신부가 활성화 되면 MCU의 RxD 핀은 범용 I/O 용으로 설정되어 있더라도 직렬 통신의 수신 입력 핀으로 사용된다.

▫ RXEN에 '0'을 써 넣어 수신부를 비활성화 시키면 수신 버퍼가 비워지고 FE, DOR, PE 플래그 값 들이 모두 무효화 된다.

– 비트 3 TXENn(Transmitter Enable)

▫ 이 비트가 '1'이면 USART의 송신부가 활성화 된다.

▫ 송신부가 활성화 되면 MCU의 RxDn 핀은 범용 I/O 용으로 설정되어 있더라도 직렬 통신의 송신 출력 핀으로 사용된다.

▫ TXENn에 '0'을 써 넣어 송신부를 비활성화 시키면 현재 송신 중이거나(송신 시프트 레지스터 내에 있는 데이터) 송신대기 중인(송신 버퍼 레지스터 내에 있는 데이터) 데이터들이 모두 전송된 뒤 송신부가 비활성화 된다.

▫ 송신부가 비활성화 되면 TxDn 핀은 범용 입출력 핀으로 사용될 수 있다.

– 비트 2 UCSZn2(Character Size)

▫ 이 비트는 UCSRnC 레지스터에 있는 UCSZn1:0 비트와 결합되어 송수신 프레임 내의 데이터 비트 수를 결정한다.

– 비트 1 RXB8(Receive Data Bit 8)

▫ 이 모드는 실습에 사용되지 않으므로 설명을 생략한다.

– 비트 0 TXB8(Transmit Data Bit 8)

▫ 이 모드는 실습에 사용되지 않으므로 설명을 생략한다.

④ UCSRnC(USARTn Control and Status Register C)

- USART의 제어/상태 레지스터로서 비트 구성 및 의미는 다음과 같다.

비트	7	6	5	4	3	2	1	0
	–	UMSELn	UPMn1	UPMn0	USBSn	UCSZn1	UCSZn0	UCPOLn
읽기/쓰기	R/W	R/W	R/W	R/W	R/W	R/W	R/W	R/W
초기치	0	0	0	0	0	0	0	0

– 비트 7 Reserved Bit

▫ 미래 기능 확상용이나 현재는 기능 없으므로 그냥 '0'으로 써 준다.

– 비트 6 UMSELn(USART Mode Select)

▫ 비동기(UMSELn = '0'), 동기(UMSELn = '1') 통신 모드를 선택한다.

– 비트 5:4 UPMn1:0: Parity Mode(패리티 모드)

▫ 패리티 기능 활성화 및 패리티 형태 결정

▫ 표 11.1에 비트 조합에 따른 패리티 설정을 정리하였다.

표 11.1 UPMn 비트 조합에 따른 패리티모드 설정

UPMn1	UPMn0	패리티 모드
0	0	비활성
0	1	의미없음
1	0	활성(even 패리티)
1	1	활성(odd 패리티)

— 비트 3 USBSn(Stop Bit Select)

▫ 송신부에서 정지 비트를 몇 비트로 송신할 것인가를 설정

▫ 표 11.2에 정지 비트 설정을 보인다.

표 11.2 UPMn USBSn 비트 설정에 따른 정지 비트 수 설정

USBSn	정지 비트 수	패리티 모드
0	1 비트	비활성
1	2 비트	의미없음

— 비트 2:1 UCSZn1:0(Character Size)

▫ UCSRnB 레지스터의 UCSZn2 비트와 조합하여 한 프레임을 구성하는 데이터 비트의 길이를 결정한다.

▫ 표11.3에 UCSZn 비트 설정에 대한 데이터 비트 수를 정리 하였다.

표 11.3 UCSZn 비트 설정에 대한 데이터 비트 수

UCSZn2	UCSZn1	UCSZn0	데이터 비트 수
0	0	0	5 비트
0	0	1	6 비트
0	1	0	7 비트
0	1	1	8 비트
1	0	0	사용안함
1	0	1	사용안함
1	1	0	사용안함
1	1	1	9 비트

– 비트 0 UCPOLn(Clock Polarity)

▫ 이 비트는 동기 모드에서만 사용되므로 비동기 모드일 때는 '0'으로 설정한다.

▫ 이 비트는 송신 데이터가 전송되고 수신 데이터가 샘플링 되는 동기 클럭(XCK)의 타이밍을 결정하는데 우리의 실습에서는 사용되지 않으므로 더 이상의 설명을 생략한다.

⑤ UBRRnL and UBRRnH(USART Baud Rate Registers)

• USART의 전송속도를 결정하는 레지스터로서 비트 구성 및 의미는 다음과 같다.

비트	15	14	13	12	11	10	9	8	
	-	-	-	-	UBRRn[11:8]				UBRRnH
	UBRRn[7:0]								UBRRnL
	7	6	5	4	3	2	1	0	
읽기/쓰기	R/W	R/W	R/W	R/W	R/W	R/W	R/W	R/W	
초기치	0	0	0	0	0	0	0	0	

– 비트 15:12 Reserved Bit

▫ 미래 기능 확장용이며 현재는 기능 없으므로 그냥 '0'으로 써 준다.

– 비트 11:0 UBRRn11:0(USARTn Baud Rate Register)

▫ 12 비트 보 레이트 레지스터로 UBRRH, UBRRL로 구성된다.

▫ UBRRnL 레지스터에 값이 써 지는 순간 보 레이트 용 주파수 분주기가 갱신된다.

▫ 직렬 통신 보 레이트와 UBRRn 레지스터 값과의 관계는 표 11.5와 같다.

표 11.5 보 레이트와 UBRRn 레지스터 값과의 관계

동작 모드	보 레이트 계산 식	UBRR 값 계산 식
비동기 보통 모드 (U2X = '0')	$BAUD = \frac{f_{CPU}}{16\times(UBRR+1)}$	$UBRR = \frac{f_{CPU}}{16\times BAUD} - 1$
비동기 배속 모드 (U2X = '1')	$BAUD = \frac{f_{CPU}}{8\times(UBRR+1)}$	$UBRR = \frac{f_{CPU}}{8\times BAUD} - 1$
동기 마스터 모드	$BAUD = \frac{f_{CPU}}{2\times(UBRR+1)}$	$UBRR = \frac{f_{CPU}}{2\times BAUD} - 1$

– 표 11.5에서 f_{CPU}는 MCU의 클럭 주파수이고 실습 모듈에서는 16MHz 이다.

– 예를 들어 MCU 클럭이 16MHz이고 보 레이트를 19200 보로 설정하고자 한다면 이때 UBRR 레지스터에 써 넣어야 할 값은 표 11.5의 식에 의해 다음과 같이 계산된다.

$$\text{UBRR} = \frac{f_{\text{CPU}}}{16 \times \text{BAUD}} - 1 = \frac{16000000}{16 \times 19200} - 1 = 52 - 1 = 51$$

– 위 식에서 16000000/(16×19200)은 정수 값이 아니지만 C 언어의 정수 연산 결과 소수 아래의 수치를 무시하고 52로 계산되기 때문에 UBRR의 값에 오차가 있고 결과적으로 이를 이용하여 발생되는 보 레이트에 약간의 오차가 있게 된다.

– 이 오차가 적으면 문제가 안 되지만 오차가 크면 안 되므로 표 11.6에 16 MHz 시스템 클럭을 사용할 때 보 레이트 설정에 따른 전송 오차 표를 보여 준다.

표 11.6 UBRR 값 설정에 따른 보 레이트 및 발생 오차

보 레이트 (bps)	U2X = '0'(보통 모드)		U2X = '1'(배속 모드)	
	UBRR 값	오차(%)	UBRR 값	오차(%)
2400	416	-0.1	832	0.0
4800	207	0.2	416	-0.1
9600	103	0.2	207	0.2
14.4K	68	0.6	138	-0.1
19.2K	51	0.2	103	0.2
28.8K	34	-0.8	68	0.6
38.4K	25	0.2	51	0.2
57.6K	16	2.1	34	-0.8
76.8K	12	0.2	25	0.2
115.2K	8	-3.5	16	2.1
230.4K	3	8.5	8	-3.5
250K	3	0.0	7	0.0
0.5M	1	0.0	3	0.0
1M	0	0.0	1	0.0
Max	1 Mbps		2 Mbps	

– 표 11.6에서 Max는 UBRR = '0' 일 때 오차가 0%인 상태로 얻을 수 있는 최대의 전송속도를 의미한다.

11.3.2 USART 사용을 위한 함수 제작

○ 6장에서 LCD 모듈에 문자열을 디스플레이 하기 위해 각종 LCD 구동 함수들을 만들어 사용했듯이 직렬 포트를 통해 외부로 데이터를 송신하든지 외부로부터 데이터를 수신하기 위해서도 필요한 기본 함수들을 만들어서 사용해야 한다.

(1) USART 초기화 함수: Init_USART0()

○ 앞에서도 언급했듯이 실습 모듈의 구조상 실습 모듈과 컴퓨터 간의 직렬통신에는 ATmeag128 MCU가 가지고 있는 직렬통신 채널 0, 1 중 0을 사용해야 하기 때문에 앞으로의 모든 설명은 채널 0을 대상으로 할 것이다.

○ 여기서 만들고자 하는 초기화 함수는 우리가 원하는 양상으로 직렬 통신을 할 수 있도록 USART의 채널 0 모듈을 초기화하는 함수로서 다음과 같은 기능을 수행한다.

- 통신 모드를 비동기 통신으로 설정한다.
- 데이터 프레임 구조를 설정한다.
  - 데이터 길이: 8비트
  - 패리티: 사용 안함
  - 정지 비트: 1비트
  - 다중 프로세서 모드: 사용 안함
- 통신 속도(보 레이트)를 설정한다.
  - 원하는 보 레이트는 다양하게 설정할 수 있도록 함수의 인수로 받도록 한다.
  - 배속모드: 사용 안함
- USART0의 송수신 모듈을 모두 이네이블 시킨다.

○ ATmega128 MCU의 직렬통신 동작 모드를 설정하기 위해서는 UCSR0A, UCSR0B, UCSR0C의 3개 레지스터의 해당 비트들을 설정해 주고 표 11.5로 계산된 값을 UBRR 레지스터에 로드시켜서 보 레이트를 설정해 주면 완료된다.

① UCSR0A 레지스터 설정

- UCSR0A 레지스터의 비트 구성은 다음과 같다.

비트	7	6	5	4	3	2	1	0
	RXC0	TXC0	UDRE0	FE0	DOR0	UPE0	U2X0	MPCM0
읽기/쓰기	R/W	R/W	R/W	R/W	R/W	R/W	R/W	R/W
초기치	0	0	0	0	0	0	0	0

- UCSR0A 레지스터에 있는 대부분의 비트들은 직렬 통신 모듈의 상태에 따라 하드웨어에 의해 자동적으로 설정되는 상태 비트들이기 때문에 사용자가 설정하는 비트들이 아니며 비트 1의 U2X0, 비트 0의 MPCM0 비트만 설정해 주면 된다.
- 그런데 이 비트들조차도 설정하고자 하는 값이 전부 '0'이기 때문에(배속 모드 사용

안함, 다중 프로세서 모드 사용 안함) 다음과 같이 설정하면 된다.

UCSR0A

7	6	5	4	3	2	1	0
RXC0	TXC0	UDRE0	FE0	DOR0	UPE0	U2X0	MPCM0
0	0	0	0	0	0	0	0

```
UCSR0A = 0x00;
```

※ 참고 11-2:

• 실제 MCU가 리셋 되면 UCSR0A의 모든 비트의 초기값이 '0'이 되기 때문에 리셋 후 바로 직렬 통신 모듈을 사용할 경우는 굳이 UCSR0A 레지스터를 따로 설정해 주지 않아도 된다.

② UCSR0B 레지스터 설정

- 이 레지스터는 송수신 모듈을 이네이블 하고 데이터 길이를 설정한다.
- 이 레지스터의 비트 구성은 다음과 같다.

비트	7	6	5	4	3	2	1	0
	RXCIE0	TXCIE0	UDRIE0	RXEN0	TXEN0	UCSZ02	RXB80	TXB80
읽기/쓰기	R/W	R/W	R/W	R/W	R/W	R/W	R/W	R/W
초기치	0	0	0	0	0	0	0	0

- 직렬통신과 관련해서는 어떤 인터럽트도 사용하지 않을 것이기 때문에 인터럽트 활성과 관계되는 비트 7 ~ 5는 모두 '0'으로 설정한다.
- 송신 모듈과 수신 모듈을 모두 사용할 것이기 때문에 RXEN0, TXEN0 비트들을 모두 '1'로 설정한다.
- 다중 프로세서 모드를 사용하지 않기 때문에 RXB80 및 TXB80 비트는 사용할 필요가 없어서 모두 '0'으로 설정한다.
- 마지막으로 UCSZ02 비트는 UCSR0C 레지스터의 UCSZ01, UCSZ00 비트와 결합되어 표 11.3과 같이 데이터의 길이를 설정하는데 우리는 8비트 데이터를 사용할 것이기 때문에 UCSZ02 비트는 '0'으로 설정하면 된다.
- 위의 사실들을 종합하면 UCSR0B 레지스터의 설정치는 다음과 같이 된다.

UCSR0B

7	6	5	4	3	2	1	0
RXCIE0	TXCIE0	UDRIE0	RXEN0	TXEN0	UCSZ02	RXB80	TXB80
0	0	0	1	1	0	0	0

- 따라서 UCSR0B 레지스터의 설정 명령문은 다음과 같다.

```
UCSR0B = 0x18;
```

③ UCSR0C 레지스터 설정

- 이 레지스터는 통신 모드, 패리티, 정지 비트, 데이터 길이를 설정한다.
- 이 레지스터의 비트 구성은 다음과 같다.

비트	7	6	5	4	3	2	1	0
	–	UMSEL0	UPM01	UPM00	USBS0	UCSZ01	UCSZ00	UCPOL0
읽기/쓰기	R/W	R/W	R/W	R/W	R/W	R/W	R/W	R/W
초기치	0	0	0	0	0	0	0	0

- 우리는 직렬 통신 모듈을 비동기 모드로 사용하고자 하므로 비트 6의 UMSEL0 비트를 '0'으로 설정한다.
- 패리티 비트를 사용하지 않을 것이기 때문에 비트 5:4인 UPM01:0 비트 조합을 "00"으로 설정한다.
- 정지 비트의 수를 1로 하기 위해 비트 3의 USBS0 비트를 '0'으로 설정한다.
- 데이터의 길이를 8비트로 하기 위해서는 표 11.3에 의해 UCSZ02:0 비트 조합을 "011"로 해야 한다. 이 중 UCSZ02 비트는 UCSR0B 레지스터에서 설정되었기 때문에 여기서는 비트 2.1의 UCSZ01:0를 "11"로 설정하면 된다.
- 마지막으로 비트 0인 UCPOL0 비트는 비동기 모드일 때는 무조건 '0'으로 설정해야 하므로 '0'으로 한다.
- 위의 사실들을 종합하면 UCSR0C 레지스터의 설정치는 다음과 같이 된다.

UCSR0C

7	6	5	4	3	2	1	0
–	UMSEL0	UPM01	UPM00	USBS0	UCSZ01	UCSZ00	UCPOL0
0	0	0	0	0	1	1	0

- 따라서 UCSR0C 레지스터의 설정 명령문은 다음과 같다.

```
UCSR0C= 0x06;
```

④ UBRR 레지스터 설정

- 함수 호출 인수로 주어진 보 레이트를 표 11.5의 공식에 대입하여 값을 계산한 다음 UBRR 레지스터에 로드하면 직렬통신의 속도(보 레이트)가 설정된다.

○ 이상의 사실을 종합하여 구성한 직렬 통신 포트의 초기화 함수는 다음과 같다.

```
void Init_USART0(unsigned int BaudRate)  {
  unsigned int Tmp;

  // 데이터 길이: 8비트, 패리티: 사용 안함, 정지 비트: 1비트
  UCSR0A = 0x00;
  UCSR0B = 0x18;
  UCSR0C = 0x06;

  //  보 레이트 설정
  Tmp = (unsigned int)(F_CPU/((unsigned long)16*BaudRate)) - 1;;
  UBRR0H = Tmp/256;  // UBRR0의 상위 바이트
  UBRR0L = Tmp%256;  // UBRR0의 하위 바이트
}
```

○ 사용자는 원하는 보 레이트를 인수로 하여 다음과 같이 이 함수를 호출하면 보 레이트는 물론 직렬 통신에 필요한 각종 기능들이 설정된다.

```
Init_USART(19200);  // 보 레이트 19200으로 직렬통신 모듈을 초기화
```

(2) 한 바이트 송신 함수: TxByte()

○ LCD 함수에서 우리는 우선 한 문자를 디스플레이 하는 함수를 만들고 그 함수를 반복 호출하는 것으로 문자열을 디스플레이 하는 함수를 만들었다.

○ 이와 마찬가지로 비동기 직렬 통신에서도 우선 한 바이트의 데이터를 전송하는 함수를 만든 다음 이 함수를 반복 호출함으로써 문자열 전송 함수를 만들고자 한다.

○ 한 바이트 데이터의 송신은 송신 버퍼 UDR0에 송신하고자 하는 데이터를 써 넣으면 되는데 이 때 반드시 송신 버퍼가 비었는지를 검사해 봐야 한다.

○ 송신버퍼가 비었으면(UDRE0 플래그 = 1) 새로운 데이터 전송이 가능하고 아니면 UDRE0 플래그가 '1'이 될 때까지 기다려야 한다. UDRE0 플래그는 UCSR0A 레지스터의 비트 5에 있다.

○ 함수는 다음과 같다.

```
void TxByte(char TxData)  {

  while(!(UCSR0A&0x20));  // UDRE0 비트가 '0'인 동안, 즉 송신 버퍼에
                          // 아직 이전 데이터가 남아 있는 동안 기다림
  UDR0 = TxData;  // 한 바이트 전송
}
```

○ 이 함수는 송신하고자 하는 바이트 데이터를 인수로 하여 TxData(0x30); 하는 식으로 호출하면 0x30(=00110000_2) 데이터가 비트 0부터 직렬 포트를 통해 전송된다.

(3) 한 바이트 수신 함수: RxByte()

○ 수신 함수는 송신함수와는 달리 수신된 데이터를 호출함수로 되돌려 주는 return 문이 필요하다.

○ 그런데 수신함수를 설계할 때는 신중히 고려해야 할 사항이 하나 있다.

- 즉, 우리가 4장에서 키패드 입력과 4자리 7 세그먼트 LED의 동적 구동을 동시에 수행했을 때와 비슷한 환경으로서 수신 함수 내에 데이터의 수신이 있을 때까지 기다리는 루프를 넣게 되면 새로운 데이터가 수신될 때까지 이 함수를 빠져 나오지 못하게 되어 프로그램의 다른 부분으로 실행이 넘어갈 수 없게 되는 문제가 발생된다.

○ 여기서는 이 문제를 해결하기 위한 접근 방법으로 다음과 같은 2가지 방법을 제시한다.

① 첫 번째 기법

```
char RxByte(void)  {

  return UDR0;  // 수신 데이터 버퍼에 있는 바이트를 호출함수로 돌려준다.

}
```

- 이 기법은 수신 함수는 위에 보인 것처럼 단순히 수신 버퍼를 읽기만 하는데 이 함수를 호출하는 프로그램에서 수신 완료 플래그인 RXC0 비트를 검사하여 '1' 이면 수신된 새로운 데이터를 읽기 위해 이 함수를 호출하고 '0'이면 '1'이 되기를(즉 새로운 데이터 수신까지) 계속 기다리든지 아니면 프로그램의 다른 작업으로 진행하도록 하는 기법이다.

② 두 번째 기법

- UCSR0A 레지스터의 RXC0 비트(수신 완료 플래그)를 검사하여 '1'이면 수신 버퍼 UDR0에 수신되어 있는 유효 데이터를 되돌려 주고 RXC0 비트가 '0'이면 프로그램에서 사용되지 않는 무효 데이터를 되돌려 줌으로써 호출 함수에서 유효한 수신 데이터가 있었는지의 여부를 판단하게 하는 기법이다.

```
unsigned char RxByte(void)  {

  // 수신된 데이터가 없으면 무효 데이터 리턴
  if(!(UCSR0A & 0x80))  return  INVALID_DATA;
  return  UDR0;  // RXC0 = '1'이면 수신 데이터 리턴
}
```

- 여기서 INVALID_DATA는 #define 문을 통해 정의되어 있어야 하며 한 바이트 2진수로 생성 가능한 모든 코드 0x00 ~ 0xFF 중 사용자 프로그램 내의 통신에서 사용되지 않는 값을 할당해 주면 된다.
- 호출함수는 이 함수 호출 후 INVALID_DATA라는 값을 받으면 새로운 데이터 수신이 없는 걸로 간주하면 되는데 이 방법의 단점은 0x00 ~ 0xFF의 256개 바이트 값을 전부 유효 데이터로 사용하는 통신에서는 사용할 수 없다는 것이다.

(4) 문자열 전송 함수: TxString()

○ 이제 앞에서 만든 TxByte() 함수를 사용하여 문자열을 전송하는 함수를 만들어 보자.

○ 문자열의 끝은 NULL('\0') 코드라고 하고 문자열의 시작번지를 갖는 포인터를 인수로 전달 받는다고 한다.

○ 이 함수는 6장에서 만들었던 PutString() 함수와 그 구조가 똑 같다.

```
void TxString(unsigned char *Pointer)  {
```

```
    while(*Pointer)  TxByte(*Pointer++);

  }
```

○ 이 함수는 Pointer 값을 하나씩 증가시키면서 NULL 문자가 나타날 때까지 한 바이트씩 데이터를 송신한다.

11.4 실습 11-1: 비동기 직렬 통신 실습(ex11-1)

11.4.1 실습 목표

○ 이 실습은 PC와 실습 회로를 직렬 포트를 통해 연결하고 PC에서의 키보드 조작으로 실습 회로의 동작을 제어하는 간단한 과제이다.

○ 즉, PC와 실습 회로가 직렬 케이블로 연결되어 있는 상태에서 실습 회로에 전원이 투입되면 다음과 같은 동작이 일어난다.

- 실습 회로의 LCD 디스플레이 첫째 줄에 "USART Test"라는 메시지가 표시된다.
- PC의 통신 터미널 화면에 다음과 같은 메뉴가 디스플레이 된다.

```
*** Welcome to Serial Communication Tester
- Push '1' Key to Turn ON 8 LEDs
- Push '2' Key to Turn OFF 8 LEDs
- Push 'Q' Key to quit the Program

*** Hit a Key ...
```

○ 이때 메뉴에 응해 사용자가 PC의 키보드에서 숫자 '1' 키를 누르면 실습 회로의 8개의 LED가 모두 켜지면서 LCD 디스플레이의 둘째 줄에 "LED ON"이 표시되고 숫자 '2' 키를 누르면 LED가 모두 꺼지면서 LCD 디스플레이의 둘째 줄에 "LED OFF"가 표시된다.

○ 'Q' 키(또는 'q' 키)가 눌러지면 LCD 디스플레이의 둘째 줄에 "Good Bye"라고 디스플

레이 하고 프로그램이 종료된다.

- 프로그램 종료 후 다시 프로그램을 기동시키려면 전원을 재투입하든지 MCU를 리셋 시켜야 한다.

11.4.2 실습을 위한 하드웨어 조립

- 본 실습을 위해서는 3가지의 결선이 필요하다.
  - 첫째는 PC와 실습 회로간의 직렬통신을 위한 결선을 해 주어야 하는데 이것은 이미 프로그램 다운로드를 위한 USB 케이블로 결선이 되어 있으며 그래서 우리는 USART 채널0를 사용해야 하는 것이다.
  - 둘째는 LCD 모듈을 연결하는 것인데 6장에서 연결했던 방식 그대로 연결하면 된다.
  - 셋째는 3장에서 사용했던 어레이 LED를 연결하는 것인데 이 실습에서는 부품 배치 상의 문제로 포트 A가 아닌 포트 D를 사용하도록 한다.
- 모든 결선은 이미 경험했기 때문에 별도의 설명은 생략하고 조립된 모습을 그림 11.6에 보인다.

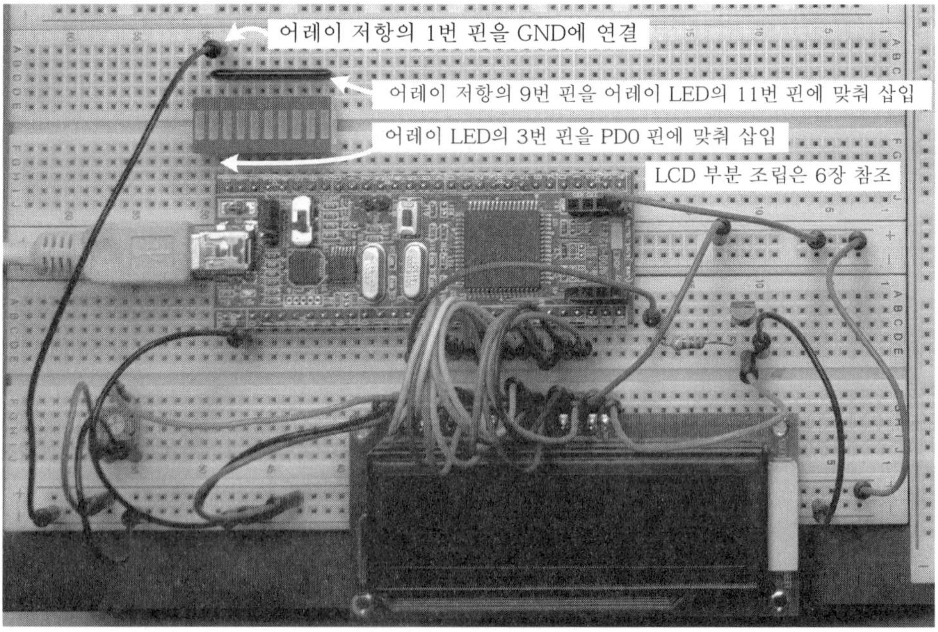

그림 11.6 직렬통신 실습을 위한 회로 조립

11.4.3 필요 기술 및 프로그래밍 알고리즘

(1) 필요 기술

○ 이 예제를 수행하기 위해서는 다음과 같은 몇 가지 사항이 준비되어 있어야 한다.

① 실습키트와 PC(또는 노트북)가 직렬 통신 케이블로 연결되어 있어야 한다.

- 아마 데스크 탑 PC를 사용하는 독자들이나 예전의 두꺼운 노트북을 사용하는 독자들은 PC의 측면 또는 후면에 부착되어 있는 그림 11.7과 같은 직렬 통신용 D형 커넥터를 본적이 있을 것이다. (그림에서 굵은 흰색의 네모로 둘러싸인 부분)

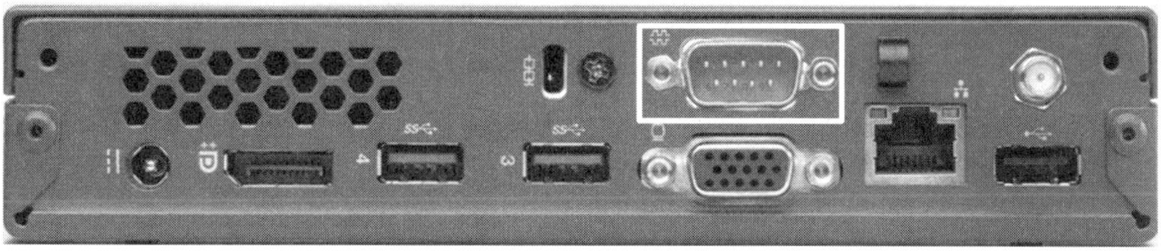

그림 11.7 RS-232C 직렬 통신용 9핀 D형 커넥터 외관

- 그리고 보통 이런 커넥터를 갖는 기기 간을 연결하는 데는 그림 11.8과 같은 시리얼 케이블이 사용되었던 것도 알고 있을 것이다.

그림 11.8 D형 커넥터를 갖는 시리얼 케이블의 외관

- 그러나 우리가 사용하는 MCU 모듈은 USART ↔ USB 변환기를 내장하고 있어서 ISP 케이블로 사용되는 USB 케이블을 통하여 실습 회로와 PC 또는 노트북간의 직렬통신도 가능하게 하고 있다.
- 요즘 데스크 탑 PC들도 전부 USB 포트를 가지고 있고 노트북들이 점점 얇아져서 종래의 D형 시리얼 포트는 없어지고 모두 USB로 대체되고 있는 환경에서 본 실습 회로와 PC가 USB로 연결될 수 있다는 것은 아주 큰 장점이 아닐 수 없다.

- 또한 이미 ISP를 위하여 실습 회로와 컴퓨터가 USB 케이블로 연결되어 있기 때문에 시리얼 통신 실습을 위한 추가의 연결이 필요 없으니 이 또한 큰 편리함이 아닐 수 없다.
- 그런데 여기서 여러분들이 반드시 알고 행해야 할 것이 하나 있는데 바로 MCU의 2번 핀인 PE0 핀은 USART 채널0의 RxD0와 ISP의 PDI 기능을 공유하고 있고, 3번 핀인 PE1 핀은 USART 채널0의 TxD0와 ISP의 PDO 기능을 공유하고 있다는 사실이다.
- 따라서 실습에 사용되는 MCU 모듈에는 슬라이드 스위치가 있어서 MCU의 2, 3번 핀이 프로그램을 다운로드할 때는 ISP 회로에 연결되도록 하고 채널0을 통한 직렬통신을 할 때는 직렬통신 회로에 연결될 수 있도록 하고 있다.
- 실습키트에 사용되는 MCU 모듈은 그림 1.4에 보인 적이 있는데 ISP와 직렬통신의 전환 방법을 설명하기 위해 그림 11.9에 다시 보인다.

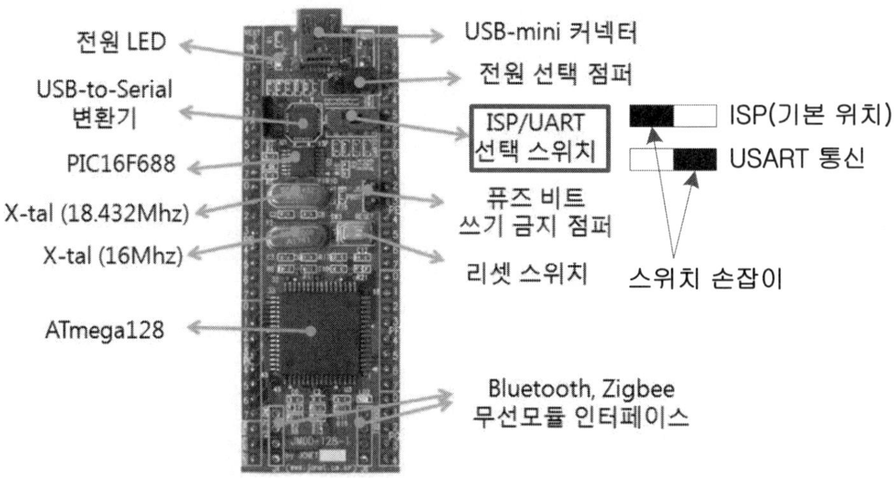

그림 11.9 MCU 모듈의 ISP/UART직렬통신 전환 스위치

- 그림 11.9를 보면 스위치의 기본 위치는 손잡이가 좌측으로 위치한 ISP 모드이며 USART의 채널0를 이용한 통신을 하고자 할 때는 스위치의 손잡이를 오른쪽으로 밀어 USART 통신 모드로 전환해 주어야 한다.
- 따라서 결론적으로 PC에서 개발된 프로그램을 실습 회로로 다운로드하기 위해서는 ISP/USART 전환 스위치를 좌측으로 하고 프로그램 다운로드 후 프로그램을 기동시켜 통신을 실습하기 위해서는 ISP/USART 전환 스위치를 우측으로 하면 된다.

※ 참고 11-3:

- ATmega128 MCU는 USART 채널이 0, 1로 2개가 있어서 USART 채널1을 사용하면 위에서 언급한 ISP 핀들과 충돌하는 문제없이 ISP 기능과 직렬통신 기능을 전혀 별개로 동시에 편안히 사용할 수 있는데 왜 굳이 USART 채널0을 사용하여 위와 같은 불편함을 스스로 자초하는가?
- 그 이유는 우리가 사용하는 MCU 모듈이 그렇게 설계되어 있기 때문인데 일견 불편해 보이지만 이 MCU 모듈이 PC와 USB 케이블로 연결되어 있음으로써 빠른 속도로 ISP 기능을 수행할 수 있다는 장점이 있다.
- 이 MCU 모듈을 사용하기 전에는 고가의 ICE 장비 없이 다운로딩을 하기 위해 PC의 병렬포트에 연결되는 ISP 다운로더를 만들어서 사용했었는데 프로그램 다운로드 속도가 매우 늦다는 단점에다 PC나 노트북에서 D형 병렬 포트가 점점 사라지고 있다는 문제점이 있어 요즘에는 거의 사용되지 않으며 할 수도 없게 되었다.

② 통신하고자 하는 컴퓨터에 터미널 에뮬레이터 프로그램이 실행되고 있어야 한다.

- 터미널 에뮬레이터는 윈도우에서 예전에 많이 사용되던 통신 터미널과 유사한 창을 띄우고 컴퓨터의 직렬 포트를 통해 송수신 되는 데이터를 표시 및 저장하게 하는 프로그램을 말한다.
- 윈도우 XP까지는 보조 프로그램 내의 통신 메뉴에 하이퍼터미널(hyper terminal)이라는 이름의 통신 에뮬레이터가 제공되었으나 윈도우 7 이후에는 기본으로 포함되어 있지 않기 때문에 적절한 통신 터미널 프로그램을 다운 받아 사용해야 한다.
  - 본 교제에서는 hyperterm.exe라는 프로그램을 사용하고자 하는데 이 프로그램은 인터넷에서 다운 받을 수 있다.
- 하이퍼터미널의 설치 및 사용법에 대해 간단하게 설명하면 다음과 같다.
  ⓐ hyperterm.exe 프로그램을 실행시키면 지역설정, 전화번호 설정 등을 하는 pop up 화면이 뜨는데 취소를 하고 새로 전개된 화면에서 New를 선택하면 그림 11.10과 같은 화면이 뜬다.
  ⓑ 그림 11.10에 보이는 것처럼 Name 칸에 적절한 통산 터미널 이름을 써 넣고 OK를 누른다.
    - 필자는 USART TEST라고 했다.
    - 굳이 어떤 이름을 붙이고 싶지 않으면 그냥 Cancel 버튼을 눌러도 된다.
  ⓒ 그러면 그림 11.11과 같이 직렬 통신 포트를 설정하는 pop up 화면이 나타난다.
    - 이때 컴퓨터의 USB 포트와 실습키트의 MCU 모듈이 USB 케이블로 연결되어

있어야 한다.

– 그림 11.11에는 사용하는 시리얼 포트로 COM3가 선택되어 있는데 이것은 필자의 경우이고 여러분들은 다른 포트 이름이 나타날 수도 있다.

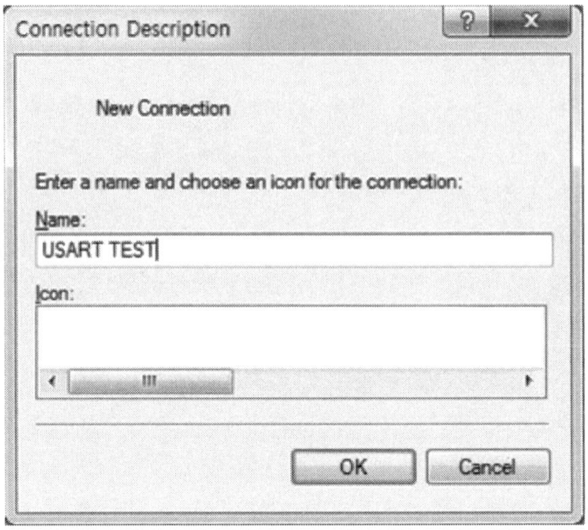

그림 11.10 하이퍼터미널 설정화면 1

그림 11.11 하이퍼터미널 설정화면 2

ⓓ 이 상태에서 OK 버튼을 누르면 그림 11.12와 같이 통신포트를 설정하는 화면이 나타나는데 데이터 비트, 패리티, 정지 비트 등은 기본 값을 사용하면 되고 비트/초(보레이트)는 원하는 전송속도를 선택해 주고 흐름제어는 없음으로 설정해 주면 된다.

– 본 예제에서 보 레이트는 19200 보로 사용하고자 한다.

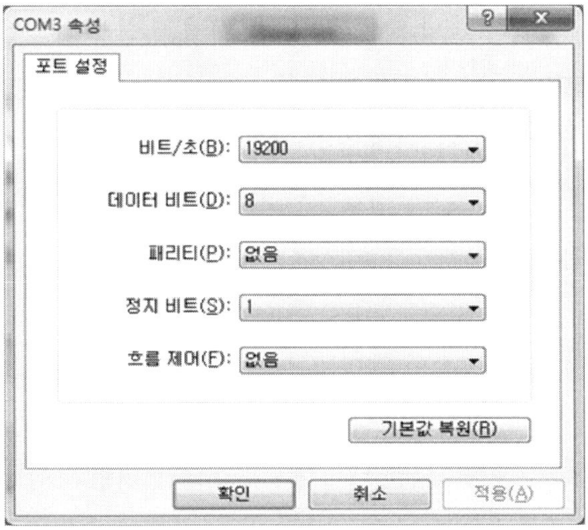

그림 11.12 하이퍼터미널 설정화면 3

ⓔ 이제 그림 11.12에서 적용, 확인 버튼을 차례로 누르면 그림 11.13과 같은 하이퍼터미널 창이 활성화 되면서 통신을 할 준비가 된다.

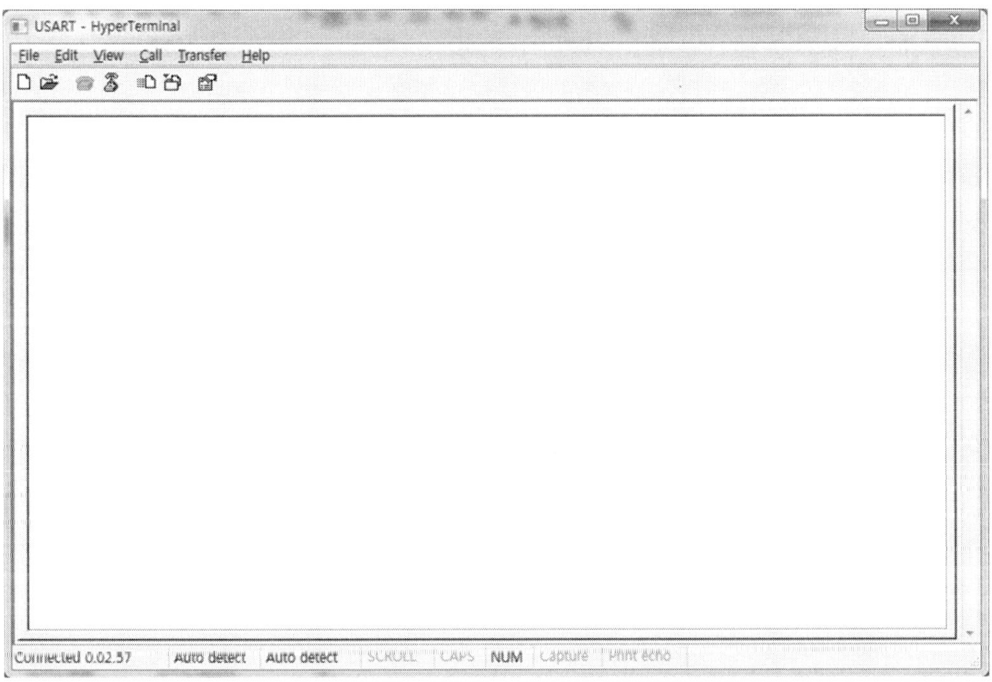

그림 11.13 하이퍼터미널 설정화면 4

○ 이제 실습키트와 컴퓨터 간의 하드웨어적인 연결은 설정이 되었고 남은 것은 실제 실습에서 달성하고자 하는 결과를 얻도록 프로그램을 개발하는 것이다.

○ 그 외 본 실습과제를 수행하는데 필요한 기술은 개별 LED 구동, LCD 모듈 구동 정도인데 이들에 대해서는 이미 4장, 7장에서 자세히 다루었기 때문에 여기서는 별도로 언급할 필요가 없을 것이다.

(2) 프로그밍 알고리즘

○ 프로그램이 실행되면 우선 LCD 모듈 및 USART의 채널0을 초기화하고 LCD의 첫째 줄에 "USART Test"라는 메시지를 디스플레이한 다음 직렬 통신을 통해 메뉴 선택 메시지를 전송하여 컴퓨터의 하이퍼터미널에 디스플레이 한다.

○ 그 뒤 프로그램은 PC로부터 선택번호 1 또는 2가 전송되어 오길 기다리다가 수신된 번호에 따라 LED를 온 또는 오프 시키고 그 상황을 LCD에 디스플레이 한 뒤 계속 루프를 돌면서 같은 일을 반복한다.

○ 'Q' 또는 'q' 키 코드가 수신되면 LED를 끄고 프로그램을 종료한다.

○ 그림 11.14에 본 예제의 플로차트를 보인다.

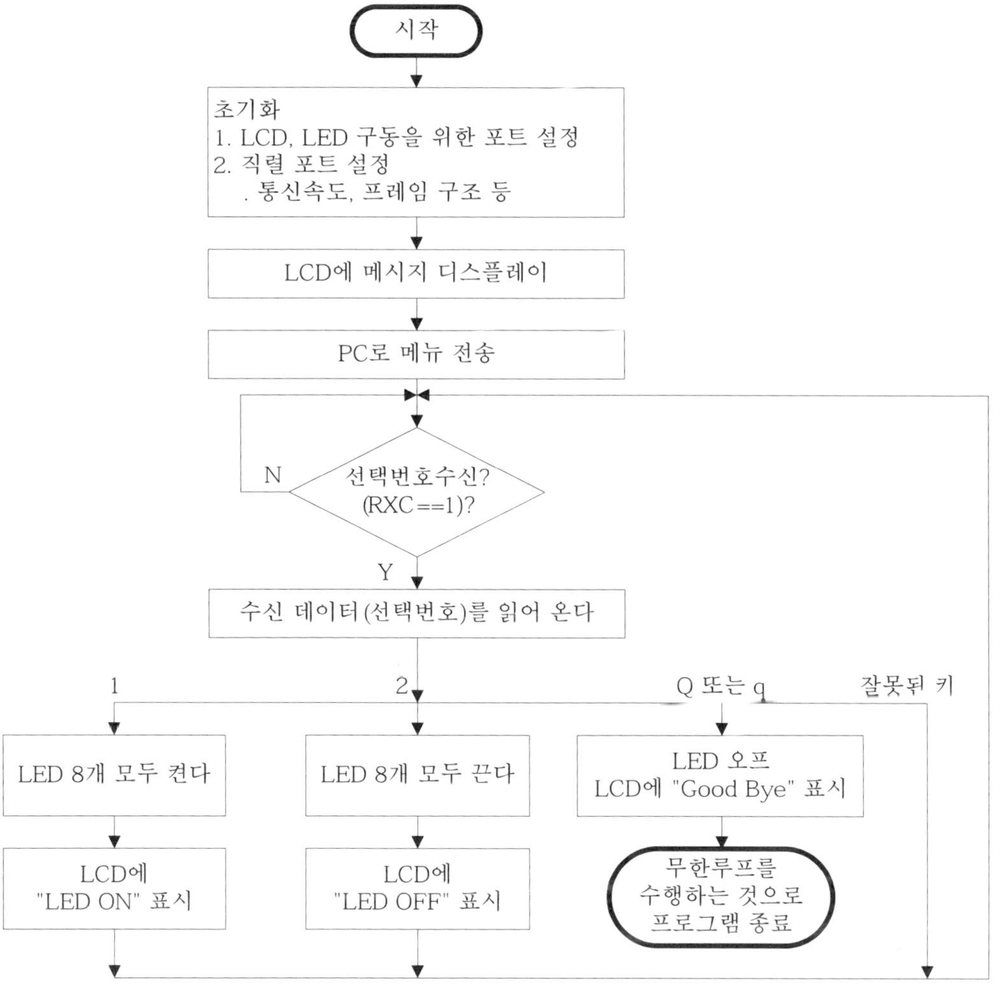

그림 11.14 직렬 통신 예제 프로그램 플로차트

11.4.4 프로그램 소스 리스트

실습 11-1: 직렬 데이터 통신 실습 ex11-1.c

```
#include   "../../../inc/ex.h"
#include   "../../../inc/lcd.c"

#define    LF     0x0A// Line Feed Code
#define    CR     0x0D// Carriage Return Code

// 컴퓨터로 전송되어 디스플레이 될 메뉴
char PC_Menu[7][45] = {"Welcome to Serial Communication Tester",
```

```
  "- Push '1' Key to Turn ON 8 LEDs",
  "- Push '2' Key to Turn OFF 8 LEDs",
  "- Push 'Q' or 'q' Key to quit the Program",
  " ",
  " ",
  "*** Hit a Key ..."};

// LCD에 디스플레이 될 메시지
char LCD_Message[4][11] = {
  "USART Test",
  "LED ON ",
  "LED OFF",
  "Good Bye" };

// RS-232 관련 함수
// USART 초기화 함수
void Init_USART0(unsigned int BaudRate)  {
  unsigned int Tmp;

  // 데이터 길이: 8비트, 패리티: 사용 안함, 정지 비트: 1비트
  UCSR0A = 0x00;
  UCSR0B = 0x18;
  UCSR0C = 0x06;

  //보 레이트 설정
  Tmp = (unsigned int)(F_CPU/((unsigned long)16*BaudRate)) - 1;
  UBRR0H = Tmp/256;     // UBRR0의 상위 바이트
  UBRR0L = Tmp%256;     // UBRR0의 하위 바이트
}

// 한 바이트 송신하는 함수
void TxByte(unsigned char TxData)  {

  while(!(UCSR0A&0x20));//TXC 비트가 '0'인 동안, 즉 송신 버퍼에
  //아직 이전 데이터가 남아 있는 동안 기다림
  UDR0 = TxData;      //한 바이트 전송
}

// 한 바이트 수신하는 함수
unsigned char RxByte(void)  {

  return UDR0;  // 수신 데이터 버퍼에 있는 바이트를 호출함수로 돌려준다.
}

// 문자열 송신하는 함수
```

```
// 문자열은 NULL 문자('\0')로 끝남
void TxString(char *Pointer)  {

  while(*Pointer)  TxByte(*Pointer++);
}

// PC Menu를 PC로 전송하여 PC의 모니터에 디스플레이
// 메뉴를 한 줄씩 디스플레이 할 때마다 줄 바꿈
void Display_PC_Menu(void)  {

  int i;

  TxByte(LF);
  TxByte(CR);
  for(i=0;i<7;i++)  {
    TxString(PC_Menu[i]);
    TxByte(LF);
    TxByte(CR);
  }
}


int main(void)  {

  unsigned char Tmp;

  // LCD 백라이트 ON
  LCD_CONTROL_PORT_DDR |= 1<<BACK_LIGHT;
  LCD_CONTROL_PORT |= 1<<BACK_LIGHT;

  // LCD초기화
  InitLCD();

  // 포트 D의 8 비트 전체를 출력으로 설정
  LCD_DATA_PORT_DDR = 0xFF;

  // USART 채널 0 설정
  Init_USART0(19200);    // 보 레이트를 19200으로 설정

  // LED 포트 설정
  DDRD = 0xFF; // 모든 LED 구동

  // LCD에 메시지 디스플레이
  ClearLCD();
  GotoXY(3,0);
```

```
    PutString(LCD_Message[0]);

    // PC의 하이퍼터미널로 메뉴 전송
    Display_PC_Menu();

    // PC로부터의 키 명령을 받아서 반복 처리
    while(1)  {
      if(!(UCSR0A & 0x80)) continue; // 새로운 수신 데이터 없는 경우
      // 새로운 수신 데이터가 있는 경우
      Tmp = RxByte();  // 한 바이트 수신
      TxByte(Tmp);// Echo back
      switch(Tmp)  {
        case '1':  // '1' 키 코드가 수신된 경우
          PORTD = 0xFF;
          GotoXY(5,1);
          PutString(LCD_Message[1]);
        break;
        case '2':  // '2' 키 코드가 수신된 경우
          PORTD = 0x00;
          GotoXY(5,1);
          PutString(LCD_Message[2]);
        break;
        case 'Q':  // 'Q' 또는 'q' 키 코드가 수신된 경우
        case 'q':
          PORTD = 0x00;
          GotoXY(4,1);
          PutString(LCD_Message[3]);
          while(1);
        break;
      }
    }
  }
```

11.4.5 프로그램 설명

○ 프로그램 선두부분에 있는 #define 문에서 CR, LF는 각각 Carriage Return, Line Feed의 약자로서 전동 타이프라이터나 프린터로 문장을 인쇄할 때 LF는 다음 줄로 넘어가라는 ASCII 명령 코드이고 CR은 그 줄의 맨 처음 위치로 Carriage(화면에서의 Cursor와 같은 것으로 생각하면 된다)를 옮기라는 ASCII 명령 코드이다.

○ 그 다음에는 PC의 하이퍼터미널 창에 디스플레이 될 메뉴 리스트와 실습키트의 LCD

에 디스플레이 될 메시지 리스트가 전역 배열변수로 선언되어 있다.

○ 그 뒤 나타나는 몇 개의 함수는 직렬통신에 사용될 함수들인데 앞에서 이미 개별적으로 설명이 되었다.

○ 그 뒤 PC로 메뉴 리스트를 전송하여 디스플레이 하는 Display_PC_Menu() 함수가 있는데 이 함수는 TxString() 함수를 반복 호출하여 메뉴 리스트를 PC의 하이퍼터미널로 전송하는데 매번 한 줄씩 전송할 때마다 LF, CR 코드를 전송하여 각 메뉴 줄이 새로운 줄에 디스플레이 하도록 하고 있다.

○ main() 함수는 LCD, LED, USART 포트를 초기화 시키고 LCD와 PC의 하이퍼터미널에 메시지 및 메뉴를 디스플레이 하고 계속 while 루프를 돌면서 PC로부터의 데이터 전송을 기다린다.

○ PC에서 전송되어 온 코드가 '1', '2', 'Q', 'q' 이면 해당 동작을 수행하며 그 이외의 코드는 무시되고 다시 새로운 코드가 전송되어 오기를 기다린다.

○ 그런데 여기서 눈여겨봐야 할 것은 RxByte()로 한 바이트를 수신한 다음 바로 TxByte()로 그 데이터를 다시 PC로 되돌려 전송하는 Echo back이라는 동작이 있는데 이것은 PC의 하이퍼터미널에서 키보드의 '1', '2' ... 등을 치면 그 값을 바로 PC 터미널의 화면에 디스플레이 하지 않고 실습키트로 전송하였다가 echo back이 되어 오는 코드를 받아 화면에 표시하게 함으로써 확실한 통신이 이루어지고 있음을 실시간으로 감시할 수 있도록 하기 위함이다.

– 물론 하이퍼터미널의 설정 메뉴에서 키보드 입력을 echo back 없이 바로 화면에 표시되도록 설정할 수도 있다.

○ 이 예제를 실행시키는 순서는 다음과 같다.

① 표 11.7에 있는 데로 8핀 케이블을 사용하여 커넥터들을 연결한다.

② 위의 프로그램 ex11-1.c를 컴파일 한다.

③ 실습키트로 ex11-1.hex(또는 ex11-1.elf) 파일을 다운로드 한다.

④ 다운로드가 완료되면 실습키트의 전원을 끄고 MCU 모듈의 ISP/UART 선환 스위치를 UART의 위치로 전환한다.

⑤ PC의 하이퍼터미널이 기동되어 있지 않으면 기동시키고 이미 기동되어 있는 상태라면 리셋한다

- 여기서 리셋이라 함은 비동기 통신의 시작 시점에 동기를 잡아주기 위한 것으로 하이

퍼터미널의 연결을 잠시 해제했다가 다시 연결시켜주면 된다.

- 이것은 하이퍼터미널의 메뉴에서 송화기가 들려 있는 전화기 아이콘을 클릭하여 접속을 해제하고 송화기가 놓여 있는 전화기 아이콘을 다시 클릭하여 접속을 재개시키면 된다.

⑥ 준비가 되었으면 실습키트의 전원을 켠다. 이미 전원이 켜져 있는 상태이면 MCU 모듈에 있는 리셋 버튼을 눌러 프로그램을 다시 기동시킨다.

⑦ 실습키트의 LCD 화면에 “USART Test“라는 메시지가 표시됨과 동시에 PC의 하이퍼터미널 화면에 메뉴가 디스플레이 될 것이다.

⑧ 이 상태에서 PC의 키보드에 있는 ‘1’ 키를 누르면 브레드보드에 조립된 실습회로의 8개 LED가 모두 켜지면서 LCD의 두 번째 줄에 “LED ON”이라는 메시지가 디스플레이 되고 ‘2’ 키를 누르면 8개 LED가 모두 꺼지면서 LCD의 두 번째 줄에 “LED OFF”라는 메시지가 디스플레이 된다.

‘1’, ‘2’ 키를 번갈아 눌러 보라. PC와 실습회로는 단지 USB 케이블로 연결되어 있을 뿐인데 PC의 키보드 조작으로 실습회로의 동작이 조종되니 신기하지 않은가?

이것이 통신이라는 것이다. 특히 직렬 통신은 무선을 사용하지 않으면서 비교적 원격지에서 타겟 머신의 동작을 조종할 수 있어서 지금까지 산업체의 기구 제어 시스템에 널리 사용되고 있다.

프로젝트

P11.1 실습 8-2와 같이 타이머0 인터럽트를 이용하여 LCD에 디스플레이 되는 디지털 시계를 구현하는데 PC의 키보드로 시간 조정이 가능하도록 하고자 한다.

즉, 시계 프로그램이 구동되는 중 PC 키보드의 'S(또는 s)' 키를 누르면 시간 설정 모드로 들어가고 사용자가 PC의 하이퍼 터미널 화면에 나타나는 지시대로 시간 데이터들을 입력해 주변 키트의 시간이 새롭게 설정되고 진행되도록 한다.

- 실습키트의 프로그램이 실행되면 예제 8-2에서와 같이 주어진 초기 시간으로부터 시간이 진행된다.
- 이때 PC와 실습키트는 직렬통신 상태로 연결되어 있어야 하고 PC에는 직렬 통신용 터미널 에뮬레이터(우리는 하이퍼 터미널 사용) 프로그램이 실행되고 있어야 한다.
- 실습키트와 PC는 이미 ISP/UART0 통신을 겸하는 USB 케이블로 연결되어 있고 실습키트의 프로그램에서 USART 채널 0을 적절히 설정하고 MCU 모듈에 있는 UART0/ISP 전환 스위치(SW2)를 UART0 쪽으로 전환시켜 놓아야 한다.
- 새로운 시간을 설정하려면 PC에서 'S' 또는 's' 키를 누르면 되며 그리면 PC의 하이퍼 터미널에 다음과 같은 내용이 디스플레이 되도록 한다.

Hour =

- 이때 PC 키보드로 2자리의 시간 값을 입력한다.
  - 시간 값은 00 ~ 23 사이의 값이며 우리는 12 시간 모드로 시계를 디스플레이하고자 하기 때문에 실습키트의 프로그램에서 12시 이전은 AM, 이후의 시간은 PM 으로 변환하여줘야 한다.
  - 이를 위해서는 PC로부터 연속으로 전송되어 오는 2 바이트의 ASCII 수치 데이터를 받아서 프로그램 변수 내의 2진수로 변환해 주는 기술이 필요하다. (어렵지 않고 아주 쉬움)
- 시간 데이터는 별도의 Enter 키 입력 없이 2 개의 숫자(10자리와 1자리) 입력으로 완료되며 프로그램은 자동적으로 다음과 같이 분 데이터를 입력 하라는 메시지를 하이퍼 터미널 디스플레이 한다.

Minute =

- 이때 PC 키보드로 2자리의 분 값을 입력한다.
  - 분 값은 00 ~ 59 사이의 값이다.

- 분 값 역시 2자리 입력이 완료되는 순간 별도의 Enter 키 입력 없이 프로그램은 자동적으로 다음과 같이 초 데이터를 입력 받고자 하는 메시지를 하이퍼 터미널 디스플레이 한다.

Second =

- 이때 PC 키보드로 2자리의 초 값을 입력한다.
  - 초 값은 00 ~ 59 사이의 값이며 역시 2자리 입력이 완료되는 순간 시간 조정이 끝나게 되며 실습키트의 LCD에는 새로 설정된 시간부터 시계가 구동되기 시작한다.
- 고려해야 할 사항
  - 여러 가지 대처 방법이 있으나 여기서는 단순하게 하기 위해 PC에서는 무조건 눌러지는 키의 ASCII 코드를 실습키트로 보낸다.
  - 실습키트는 PC로부터 오는 2자리 데이터가 유용한 2자리 수치 데이터가 아닐 때는 현재 입력을 무시하고 다시 PC에 해당 시간 입력을 하라는 메시지를 디스플레이하고 수치 입력을 기다리게 하면 된다.

찾아보기

ㅊ

ㅋ

ㅌ

ㅍ

저자 약력

정종대

- 서울대학교 공과대학 전기공학과
- 서울대학교 대학원 전자공학과(공학석사)
- 서울대학교 대학원 전자공학과(공학박사)
- 수원대학교 전자계산학과 조교수
- 삼성전자 첨단기술연수원 외래강사
- 미국 University of Southern California Post.Doc.
- 현) 한국기술교육대학교 전기전자통신 공학부 교수

회로 설계부터 조립 프로그래밍까지 직접하는

ATmega128 자습서

2018년 3월 13일 1판 인쇄
2018년 3월 22일 1판 발행

저　자 • 정종대
발행자 • 이영애
발행처 • 공감북스
주　소 • 02011 서울시 중랑구 중랑천로 256
전　화 • 02-971-9683
팩　스 • 02-972-9683
등　록 • 제 25100 2015 18호
등록일 • 2015년 7월 15일
e-mail • sympathybook@naver.com

ISBN 979-11 86898-35-2 (93560)
정　가 25,000원